高等职业教育电力机车专业“十二五”规划教材

机车电力电子技术

刘敏军　王秀珍　主　编
卢大民　陈燕萍　副主编
李文亮　主　审

中国铁道出版社有限公司

2024年·北　京

内容简介

本书是高等职业教育电力机车专业“十二五”规划教材，详细地介绍了电力电子技术理论及其在电力机车上的应用等方面知识，全书共分11章，内容包括：绪论、电力电子器件、相控整流电路、斩波电路与逆变电路、交流调压电路、触发电路与驱动电路、电力机车控制系统单元电路、电力机车控制电源柜、电力机车电子控制柜和微机控制柜、电力机车其他电子电路、电子电路常见故障分析与应急处理。每章有学习指导、复习与思考题，帮助学生自我学习、巩固和提高。另外还附有本课程教学大纲、实验指导书及其大纲，对任课教师还提供电子教案。

本书是高等职业院校铁道机车运用与维护专业教材，也可作为成人教育、高职高专教师、机车运用与检修工程技术人员用参考书。

图书在版编目(CIP)数据

机车电力电子技术/刘敏军，王秀珍主编．—北京：中国铁道出版社，2012.6(2024.1重印)
高等职业教育电力机车专业“十二五”规划教材
ISBN 978-7-113-14390-9

Ⅰ.①机… Ⅱ.①刘… ②王… Ⅲ.①电力机车-电力电子技术-高等职业教育-教材 Ⅳ.①U264

中国版本图书馆CIP数据核字(2012)第111203号

书　　名：机车电力电子技术
作　　者：刘敏军　王秀珍

策　　划：阚济存
责任编辑：阚济存　　**编辑部电话：**010-51873133　　**电子邮箱：**td51873133@163.com
编辑助理：杜丽君
封面设计：冯龙彬
责任校对：王　杰
责任印制：高春晓

出版发行：中国铁道出版社有限公司（100054，北京市西城区右安门西街8号）
网　　址：http://www.tdpress.com
印　　刷：北京铭成印刷有限公司
版　　次：2012年6月第1版　2024年1月第11次印刷
开　　本：787 mm×1 092 mm　1/16　**印张：**15.25　**插页：**1　**字数：**390千
书　　号：ISBN 978-7-113-14390-9
定　　价：39.00元

前　　言

《机车电力电子技术》是高等职业教育电力机车专业“十二五”规划教材，是根据车辆工程专业（电力机车方向）教学计划，“机车电力电子技术”课程教学基本要求编写的。本书较为详细地介绍了电力电子技术理论及其在电力机车上的应用等方面知识，全书共分11章，内容包括：绪论、电力电子器件、相控整流电路、斩波电路与逆变电路、交流调压电路、触发电路与驱动电路、电力机车控制系统单元电路、电力机车控制电源柜、电力机车电子控制柜和微机控制柜、电力机车其他电子电路、电子电路常见故障分析与应急处理。每章有学习指导、复习与思考题。另外还附有本课程教学大纲、实验指导书及其大纲。

本书的特点是：

1. 在吸收有关教材的长处及本领域新技术内容的基础上，注重课程内容的整合、精选，突出重点，力图打破“高不成，低不就”的局面。

2. 结合电力电子技术的最新发展和国内最新车型编写教材内容。

3. 内容丰富，适应性强，各校可根据本校学生毕业去向选择教学内容。

4. 每章有学习指导、复习与思考题，使教师的教、学生的学更有目的性和针对性。另外还附有本课程教学大纲、实验指导书及其大纲。

5. 本书提供了电子教案（可通过电子邮箱联系索取：minjunliu_jx@163.com）。

本书由华东交通大学刘敏军、包头铁道职业技术学院王秀珍主编，天津铁道职业技术学院卢大民、湖南铁路科技职业技术学院陈燕萍副主编。其中第1章、第2章、课程教学大纲由华东交通大学刘敏军编写，第3章、实验指导书、实验教学大纲由包头铁道职业技术学院王秀珍编写，第4章、第5章由湖南铁路科技职业技术学院陈燕萍编写，第6章由太原铁路机械学校白亚林编写，第7章、第9章由郑州铁路职业技术学院金光编写，第8章由西安铁路职业技术学院武欣编写，第10章、第11章由天津铁道职业技术学院卢大民编写。本书由郑州铁路局郑州机务段高级工程师李文亮担任主审。

在本书的编写、定稿过程中，得到了作者所在单位专家、教授，现场单位有关工程技术专家的大力支持和帮助，并提出了许多宝贵的意见和建议，在此表示衷心感谢。

本书在编写过程中，参阅和利用了大量的文献资料，在参考文献中一一列出，对原作者一并致谢。

限于作者水平，加上时间仓促，疏漏和不妥之处在所难免，热诚欢迎广大读者批评指正。

编　者

2012年5月

前言

目　　录

1　绪　　论

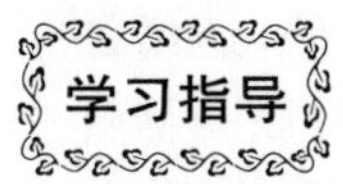

通过对本章的学习，了解电力电子器件、电力电子技术、交流电动机控制技术发展概况。

1.1　电力电子器件的发展

在电力机车的电力牵引系统中，为了完成从直流到直流或直流到交流的电能变换与控制，大量应用各种电力电子器件。

1947 年，第一只晶体管的研制成功，开创了半导体固态电子学；20 世纪 50 年代功率半导体二极管的出现，提高了整流电路的效率，到 1958 年，美国通用电气公司(GE)首先研制成功第一只工业用晶闸管，并用它替代整流二极管，使得交流电能变换出电压大小与极性均可控的直流电，由直流电转变成交流电的逆变电路随之出现，标志着电力电子技术的诞生，并开始进入以电力电子器件为主的变流技术时代。

电子技术朝两个方向发展：一是对信息处理的微电子技术，其发展的特点是集成度越来越高，集成规模越来越大；二是对电能进行转换与控制的电力电子技术，其发展的特点是晶闸管的派生器件越来越多，功率越来越大。近年来，微电子技术与电力电子技术在各自发展的基础上相结合，产生了一批工作频率高，具有门极全控性能的功率集成器件，它们的品种越来越多，功率越来越大，性能越来越好，已经形成了庞大的电力电子器件家族“树”，如图 1.1 所示。

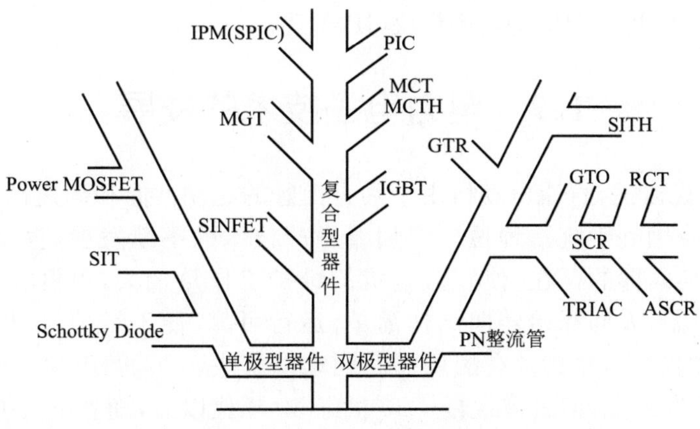

图 1.1　电力电子器件家族“树”

电力电子器件有许多种类和不同的分类方式。

按器件内部载流子参与导电的种数不同，分三大类：一是单极型器件，只有一种载流子，即只有多数电子载流子参与导电的半导体器件。二是双极型器件，有空穴和电子两种载流子参与导电的半导体器件。三是复合型器件，由单极型器件与双极型器件复合集成的器件。

按开通、关断方式不同，也分三大类：一是不可控型器件，它们是二端口器件，器件的开断取决于施加在器件阳极、阴极间的电压：正向导通，反向关断，流过器件的电流是单方向的。如大功率二极管(Power Diode)、快速恢复二极管(Fast Recovery Diode)及功率肖特基二极管(Schottky Diode)。二是半控型器件，它们是三端口器件，除了阳极、阴极外，还增加了一个控制门极。它们不仅具有单向导电性，而且还可以方便地控制其开通。但该类器件一旦开通，不容易控制其关断。如晶闸管及其派生出的双向逆导晶闸管。三是全控型器件，它们也是三端口器件，除了可以方便地控制其开通外，还能很方便地控制其关断。如20世纪70年代出现的GTR、GTO、Power MOSFET、IGBT、MCT以及20世纪80年代出现的PIC、IPM等。

不同类型的电力电子器件具有不同的性能，双极型器件如SCR、GTO、GTR、SITH等，它们的通态压降较低，阻断电压高，电流容量大，适用于中大容量的变流设备。其电压和电流的定额都达 10^3 级。在双极型器件中除静电感应晶闸管(SITH)为电压控制型器件外，其余的均为电流控制型器件，其控制性能不如单极型器件，功耗也比较大。

单极型器件的主要优点是：仅有多数载流子导电，无少数载流子存储效应，因而开关时间短，一般为纳秒数量级(典型值为20 ns)。例如，电压1 000 V，电流200 A的电力MOSFET，开关时间仅13 ns。输入阻抗很高，通常大于40 MΩ，故又称为电压控制型器件。电流具有负的温度系数，温度上升时电流下降，因而器件具有良好的电流自动调节能力，不易产生局部过热，所以二次击穿的可能性极小，这一点与双极型器件根本不同。其不足之处是导通压降高、电压和电流定额都比双极型器件小。

复合型器件既有如GTR、SCR等双极型器件的电流密度高、导通压降低等优点，又有MOSFET等单极型器件输入阻抗高、响应速度快的优点。因此越来越引起高度重视。目前已经开发的这种器件有：肖特基注入MOS门极晶体管(SINFET)、绝缘栅双极晶体管(IGBT)、MOS控制晶体管(MGT)、MOS控制晶闸管(MCT或MCTH)以及功率集成电路(PIC)和智能型功率集成电路(SPIC)、智能型功率模块(IPM)等。

1.2 电力电子技术的发展

20世纪60年代以前，直流电动机由于具有良好的起动性能和调速性能，获得了广泛应用，在各个领域的应用处于统治地位。但随着生产技术的不断发展，直流电动机的缺点逐步显示出来，由于换向器的存在，使直流电机的维护工作量加大，单机容量、最高转速以及使用环境都受到限制，人们开始转向结构简单、运行可靠、便于维护、价格低廉的异步电动机，但异步电动机的起动，尤其是它的调速问题难以解决。20世纪30年代开始，人们就致力于交流调速技术的研究，但进展缓慢。20世纪60年代以后，随着电力电子技术的突飞猛进的发展，异步电动机的调速问题也得到了彻底的解决，进而推动电力机车由交直传动向交流传动的发展。

电力电子技术的前身是汞弧整流器、晶闸管变流技术。1957年晶闸管(SCR)的诞生标志着电力电子技术的问世。1960～1980年为电力电子技术第一代，其特征是以晶闸管及其相控变流技术为代表，又称整流器时代。1980～1990 年进入了以大功率晶体管（GTR）、可关断晶闸管（GTO）等自关断电力电子器件及逆变技术为代表的第二代，又称逆变时代。1990 年以后进入以复合型电力电子器件及变频技术为代表的第三代，由于复合型电力电子器件具有快速关断、工作频率高等特点，其典型代表是绝缘栅双极晶体管（IGBT）。第三代变频技术和变频器得到空前发展，故又称为变频时代。本世纪将进入电力电子智能化时代，其特点是电力电子器件进一步采用微电子集成电路技术，实现电力电子器件和装置的智能化。

1.3 交流电动机控制技术的发展

随着电力电子技术的飞速发展，交流电动机控制技术也取得了突破性进展。由于交流电动机是多变量、强耦合的非线性系统，与直流电动机相比，转矩控制要困难得多。在 20 世纪 70 年代初提出的矢量控制理论解决了交流电动机的转矩控制问题，应用坐标变换将三相系统等效为两相系统，再经过按转子定向的同步旋转变换实现了定子电流励磁分量与转矩分量之间的解耦，从而达到对交流电动机的磁链和电流分别控制的目的。这样就可以将一台三相异步电动机等效为直流电动机来控制，因而获得了与直流调速系统同样优良的静、动态性能，开创了交流调速与直流调速相竞争的时代。

直接转矩控制是 20 世纪 80 年代中期提出的又一转矩控制方法，其思路是把电机与逆变器看作一个整体，采用空间电压矢量分析方法在定子坐标系进行磁通、转矩计算，通过磁通跟踪型脉宽调制（PWM）逆变器的开关状态直接控制转矩。因此，无需对定子电流进行解耦，免去了矢量变换的复杂计算，控制结构简单，便于实现全数字化。

无速度传感器控制技术是 20 世纪末研究出来的另一种交流电动机控制技术，该控制技术不需要检测硬件，也免去了传感器带来的环境适应性、安装维护等麻烦，提高了系统可靠性，降低了成本。

微处理机引入控制系统，促进了模拟控制系统向数字控制系统的转化，数字化技术使得复杂的矢量控制得以实现，大大简化了硬件，降低了成本，提高了控制精度，而自诊断功能和自调试功能的实现，又进一步提高了系统的可靠性，节约了大量人力和时间，操作、维护都更加方便。微机运算速度的提高、存储器的大容量化，将进一步促进数字控制系统取代模拟控制系统，数字化已经成为控制技术的方向。

随着现代控制理论的发展，交流电动机控制技术的发展方兴未艾，非线性解耦控制、人工神经网络自适应控制、模糊控制等各种新的控制策略正在不断涌现，展现出更为广阔的前景，必将进一步推动交流调速技术的发展。

复习与思考题

1. 简述电力电子器件的发展历程。
2. 简述电力电子技术的发展历程。

2　电力电子器件

学习指导

通过本章学习，主要掌握电力电子器件大功率整流二极管、晶闸管、GTO晶闸管、绝缘栅双极晶体管IGBT、功率集成电路PIC的结构、原理、特性及其应用，了解功率晶体管GTR、功率MOSFET、MOS控制晶闸管MCT的结构、原理、特性以及电力电子器件的冷却和保护方法。

2.1　大功率整流二极管

变流装置中不仅要用大功率的晶闸管变流器件，同时还要用大功率ZP型硅整流二极管，它的工作原理、伏安特性曲线等虽然与中小功率整流二极管相似，但它的主要参数的规定、选择原则等却有不同，与KP型晶闸管相似，因此在选用时应加以注意。

1. 结构与伏安特性

(1)结构

目前大功率的整流二极管，外形结构与晶闸管相似，可分为螺旋式和平板式，而平板式又分为风冷式和水冷式。二极管仅有阳极A与阴极K。螺旋式二极管的阳极紧栓在铝制散热器上。

(2)伏安特性

二极管的阳极与阴极间的电压和流过管子的电流关系称为伏安特性如图2.1所示。当施加在阳极与阴极正向电压从零开始逐渐增大时，开始阳极电流很小，这一段特性曲线很靠近横坐标。当正向电压超过0.5 V时，阳极电流急剧上升，管子正向导通。如果电路中不接限流元件，则二极管最终将会烧损。

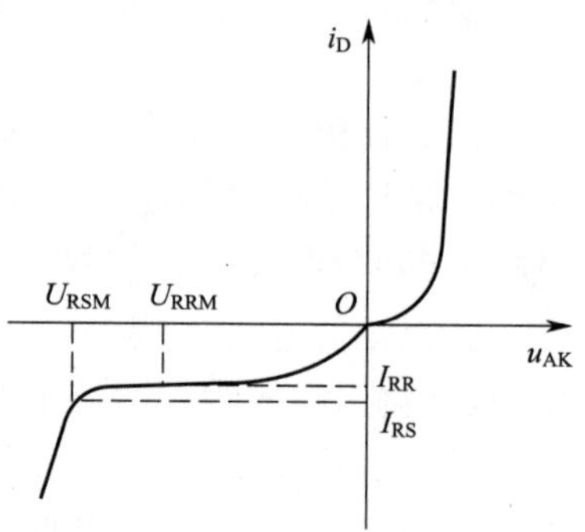

图2.1　大功率二极管伏安特性

当二极管施加反向电压时，起始段的反向漏电电流很小，而且随着反向电压的增加，反向漏电电流只稍微增大，但当反向电压加至反向不重复峰值电压U_{RSM}时，反向漏电电流开始急剧增加。同样，如果对反向电压不加限制的话，二极管将被击穿而损坏。

2. 主要参数

(1)额定正向平均电流$I_{D(AV)}$

在额定的环境温度为40 ℃和标准散热条件下，元件PN结温度稳定且不超过140 ℃时，所允许长时间连续流过50 Hz正弦半波的电流平均值。将此电流值规定系列的电流等级就是元件的额定正向平均电流$I_{D(AV)}$，简称额定电流。

(2)反向重复峰值电压U_{RRM}

在额定结温条件下，取元件反向伏安特性不重复峰值电压U_{RSM}的80%称为反向重复峰值

电压 U_{RRM}。将 U_{RRM} 值取规定的电压等级就是该元件的额定电压。

(3)正向平均电压 $U_{D(AV)}$

在额定的环境温度为 40 ℃和标准散热条件下，元件通过 50 Hz 正弦半波额定正向平均电流时，元件阳、阴极之间电压的平均值，取规定系列组别称为正向平均电压 $U_{D(AV)}$，简称管压降，一般在 0.5～1 V 之间。

3. 型号及选择的原则

(1)型号

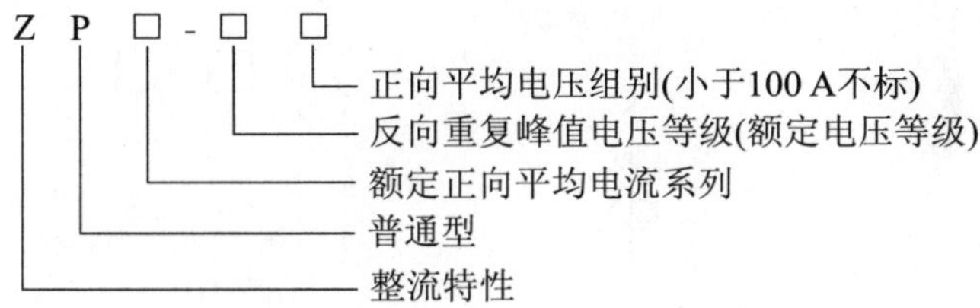

(2)选择原则

选择 $I_{D(AV)}$ 的原则：在规定的室温和冷却条件下，二极管发热不超过额定值，只要所选的管子额定电流有效值 I_{Dn} 大于管子在电路中可能流过的最大电流有效值 I_{Dmax} 即可。考虑到半导体元件的过载能力比一般电机电器产品小得多，因此选择时考虑 1.5～2 倍的安全裕量是必要的，即

$$I_{Dn}=1.57I_{D(AV)}=(1.5\sim2)I_{Dmax}$$

$$I_{D(AV)}=(1.5\sim2)I_{Dmax}/1.57$$

选择 U_{RRM} 的原则：选择大功率二极管 U_{RRM} 的原则与选择晶闸管相同，即所选的二极管额定电压应为二极管在所工作的电路中可能承受到的最大反向瞬时值电压的 2～3 倍，即

$$U_{RRM}=(2\sim3)U_{Dmax}$$

选择 $U_{D(AV)}$ 的原则：根据设计要求，选取所规定的相应系列组别。除特殊要求外，容量在 100 A 以下通常不考虑管压降组别。管压降越小，元件发热与损耗也越小，相应价格就越高。

此外，大功率二极管在使用中应注意的事项与下节要介绍的晶闸管相同。

2.2 半控型电力电子器件——晶闸管

晶闸管(Thyristor)是硅晶体闸流管的简称，俗称可控硅(SCR)，其正式名称应是反向阻断三端晶闸管。除此之外，在普通晶闸管的基础上还派生出许多新型器件，它是工作频率较高的快速晶闸管(Fast Switching Thyristor，FST)、反向导通的逆导晶闸管(Reverse Conducting Thyristor，RCT)、两个方向都具有开关特性的双向晶闸管(TRIAC)、门极可以自行关断晶闸管(Gate turn off thyristor，GTO)、门极辅助关断晶闸管(Gate Assisted turn off thyristor，GATO)及用光信号触发导通的光控晶闸管(Light Controlled Thyristor，LCT)等。

2.2.1 晶闸管的结构与工作原理

晶闸管的外形及图形符号如图 2.2 所示，是三端四层半导体开关器件，共有 3 个 PN 结，J_1、J_2 和 J_3，如图 2.3(a)所示。其电路符号如图 2.3(b)所示，A(anode)为阳极，K(cathode)为阴极，G(gate)为门极或控制极。若把晶闸管看成由两个三极管 VT_1($P_1N_1P_2$)和 VT_2($N_1P_2N_2$)构成，如图 2.3(c)所示，则其等值电路可表示成图中虚线框内的两个三极管。对三

极管 VT_1 来说，P_1N_1 为发射结 J_1，N_1P_2 为集电结 J_2；对于三极管 VT_2，P_2N_2 为发射结 J_3，N_1P_2 仍为集电结 J_2；因此 $J_2(N_1P_2)$ 为公共的集电结。当 A、K 两端加正电压时，J_1、J_3 结为反偏置，中间结为正偏置。晶闸管未导通时，加正压时的外加电压由反偏置的 J_2 结承担，而加反压时的外加电压则由 J_1、J_3 结承担。

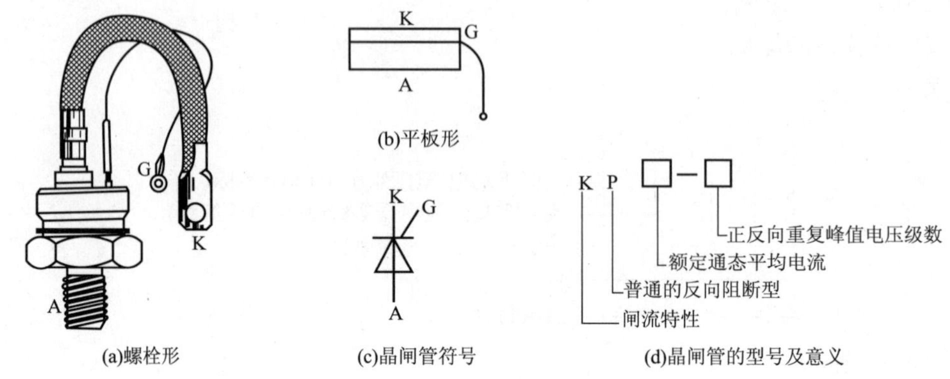

图 2.2　晶闸管的外形及图形符号

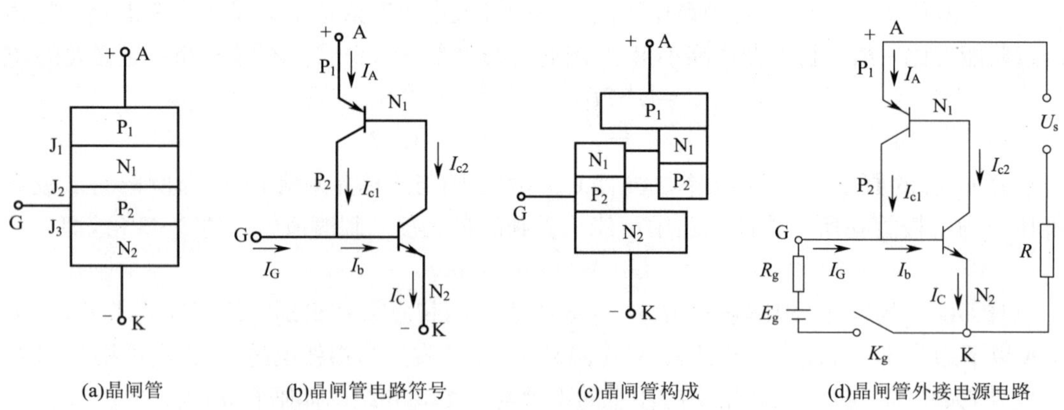

图 2.3　晶闸管的结构

如果晶闸管接入如图 2.3(d)所示外电路，外电源 U_S 正端经负载电阻 R 引至晶闸管阳极 A，电源 U_S 的负端接晶闸管阴极 K，一个正值触发控制电压 E_g 经电阻 R_g 后接至晶闸管的门极 G，如果 $VT_1(P_1N_1P_2)$ 的集电极电流分配系数为 α_1，$VT_2(N_1P_2N_2)$ 的集电极电流分配系数为 α_2，那么对 VT_1 而言，VT_1 的发射极电流 I_A 的一部分 $\alpha_1 I_A$ 将穿过集电结 J_2，此外，J_2 受反偏电压作用，要流过反偏饱和电流 i_{CBO1}，因此图 2.3(d)中 I_{C1} 的可表示为

$$I_{C1}=\alpha_1 I_A+i_{CBO1} \tag{2.1}$$

同理对 VT_2 而言，VT_2 的发射极电流 I_C 的一部分 $\alpha_2 I_C$ 将穿过集电结，J_2 此外，J_2 受反偏置电压作用，要流过反偏饱和电流 i_{CBO2}，因此，图 2.3(d)中的 I_{C2} 可表示为

$$I_{C2}=\alpha_2 I_C+i_{CBO2} \tag{2.2}$$

由图 2.3(d)中可以看出

$$I_A=I_{C1}+I_{C2}=\alpha_1 I_A+i_{CBO1}+\alpha_2 I_C+i_{CBO2}=\alpha_1 I_A+\alpha_2 I_C+I_0 \tag{2.3}$$

式中，$I_0=i_{CBO1}+i_{CBO2}$ 为 J_2 结的反向饱和电流之和，或称为漏电电流。

再从整个晶闸管外部电路来看，应有

$$I_A+I_G=I_C \tag{2.4}$$

由式(2.3)和式(2.4),可得到阳极电流为

$$I_A=\frac{I_0+\alpha_2 I_G}{1-(\alpha_1+\alpha_2)} \tag{2.5}$$

晶闸管外加正向电压U_{AK},但门极断开,$I_G=0$时,中间结J_2承受反偏电压,阻断阳极电流,这时$I_A=I_C$很小,由式(2.5)得

$$I_A=I_C=\frac{I_0}{1-(\alpha_1+\alpha_2)}\approx 0 \tag{2.6}$$

在I_A、I_C很小时晶闸管中电流分配系数α_1、α_2也很小,α_1、α_2都随电流I_A、I_C的增大而增大。如果门极电流$I_G=0$,在正常情况下,由于I_0很小,$I_A=I_C$仅为很小的漏电流,$\alpha_1+\alpha_2$不大,这时的晶闸管处于阻断状态。一旦引入了门极电流I_G,将使I_A增大,I_C增大,这将使电流分配系数α_1、α_2变大,α_1、α_2变大后,I_A、I_C进一步变大,又使α_1、α_2变得更大。在这种正反馈作用下使$\alpha_1+\alpha_2$接近于1,晶闸管立即从断态转为通态。内部的两个等效三极管都进入饱和导电状态,晶闸管的等效电阻变得很小,其通态压降仅为1~2 V,这时的电流$I_A\approx I_C$;则由外电路电源电压U_S和负载电阻R限定,即$I_A\approx I_C\approx U_S/R$。一旦晶闸管从断态转为通态后,因$I_A$、$I_C$已经很大,即使撤除门极电流$I_G$,由于$\alpha_1+\alpha_2\approx 1$,由式(2.5)可知$I_A=I_C$仍然会很大,晶闸管仍继续处于通态,并保持由外部电路所决定的阳极电流$I_A=I_C=U_S/R$。

2.2.2 晶闸管的特性

晶闸管阳极与阴极间的电压和阳极电流的关系,称为晶闸管的伏安特性。晶闸管的伏安特性位于第一象限的是正向伏安特性,位于第三象限的是反向伏安特性,如图2.4所示。其主要特性表现如下。

(1)在正向偏置下,开始器件处于正向阻断状态,当$U_{AK}=U_{AO}$时,发生转折,经过负阻区由阻断状态进入导通状态。从图2.4中可以看到,这种状态的转换,可以由电压引起(电压触发导通),也可以由门极电流引起(门极触发导通)。

(2)当$I_{G2}>I_{G1}>I_G$时,$U_{A2}<U_{A1}<U_{AO}$,且一旦触发导通后,即使去掉门极信号,器件仍能维持导通状态不变。这是二极管、三极管所没有,晶闸管所特有的性质,称为自锁或擎住特性。可见,晶闸管一旦导通,门极就失去控制作用。因此,触发电流常采用脉冲电流,而无须采用直流电流。

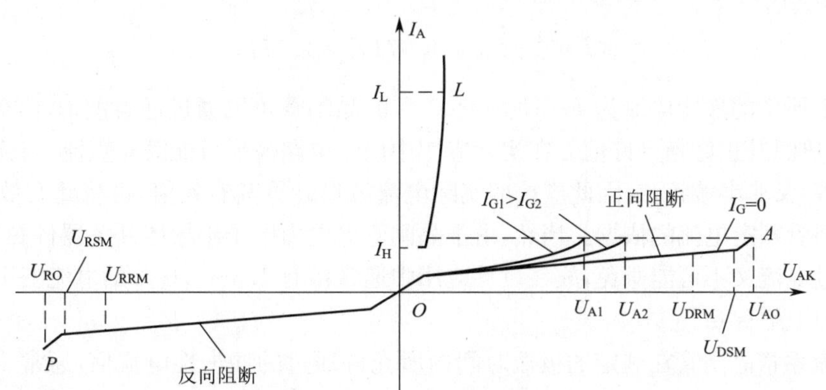

图2.4 晶闸管的阳极伏安特性

OA—正向阻断状态;A—转折点;U_A—转折电压;U_{DRM}—断态重复值电压;U_{DSM}—断态不重复峰值电压;L—擎住点;I_L—擎住电流;OP—反向阻断状态;P—击穿点;U_{RO}—击穿电压;U_{RSM}—反向不重复峰值电压;U_{RRM}—反向重复值电压;H—关断点;I_H—维持电流

(3)导通之后,只要流过器件的电流逐渐减小到某值,器件又可恢复到阻断状态。这种关断方式称为自然关断,除此之外,还可采用加反偏电压的方法进行强迫关断,或施加负的门极信号进行门极关断。

(4)在反向偏置下,其伏安特性和整流管的完全相同。

2.2.3　晶闸管的主要参数

1. 晶闸管的电压定额

(1)额定电压 U_R。在门极开路($I_G=0$),器件额定结温度时,图 2.4 中正向和反向折转电压的 80%值称为断态正向重复峰值电压 U_{DRM} 和断态反向重复峰值电压 U_{RRM}。因此,对晶闸管在其额定结温、门极开路时允许重复施加 U_{DRM} 和 U_{RRM},这两个电压中较小的一个电压值规定为该晶闸管的额定电压 U_R。

由于在电路中可能偶然出现较大的瞬时过电压而损坏晶闸管,在实际电力电子变换和控制电路设计和应用中,通常按照电路中晶闸管正常工作峰值电压的 2～3 倍的电压值选定为晶闸管的额定电压,以确保足够的安全裕量。

(2)通态峰值电压 U_{TM}。规定为额定电流时的管压降峰值,一般为 1.5～2.5 V,且随阳极电流的增大而略微增加。额定电流时的通态平均电压降一般为 1 V 左右。

2. 晶闸管的电流定额

(1)晶闸管的额定电流 I_R。在环境温度为 40 ℃和规定的散热冷却条件下,晶闸管在电阻性负载的单相、工频正弦半波导电,结温稳定在额定值 125 ℃时,所对应的通态平均电流值定义为晶闸管的额定电流 I_R。晶闸管的额定电流也是基于功耗发热而导致结温不超过允许值而限定的。如果正弦电流的峰值为 I_m,则正弦半波电流的平均值为

$$I_{AV}=\frac{1}{2\pi}\int_0^{\pi}I_m\sin(\omega t)\mathrm{d}(\omega t)=\frac{I_m}{\pi} \tag{2.7}$$

已知正弦半波的有效值(均方根值)为

$$I=\sqrt{\frac{1}{2\pi}\int_0^{\pi}I_m\sin(\omega t)^2\mathrm{d}(\omega t)}=\frac{I_m}{2} \tag{2.8}$$

由式(2.7)和式(2.8)得到有效值为

$$I=\frac{1}{2}\pi I_{AV}=1.57I_{AV}=1.57I_R \tag{2.9}$$

即产品手册中的额定电流为 $I_R=I_{AV}=100$ A 的晶闸管可以通过任意波形、有效值为 157 A 的电流,其发热温升正好是允许值。在实际应用中由于电路波形可能既非直流(直流电的平均值与有效值相等)又非半波正弦;因此应按照实际电流波形计算其有效值,再将此有效值除以 1.57 作为选择晶闸管额定电流的依据。当然,由于晶闸管等电力电子半导体开关器件热容量很小,实际电路中的过电流又不可能避免,故在设计应用中通常留有 1.5～2.0 A 的电流安全裕量。

(2)浪涌电流 I_{TSM}

浪涌电流系指晶闸管在规定的极短时间内所允许通过的冲击性电流值,通常 I_{TSM} 比额定电流 I_R 大 4π 倍。例如,100 A 的元件,其值为 1.3～1.9 kA;1 000 A 的元件,其值为 13～19 kA。

(3)维持电流 I_H

维持电流是晶闸管维持导通所必需的最小阳极电流。当通过晶闸管的实际电流小于维持电流 I_H 值时,晶闸管转为断态,大于此值时晶闸管还能维持其原有的通态。

(4)擎住电流 I_L

晶闸管在触发电流作用下被触发导通后，只要管子中的电流达到某一临界值时，就可以把触发电流撤除，这时晶闸管仍然自动维持通态，这个临界电流值称为擎住电流 I_L。擎住电流 I_L 和维持电流 I_H 都随结温的下降而增大。但是请注意，擎住电流和维持电流在概念上是不同的。通常擎住电流 I_L 要比维持电流 I_H 大 2～4 倍。

3. 动态参数

(1)开通时间 t_{on} 和关断时间 t_{off}。承受正向电压作用但处于断态作用的晶闸管，当门极触发电流来到时，由于载流子度越到基区 P_2 需要一定时间，阳极电流 I_A 要延迟 t_d 才开始上升，之后再经过一个 t_r(使基区载流子浓度足够)，I_A 才达到由外电路所决定的阳极电流稳定值。晶闸管从断态到通态的开通时间 t_{on} 定义为 $t_{on}=t_d+t_r$，其中，t_d 为延迟时间，t_r 为上升时间。

当已处于通态的晶闸管从外电路施加反向电压于晶闸管 A、K 两端，并迫使它的阳极电流 I_A 从稳态值开始下降为 0 后，晶闸管中的各层区的载流子必须经过一定时间才能消失，恢复其正向阻断能力。晶闸管的关断时间 t_{off} 定义为从阳极电流下降到 0 开始，到晶闸管恢复了阻断正向电压的能力，并能承受规定的而不误导通所必需的时间。

晶闸管的关断时间与元件的结温、关断前的阳极电流大小及所加的反向阳极电压有关。普通晶闸管的 t_{off} 约为几十微秒左右。为缩短关断时间应适当加大反压，并保持一段反压作用时间，以使载流子充分复合而消失。快速晶闸管的 t_{off} 可减小到 20 μs 以下，可用于高频开关电路的高频晶闸管，其关断时间更短(小于 10 μs)。

(2)断态电压临界上升率 du/dt。在规定条件下，不会导致从断态到通态转换的最大阳极电压上升率。其数值对于不同等级(共 7 级)的晶闸管是不同的，最差的 A 级器件为 25 V/μs，最好的 G 级晶闸管高达 1 000 V/μs，一般的是 100～200 V/μs。

晶闸管阳极电压低于转折电压 U_A 时，在过大的 du/dt 下也会引起误导通。因为在阻断状态下的晶闸管上突然加以正向阳极电压，在其内部相当于一个电容的 J_2 结上，就会有充电电流流过界面，这个电流流经 J_3 结时，起到了类似于触发电流的作用；因此过大的充电电流就会引起晶闸管的误触发导通。

为了限制断态电压上升率，可以在晶闸管阳极与阴极间并上一个 R-C 阻容缓冲支路，利用电容两端电压不能突变的特点来限制晶闸管 A、K 两端电压上升率。电阻 R 的作用是防止并联电容与阳极主回路电感产生串联谐振。此外，晶闸管从断态到通态时，电阻 R 又可限制电容 C 的放电电流。

(3)通态电流临界上升率 di/dt。在规定的条件下，为晶闸管能够承受而不致损害的通态电流的最大上升率。目前最差的 A 级晶闸管为 25 A/μs，最好的 G 级晶闸管为 500 A/μs，一般的是(100～200) A/μs。

过大的 di/dt 可使晶闸管内部局部过热而损坏，因为当门极流入触发电流后，晶闸管开始只在靠近门极附近的小区域内导通，然后导通区才逐渐扩大，直至全部结面都导通。如果电流上升太快，很大的电流将在门极附近的小区域内通过，造成局部过热而烧坏。

2.2.4 晶闸管的测试、保护和应用

1. 测试晶闸管的简易方法

晶闸管是 4 层三端半导体器件，根据 PN 结单向导电原理(图 2.5)，用万用表欧姆挡测试晶闸管 3 个电极之间的电阻，就可以初步判断管子是否损坏。好的管子，用表的 $R\times1\ 000$ 挡

测量阳极与阴极之间正反向电阻都应很大，用 $R\times10$ 或 $R\times100$ 挡测量门极与阴极之间阻值，其正向电阻 r_{GK} 应小于或接近于反向电阻 r_{KG}。

2. 晶闸管的保护

对晶闸管的保护主要考虑过电压保护和过电流保护。

晶闸管过电压有以下几种原因：雷电原因，变压器一次侧突然接通或突然断开；正向电流突然切断；直流侧负载突然断开等。过电压的保护措施主要是在晶闸管的两端并联阻容吸收电路。另外，在电路设计时，选择晶闸管的额定电压为线路中经常发生的最大电压的 2～3 倍，以提高电压裕度。还可以将两个晶闸管串接，再用并联电阻均压后使用。采用这种办法的好处是经济，同时还可以防止电路中一个器件被击穿时造成其他器件的连续损坏。

晶闸管过流的主要原因：过负载，负载侧短路，器件本身短路。对其进行过电流保护一般采用串联快速熔断器的方法，还可以利用电源、变压器或直流回路的内阻抗来限制故障电流的大小及上升率。

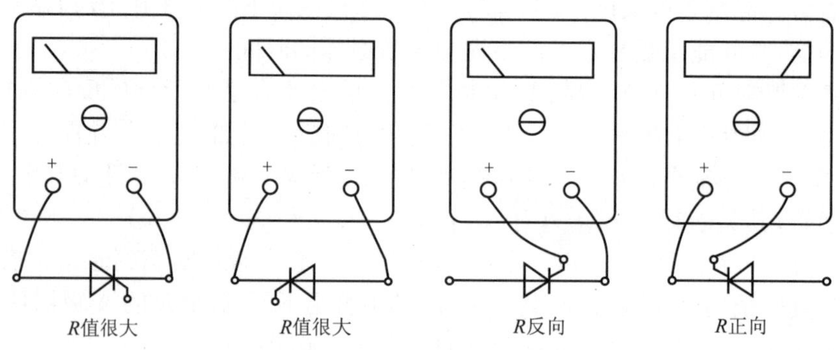

图 2.5 万用表测试晶闸管

3. 晶闸管的应用

晶闸管的出现，使大功率变流技术进入了一个以弱电为控制，强电为输出的新时代。它主要应用在可控整流、逆变和变频、斩波调压、电力电子开关、不间断电源等领域。随着大功率全控型电力电子器件的产生，普通晶闸管主要用于整流电路，在其他方面的应用正在逐渐减少。

2.3 门极关断晶闸管(GTO 晶闸管)

门极可关断晶闸管(Gate Turn-off Thyristor)是一种具有自关断能力的晶闸管。处于断态时，如果有阳极正向电压，在其门极加上正向触发脉冲电流后，GTO 可由断态转入通态，已处于通态时，门极加上足够大的反向脉冲电流，GTO 由通态转入断态。由于不需用外部电路强迫阳极电流为 0 而使之关断，仅由门极加脉冲电流去关断它；所以在直流电源供电的直—直，直—交变换电路中应用时不必设置强迫关断电路。这就简化了电力变换主电路，提高了工作的可靠性，减少关断损耗，与 SCR 相比还可以提高电力电子变换的最高工作频率。因此，GTO 是一种比较理想的大功率开关器件。

2.3.1 GTO 的结构与工作原理

1. 结构

GTO 是一种 PNPN 四层结构的半导体器件，如图 2.6 所示。

普通晶闸管 SCR 也是 PNPN 四层结构，外部引出阳极、门极和阴极，构成一个单元器件。GTO 外部同样引出 3 个电极，但内部却包含数百个共阳极的小 GTO，我们把这些小 GTO 称为 GTO 元，它们的门极和阴极分别并联在一起。与 SCR 不同，GTO 是一种多元的功率集成器件，这是为便于实现门极控制关断所采取的特殊设计。

图 2.6(a)为 GTO 芯片的实际图形，GTO 是多元结构，它的阴极是由数百个细长的小条组成，每个小阴极均被门极所包围。图 2.6(b)为 GTO 结构的纵断面图。图 2.6(c)为图 2.6(b)的立体图形。

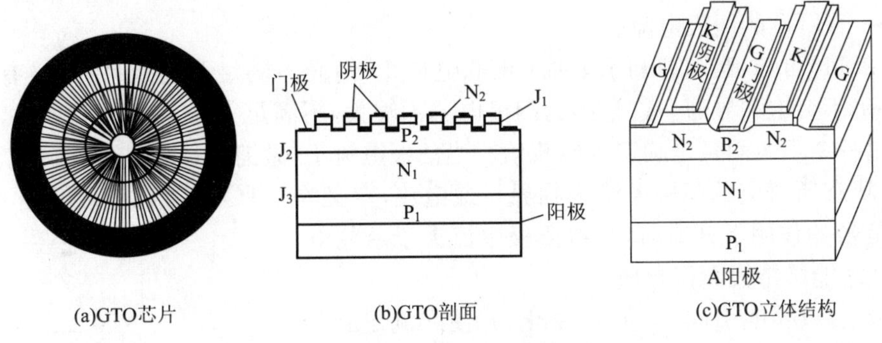

(a)GTO芯片 (b)GTO剖面 (c)GTO立体结构

图 2.6 GTO 的结构

GTO 的开通和关断过程与每一个 GTO 元密切相连，但 GTO 元的特性又不等同于整个 GTO 器件的特性，多元集成使 GTO 的开关过程产生了一系列新的问题。

GTO 的等效电路如图 2.7 所示。A、G 和 K 分别表示 GTO 的阳极、门极和阴极。α_1 为 $P_1N_1P_2$ 晶体管的共基极电流放大系数，α_2 为 $N_2P_2N_1$ 晶体管的共基极电流放大系数，图 2.7 中的箭头表示各自的多数载流子运动方向。通常 α_1 比 α_2 小，即 $P_1N_1P_2$ 晶体管不灵敏，而 $N_2P_2N_1$ 晶体管灵敏。GTO 导通时器件总的放大系数 $\alpha_1+\alpha_2$ 稍大于 1，器件处于临界饱和状态，为用门极负信号去关断阳极电流提供了可能性。

2. 开通原理

由图 2.7 的等效电路可以看出，当阳极加正向电压，门极同时加正触发信号时，GTO 导通，其具体过程如图 2.8 所示。

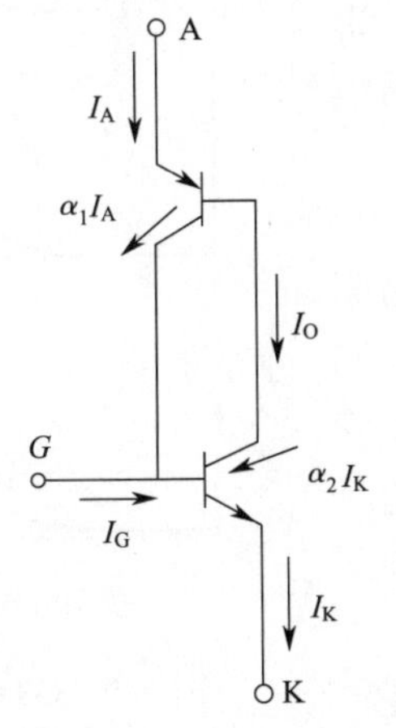

图 2.7 GTO 元件的等效电路

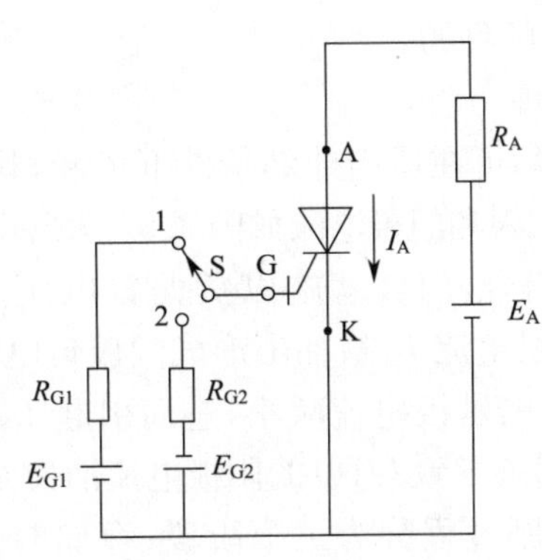

图 2.8 GTO 的工作电路

显然这是一个正反馈过程。当流入的门极电流 I_G 足以使晶体管 $N_2P_2N_1$ 的发射极电流增加,进而使晶体管 $P_1N_1P_2$ 的发射极电流也增加时,α_1 和 α_2 也增大。当 $\alpha_1+\alpha_2>1$ 之后,两个晶体管均饱和导通,GTO 则完成了导通过程。可见,GTO 开通的必要条件是

$$\alpha_1+\alpha_2>1 \tag{2.10}$$

此时注入门极的电流

$$I_G=\frac{1-(\alpha_1+\alpha_2)}{\alpha_2}I_A \tag{2.11}$$

式中 I_A——GTO 的阳极电流;

I_G——GTO 的门极电流。

由式(2.11)可知,当 GTO 门极注入正的电流 I_G 但尚不满足开通条件时,虽有正反馈作用,但器件仍不会饱和导通。这是因为门极电流不够大,不满足 $\alpha_1+\alpha_2>1$ 的条件,这时阳极电流只流过一个不大而且是确定的电流值。当门极电流 I_G 撤销后,该阳极电流也就消失。与 $\alpha_1+\alpha_2=1$ 状态所对应的阳极电流为临界导通电流,定义为 GTO 的擎住电流。当 GTO 在门极正触发信号的作用下开通时,只有阳极电流大于擎住电流后,GTO 才能维持大面积导通。

由此可见,只要能引起 α_1 和 α_2 变化,并使之满足 $\alpha_1+\alpha_2>1$ 条件的任何因数,都可以导致 PNPN 四层器件的导通。所以,除了注入门极电流使 GTO 导通外,在一定条件下过高的阳极电压和阳极电压上升率 du/dt,过高的结温及火花发光照射等均可能使 GTO 触发导通。所有这些非门极触发都是不希望的非正常触发,应采取适当措施加以防止。

实际上,因为 GTO 是多元集成结构,数百个以上的 GTO 元制作在同一硅片上,而 GTO 元的特性总会存在差异,使得 GTO 元的电流分布不均,通态压降不一,甚至会在开通过程中造成个别 GTO 元的损坏,以致引起整个 GTO 的损坏。为此,要求在制造时尽可能使硅片微观结构均匀,严格控制工艺装备和工艺过程,以求最大限度地达到所有 GTO 元的特性和一致性。另外,要提高正向门极触发电流脉冲上升沿的陡度,以求达到缩短 GTO 元阳极电流滞后时间,加速 GTO 元阴极导电面积的扩展,缩短 GTO 开通时间的目的。

3. 关断原理

GTO 开通后可在适当外部条件下关断,其关断电路原理与关断时的阳极和门极电流如图 2.9(a)所示。关断 GTO 时,将开关 T 闭合,门极就施以负偏置电压 U_G。晶体管 $P_1N_1P_2$ 的集电极电流 I_{C1} 被抽出形成门极负电流 $-I_G$,此时晶体管 $N_2P_2N_1$ 的基极电流减小,进而引起 I_{C1} 的进一步下降,如此循环,最终导致 GTO 的阳极电流消失而关断。

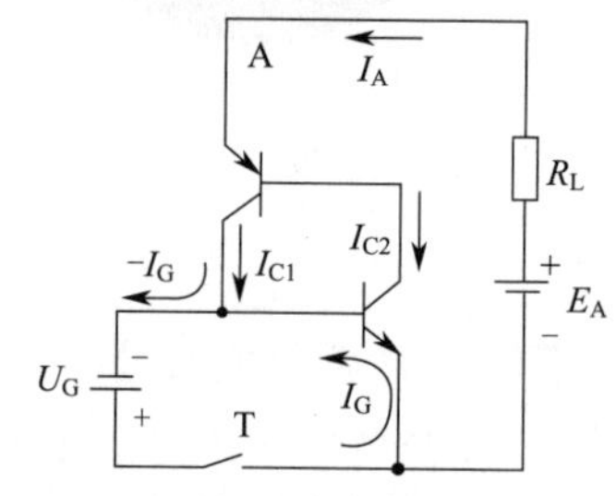

(a)关断过程等效电路

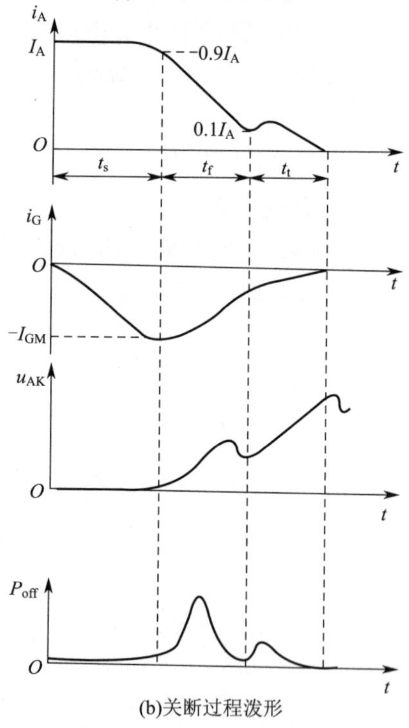

(b)关断过程波形

图 2.9 GTO 关断原理图

GTO 的关断过程分为三个阶段:存储时间(t_s)阶段、下降时间(t_f)阶段、尾部时间(t_t)阶段。关断过程中相应的阳极电流 i_A、门极电流 i_G、管压降

u_{AK}和功耗 P_{off}随时间的变化波形如图 2.9(b)所示。

(1)t_s 阶段

GTO 导电时，所有 GTO 元中两个等效晶体管均饱和，要用门极控制 GTO 关断，首先必须使饱和的等效晶体管退出饱和，恢复基区控制能力。为此应排除 P_2 基区中的存储电荷，t_s 阶段即是依靠门极负脉冲电压抽出这部分存储电荷。在 t_s 阶段所有等效晶体管均未退出饱和，3 个 PN 结都还是正向偏置；所以在门极抽出存储电荷的同时，GTO 阳极电流 i_A 仍保持原先稳定导电时的数值 I_A，管压降 u_{AK}也保持通态压降。

(2)t_f 阶段

经过 t_s 阶段后，$P_1N_1P_2$ 等效晶体管退出饱和，$N_2P_2N_1$ 晶体管也恢复了控制能力，当 i_G 变化到其最大值$-I_{GM}$时，阳极电流开始下降，于是 α_1 和 α_2 也不断减小，当 $\alpha_{1+}\alpha_2\leqslant 1$ 时，器件内部正反馈作用停止，称此点为临界关断点。GTO 的关断条件为

$$\alpha_1+\alpha_2<1 \tag{2.12}$$

关断时需要抽出的最大门极负电流$-I_{GM}$为

$$|-I_{GM}|>\frac{(\alpha_1+\alpha_2)-1}{\alpha_2}I_{ATO} \tag{2.13}$$

式中 I_{ATO}——被关断的最大阳极电流；

I_{GM}——抽出的最大门极电流。

由式得出的两个电流的比表示 GTO 的关断能力，成为电流关断增益，用 β_{off}表示如下：

$$\beta_{off}=\frac{I_{ATO}}{|-I_{GM}|} \tag{2.14}$$

β_{off}是一个重要的特征参数，其值一般为 3～8。

在 t_f 阶段，GTO 元中两个等效晶体管从饱和退出到放大区；所以随着阳极电流的下降，阳极电压逐步上升，因而关断时功耗较大。在电感负载条件下，阳极电流与阳极电压有可能同时出现最大值，此时的瞬时关断损耗尤为突出。

(3)t_t 阶段

从 GTO 阳极电流下降到稳定导通电流值的 10% 至阳极电流衰减到断态漏电流值时所需的时间定义为尾部时间 t_t。

在 t_t 阶段中，如果 U_{AK}上升 du/dt 较大时，可能有位移电流通过 P_2N_1 结注入 P_2 基区，引起两个等效晶体管的正反馈过程，轻则出现 I_A 的增大过程，重则造成 GTO 再次导通，随着 du/dt 上升减慢，阳极电流 I_A 逐渐衰减。

如果能使门极驱动负脉冲电压幅值缓慢衰减，在 t_t 阶段，门极依旧保持适当负电压，则 t_t 时间可以缩短。

2.3.2 GTO 的主要参数特性

1. 静态特性

(1)阳极伏安特性

GTO 的阳极伏安特性如图 2.10 所示。当外加电压超过正向转折电压 U_{DRM}时，GTO 即正向导通，这种现象称作电压触发。此时不一定破坏器件的性能；但是若外加电压超过反向击穿电压 U_{RRM}之后，则发生雪崩击穿现象，极易损坏器件。

用 90%U_{DRM}值定义为正向额定电压，用 90%U_{RRM}值定义为反向额定电压。

GTO的阳极耐压与结温和门极状态有着密切关系，随着结温升高，GTO的耐压降低，如图2.11所示。当GTO结温高于125 ℃时，由于α_1和α_2大大增加，自动满足了$\alpha_1+\alpha_2>1$的条件；所以不加触发信号GTO即可自行开通。为了减小温度对阻断电压的影响，可在其门极与阴极之间并联一个电阻，即相当于增设了一短路发射极。

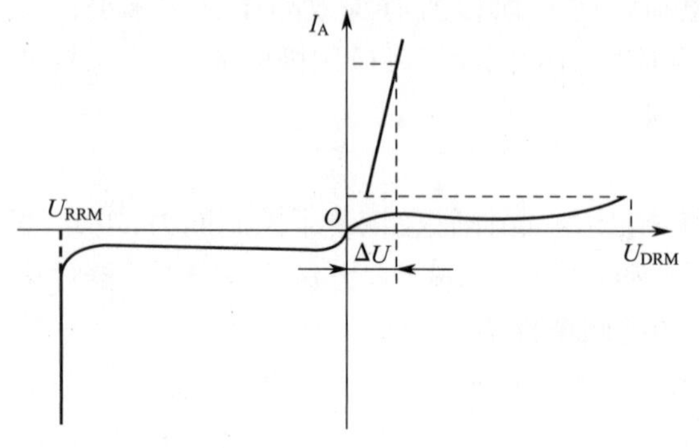

图2.10　GTO的阳极伏安特性图

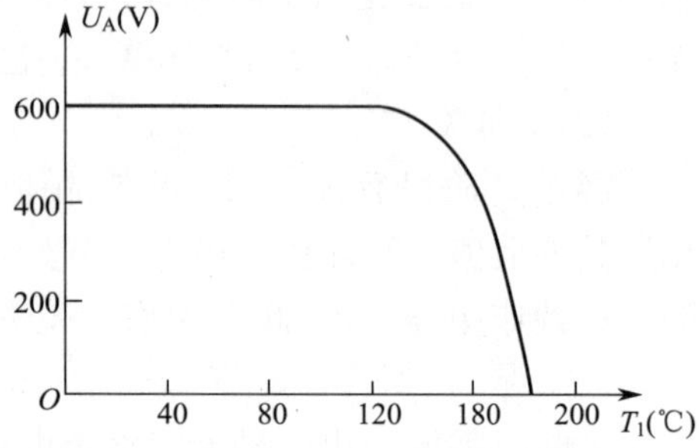

U_A(V)
600
400
200
O
40　80　120　180　200　T_1(℃)

图2.11　GTO的阳极耐压与结温的关系

GTO的阳极耐压还与门极状态有关，门极电路中的任何毛刺电流都会使阳极耐压降低，开通后又会使GTO擎住电流和管压降增大。图2.12表示门极状态对GTO阳极耐压的影响，图中I_{G1}和I_{G2}相当于毛刺电流，$I_{GO}<I_{G1}<I_{G2}$。显然，当门极出现I_{G1}或I_{G2}时，GTO正向转折电压大大降低，因而器件的正向额定电压相应降低。

(2)通态压降特性

GTO的通态压降特性如图2.13所示。结温不同时，GTO的通态压降U_A随着阳极通态电流I_A的增加而增加，只是趋势不同。图2.13中所示曲线为GFF200E型GTO的通态压降特性。一般希望通态压降越小越好；管压降小，GTO的通态损耗小。

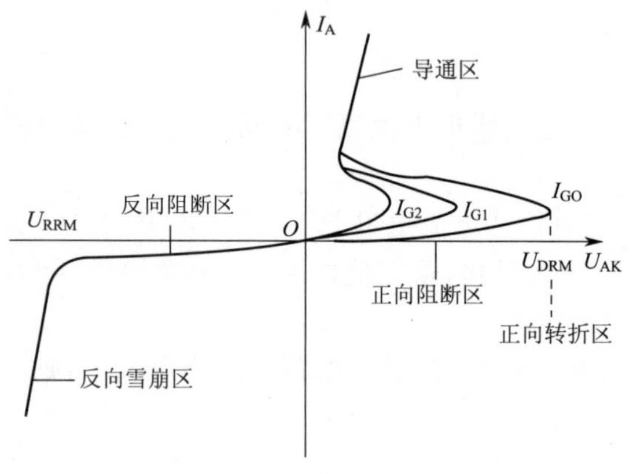

图2.12　GTO的阳极耐压与门极状态的关系

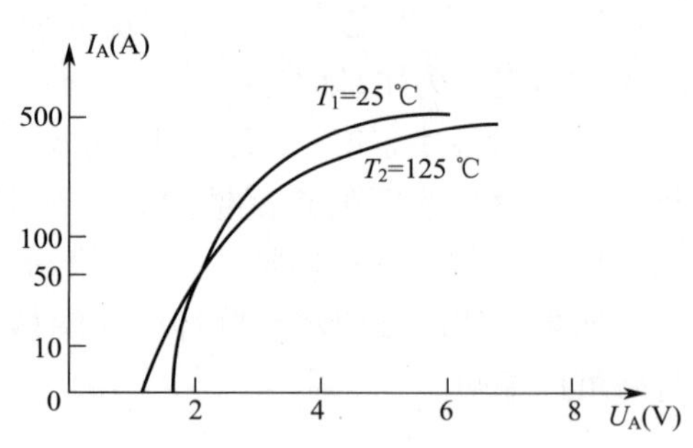

图2.13　GTO的通态压降特性

2. 动态特性

GTO的动态特性是指GTO从断态到通态、从通态到断态的变化过程中，电压、电流以及功率损耗随时间变化的规律。

(1)GTO的开通特性

GTO的开通特性如图2.14所示。当阳极施以正电压，门极注入一定电流时，阳极电流大于擎住电流之后，GTO完全导通。开通时间t_{on}由延迟时间t_d和上升时间t_r组成。t_{on}的大小取决于元件特性、门极电流上升率 di_G/dt 以及门极脉冲幅值的大小。

由图可知，在延迟时间内功率损耗比较小，大部分的开通损耗出现在上升时间内。当阳极电压一定时，每个脉冲的GTO开通损耗将随着峰值阳极电流 I_A 的增加而增加。

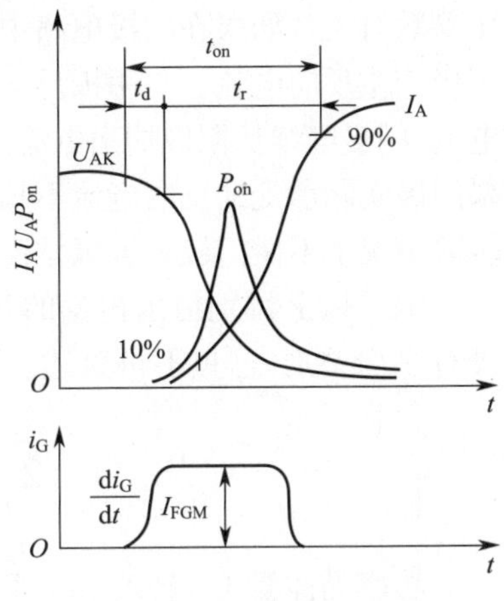

图 2.14 GTO的开通特性

(2)GTO的关断特性

GTO的门极、阴极加适当负脉冲时，可关断导通着的GTO阳极电流。关断过程中阳极电流、电压及关断功率损耗随时间变化的曲线，以及关断过程中门极电流、电压及阳极电流、电压随时间变化的曲线如图2.15所示。

由图2.15可见，整个关断过程可由3个不同的时间间隔来表示，即存储时间 t_s、下降时间 t_f 和尾部时间 t_t。存储时间 t_s 对应着从关断过程开始，到出现 $\alpha_1+\alpha_2=1$ 状态为止的一段时间间隔，在这段时间内从门极抽出大量过剩载流子，GTO的导通区不断被压缩，但总的电流几乎不变。下降时间 t_f 对应着阳极电流迅速下降、门极电流不断上升和门极反电压开始建立的过程，在这段时间里，GTO中心结开始退出饱和，继续从门极抽出载流子。尾部时间 t_t 则是指从阳极电流降到极小值开始，直到最终达到维持电流为止的电流时间。在这段时间内仍有残存的载流子被抽出，但是阳极电压已建立，因此很容易由于过高的电压变化率 du/dt，使GTO关断失效，这一点必须充分重视。

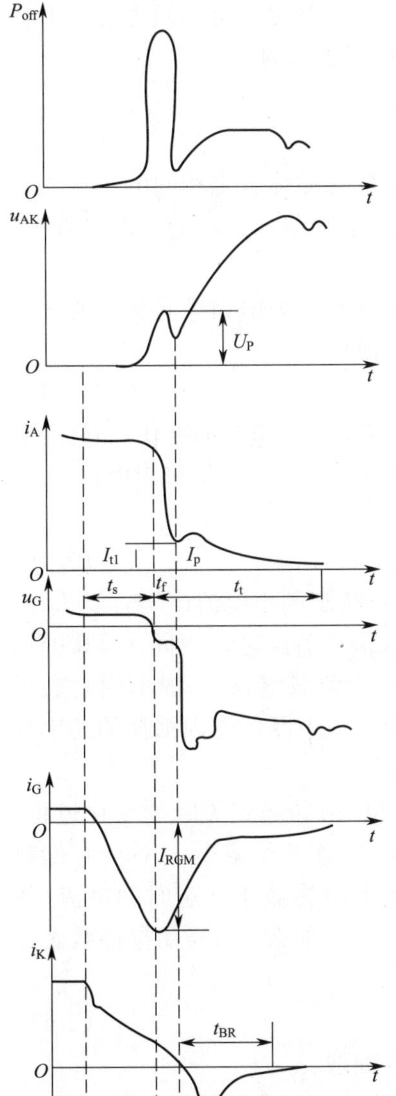

图 2.15 GTO的关断特性

GTO的关断损耗在下降时间 t_f 阶段内相当集中，其瞬时功耗与尖峰电压 U_P 有关。过大的瞬时功耗会出现类似晶体管二次击穿的现象，造成GTO损坏。在实际应用中应尽量减小缓冲电路的杂散电感，选择电感小的二极管及电容等元件，以便减小尖峰电压 U_P。

阳极电流急剧减小以后，呈现出一个缓慢衰减的尾部电流。由于此时阳极电压已经升高，因此GTO关断时的大部分功率损耗出现在尾部时间。在相同的关断条件下，GTO型号不同，相应的尾部电流起始值 I_{t1} 和尾部电流的持续时间 t_t 均不同。在存储时间内过大的门极反向电流上升率 di_{RG}/dt 会使尾部时间加长。此外，过高的重加 du/dt 会使GTO因瞬时功耗过大而在尾部时间内损坏器件。因此必须很好的控制重加 du/dt，涉及适当的缓冲电路。一般来说，GTO关断时总的功率损耗随阳极电流的增大而增大，随缓冲电容的增加而减小。

门极负电流、负电压波形是GTO特有的门极动态特性，如图2.15所示。门极负电流的最大值随阳极可关断电流的增大而增大。门极负电流增长的速度与门极所加负电压参数有关。如果在门极电路中有较大的电感，会使门极—阴极结进入雪崩状态。在雪崩期间，阴极产生反向电流。与阴极反向电流对应的时间为雪崩时间 t_{BR}，在这段时间内，阳极仍有尾部电流，门极继续从阳极抽出电流。门极负电流中既有从阳极抽出的电流又有阴极反向电流。如果门极实际承受的反向电流不超过门极雪崩电压 U_{GR}，则不会出现阴极反向电流。实际应用中，多数情况下不使门极—阴极结产生雪崩现象，以防止因雪崩电流过大而损坏门极—阴极结。

除了以上特别提出讨论的几个工作特性外，GTO 的其他工作特性及参数都与普通晶闸管没有多少差别，这里不再赘述。

2.4 功率晶体管(GTR)

功率晶体管 GTR(Giant Transistor)，又称为达林顿晶体管(Darlingdon GTR)。功率晶体管既有晶体管的固有特性，又扩大了功率容量。在大功率电力变换电路中，10 kHz 以下的应用较多。GTR 的缺点是耐冲击能力差，易受二次击穿而损坏，所以使用时必须考虑以下参数：击穿电压、电流增益、耗散功率和开关速度，这四个参数是相互制约的。

2.4.1 功率晶体管的开关特性

功率晶体管的工作原理、参数特性以及基本的电路形式与普通晶体管是相同的。这里不再赘述。应该指出的是，功率晶体管作为高频开关使用，经常处于开通和关断的动态过程中，因此，对 GTR 的开关特性必须了解。

图 2.16 为共发射极电路基极加正脉冲信号，GTR 由截至状态转为饱和导通状态的开通过程。其集电极电流是 i_C、集电极电压是 u_{CE}，此时的动态功率损耗 P

$$P=u_{CE}i_C \tag{2.15}$$

由于结电容和过剩载流子的存在，集电极电流的变化总是滞后基极电流的变化，而且波形边缘倾斜。GTR 由截止到饱和导通的过程所用的时间为开通时间 t_{gt}，它包括延迟时间 t_d 和上升时间即 t_r。

$$t_{gt}=t_d+t_r \tag{2.16}$$

t_d 对应于发射极的充电过程。这段时间内 i_C 仍保持为截止状态的小电流($10\%I_{CS}$，I_{CS}是集电极饱和电流)。t_r 对应于载流子的传输时间，即在接到输入信号后经过 t_{gt}时间，GTR 的输出信号才可达到 $90\%I_{CS}$。集电极电压波形在很大程度上取决于负载电路，一般不用它表示 GTR 的开关特性。以图 2.16 中 u_{CE}波形为例。图中 P 为导通过程中晶体管内损耗的功率变化曲线。

图 2.17 为共发射极电路在饱和导通状态时加负信号，GTR 由导通到关断的变化过程。开始一段时间 i_C 不是立即减小，要经过 t_s 时间约达到 90%时，I_C 才开始减小，t_s 称为存储时间。它的数值为 3～8 μs。然后，从集电极电流开始减小直到下降为截止状态时的电流(约 $10\%I_{CS}$)所需的时间称为下降时间，用 t_f 表示，其数值大约为 1 μs。那么，GTR 由导通状态过渡到关断状态所需要的时间称为关断时间

$$t_{gq}=t_s+t_f \tag{2.17}$$

图 2.17 中同样也示出了关断过程中功率损耗 $P=u_{CE}\cdot i_C$ 曲线。

从以上两个动态过程可以看出：P 与时间轴包围的面积则为动态过程的能量损耗，它们都转化为热能，造成 PN 发热、晶体管升温，GTR 在高频时更必须充分注意。为了减小开关能量

损耗,就要加快开关过程,减小 t_{gt} 和 t_{gq},一般可采取以下措施:

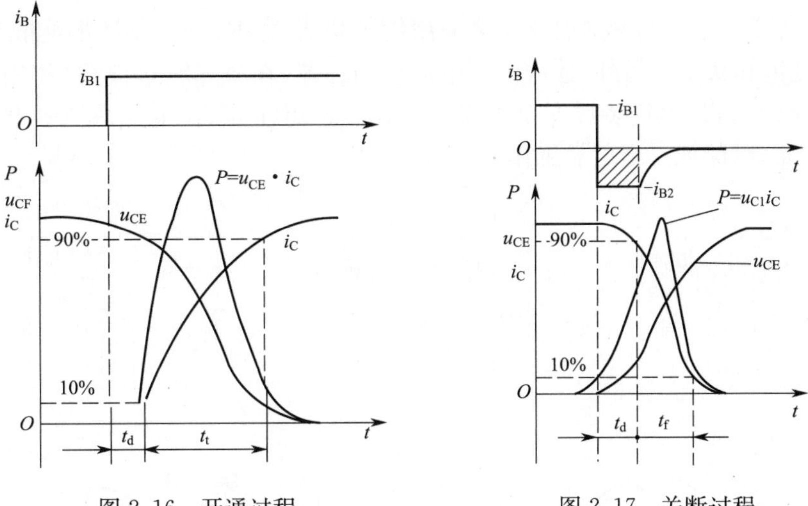

图 2.16 开通过程　　　　图 2.17 关断过程

(1)GTR 在作为开关管时,其工作点应尽量避开或快速通过伏安特性的线性工作区。在这个区域,GTR 有一定的管压降,可理解为集电极额外串接了一个电阻,要消耗一定能量,随着从线性工作区向饱和区过渡,该电阻值减小,饱和导通时阻值则接近于零,管压降一般也可以忽略不计了。

(2)在 GTR 开关过程中,存储时间 t_s 最长。它是影响开关速度的主要原因,也是各种缩短动态过程措施的主要目标。上述 GTR 在饱和导通时损耗最小,但这个状态形成电荷的过剩存储,在基极接到反向偏压信号后,则需要较长的 t_s 抽取过程,不利于快速关断和截止。所以,可以通过控制适当大小的基极电流,或使用一些抗饱和的电路,使 GTR 导通时处于准饱和状态,集电结处于接近线性工作区边缘,以缩短 t_s。

(3)增加基极电流大小对于缩短开通时间 t_{gt} 和关断时间 t_{gq} 都是有效的。在开通过程中的延迟时间内,集电极电流基本不增加,而是完成基极电流向发射极电容充电的过程。上升时间则是基极区充电积累过剩载流子所需的时间。在关断过程汇总,开始存储时间 t_s 内集电极电流也基本不变,基极区内过剩电荷被抽走,使 GTR 退出饱和开始进入线性工作区的过程。下降时间 t_f 则对应着基极区电荷继续抽走和体内复合时间。这样的四个过程,适当地增加基极电流大小都有利于载流子的快速运动,加快充放电过程。

(4)选择结电容小的晶体管。

2.4.2 GTR 的保护电路

对 GTR 的保护相对来说比较复杂,因为它的开关频率较高,采用快熔保护是无效的,缓冲电路是必须的。主要有 RC 缓冲电路、充放电型 R-C-VD 缓冲电路和 R-C-VD 缓冲电路三种形式,如图 2.18 所示。

RC 缓冲电路简单,对关断时集电极—发射极间电压上升有抑制作用。这种电路只适用于小容量的 GTR(电流 10 A 以下)。

R-C-VD 缓冲电路增加了缓冲二极管 VD_2,可以用于大容量的 GTR。但它的损耗(在缓冲电路的电阻上产生的)较大,不适合用于高频开关电路。

阻止放电型 R-C-VD 缓冲电路，是较常用于大容量 GTR 和高频开关电路缓冲器，其最大的优点是缓冲产生的损耗小。

为了使得 GTR 正常可靠地工作，除采用缓冲电路之外，还应设计最佳驱动电路，并使 GTR 工作于准饱和状态。另外，还应采用电流检测环节，在故障时封锁 GTR 的控制脉冲，使其及时关断，保证 GTR 电控装置安全可靠地工作。还应在 GTR 电控系统中设置过压、欠压和过热保护单元，以保证安全可靠工作。

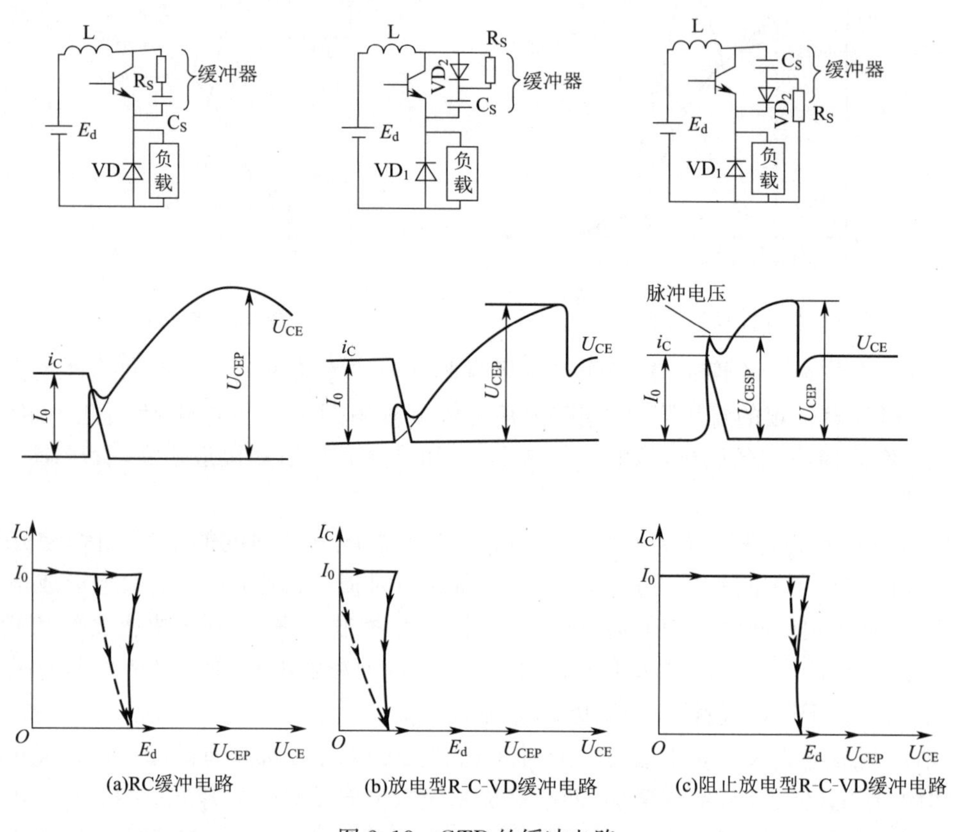

图 2.18　GTR 的缓冲电路

2.5　功率 MOS 场效应晶体管（功率 MOSFET）

2.5.1　功率 MOSFET 的结构及工作原理

功率 MOSFET（功率场效应管）是 20 世纪 70 年代中期才发展起来的新型电力电子器件。同双极型晶体管相比，功率 MOSFET 具有开关速度快、损耗低、驱动电流小、无二次击穿现象等优点。功率 MOSFET 是压控型器件，其门极控制信号是电压不是电流。它有三个管脚：栅极（又称门极 G）、源极 S、漏极 D。栅极 G 相当于晶体管的基极 B，源极 S 相当于晶体管的发射极，漏极 D 相当于晶体管的集电极。

MOSFET 有 N 沟道型和 P 沟道型两种。N 沟道型类似于 NPN 型晶体管，栅源极间加入正向电压时，器件导通；P 沟道型类似于 PNP 型晶体管，栅漏极间加入反向电压时，器件导通。N 沟道型和 P 沟道型 MOSFET 的图形符号分别如图 2.19 和图 2.20 所示。

图 2.19 N 沟道 MOSFET 的图形符号　　图 2.20 P 沟道 MOSFET 的图形符号

2.5.2 功率 MOSFET 主要参数

1. 漏极额定电流 I_D 和峰值电流 I_{DM}

I_D 是流过漏极的最大连续电流，I_{DM} 是流过漏极的最大脉冲电流。这两个电流参数主要受器件工作温度的限制。不论期间通过连续电流还是脉冲电流，其内部结温不得超过该值。根据实际测试，器件的外壳温度应低于 100 ℃。此外值得注意的是，一般生产厂家所给出的漏极额定电流是器件外壳温度（T_0=25 ℃）的值，所以在选择器件时要考虑充分的裕度，防止在器件温度升高时漏极额定电流降低而损坏器件。

2. 通态电阻 $R_{DS(ON)}$

通态电阻 $R_{DS(ON)}$ 是功率 MOSFET 非常重要的参数，它是功率 MOSFET 导通时漏源电压与漏极电流的比率。它直接决定漏电流。当 MOSFET 导通时，漏极电流流过通态电阻，产生耗散功率，通态电阻值越大耗散功率越大，越容易损坏器件。通态电阻与门极电压有关，随着门极电压的升高通态电阻值减小，如图 2.21 所示。这样看似乎门极电压越高越好，但过高的门极电压会延缓开通和关断时间，所以一般选择门极电压为 12 V。随着漏极电流的上升，尤其上升到大于额定电流 I_D 时，通态电阻值将增大，如图 2.22 所示。这时耗散功率（正比于漏极电流和通态电阻）将大幅度上升，器件的结温也上升很快，如果超过最大额定结温，器件将损坏。

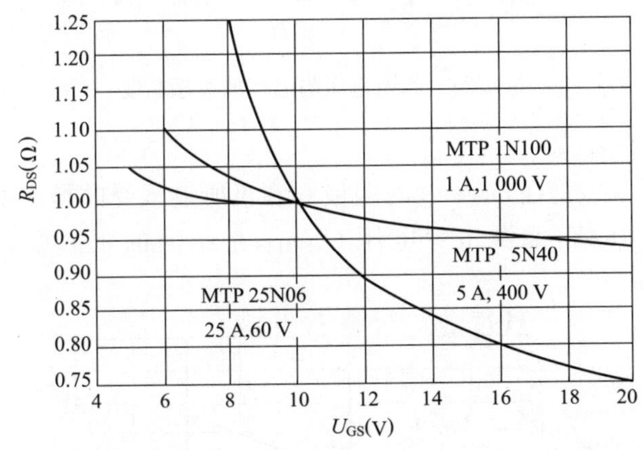

图 2.21 通态电阻与门极电压的关系

从图 2.21 还可以看出，通态电阻几乎是结温的线性函数，随着结温升高通态电阻增大。

3. 阀值电压 $U_{GS(th)}$

栅极阀值电压 $U_{GS(th)}$ 就是漏极流过一个特定的电流所需的最小栅源控制电压。某些公司定义特定电流为 1 μA。小的门极阀值电压的功率 MOSFET 可以用 CMOS 或 TTL 等低电压电路驱动，而且驱动电压小可以减小驱动电路对栅源寄生电容的充放电时间，加快器件的开关速度。但过小的阀值电压抗干扰能力差，驱动信号的噪声干扰会引起功率器件误导通，影响它的正常工作。并且正向漏极电压瞬态值会通过漏栅间的寄生电容耦合到栅极，引起功率器件误导通。

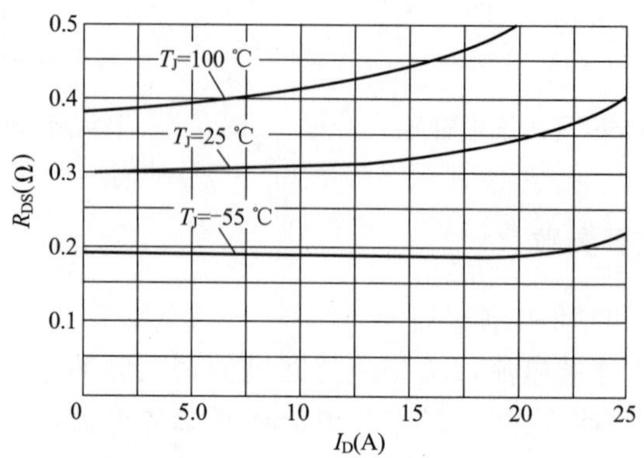

图 2.22　通态电阻与温度、漏极电压的关系

门极阀值电压 $U_{GS(th)}$ 是温度的负温度系数函数，如图 2.23 所示，随着温度的上升而不断减小。

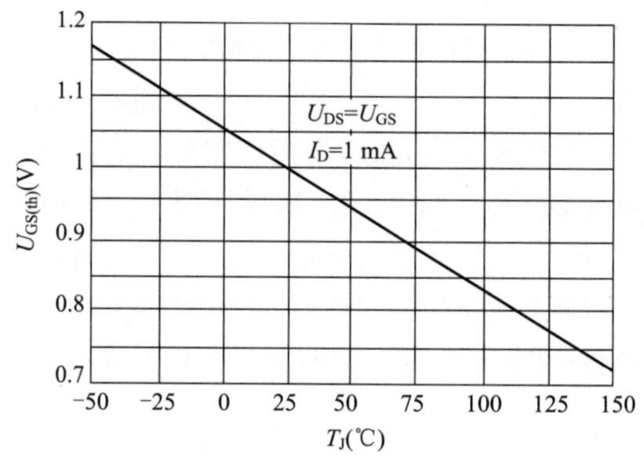

图 2.23　阀值电压与温度的关系曲线

4. 漏源击穿电压 $U_{(BR)DSS}$

漏源击穿电压 $U_{(BR)DSS}$ 是在 $U_{GS}=0$ 时漏极和源极所能承受的最大电压。功率 MOSFET 绝对不能超过这个电压值，漏源击穿电压 $U_{(BR)DSS}$ 是结温的正温度系数函数，如图 2.24 所示。

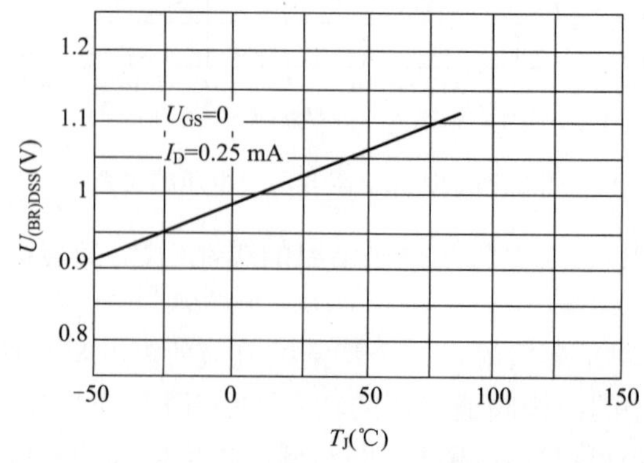

图 2.24　漏源击穿电压与温度的关系曲线

2.5.3 功率 MOSFET 的特性

1. 功率 MOSFET 的输出特性

熟悉一个电子元件的最简单方法是研究它的输出特性，为此有必要介绍功率 MOSFET 的输出特性。因为双极型晶体管的输出特性曲线早已为广大电路设计者所熟悉，所以我们就将功率 MOSFET 和双极型晶体管相比较。图 2.25 为功率 MOSFET 的输出特性，图 2.26 为双极型晶体管的输出特性。把 A 区称作线性区，B 区称作饱和区。从图 2.25 和图 2.26 的曲线可以看到，功率 MOSFET 不同于晶体管重要有三点：一是 MOSFET 的门极输入控制信号是电压而不是电流；二是晶体管的线性区（A 区）的曲线斜率比 MOSFET 线性区（A 区）的要大，这说明 MOSFET 的通态电阻比晶体管的要相对大；三是晶体管的饱和区（B 区）曲线比 MOSFET 的饱和区（B 区）要陡得多，这说明 MOSFET 是更好的恒流源，更适合工作在开关状态。

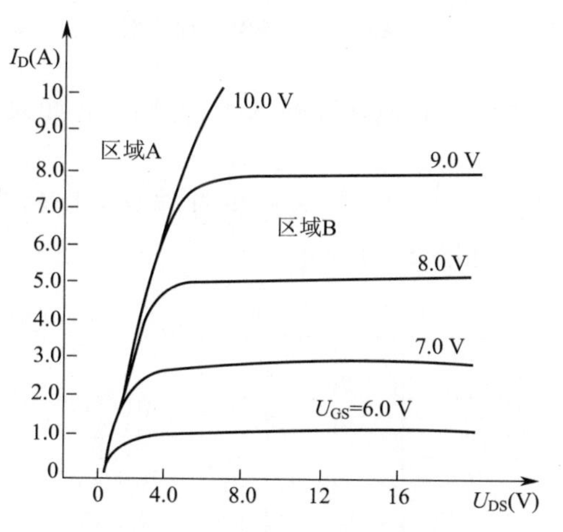

图 2.25 MOSFET 的输出特性图

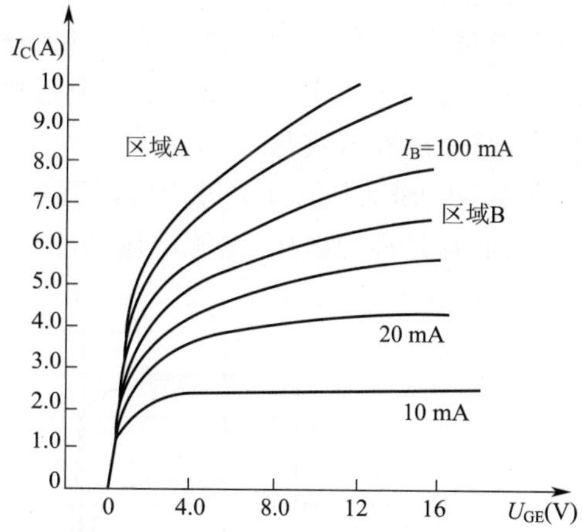

图 2.26 GTR 的输出特性

2. 功率 MOSFET 的转移特性

转移特性是在漏源电压一定时，漏极电流和栅源控制电压之间的关系。它反应了输出电流与控制电压的关系。由图 2.27 可见，只有 $U_{GS}>U_{GS(th)}$ 才有漏极电流流过。在 I_D 较大时，I_D 和 U_{GS} 为近似线性关系，即跨导为常数

$$g_{FS}=\frac{dI_D}{U_{GS}}=\frac{I_D}{U_{GS}} \tag{2.18}$$

由图 2.27 可见跨导和温度及漏极电流有关，是温度和漏极电流的函数。对于只关心功率 MOSFET 的开关状态的工程设计者来说，转移特性是没有多大意义的，很明显当功率 MOSFET 充分导通时，栅源电压很高，这时的电压变化不会影响漏极电流。因此这时的跨导几乎为零。

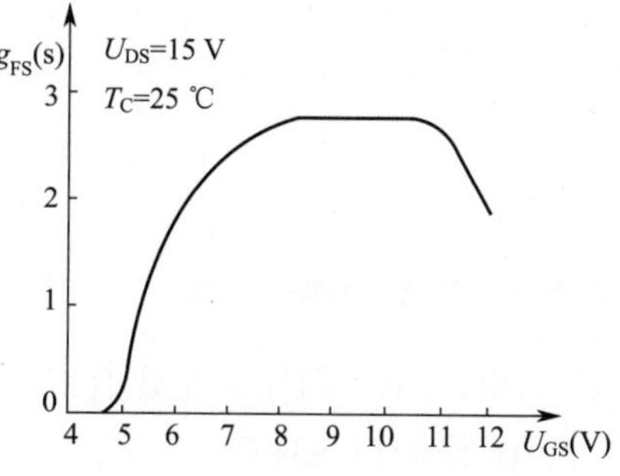

图 2.27 转移特性图

3. 功率 MOSFET 的开关特性

相对于双极型晶体管来说功率 MOSFET 的速度是非常快的。因为它是多数载流体器件，没有与关断时间相联系的存储时间。它的开通、关断只与电容的充放电有关。其开关只是驱动这些非线性电容。因此 MOSFET 开关时间的大小与驱动电路的输出阻抗有很大关系。

图 2.28 为功率 MOSFET 的开关过程示意图。在开通延时时间 $t_{d(ON)}$ 中，驱动电路给输入电容 C_{iss} 充电到 $U_{GS(th)}$，没有漏极电流流过，漏极电压保持在 U_{DD}（外加电压）。在开通上升时间 t_r 中，驱动电路给输入电容 C_{iss} 充电到阀值电压，输出电容 C_{oss} 放电，漏极电压从 U_{DD} 下降，接近通态管压降 $U_{DS(ON)}$。

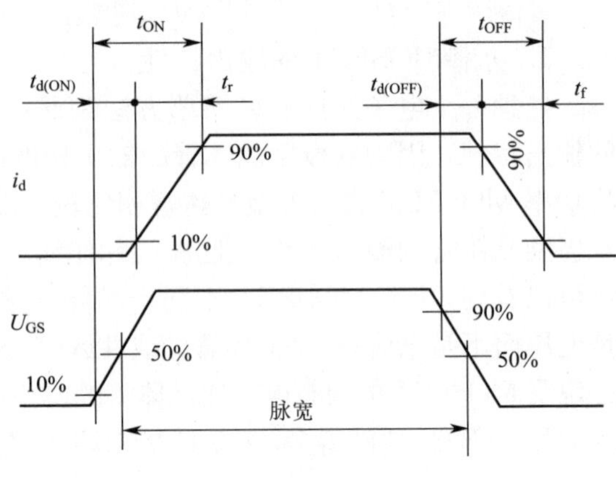

图 2.28　开关过程波形

漏极电流从零开始增大，接近最大值。当 U_{DS} 接近 $U_{DS(ON)}$ 时，输出电容值迅速上升（图 2.28），减缓了 I_D 的增大。在关断延时时间 $t_{d(OFF)}$ 中，电容 C_{iss} 通过栅极阻抗放电，漏极电流通过负载充电。由于 U_{DS} 很低时输出电容 C_{oss} 很大，所以在关断开始时 U_{DS} 上升很慢。

在下降时间 t_f 中，输出电容 C_{oss} 随着漏极电压的上升迅速下降，实际上几乎不需要漏极电流给 C_{oss} 充电，U_{DS} 快速上升到 U_{DD}（如果负载中有电感，这个过程将被延缓）。

从功率 MOSFET 的开关过程可以看到，开通、关断时间与输入输出电容有密切的关系。输入、输出电容是栅源电压、漏源电压的非线性函数，如图 2.29 所示。

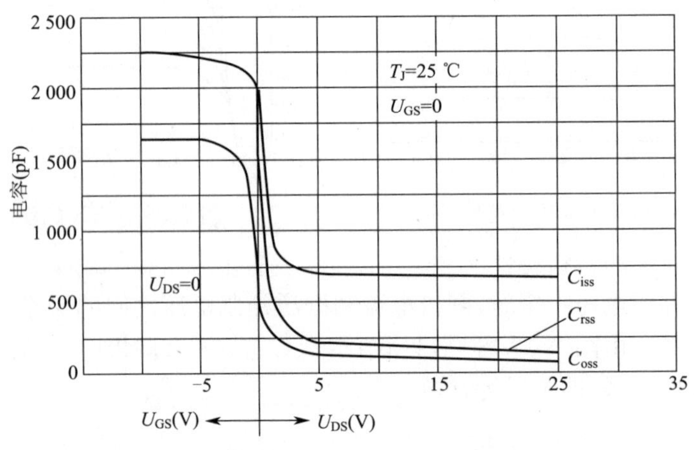

图 2.29　输入输出电容与栅源漏源电压的关系

2.5.4　保护技术

MOSFET 的保护主要有以下几个方面。

1. 栅源过压保护

MOSFET 的栅源电压一般不允许超过 20 V，在栅源两端反接一个稳压二极管（稳压值为 15 V），即可实现栅源过压保护。

2. 漏源过压保护

过高的瞬态漏源电压会将 MOSFET 击穿，必须加以限制。通常的漏源过压保护方法是在 MOSFET 两端反并联快速二极管，再辅以 R-C-VD 缓冲电路。

3. 过热保护

结温过高会使 MOSFET 损坏，其额定结温为 150 ℃。一般应采用过热检测措施，限制结温不超过 100 ℃。

4. 静电保护

MOSFET 是 MOS 器件，它有一定的输入电容，很容易吸收静电荷，这些静电荷吸收过多，会使极间的电压超过所允许的电压而击穿器件，因此要注意下列问题：

(1)要把 MOSFET 放置在防静电袋子里或导电泡沫塑料袋中，操作者应带可靠接地的手镯拿取。

(2)用手拿 MOSFET 时，不要用手触摸其管脚。

(3)工作台要采用接地的桌子和地板垫。

(4)电烙铁要良好地接地。另外还应在 MOSFET 电控系统中设置过压、欠压、过流和过热保护元件，以保证可靠工作。

2.6 绝缘栅双极晶体管(IGBT)

绝缘栅双极晶体管(Isolated Gate Bipolar Transistor，IGBT)。由于 IGBT 内具有寄生晶体管，所以也可称作绝缘门极晶闸管。由于它将 MOSFET 和 GTR 的优点集于一身，既具有输入阻抗高、速度快、热稳定性好和驱动电路简单的优点，又有通态电压低、耐压高的优点，因此发展快，备受欢迎，在电极驱动、中频和开关电源以及要求快速、低损耗的领域，IGBT 有着主导地位，并有取代 GTR 的趋势。

2.6.1 IGBT 的基本结构和基本原理

1. IGBT 的基本结构

绝缘栅双极晶体管本质上是一个场效应晶体管，只是在漏极和漏区之间多了一个 P 型层。根据国际电工委员会 IEC/TC(CO)1339 文件建议，其各部分名称基本沿用场效应晶体管的相应命名。

图 2.30 为一个 N 沟道增强型绝缘栅双极晶体管结构，N^+ 区称为源区，附于其上的电极称为源极；N^- 区称为漏区。器件的控制区称为栅区，附于其上的电极称为栅极。沟道在紧靠栅区边界形成。在漏、源之间的 P 型区(包括 P^+ 和 P^- 区，沟道在该区域形成)，称为亚沟道区。而在漏区一侧的 P^+ 区称为漏注入区，它是 IGBT 特有的功能区，与漏区和亚沟道区一起形成 PNP 双极晶体管，起发射极的作用，向漏极注入空穴，进行导电调制，以降低器件的通态电压。附于漏注入区上的电极称为漏极。

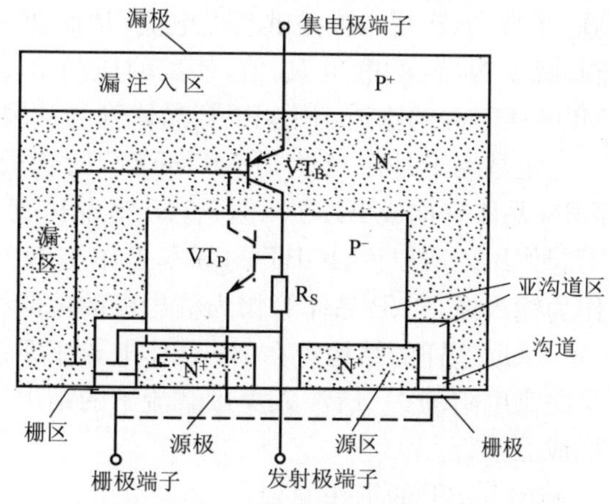

图 2.30 N 沟道增强型绝缘栅双极晶体管结构

为了兼顾长期以来人们的习惯，IEC 规定：源极引出的电极端子(含电极端)称为发射极端(子)，漏极引出的电极端(子)称为集电极端(子)。

IGBT 的结构剖面图如图 2.31 所示。它在结构上类似于 MOSFET，其不同点在于 IGBT

是在 N 沟道功率 MOSFET 的 N^+ 基板（漏极）上增加了一个 P^+ 基板（IGBT 的集电极），形成 PN 结 J_1，并由此引出漏极、栅极和源极则完全与 MOSFET 相似。

由图 2.31 可见，IGBT 相当于一个由 MOSFET 驱动的厚基区 GTR，其简化等效电路如图 2.32 所示。图中 R_{dr} 是厚基区 GTR 的扩展电阻。IGBT 是以 GTR 为主导件、MOSFET 为驱动件的复合结构。

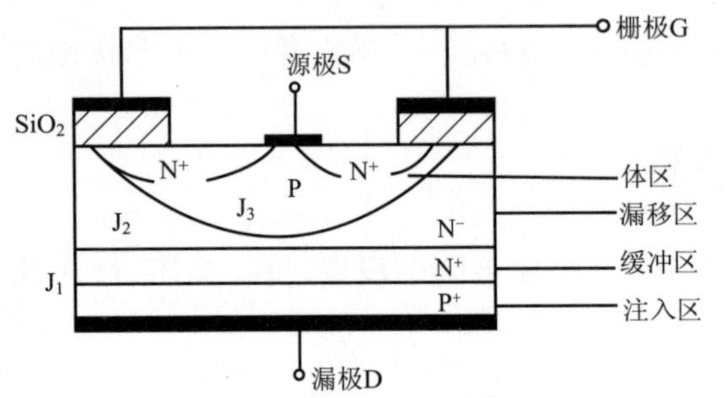

图 2.31　IGBT 的结构剖面图

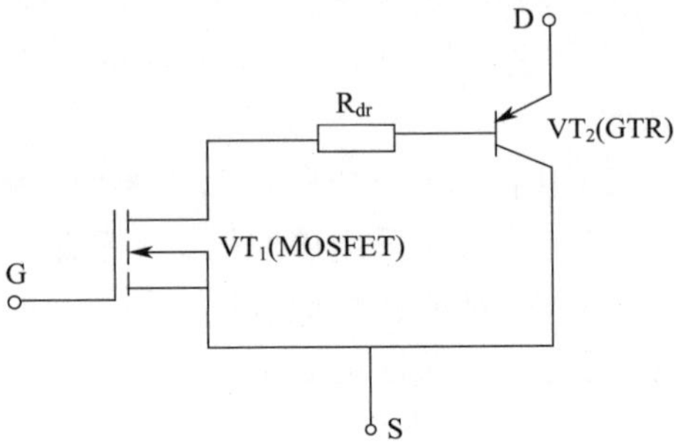

D
Rdr
VT2(GTR)
VT1(MOSFET)
G
S

图 2.32　IGBT 的简化等效电路

N 沟道 IGBT 的图形符号有两种，如图 2.33(a)所示。对于 P 沟道，图形符号中的箭头方向恰好相反，如图 2.33(b)所示。实际应用时，常使用图 2.33(c)所示的符号。

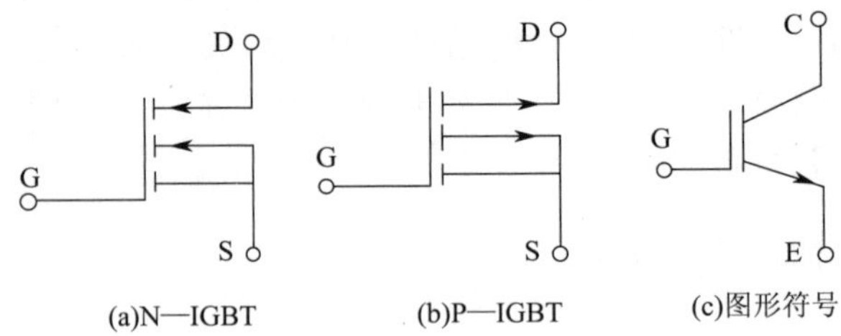

图 2.33　IGBT 的图形符号

IGBT 的开通和关断是由栅极电压来控制的。当栅极加正电压时，MOSFET 内形成沟道，并为 PNP 晶体管提供基极电流，从而使 IGBT 导通，此时，从 P^+ 区注到 N^- 区进行电导调制，减少 N^- 区的电阻 R_{dr} 值，使高耐压的 IGBT 也具有低的通态压降。在栅极上加负电压时，MOSFET 内的沟道消失，PNP 晶体管的基极电流被切断，IGBT 即关断。

正是由于是在 N 沟道 MOSFET 的基板上加一层 P^+ 基板，形成了四层结构，由 PNP—NPN 晶体管构成 IGBT。但是，NPN 晶体管和发射极由于铝电极短路，设计时尽可能使 NPN 不起作用。所以说，IGBT 的基本工作与 NPN 晶体管无关，可以认为是将 N 沟道 MOSFET 作为输入极，PNP 晶体管作为输出极的单向达林顿管。

采取这样的结构可在 N^- 层作电导率调制，提高电流密度。这是因为从 P^+ 基板经过 N^+ 层向高电阻的 N^- 层注入少量载流子的结果。IGBT 的设计是通过 PNP－NPN 晶体管的连接形成晶闸管。

2. IGBT 的工作原理

IGBT 的开关作用是通过加正向栅极电压形成沟道，给 PNP 晶体管提供基极电流，使 IGBT 导通。反之，加反向门极电压消除沟道，流过反向基极电流，使 IGBT 关断。IGBT 的驱动方法和 MOSFET 基本相同，只需控制输入极沟道 MOSFET，所以具有高输入阻抗特性。

当 MOSFET 的沟道形成后，从 P^+ 基极注入到 N^- 层的空穴（少子），对 N^- 层进行电导调制，减小 N^- 层的电阻，使 IGBT 在高电压时，也具有低的通态电压。

2.6.2 IGBT 的特性

1. 静态特性

IGBT 的静态特性主要有伏安特性、转移特性和开关特性。

IGBT 的伏安特性是指以栅源电压为参变量时，漏极电流 I_D 与栅极电压 U_{DS} 之间的关系曲线。输出漏极电流 I_D 受栅源电压 U_{GS} 的控制，U_{GS} 越高，I_D 越大。它与 GTR 的输出特性相似，也可分为饱和区Ⅰ、放大区Ⅱ和击穿特性Ⅲ部分。在截止状态下的 IGBT，正向电压由 J_2 结承担，反向电压由 J_1 结承担。如果无 N^+ 缓冲区，则正反向阻断电压可以做到同样水平，加入 N^+ 缓冲区后，反向关断电压只能达到几十伏水平，因此限制了 IGBT 的某些应用范围。

IGBT 的转移特性是指输出漏极电流 I_D 与栅源电压 U_{DS} 之间的关系曲线。它与 MOSFET 的转移特性相同，当栅源电压小于开启电压 $U_{GS(th)}$ 时，IGBT 处于关断状态。在 IGBT 导通后的大部分漏极电流范围内，I_D 与 U_{GS} 呈线性关系。最高栅源电压受最大漏极电流限制，其最佳值一般取 15 V 左右。

IGBT 的开关特性是指漏极电流 I_D 与漏源电压 U_{DS} 之间的关系。IGBT 处于导通态时，由于它的 PNP 晶体管为宽基区晶体管，所以其 β 值较低。尽管等效电路为达林顿结构，但流过 MOSFET 的电流成为 IGBT 总电流的主要部分。此时，通态电压 $U_{DS(on)}$ 可用下式表示

$$U_{DS(on)}=U_{J1}+U_{dr}+I_dR_{oh} \tag{2.19}$$

式中 U_{J1}——J_1 结的正向电压，其值为 0.7～1 V；

U_{dr}——扩展电阻上的压降；

R_{oh}——沟道电阻。

通态电流 I_{DS} 可用下式表示：

$$I_{DS}=(1+\beta_{PNP})I_{MOS} \tag{2.20}$$

式中 I_{MOS}——流过 MOSFET 的电流。

由于 N^- 区存在电导调制效应，所以 IGBT的通态压降小，耐压 1 000 V 的 IGBT 通态压降为 2～3 V。IGBT 处于断态时，只有很小的漏泄电流存在。

2. 动态特性

IGBT 在开通过程中，大部分时间是作为 MOSFET 来运行的，只是在漏源电压 U_{DS} 下降过程后期，PNP 晶体管由放大区至饱和，又增加了一段延迟时间。$t_{d(ON)}$ 为开通延迟时间，t_{ri} 为电流上升时间。实际应用中常给出的漏极电流开通时间 t_{ON} 即为 $t_{d(ON)}$ 与 t_{ri} 之和。漏源电压的下降时间由 t_{fe1} 和 t_{fe2} 组成，如图 2.34 所示。

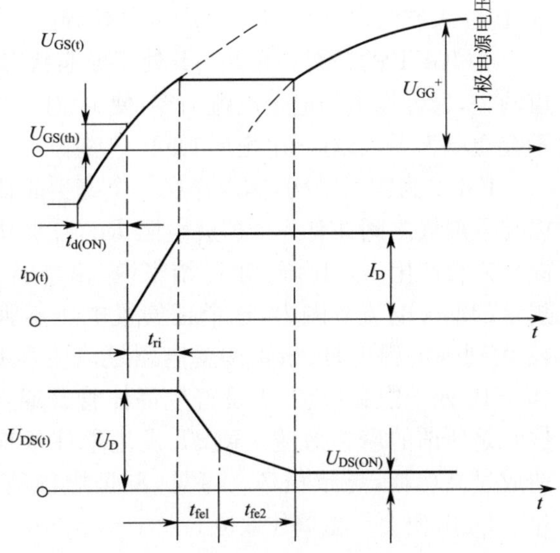

图 2.34 并通过 IGBT 的电压、电流波形

IGBT 在关断过程汇总，漏极电流的波形变为两段。因为 MOSFET 关断后，PNP 晶体管的存储电荷难以迅速消除，造成漏极电流较长的尾部时间，$t_{d(OFF)}$ 为关断延迟时间，t_{rv} 为电压 $U_{DS(t)}$ 的上升时间。实际应用中常常给出的漏极电流的下降时间 t_f 由图 2.35 中的 t_{f1} 和 t_{f2} 两段组成，而漏极电流的关断时间

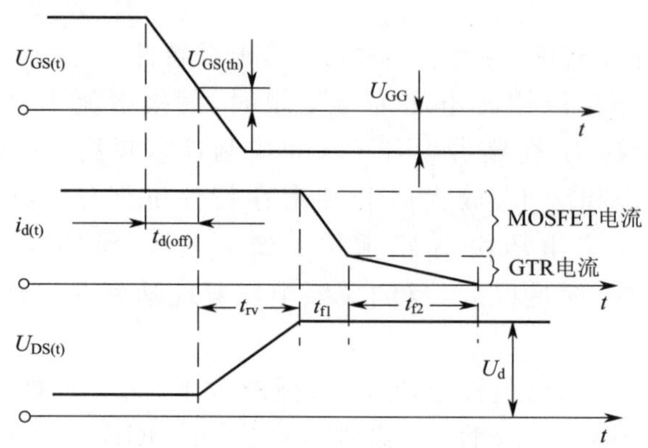

图 2.35　关断时 IGBT 的电压、电流波形

$$t_{OFF}=t_{d(OFF)}+t_{rv}+t_f \tag{2.21}$$

式中　$t_{d(OFF)}+t_{rv}$——存储时间。

2.6.3　IGBT 的擎住效应与安全工作区

1. IGBT 的擎住效应

在分析擎住效应之前，我们先回顾一下 IGBT 的工作原理(这里假定不发生擎住效应)。

①当 $U_{CE}<0$ 时，J_3 反偏，类似于反偏二极管，IGBT 反向阻断；

②当 $U_{CE}>0$ 时，在 $U_G<U_{TH}$ 的情况下，沟道未形成，IGBT 正向阻断；在 $U_G>U_{TH}$ 情况下，栅极的沟道形成，N^+ 区的电子通过沟道进入 N^- 漂移区，漂移到 J_3 结，此时 J_3 结是正偏，也向 N^- 区注入空穴，从而在 N^- 区产生电导调制，使 IGBT 正向导通。

③ IGBT 的关断。在 IGBT 处于导通状态时，当栅极电压减至为零，此时 $U_G=0<U_{TH}$，沟道消失，通过沟道的电子电流为零，使 I_C 有一个突降。但由于 N^- 区注入大量电子、空穴对，I_C 不会立刻为零，而有一个拖尾时间。

IGBT 为四层结构，体内存在一个寄生晶体管，其等效电路如图 2.36 所示。在 VT_2 的基极与发射极之间并有一个扩展电阻 R_{br}，在此电阻上 P 型体区的横向空穴会产生一定压降，对 J_3 结来说，相当于一个正偏置电压。在规定的漏极电流范围内，这个正偏置电压不大，VT_2 不起作用，当 I_D 大到一定程度时，该正偏置电压足以使 VT_2 开通，进而使 VT_2 和 VT_3 处于饱和状态，于是寄生晶体管开通，栅极失去控制作用，这就是所谓的擎住效应。IGBT 发生擎住效应后，漏极电流增大，造成过高功耗，导致损坏。可见，漏极电流有一个临界值 I_{DM}，当 $I_D>I_{DM}$ 时便会产生擎住效应。

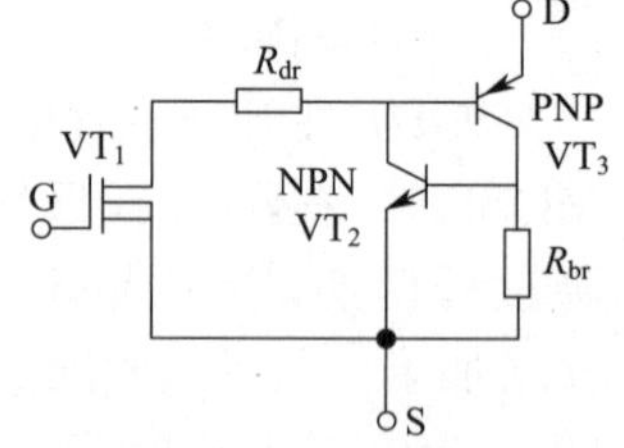

图 2.36　具有寄生晶体管的 IGBT 等效电路

在 IGBT 关断的动态过程中，假若 dU_{DS}/dt 过高，那么在 J_2 结中引起的位移电流 $C_{J2}(dU_{DS}/dt)$ 会越大，当该电流流过体区扩展电阻 R_{br} 时，也可产生足以使

晶体管 VT_2 开通的正向偏置电压，满足寄生晶体管开通擎住的条件，形成动态擎住效应。使用中必须防止 IGBT 发生擎住效应，为此可限制 I_{DM}值，或者用加大栅极电阻 R_g 的办法，延长 IGBT 关断时间，以减小 dU_{DS}/dt 值。

值得指出的是，动态擎住所允许的漏极电流比静态擎住所允许的要小，故生产厂家所规定的 I_{DM}值是按动态擎住所允许的最大漏极电流来确定的。

2. 安全工作区

安全工作区(SOA)反映了一个晶体管同时承受一定电压和电流的能力。IGBT 开通时的正向偏置安全工作区(FBSOA)，由电流、电压和功耗三条边界极限包围而成。最大漏极电流 I_{DM}是根据避免动态擎住而设定的，最大漏源电压 U_{DSM}是由 IGBT 中晶体管 VT_3 的击穿电压所确定，最大功耗则是由最高允许结温所决定。导通时间越长，发热越严重，安全工作区则越窄，如图 2.37(a)所示。

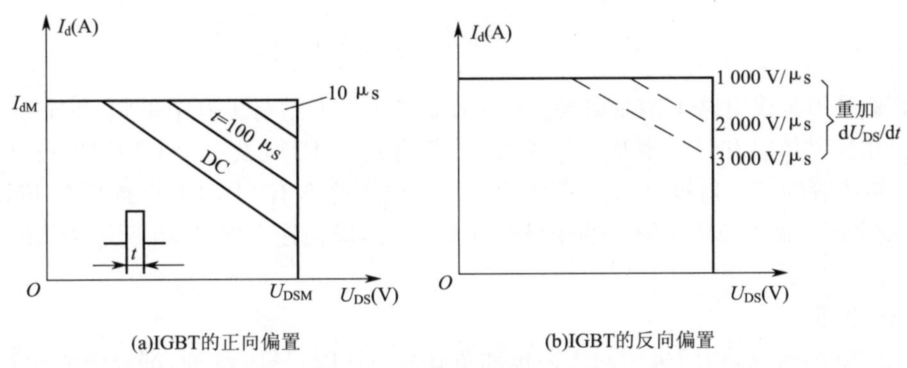

图 2.37　IGBT 的安全工作区

IGBT 反向偏置安全工作区(RBSOA)如图 2.37(b)所示，它随 IGBT 关断时的 dU_{DS}/dt 而改变，dU_{DS}/dt 越高，RBSOA 越窄。

2.7　MOS 控制晶闸管(MCT)

MOS 控制晶闸管(MCT)是一种新的功率器件。顾名思义，它是通过 MOS 门极开关控制晶闸管的。MCT 驱动功率小，开关频率与 IGBT 相近，而且不存在二次击穿的问题。它工作于超擎住状态，是一个真正的 PNPN 器件。这也就是 MCT 的通态电阻大大低于一般场效应器件的主要原因。MCT 将晶闸管容量大、正向电压低的优点与 MOSFET 的高输入阻抗、小驱动功率、开关速度快的特性结合在一起，构成大功率、快速的全控型电力电子新器件。有可能取代 SCR、GTO、IGBT，应用于高频大功率领域。

2.7.1　MCT 的结构原理及工作特性

1. 基本结构

MCT 的英文全称是 MOS Controlled Thyristor，也称为 MOS-GTO，其基本结构如图 2.38 所示。它是在 SCR 结构中集成了一对 MOSFET，使 SCR 导通的 MOSFET 称为 ON-FET，使 SCR 关断的 MOSFET 称为 OFF-FET。下面以 P-MCT 为例进行介绍。

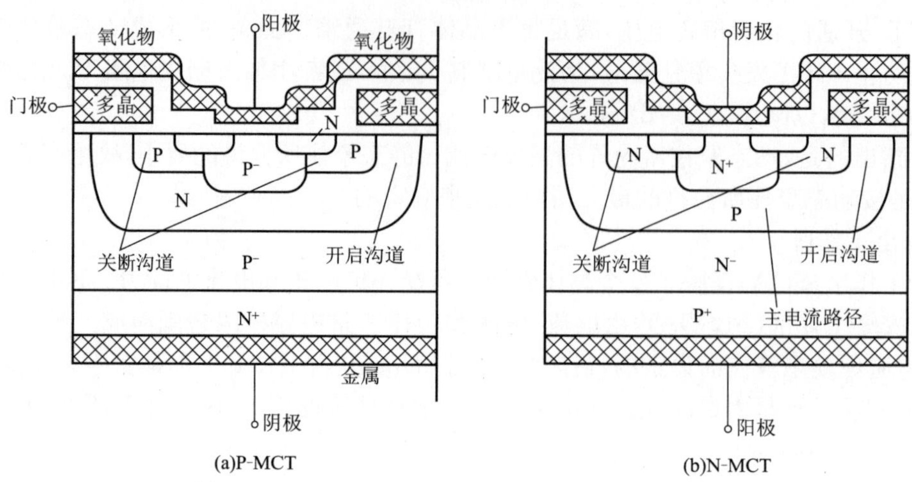

图 2.38　MCT 的基本结构

MCT 是采用集成电路工艺制成的。一个小的 MCT 大约有 1 万个单胞，每个单胞含有一个宽基区 NPN 晶体管和一个窄基区晶体管（二者构成 SCR）以及一个 OFF-FET。OFF-FET 接在 PNP 晶体管的基—射极之间。同时，约有 4％的单胞含有 ON-FET，连接在 PNP 晶体管的基—射极之间。两个 MOSFET 的栅极与 MCT 的门极相连。图 2.39 所示为 MCT 等效电路及符号。

2. 工作原理

如图 2.39(b)所示，当门极相对于阳极加负脉冲电压时，VT_2 导通，漏极电流使 NPN 晶体管 VT_3 导通，VT_3 的集电极电流（电子）使 VT_4 导通，而 VT_4 的集电极电流（空穴）又反过来维持 VT_3 的导通。通过 SCR 的正反馈作用，MCT 导通。

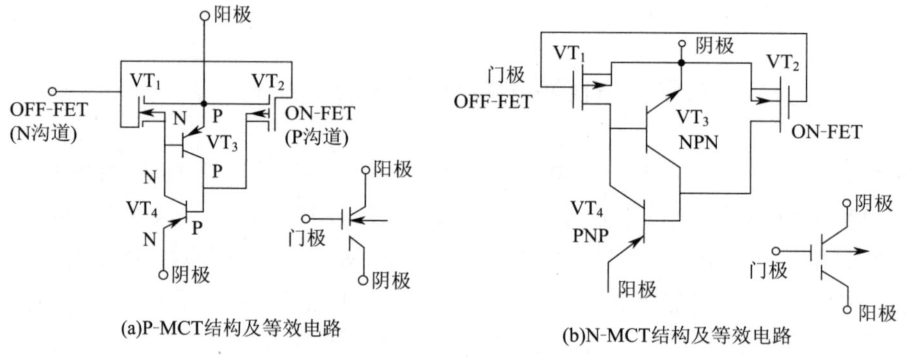

图 2.39　MCT 等效电路及符号

当门极相对于阳极加正电压时，VT_1 导通，VT_4 截止，破坏了 SCR 的擎住条件，从而使 MCT 关断。

通常，－5～－15 V 电压可使 MCT 导通，＋10 V 脉冲使其关断。

应该指出的是，MCT 和 SCR 有两点明显的不同：

(1)MCT 是电压控制型器件，而 SCR 是电流控制型器件。

(2)MCT 加门极信号是以阳极为基准的，而 SCR 是以阴极为基准的。

3. 参数定义

由于 MCT 是一种新器件，所以许多参数要重新定义：

(1)击穿电压。没有触发时 MCT 连续承受的最大电压。

(2)正向压降。150 ℃时额定峰值电流下的正向压降。

(3)结温。在标准的塑料外壳场合规定为 150 ℃ 。

4. 电压和电流

目前已有 100 A/1 000 V、$\mathrm{d}u/\mathrm{d}t$=20 000 V/μs、$\mathrm{d}i/\mathrm{d}t$=20 000 A/μs、t_{off}的产品，研制水平已高达 3 000 V。

目前产品的电流为 500～1 000 A。提高电流的主要手段是增加芯片尺寸和最佳设立。迄今 0.4 cm^2 芯片(有效区)可关断 200 A 电流(150 ℃)，在一光控模块中，几个芯片并联已可关断 600 A 以上的电流。

由于 MCT 是用 DMOSFET 工艺制得，所以芯片尺寸不能无限制地增大，因此更大电流的 MCT 期望由多芯片并联而成。初步实验发现，在 12 个芯片并联模块中，电流分布的平均性在 10%之内。还发现器件的电流基本上不受通态损耗发热的限制，而受高温、峰值电流的限制。通过 OFF-FET 沟道密度的几何图形设计，可控制电流容量。

5. 开关速度

MCT 的开通延迟时间和开通电流上升时间非常快。对许多带 ON-FET 的单胞，如果不受门极驱动上升时间的限制，开通时间约为一个基区渡越时间(数十纳秒)，用这种设计，MCT 达到最终的通态电压，基本上不存在 $\mathrm{d}i/\mathrm{d}t$ 的限制。

6. 工作温度

MCT 的工作温度范围为－200～＋300 ℃ ，由于反相漏电缘故(每隔 10 ℃ 或 12 ℃ 增大一倍)，实际的温度上限为 250～270 ℃ 。

7. 安全工作区(SOA)

图 2.40 为 MCT 在没有吸收回路时的安全工作区(150 ℃)。它与外壳、散热器、电流和工作周期由关。当工作电压超过 SOA 范围时，MCT 可能会被损坏；而当峰值可控电流超过 SOA 时 MCT 不会像其他大部分功率开关那样损坏，而只是不能用门极关断而已，因此 MCT 的短路保护相当简单，只需熔断丝之类即可。

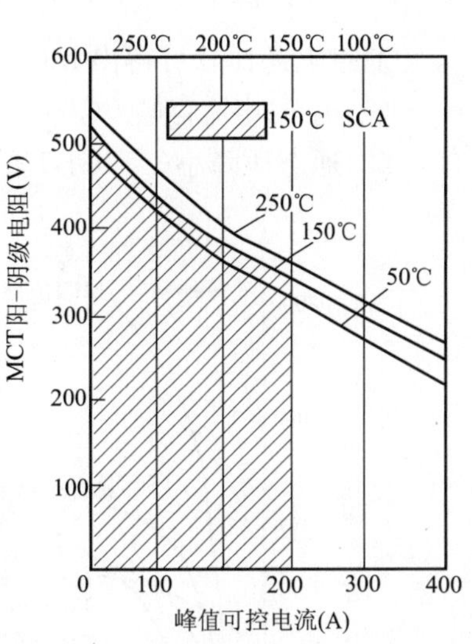

图 2.40 MCT 在没有吸收的安全工作区

2.7.2 MCT 与其他器件的比较

表 2.1 列出了全控型功率器件 GTR、MOSFET、IGBT、GTO 和 MCT 主要性能的比较数据。图所示为各种器件正向压降与电流密度的关系。由图 2.41 可知，600 A器件当正向压降为 1 V 时，MCT 电力密度是双极型晶体管的 10 倍，达林顿管的 30 倍，功率 MOSFET 的 100 倍，普通晶闸管的 500 倍。因此，对给定的正向压降，MCT 具有最大电流密度。图 2.42 为阻断电压、导通电流和器件面积一定的情况下，导通损耗、开关能量与存储电荷的定性关系。

表 2.1　各种全控型电力半导体器件的比较

器件参数	GTR	MOSFET	IGBT	GTO	MCT
连续电流密度（A/cm²）	80①	40	130～160	75～150	150③ 200④
峰值电流密度（A/cm²）	120①	160	100	200～400	150～300
关断功率密度（kV·A/cm²）	60	200	120	10～15	<45③
正向损耗：U（V） 额定电流时 10%额定电流时	 2.0 1.2	 5～7 0.5～0.7	 3.5 1.8	 1.8～2.5 1～1.5	 <1.2③ <0.7③
开关损耗② 导通时间（μs） 关断时间（μs）	 1.0 2.0	 <0.1 <0.1	 ≦0.15 ≦0.35	 0.5～2.0 0.4～2.0	 0.14③ 1.2③
击穿电压②（V）	500	500	500	1 200	275②③
关断 SOA②	较好	好	较好	差	差
成本	较低	较高	中	最高	最低

注：①500 V 器件；②测量值；③无吸收回路运行；④预测值。

通过上述比较可得出 MCT 优点：

（1）电压、电流容量大（击穿电压 3 000 V，峰值电流 1 000 A，最大关断电流密度 6 000 A/cm²）。

（2）通态压降小（为 IGBT 的 1/3，约 1.1 V）。

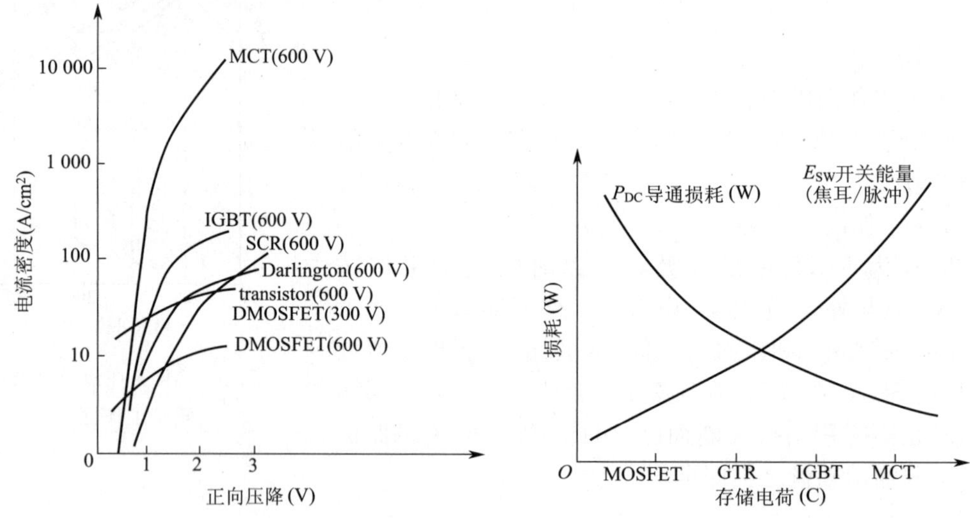

图 2.41　正向压降与电流密度的关系　　图 2.42　MCT 参数之间的定性关系

（3）有极高的 di/dt（20 000 A/μs ）及 du/dt（20 000 V/μs ）。

（4）开关速度快，开关损耗小（开通时间 200 ns，可在于 2 μs 时间内关断 1 000 V 电压）。

（5）工作温度高，在 200 ℃ 以上。

（6）对恒定的电容值，MCT 无密勒效应，因而可大大简化门极驱动设计，增加门极驱动的可靠性。

（7）即使关断失效，MCT 也不会损坏。

2.8 功率集成电路(PIC)

功率集成电路 PIC(Power-IC)包括高压功率集成电路(HVIC)、智能功率集成电压(Smart Power-IC)和功率专用集成电路,简称 SPIC,也有人认为 SPIC 属于 HVIC,1981 年美国试制出第一个 PIC。HVIC 可达到 500 V/600 mA,用于平板发光显示驱动装置和长途电话的功率变换装置。SIC 水平为 110 V/13 A 及 500 V/0.5 A,用于电动机的驱动。目前单片电路中最高水平击穿电压 1 200 V 输出电流 40 A。最近出现的智能功率模块 IPM 在 20 kHz 高频程序下可承受 AC 200 V/400 V 电压、最大容量可达 55 kW。从电压、电流来看,PIC 可分为三个领域:

(1)低压大电流 PIC,主要用于汽车点火、开关电源和同步发电机等。

(2)高压小电流 PIC,主要用于平板显示、交换机等。

(3)高压大电流 PIC,主要用于交流电机控制、家用电器等。

PIC 是电力半导体技术与微电子技术结合的产物,其根本特征是使动力与信息结合,成为机和电的接口,是机电一体化的基础元件。

2.8.1 PIC 技术

将输出的功率器件及其驱动电路、保护电路和接口电路等外围电路集成在一个或几个芯片上,就称作功率集成电路,也称作智能功率集成电路。图 2.43 为功率集成电路的典型构成。

功率集成电路最重要的部分是处理大电流和高电压的功率器件。对于 PIC,有的定义规定至少能流过电流为 1 A,或输出电压大于 50 V,但大多数定义必须大于 1 W(或 2 W)。

比起最小功率额定值来,确定 PIC 的智能化比较困难了。所谓"智能化"是指控制功能、接口能力及对故障的诊断、处理或自保护功能。不管是单片电路还是混合电力,都是具有一定的自保护功能。另外由于功率电路都包含在单一的封装中,因此还具有尺寸小、可靠性高、使用方便等优点。

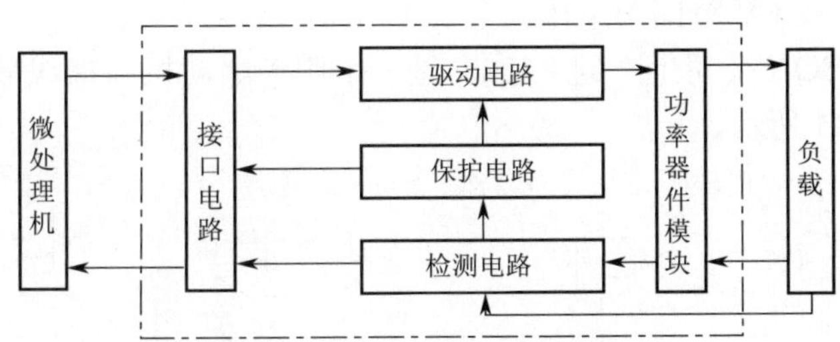

图 2.43 功率集成电路的典型构成

1. PIC 的分类与发展

如前所述,功率集成电路还可以分为智能功率集成电路(SPIC)和高压功率集成电路(HVIC)。通常认为,SPIC 是指一个(或几个)具有纵型结构的功率器件与控制和保护电路的集成。HVIC 是由多个高压器件与低压模拟器件或逻辑电路集成在一个单片之上而成。其功率器件是横向的,电流容量较低。

随着半导体的发展和工艺技术的进步,PIC 发展的动向必然是高压化(100～1 200 V)和智能化。另外,由于单片 IC 在耗电、散热等方面的限制,将单个的器件组装在一起形成模块。

从而驱动大的负载,这种动向也存在。同时,随着芯片制造技术的改进及成本降低,单片化、模块化已成为今后的发展方向。

2. SPIC 的基本功能

SPIC 的三个基本功能是功率控制、传感及保护和接口。功率控制部分具有处理高电压大电流或两者兼有的能力。其驱动电路一般被设计成能在直流 30 V 下工作,这样才能对 MOS 器件的栅极提供足够的电压。另外,驱动电路必须能够使控制信号传递到高压侧。

IC 的保护电路一般是通过含有高频双极晶体管的反馈电路来完成。反馈环路的响应时间对于良好的关断是很关键的,由于在发生故障期间系统电流以很快的速度增加,因此这一部分需要由高性能模拟电路实现。

SPIC 的接口功能是通过完成编码操作的逻辑电路来实现。IC 芯片不仅需要对微处理机的信号作出反应,而且也必须能够传送与工作状态或负载监测有关的信息,如过热关断,无负载或环路等。这需要在 SPIC 功率芯片上集成高密度 CMOS 电路。为避免产生闭环现象,SPIC 中 CMOS 电路的设计也比较复杂。

3. SPIC 的开发和应用

SPIC(智能功率集成电路)的应用正在逐渐扩大,它在电动机控制,工厂自动化,汽车电子学方面都产生了重大的影响。除特殊定制产品外,还产生了通用 SPIC 产品。

(1)美国国家半导体公司的 LM1951,线性技术公司的 LT1188,HARRIS 公司的 SP306,日立公司的 HA13703A,以及西门子公司的 BTS412 和 BTS432 等。这些均属于 SPIC,都具有对短路、过热、过载及对反向电压和欠压状态的自保护功能,大部分具有自诊断功能。其功率器件的电流额定值为 1～12 A,采用 5 引线 TO-22 封装,用于汽车高压电子驱动器。

(2)国际整流器公司生产的 IR2110(500 V)和 HARRIS 公司生产的 SP606(600 V)等。这些 SPIC 是随着由双极工艺发展到将低压双极、CMOS 和高压 DMOS 集成在一起的 BCD 技术而产生的用于功率转换、电动机控制等方面。它们工作在大约 1 MHz 的频率下,具有 2 A 的峰值电流额定值,有独立的高压侧和低压侧输出通道,各个通道处于擎柱方式以使交叉传导减到最小。高压侧通道可以驱动耐压 500 V 或 600 V 功率 MOSFET 或 IGBT;低压侧通道由固定电源驱动,在 10～20 V 范围内工作。

(3)SGS-THMOSON 公司生产的 L6280,是一个用于电动机和螺线管控制的单片三通道驱动器系统,如图 2.44 所示。

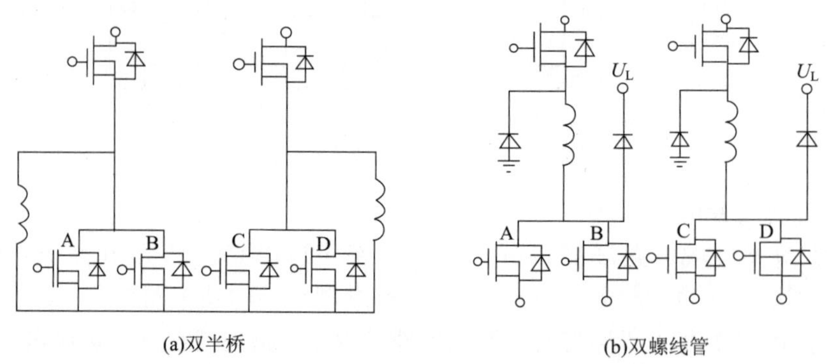

(a)双半桥　　(b)双螺线管

图 2.44　L6280 的输出通道简图

该芯片使用多个功率输出 BCD 技术,将 15 个 VDMOS 功率晶体管和用作控制保护和接口电路的 4 000 个晶体管组装在一个芯片上，可以承受 60 V 的电压。另外，在这个芯片上，还集成了两个1 A的电机驱动器、一个 3 A 螺线管驱动器、一个 5 V/1 A 的开关电源和一个微处理机接口。

2.8.2 智能功率模块(IPM)

智能功率模块(IPM)又称智能集成电路，是电力集成电路的一种。在电力电子变流电路中，电力电子器件必须有驱动电路(或触发电路)、控制电路和保护电路的配合，才能按人们的要求实现一定的电力控制功能。以往，电力电子器件和配套控制电路是分离器件构成的电路装置，而今半导体技术达到了可以将电力电子器件及控制电路所需的有源或无源器件集成，比如功率二极管、BJT、IGBT、高低压电容、高阻值多晶硅电阻、低阻值扩散电阻及各器件之间的连接等。这种功率集成电路特别适应电力电子技术高频化发展方向的需要。由于高度集成化，结构十分紧凑，避免了由于分布参数、保护延迟所带来的一系列技术难题。

IPM 是以 IGBT 为基本功率开关元件，构成一相或三相逆变器的专用功能模块，尤其适合于电动机变频调速装置的需要。图 2.45 为 IPM 模块内部结构图。

由图 2.45 可见。IPM 模块的特点是集功率变换、驱动及保护电路于一体。其保护功能主要有过流、控制电源欠压和管芯过热等保护。而在原先 IGBT 模块的使用中，单单这些保护功能，就使电路十分复杂，而且其可靠性也差。使用 IPM 模块，仅需提供各桥臂对应 IGBT 的驱动电源和相应的开关控制信号，从而大大方便了应用的系统的设计，并使可靠性大大提高。伴随着功率器件的智能化，富士电机公司于 1989 年成功开发了双极型的智能化功率模块。其后，以进一步降低损耗和提高频率为目标，于 1992 年成功开发了具有低损耗热点 J 系列 IGBT—IPM(J—IPM)。1995 年又开发了具有低成本、低噪声特点的 N 系列 IGBT—IPM(N—IPM)，并实现了产品化。1998 年又开发了具有高性能价格比特点的第三代 R 系列 IGBT—IPM(R—IPM)。经过十几年的努力，IPM 已经在中频(＜20 kHz)中功率范围内取得了应用上的成功。IPM 的应用比较方便，对于其中的每一个 IGBT 器件，只要一个＋15 V 的单电源即可。但存在着内部死区时间及过流、短路保护阀值不可由用户调节的缺陷，往往用于定型逆变器类产品。

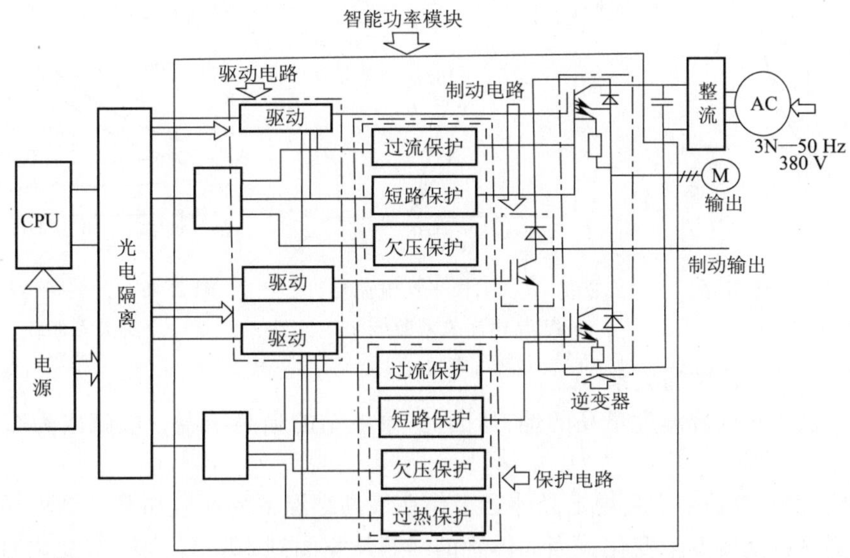

图 2.45 采用 IPM 制作的逆变器框图

2.9　电力电子器件的冷却与保护

2.9.1　电力电子器件的冷却

2.9.1.1　冷却的重要性

除了电学性能外，电力电子器件的热学特性和参数也同样重要，为了保证电力电子器件的正常运行，冷却是不可缺少的。

作为电力电子器件核心的PN结，性能与温度密切相关，结温过高，会使PN结特性退化或丧失，导致器件的许多特性和参数发生变化，甚至使器件永久烧坏，与最高允许结温 T_{jm} 相对应，规定了器件的最大允许耗散功率。

电力电子器件必须限制最高结温才能正常工作，一般情况下，整流管结温不超过150 ℃，GTO不超过125 ℃，GTR不超过150 ℃，功率MOSFET不超过150 ℃，所以必须采取冷却措施。

电力机车的主电路和辅助电源回路广泛采用了大功率的电力电子器件，冷却措施也更加重要。

1. 结温与GTO特性的关系

GTO与普通晶闸管相似，结温影响反向耐压、反向漏电流、可关断阳极电流以及关断时间等特性参数。当结温过高时，PN结产生了热击穿效应，GTO的耐压急剧下降。如图2.46所示，结温过高，PN结的反偏电压特性越软，热击穿开始得越早。当温度升高，α_1 和 α_2 增大，如果破坏GTO的临界导通状态，将使可关断阳极电流下降，阳极平均电流也随着减小。图2.47给出GTO阳极平均电流与结温相互关系的实例，测试条件为：方波电流波形，占空比为1/3，重加 dv/dt 为200 V/μs，再加电压为600 V。由此图还可看出，相同结温时，工作频率增加，则阳极平均电流下降。此外，结温对GTO的动态参数也有很大影响。开关特性的温度曲线如图2.48所示。结温增加，存储时间 t_s 显著增加，即GTO的关断时间延长。结温过高还会出现关不断的现象。

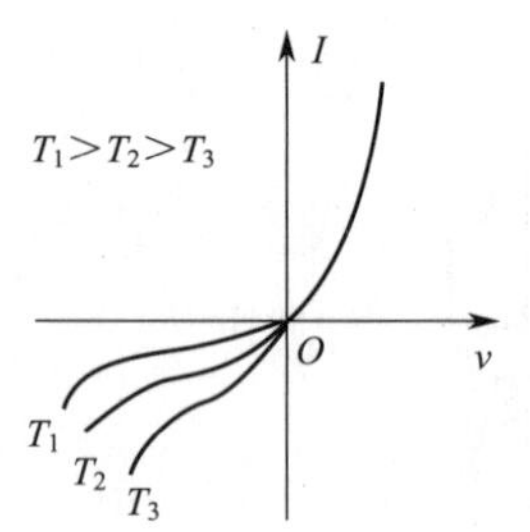

图2.46　PN结热击穿效应示意图

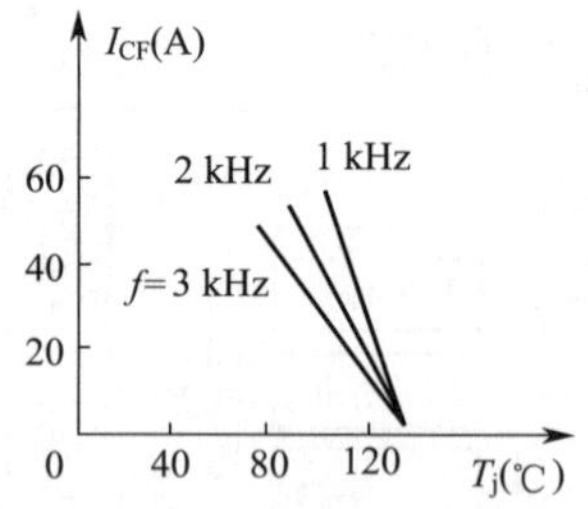

图2.47　阳极平均电流与结温相互关系曲线

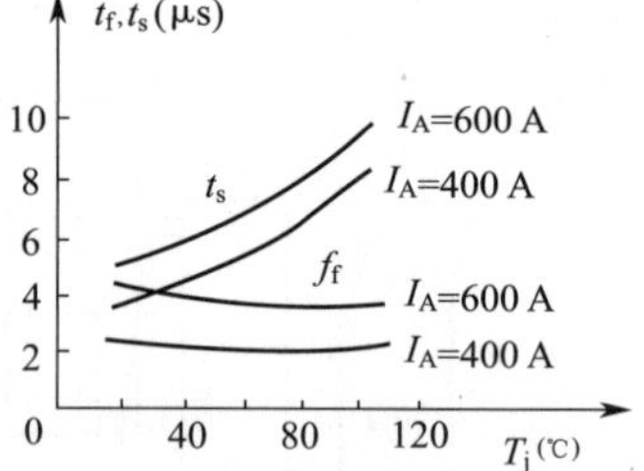

图2.48　开关特性与温度的关系曲线

2. 结温与GTR特性的关系

集电结是晶体管内部温度最高的地方，因此，集电结的最高结温一般就成为GTR能正常工作的最高允许结温。

GTR的最大耗散功率 P_{CM} 规定晶体管工作在最高结温下的耗散功率。结温超过规定值，晶体管的许多参数就要发生变化。当晶体管的结温从室温到100 ℃、200 ℃变化时，功率增益分别下降30%、50%；输出功率下降16%、33%。

GTR 工作于开关状态时，必须注意动态损耗。动态功耗过大，势必引起晶体管内局部温度过高，产生局部烧毁事故。这是由于导电不均匀、局部电流集中，温升过高，产生二次击穿所造成，此时，壳温不一定很高，但是管子已经失效。

3. 结温与 MOSFET 特性的关系

MOSFET 是单极型功率器件，只是一种载流子导电，开关速度快、开关损耗很小；但是通态电阻大，通态损耗大，因而 MOSFET 适用于高频开关状态工作。由于通态电阻具有正的温度效应，温度升高，电阻增大，电流会自动降低，所以内部电流易于均匀，不易产生局部热点。

2.9.1.2 散热原理

散热途径有热传导、热辐射和热对流三种方式。电力电子器件通过电流时产生的热量使管芯发热、结温升高。管芯发热后一般通过热传导方式向周围散热。

1. 稳态热路图与热阻

管芯内温度最高的部位在 PN 结上。热量从 PN 结通过管壳、散热器传至环境介质中。当管芯上每秒消耗功率产生的热量与每秒散发出去的热量相等时，管芯的温度就达到稳定状态，结温不再升高。根据器件内热量的传导过程可以画出等效热路图，以 GTO 为例的稳态等效热路图如图 2.49 所示。

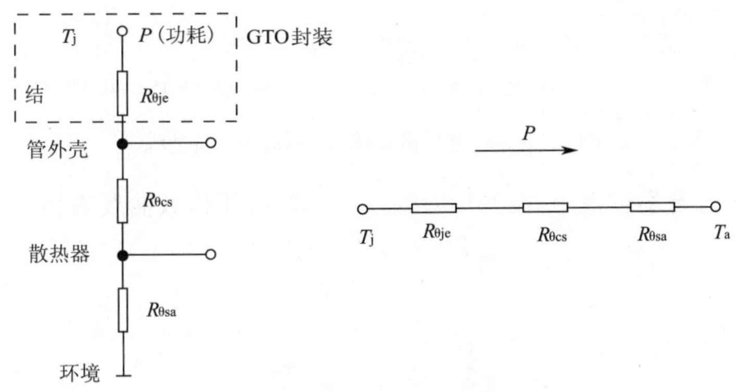

图 2.49 稳态等效热路图

热路图与电路图很相似。功率 P 相当于热流，与电流类似；温升 ΔT 与电压相似；热阻 R_θ 与电阻相似。功耗、温升和热阻之间的关系和欧姆定律相似。即

$$P=\Delta T/R_\theta \tag{2.22}$$

式中 P——恒定耗散功率，W；

R_θ——结至环境介质的热阻，℃/ W；

ΔT——两端温差，℃，其值为

$$\Delta T=T_j-T_a$$

其中 T_j——结温，

T_a——环境温度。

由式(2.22)可知，为使恒定的耗散功率 P 流过某一物体，在温度达到平衡之后，物体两端的温度温差 ΔT 与热阻 R_θ 成正比，即热阻越大，温差越大。

器件散热时的总热阻 R_θ 由以下几部分组成：PN 结至外壳的热阻 $R_{\theta je}$、外壳至散热器的热阻 $R_{\theta cs}$ 以及散热器至环境介质的热阻 $R_{\theta sa}$，其中 $R_{\theta je}$ 也称内热阻，其他两项称为外热阻。器件

总热阻 R_θ 为

$$R_\theta = R_{\theta je} + R_{\theta cs} + R_{\theta sa} \tag{2.23}$$

内热阻 $R_{\theta je}$ 由器件的结构、工艺和材料所决定，减少内热阻是器件设计者的任务。外热阻中 $R_{\theta cs}$ 为管壳与散热器之间的接触热阻；$R_{\theta sa}$ 为散热器与周围环境之间的热阻。在实际应用中，电路设计者应力求减少这两部分的热阻，以达到良好散热的目的。

必须指出，式(2.22)和式(2.23)为热稳态时功耗 P、温升 ΔT 和热阻 R_θ 之间的关系。非常稳态时，热阻的概念不再适用，必须采用瞬态热阻抗的概念。

2. 瞬态热路图和瞬态热阻抗

由于器件具有热容量，升温或降温都有一个瞬态过程，像支流电路中的瞬态过程一样，可以用瞬态热路图来分析。图 2.50 为恒定耗散功率作用下物体升温过程的示意图及其相应的瞬态热路图。

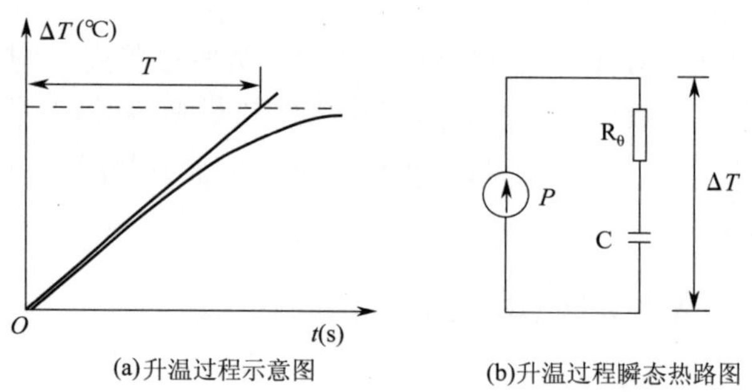

(a)升温过程示意图　　(b)升温过程瞬态热路图

图 2.50　恒定耗散功率下物体的升温过程

由图 2.50 可知，升温过程中，温升 ΔT 的变化规律可用指数曲线来描绘，其方程为

$$\Delta T = T_{JM}(1 - e^{-t/T}) \tag{2.24}$$

$$T_{JM} = PR_\theta$$

$$T = R_\theta C$$

$$Z = R_\theta(1 - e^{-t/T}) \tag{2.25}$$

$$\Delta T = ZP$$

式中　P——恒定耗散功率，W；

R_θ——热阻，℃/W；

C——物体热容量，J；

T_{JM}——热稳态时的最高温度，℃，$T_{JM} = PR_\theta$；

t——热时间常数；

Z——瞬态热阻抗。

由式(2.25)知，瞬态热阻抗 Z 是时间的函数。当时间 $t \to \infty$ 时，瞬态热阻抗即成为稳态热阻。当负载的持续时间等于器件和散热器总的热时间常数 t 的 5 倍时，就可以作为持续恒定负载对待，即可用热阻的概念进行计算。

瞬态热阻随通电的时间变化，常用曲线来表示，因此瞬态热阻抗又称热阻抗曲线。器件或散热器给出的曲线由实测法而得。

图 2.51 给出了电子器件用相对值 $r(t_p)$ 表示的热阻抗曲线。$r(t_p)$ 可用下式表示：

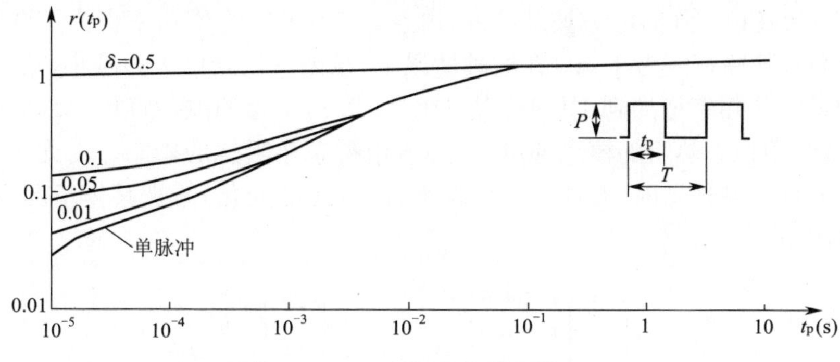

图 2.51　开关器件的热阻抗曲线

$$r(t_p)=Z(t_p,\delta)/\ R_{\theta jc} \tag{2.26}$$

式中　$R_{\theta jc}$——器件的 PN 结至外壳的稳态热阻。

由图 2.51 可知，热阻抗是器件导通时间 t_p 和负载功率占空比 δ 的函数。占空比 δ 定义为

$$\delta=t_p/T$$

式中　T——器件的导通时间 t_p 与关断时间 t_{off} 之和。

也就是说，不同的功率导通脉宽和不同的占空比对应着不同的 $r(t_p)$，进而有不同的热阻抗值。

在给定 t_p 和 δ 可查得 $Z(t_p,\delta)$，于是可得出在峰值耗散功率 P_P 时的温升为

$$T_{JM}-T_C=P_PZ(t_p,\delta) \tag{2.27}$$

式中　T_{JM}——器件的最高运行结温；

　　T_C——器件的壳温。

3. 热阻和瞬态热阻抗的应用

在选用电力电子器件或选配散热器时必须正确应用热阻和热阻抗的概念。

当流过器件的电流保持恒定时，器件和散热器可达到热稳定状态，利用简单的热阻概念即可进行计算。在器件和散热器的说明书中，一般都给出热阻参数。器件的容量越大，热阻越小。

当流过器件的电流为非恒定值，特别在冲击负载或过载情况下，器件或散热器达不到热稳定状态，需要用瞬态热阻抗的概念进行计算。在器件或散热器的说明书中常给出瞬态热阻抗曲线。

然而，应用热阻概念，不能确定周期性变化负载下的匹配关系。例如，对冲击负载来说，就不能用热阻概念来选用器件和选配散热器，否则，散热器的热容量不能得到充分利用，且装置的体积大大增加，成本随之提高。

在冲击负载时，晶闸管的 di/dt、晶体管的二次击穿都与器件的局部温升有关，这种情况下设计者关注的是短时间内器件局部温升是否超过最高允许结温，而不去考核 PN 结的平均温度，为了使器件安全运行必须用瞬态热阻的概念进行设计。

电力电子自关断器件多使用于开关状态，其工作波形一般为方波，确定器件最高结温时必须考虑工作频率、负载电流占空比以及方波脉冲的宽度。具体示例如图 2.52 所示。

图 2.52(a)为低频工作时的方波脉冲列，其工作频率为 20 Hz，脉冲宽度 $t_p=10$ ms，占空比 $\delta=0.2$，峰值功率为 100 W，在这种条件下，结温的波形很大，设计者需要考核的是器件最高结温，而不是平均结温。这时要用瞬态热阻抗的概念，而不用热阻的概念。

图 2.52(b)为高频工作时的方波脉冲列，占空比 $\delta=0.2$，峰值功率仍为 100 W，但工作频率提高到 200 Hz，脉冲宽度为 1 ms，在这种情况下，结温的波动已大为减小，这是由于器件热惯性所致。如果工作频率增加到 1 kHz，占空比 $\delta=0.2$，结温的波动将更小，峰值结温几乎等于平均结温，这时用稳态热阻的概念即可，不必再用瞬态热阻抗的概念。由此可以看出，对方波脉冲列选用器件及散热器时，要注意工作频率、占空比的变化，并视具体情况而决定用热阻还是用瞬态热阻抗。

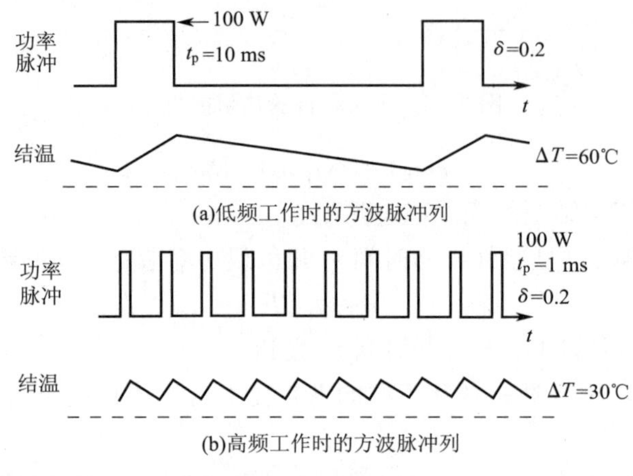

图 2.52　方波脉冲列的温升

2.9.1.3　*冷却措施*

对器件的应用者来说，为了限制结温，可在减少热阻方面采用措施，即减少接触热阻 $R_{\theta cs}$ 和散热器热阻 $R_{\theta sa}$。

1. 接触热阻 $R_{\theta cs}$

电力电子器件的正常运行，在很大程度上取决于器件与散热器之间的装配质量。散热器安装台面必须与电力电子器件很好接触，形成良好的导电面和导热面。由于电力电子器件质量、使用条件、外形结构及品种不同，所以散热器的安装形式也各不相同。但是，电力电子器件管壳与散热器之间的温差和接触热阻 $R_{\theta cs}$ 值，必须控制在规定数值以下。

(1)接触热阻与器件封装形式的关系

器件封装形式不同，接触热阻则不同。此外，接触热阻还与器件与散热器之间是否有垫圈，是否涂有硅油等情况有关。接触面涂有硅油，热阻下降。涂以含有氧化锌的硅油、硅脂等涂料，可以保护接触面，并填补接触的低洼空隙，增加传热面积。虽然硅脂是电介质，但它是比空气更好的热导体。只要将散热器拧紧，器件和散热器之间不但有良好的电接触，而且还可使热阻显著降低。

此外，器件与散热器接触表面要平整，其尺寸精度不应超过 0.001 mm，粗糙度不低于 $R_a6.3$，为确保器件外壳不受大气侵蚀，器件的铜外表面需镀镍和镀银。

(2)接触热阻与安装力的关系

电力电子器件根据容量的不同，分螺栓式器件和平板式器件。额定平均电流在 200 A 以上的较大功率器件，大多使用双面冷却平板式结构。如果其他条件相同，双面冷却散热器所散出的耗散功率比单面冷却提高 60%左右。

为了减少热阻，螺栓型器件必须有一定的锁紧力矩，平板型器件必须有一定的压紧力。图

2.53 所示为螺栓型器件接触器件热阻 $R_{\theta cs}$ 与锁紧力矩的关系曲线。由图可知，锁紧力矩过小，热阻很大，当力矩过大会使器件底座接触面发生变形导致接触不良，因此必须加以注意。

平板压接式器件的组装方式，是将器件夹在一对散热器之间，通过压装部件，使器件和散热器之间保证良好的电传导和热传递。

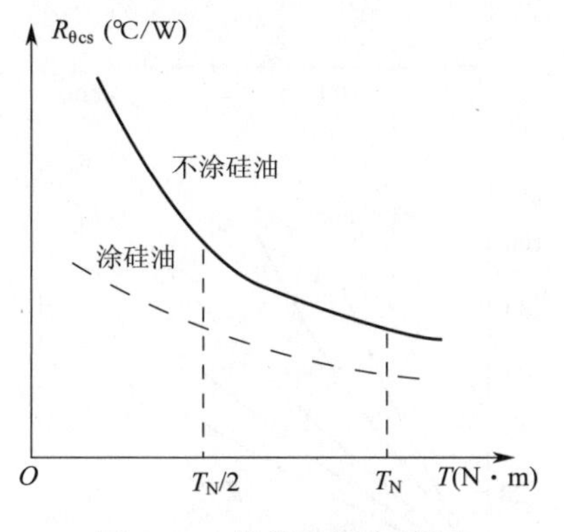

图 2.53　接触热阻与锁紧力矩的关系曲线

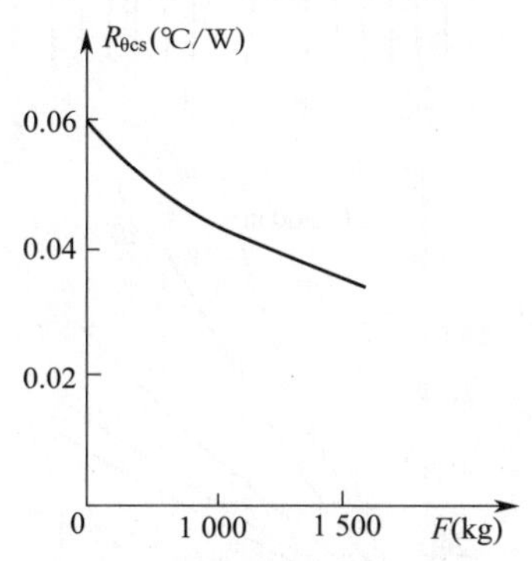

图 2.54　接触热阻与平板式器件安装压力的关系曲线

与螺栓式器件一样，压力的大小对接触热阻的影响很大。图 2.54 给出 400 A/2 500 V 晶体闸管器件的安装压力 F 和热阻 $R_{\theta sa}$ 的关系曲线。平板期在没有给出规定压力的情况下，一般取单位面积的压强为 19 620～29 430 kPa，过高或过低都不相宜。

2. 散热器热阻 $R_{\theta sa}$

散热器热阻是指从散热器至环境介质的热阻，它与散热器的材质、结构、表面颜色、安装位置以及环境冷却方式等因素有关。

散热器的材质有紫铜和工业铝两种。铜散热器表面需进行电镀、涂漆或纯化，铝散热器表面可涂漆或进行阳极氧化。自冷散热器表面最好是黑色，借以提高辐射系数，黑色散热器比光亮散热器可减少 10%～15%热阻。

散热器多为翼片形状以增加散热面积。为了便于热气流向上流动，散热器要垂直安放，产生所谓烟效应。垂直位置比水平位置可减少热阻 15%～20%。

图 2.55 给出常用散热器的形状及其相关参数对而阻的影响。其中图 2.55(a)为散热器截面图；图 2.55(b)为黑色表面散热器的长度 L 与热阻 $R_{\theta sa}$ 的关系曲线；图 2.55(c)为表面阳极氧化散热器的耗散功率 P 与温升 ΔT 在不同长度下的关系曲线；图 2.55(d)为黑色时温升 ΔT 在不同长度下的关系曲线。由图可知，散热器长度增加，热阻 $R_{\theta sa}$ 减少，但长度增加到一定程度，热阻 $R_{\theta sa}$ 下降很小。散热器表面涂黑比表面阳极化处理后散热效果更好。

3. 散热器的常用冷却方式

散热器的常用冷却方式分为四种：自冷、风冷、液冷和沸腾冷却。

自冷是通过空气自然对流及辐射作用将热量带走的散热方式。这种方式散热效率很低，但简单、维护方便、噪声小，适用于额定电流较小的器件或简单装置。

风冷散热器是自冷散热效率的 2～4 倍。图 2.56 为风冷式风速与热阻之间的关系曲线，在装置内部的冷却风速，通常小于 6 m/s。电力机车和城市轨道交通车辆的散热器通常充分利用走行风冷却。

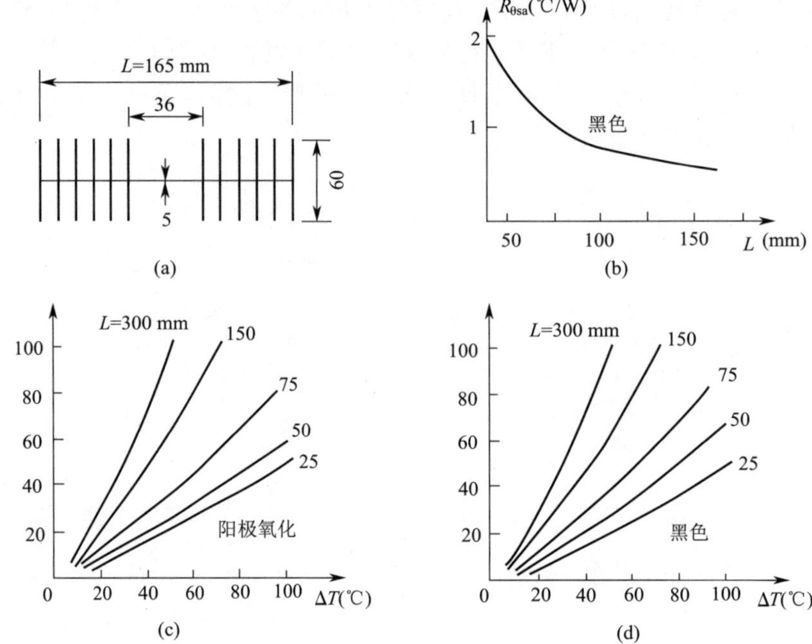

图 2.55　散热器的典型数据

水冷散热器的散热效率很高，其对流换热系数等于空气自然换流系数的 150 倍以上。这种散热器一般适用于电流容量在 500 A 以上的器件。油冷散热器的散热效率在水冷散热器与风冷散热器之间，冷却介质多用变压器油。

沸腾冷却将冷却媒质(氟利昂)放在密闭容器中，通过媒质的相变来进行冷却。沸腾冷却装置即热管的冷却效率极高，体积比同容量油冷和自冷装置小得多。

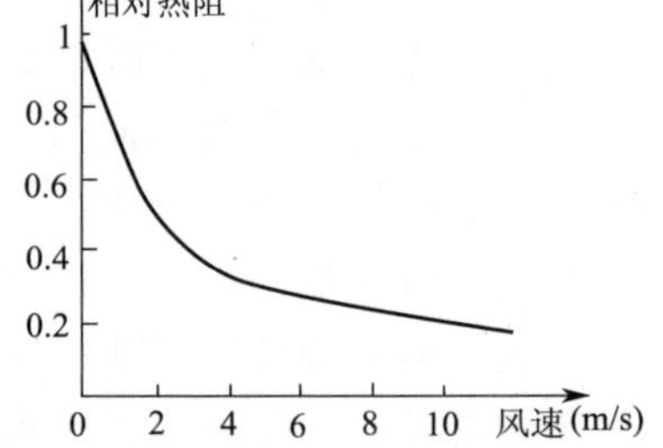

图 2.56　风速与热阻的关系曲线

2.9.1.4　热管的原理与应用

电力机车的主回路和辅助回路的大功率电力电子器件，已经普遍应用热管作高效的冷却。

1. 热管的工作原理

与同样直径的银棒相比，利用沸腾冷却原理的热管，等价热传导率要高 500～1 000 倍，是超级热传导器件。同样大小的铜棒和热管散热效果对比如图 2.57 所示。

热管是先将金属管抽成真空，再将少量工作介质密封，利用液体在管子内壁的沸腾、冷凝及毛细管作用，形成的散热系统。热管的一般工作原理如图 2.58 所示。

当管子的一端加热时，由于管子内部的低压状态，液体在低温下沸腾，产生的蒸汽形成压力波，以音速移动到另一端，冷却、冷凝释放热量。冷凝液通过毛细管作用回到加热端，再次沸腾、蒸发，向冷端运动。这一循环无需外力而反复进行，因此与普通的金属传热相比，热管可以在较小的温差下，快速地带走很多热量。

热管的散热能力受蒸汽的黏性、挥发，液体的沸腾，毛细管现象，动作温度和散热能力等种种限制。在电力电子器件领域应用的热管的散热能力主要受液体的毛细管现象限制。

热管的最大散热量与液体的 MERIT 数 N_t 成正比。N_t 表示工作介质的特性，液体的表面张力、蒸发热容量越大，黏度越小，N_t 越大。

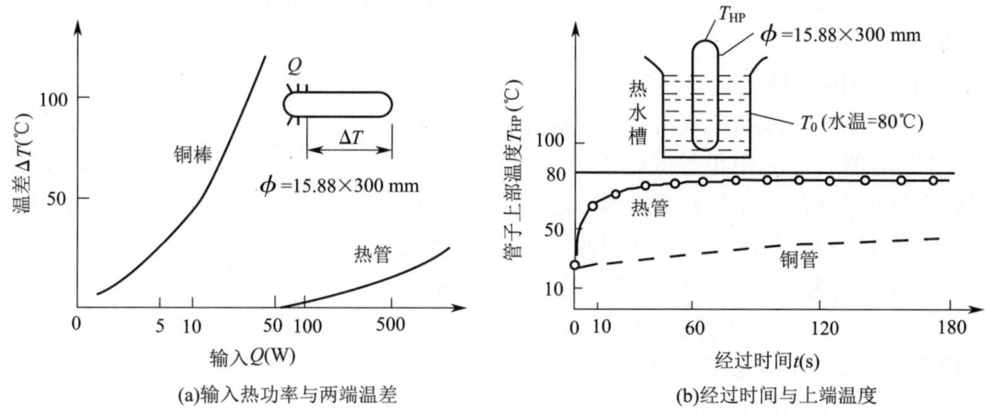

(a)输入热功率与两端温差　　(b)经过时间与上端温度

图 2.57　同样大小铜棒与热管散热效果对比

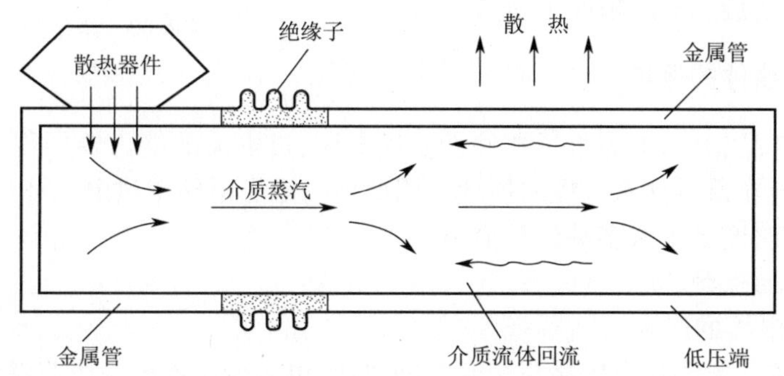

图 2.58　绝缘型热管的一般工作原理

用于一般电机电器的热管中，水的 N_t 值最大。考虑电气绝缘，电力机车一般采用电气绝缘性能良好的氟利昂作为工作介质。

绝缘型热管抽真空后加入工作介质，为了产生毛细管作用，热管内壁刻有沟槽。热管内部工作介质也是电气绝缘的。

半导体元件通电后发热，热管内部的工作介质液体沸腾汽化变为蒸汽，带走元件的热量使元件冷却；而工作介质蒸汽上升，到达散热区，由外界撒气（走行风）冷却、液化、回流，回到吸热区，利用走行风进行冷却，如图 2.59 所示。

2. 冷却单元

半导体元件的冷却利用了绝缘型热管和走行风自然冷却。绝缘型热管的散热器与风扇之间用绝缘子绝缘，元件部分和风

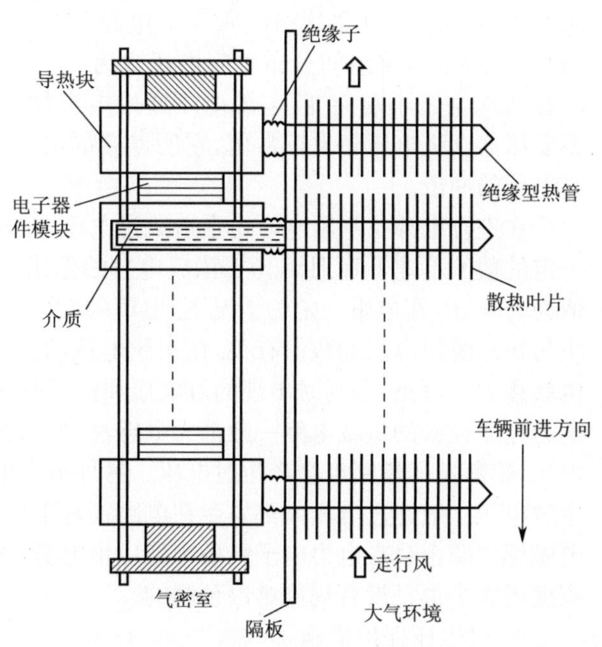

图 2.59　利用走行风的冷却

扇部分用挡板隔离，散热风扇的通风、冲刷清洗都很方便。为了减少线路电感的影响，缓冲电路和电容都应尽可能安装在 GTO 模块附近。在最靠近热管根部的挡板安装温度传感器或温度继电器。

3. 工作介质的选择

为了安装半导体模块，不仅要考虑容器的大小和尺寸，还要考虑容器内部应用足够的强度。

工作介质的压强与温度关系曲线如图 2.60 所示，选定使用温度较低的工作介质“氟利昂”，在工作温度 70～80 ℃时，压强为 98.1～196.2 kPa；在－10 ℃时，压强为 8.83 kPa。因此，包括容器和冷凝器的冷却系统，对气密性要求很高，焊接和使用必须注意。

为了保护冷却容器，冷却单元设置了开关，通过容器的外壁检测温度，当超过规定温度时开主回路。并设置了安全阀，可以在最恶劣的情况下泄放压力。

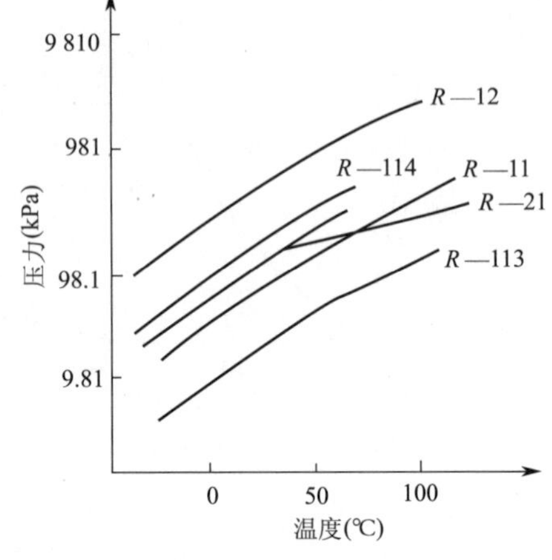

图 2.60　压强与温度的关系曲线

2.9.2　电力电子器件的保护

与一般电工产品相比，电力电子器件承受过电压、过电流的能力要弱得多，极短时间的过电压和过电流就会导致器件永久性的损坏。因此电力电子电路中过电压和过电流的保护装置是必不可少的，有时还要采取多种保护措施。

2.9.2.1　过电压的保护

1. 电源侧过电压的产生

电力电子设备一般都经变压器与交流电网连接，电源变压器的绕组与绕组、绕组与地之间都存在着分布电容，如图 2.61 所示。变压器一般为降压型，即电源电压 u_1 高于变压器次级电压 u_2。电源开关 S 断开时，初、次级绕组均无电压，绕组间分布电容电压也为 0，当电源合闸时，由于电容两端电压不能突变，电源电压通过电容加在变压器次级，使得变压器次级电压超出正常值，它所连接的电力电子设备将受到过电压的冲击。

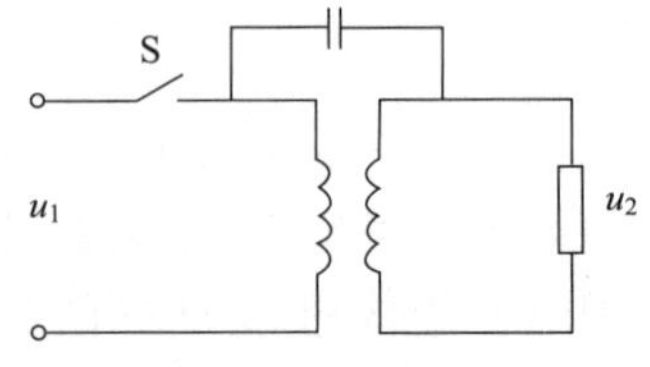

图 2.61　交流侧过电压

在进行电源拉闸断电时也会造成过电压，在通电的状态将电源开关断开将使激磁电流从一定的数值迅速下降到 0，由于激磁电感的作用，电流的剧烈变化将产生较大的感应电势，其值为 $L\mathrm{d}i/\mathrm{d}t$，在电感一定的情况下，电流的变化率越大，产生的过电压也越大。这个电势的大小与拉闸瞬间电流的数值有关，在正弦电流的最大值时断开电源，产生的 $\mathrm{d}i/\mathrm{d}t$ 最大，过电压也就越大。可见，合闸时出现的过电压和拉闸时出现的过电压其产生机理是完全不同的。在电力电子设备的负载电路一般都为电感性，如果在电流较大时突然切除负载，电路中会出现过电压，熔断器的熔断也会产生过电压。另外电力电子器件的换相也会使电流迅速变化，从而产生过电压。上述过电压大都发生在电路正常工作的状态，一般叫做操作过电压。雷电和其他电磁感应源也会在电力电子设备中感应出电势，从而造成过电压。这类过电压发生的时间和幅度的大小都是没有规律难以预测的。

2. 过电压保护措施

(1)阻容保护

过电压的幅度一般都很大，但是其作用时间一般却都很短暂，即过电压的能量并不是很大的。利用电容两端的电压不能突变这一特点，将电容器并联在保护对象的两端，可以达到过电压保护的目的，这种保护方式叫做阻容保护。起保护作用的电容一般都与电阻串联，这样可以在过电压给电容充电的过程中，让电阻消耗过电压的能量，还可以限制过电压时产生的瞬间电流。并且 R 的接入还能起到阻尼作用，防止保护电容和电路的电感所形成的寄生振荡。

图 2.62 为电源侧阻容保护原理图，电容越大，对过电压的吸收作用越明显。在图 2.62 中，图(a)为单相阻容保护，阻容电路直接跨接在电源端，吸收电源过电压。图 2.62(b)为星形三相阻容保护电路，平时电容承受电源相电压，2.62(c)为三角形三相阻容保护电路，平时电容承受电源相电压。显然，三角形接线方式电容的耐压要为星形接线的 3 倍。

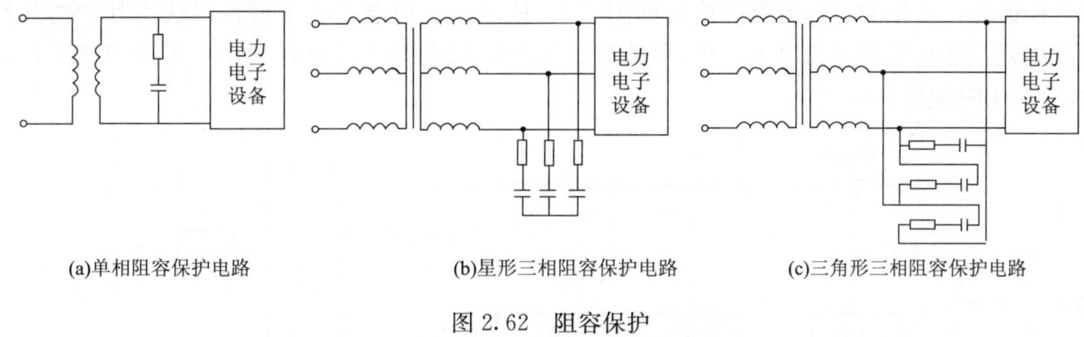

(a)单相阻容保护电路　(b)星形三相阻容保护电路　(c)三角形三相阻容保护电路

图 2.62　阻容保护

但是无论哪种接线，对于同一电路，过电压的能量是一样的，电容的储能也应该相同，所以星形接线的电容容量应为三角形的 3 倍。也就是说两种接线方式电容容量和耐压的乘积是相同的。

(2)整流式阻容保护

阻容保护电路的 RC 直接接于线路之间，平时支路中就有电流流动，电流流过电阻必然要造成能量的损耗并使电阻发热。为克服这些缺点可采用整流式阻容 RC 保护电路，其电路如图 2.63 所示。三相交流电经二极管整流桥变为脉动直流电，R_1 给 C 充电，电路正常工作无过电压时电容两端保持交流电的峰值电压，而后整流桥仅给电容回路提供微弱的电流，以补充电容放电所损失的电荷。由于与 C 并联的 R_2 阻值很大，电容的放电非常慢，因此整流桥输出的电流也非常小。一旦出现过电压，过电压的能量被电容吸收，电容的容量足够大，可以保证此时电容电压的数值在允许范围之内，从而也使交流电压不超过规定值。过电压消失后，电容经 R_2 放电使两端电压恢复到交流电正常时的峰值。由此可以看出，R_2 越大整个电路的功耗越小，但过电压过后电容电压恢复到正常值的时间也越长，因此大小受到两次过电压时间最小间隔的限制。

(3)非线性元件保护

常用的非线性保护元件有压敏电阻和硒堆，它们的共同特点是其两端所加电压的绝对值小于一定数值时元件的电流很小，外加电压一旦上升到某一定的数值，就会发生类似于稳压管的击穿现象，元件的电流会迅速增大而元件两端的电压保持基本不变，这一电压叫做击穿电压。压敏电阻的伏安特性如图 2.64 所示。利用这一特性，将非线性保护元件并联在要保护的电路的两端，就会将此处的电压限制在元件击穿电压的电压范围之内。

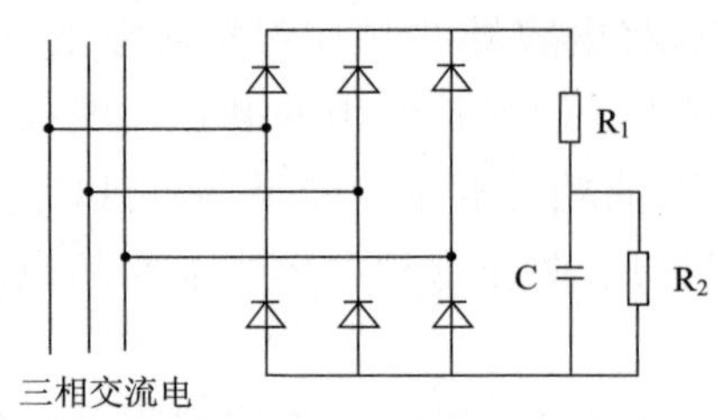

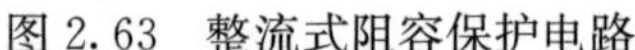

图 2.63 整流式阻容保护电路

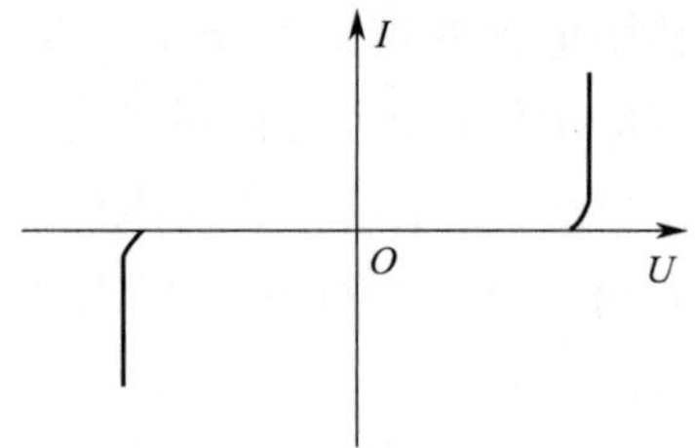

图 2.64 压敏电阻的伏安特性

2.9.2.1 过电流的保护

电力电子电路中的电流瞬时值超过设计的最大允许值,即为过电流。过电流有过载和短路两种情况。常用的过电流保护措施如图 2.65 所示。一台电力电子设备可选用其中的几种保护措施。针对某种电力电子器件,可能有些保护措施是有效的而另一些是无效的或不合适的,在选用时应特别注意。

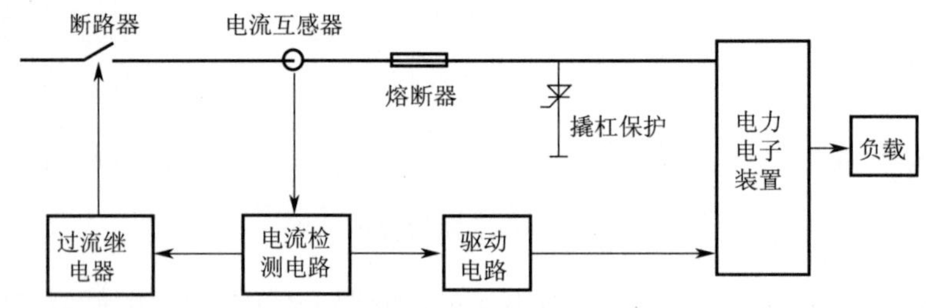

图 2.65 过电流保护

交流断路器保护是通过电流互感器获取交流回路的电流值,然后来控制交流电流继电器,当交流电流超过整定值时,过流继电器动作使得与交流电源连接的交流断路器断开,切除故障电流。应当注意过流继电器的整定值一般要小于电力电子器件所允许的最大电流瞬时值,否则会造成电流达到了器件的最大电流过流继电器才动作,由于器件耐受过电流的时间极短,在继电器和断路器动作期间电力电子器件可能就已经损坏。来自电流互感器的信号还可作用于驱动电路,当电流超过整定值时,将所有驱动信号的输出封锁,全控型器件会由于得不到驱动信号而立即阻断,过电流随之消失;半控型器件晶闸管在封锁住触发脉冲后,未导通的晶闸管不再导通,而已导通的晶闸管由于电感的储能器件不会立即关断,但经一定的时间后,电流衰减到 0,器件关断。这种保护方式由电子电路来实现,又叫做电子保护。与断路器保护类似,电子保护的电流整定值也一般应该小于器件所能承受的电流最大值。

快速熔断器保护一般作为最后一级保护措施,与其他保护措施配合使用。根据电路的不同要求,快速熔断器可以接在交流电源侧(三相电源的每一相串接一个快速熔断器),也可以接在负载侧,还可以在电路中的每一个电力电子器件都与一个快速熔断器串联。接法不同,保护效果也有差异。熔断器保护分为两种:对过载和短路过电流进行"全保护"与仅对短路电流起作用的短路保护。

撬杠保护多应用于大型的电力电子设备,电路中电流检测、电子保护都是必需的,同时还要在交流电源侧加一个大容量的晶闸管。其保护原理如下:当检测到的电流信号超过整定值时,触发保护用的晶闸管,用以旁路短路电流,晶闸管支路中可接一个小电感用以限制 di/dt;驱动电路开通主电路中的所有电力电子器件,以分散短路能量,让所有器件分 担短路电流;使交流断路器断开,切断短路能量的来源。经一段时间的衰减短路能量消失,起到保护作用。

复习与思考题

1. 概述电力电子器件的应用场合。
2. 电力电子器件有哪些基本类型？其特点和发展趋势如何？
3. 使用简单的直接并联或串联晶闸管会出现什么问题？应如何解决？
4. 说明 GTO 的工作原理及其可以关断的原因。
5. 电力电子开关器件为什么必须设置缓冲电路,缓冲电路有哪些类型？
6. 说明 IGBT 的实际等效电路及其擎住效应。
7. 与半控型开关器件相比,全控型开关器件在性能和使用上有哪些优点？
8. 画出 MCT 的等效电路,说明 MCT 有哪些性能特点。
9. 简述电力电子器件的冷却和保护方法。

3 相控整流电路

学习指导

掌握各种典型可控整流电路的特点和应用范围，以便根据现场直流用电设备的要求，合理地设计可控整流电路并正确选择其元器件参数及变流装置。相控整流电路的形式很多，数量关系复杂，本章着重掌握以下几个方面：

(1)整流电路的输出直流平均电压 U_d 和交流输入电压有效值 U_2、控制角 α 的关系。

(2)直流输出电流 I_d 与交流输入电流的有效值 I_2、控制角 α 的关系。

(3)流过晶闸管电流的有效值 I_T 和直流输出电流平均值 I_d、控制角 α 的关系。

(4)晶闸管、硅整流管和负载上的电压与电流的波形。

(5)触发信号的最大移向范围。

上述 5 个问题中，(1)、(2)两个关系主要供设计变压器时用，(3)、(4)两个关系主要供选择晶闸管、硅整流管的定额用，第(5)个关系供设计触发电路使用。

3.1 概　　述

在机车电力电子电路中，通过电力电子器件将交流电转换为直流电的电路称为整流电路。常用的整流电路的形式很多，可大致分类如下：

按电源的相数分单相电源电路、三相电源电路、多相电源电路。

按组成的器件分不控电路、半控电路、全控电路。

按电路的工作象限分单象限电路、二象限电路、四象限电路。

按电路的结构形式分半波电路、全波电路。

在大容量电路中，还有串联式组合电路、并联式组合电路、混合式组合电路等多种形式。

不控整流电路是输出电压不可调的整流变换装置，它的主要整流器件是不可控器件(如二极管)。

可控整流电路是生活、生产中广泛应用的电能变换电路，它将交流电变换成大小可以调节的直流电，为直流用电设备供电，如调压调速直流电源、电解电镀用的直流电源等。可控整流电路的结构形式视用电设备的容量大小而定，通常 4 kW 以下容量的负载多采用单向可控整流，它具有电路简单、投资省、调试维修方便等优点。对于容量较大的负载，采用三相可控整流，可满足负载对高电压大电流的需求，同时也可保证负载上的直流电压脉动小，供电的交流电网三相平衡。

3.2 单相桥式整流电路

3.2.1 单相半波可控整流电路

1. 电阻性负载

在生产实际中，有一些负载是属于电阻性质的，例如电炉、电焊机及白炽灯等。电阻性负载的特点是负载两端电压波形和流过的电流波形相似，其电压、电流均允许突变。

图 3.1(a)为单相半波阻性负载可控整流电路。变压器 T 用来变换电压，变压器的一次侧和二次侧电压的有效值分别为 U_1 和 U_2，瞬时值分别为 u_1 和 u_2，晶闸管 VT 为整流器件，R 是负载电阻。

设 $u_1=\sqrt{2}U_1\sin\omega t$，$u_2=\sqrt{2}U_2\sin\omega t$，在电源电压 u_2 的正半周，晶闸管阳极承受正向电压，满足晶闸管的阳极导通条件之一，此时晶闸管的工作状态取决于触发信号的有无。当 u_2 输入负半周，晶闸管因阳极承受反向电压，处于反向关断状态。结合工作波形图 3.1(b)，分析其工作原理如下。

①$\omega t=0\sim\omega t_1$ 时刻：VT 阳极承受正向电压，但门极无触发信号，晶闸管处于正向关断状态，$u_d=0$，$u_T=u_2$。

②$\omega t=\omega t_1$ 即 α 时刻：VT 阳极承受正向电压，门极加触发信号，晶闸管被立即触发导通，负载有电流流过，$u_d=u_2$，$u_T=0$。

③$\omega t=\omega t_1\sim\pi$ 时刻：VT 正向继续导通，$u_d=u_2$，$u_T=0$。

④$\omega t=\pi$ 时刻：电源电压 u_2 过零由正变负，VT 阳极承受反向电压而关断，$u_d=0$，$u_T=u_2$。

⑤$\omega t=\pi\sim2\pi$ 时刻：VT 阳极承受反向电压，晶闸管处于关断状态，$u_d=0$，$u_T=u_2$。

以上为晶闸管一个周期的工作运行状态，整个工作过程按该过程不断循环进行。

负载上的电压波形如图 3.1(b)所示，流过负载的脉动直流电 i_d 的瞬时值与其电压符合欧姆定律，即

$$i_d=u_d/R_d$$

其电流波形与 u_d 相似，都为极性不变但幅值脉动变化的直流量，且波形只在正半周内出现，故称单相半波可控整流电路。

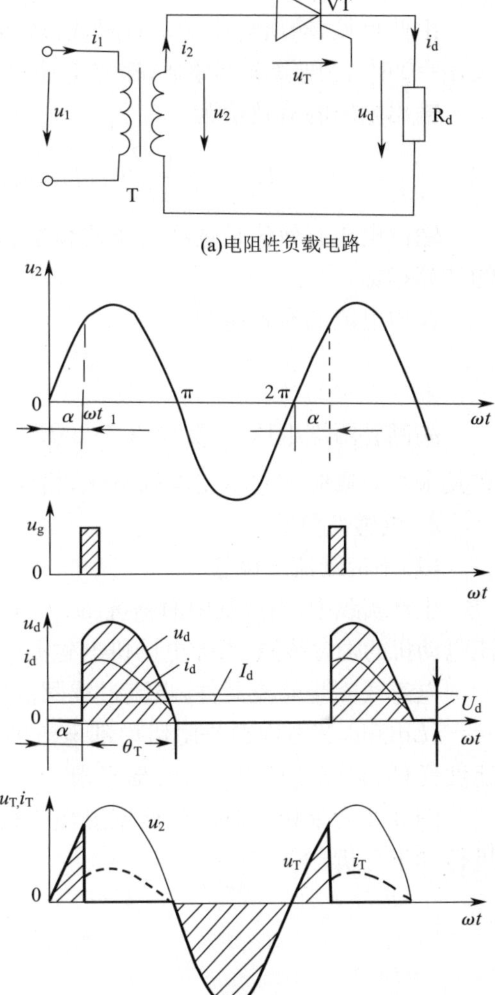

图 3.1　单相半波可控整流电路及波形

由图 3.1 所示波形可见：整流电压 u_d 的波形形状与晶闸管门极加触发信号的时间有关，将晶闸管开始承受正向电压到触发脉冲出现之间的电角度称为控制角(触发角或移相角)，用 α 表示，在整流电路中改变 α 的大小，即可改变触发信号 u_g 出现的相位，称为移相。通过移相可以控制改变输出电压的大小，因此把这种通过改变控制角来调节输出电压的方式称为移相控制或相位控制。控制角 α 从 0°到最大角度的区间称为移相范围。晶闸管在一个周期内导通的电角度称为导通角，用 θ 表示，在单相半波电路中，θ 与 α 的关系为

$$\theta=180°-\alpha$$

电路输出电压平均值为

$$U_d = \frac{1}{2\pi}\int_{\alpha}^{\pi}\sqrt{2}U_2\sin\omega t\,\mathrm{d}(\omega t) = \frac{\sqrt{2}}{2\pi}U_2(1+\cos\alpha) = 0.45U_2\ \frac{1+\cos\alpha}{2} \tag{3.1}$$

输出电流平均值为

$$I_d = \frac{U_d}{R_d} \tag{3.2}$$

由此可见，输出电压是 α 的函数，改变控制角 α，就可以改变输出电压 U_d。α 越小，U_d 越大；$\alpha=0$ 时，晶闸管全部导通，输出电压最大，即 $U_{dm}=0.45U_2$，$\alpha=\pi$ 时，整流输出电压为零。

输出电压的有效值为

$$U = \sqrt{\frac{1}{2\pi}\int_{\alpha}^{\pi}(\sqrt{2}U_2\sin\omega t)^2\mathrm{d}(\omega t)} = U_2\sqrt{\frac{\pi-\alpha}{2\pi}+\frac{\sin 2\alpha}{4\pi}} \tag{3.3}$$

输出电压有效值是选择变压器容量、晶闸管额定电流、熔断器以及负载电阻的有功功率时的计算指标。

输出电流的有效值为

$$I = \frac{U}{R_d} \tag{3.4}$$

晶闸管两端电压 u_T 如图 3.1(b)所示，在导通期间，忽略晶闸管的导通电压，所以 $u_T=0$，在其余不导通时刻它承受电源电压，最大反相电压为$\sqrt{2}U_2$，流过晶闸管的电流 $i_T=i_d$。

2. 电感性负载

(1)不接续流二极管

生产实践中，当负载中的感抗 ωL 与电阻 R 的数值相比不可忽略时称为感性负载。例如直流电动机的励磁线圈、滑差电动机电磁离合器的励磁线圈以及输出串接平波电抗器的负载等。

电感线圈是储能元件，当流过线圈的电流变化时，电感线圈会存储能量并产生感应电动势 $e=-L\mathrm{d}i/\mathrm{d}t$，其方向总是阻碍内部电流的变化方向，因此电感线圈既是储能元件，又是电流的滤波元件，它能使负载电流波形平滑。

图 3.2 为单相半波可控整流感性负载的电路及其工作波形。结合动作波形对其工作原理进行如下分析。

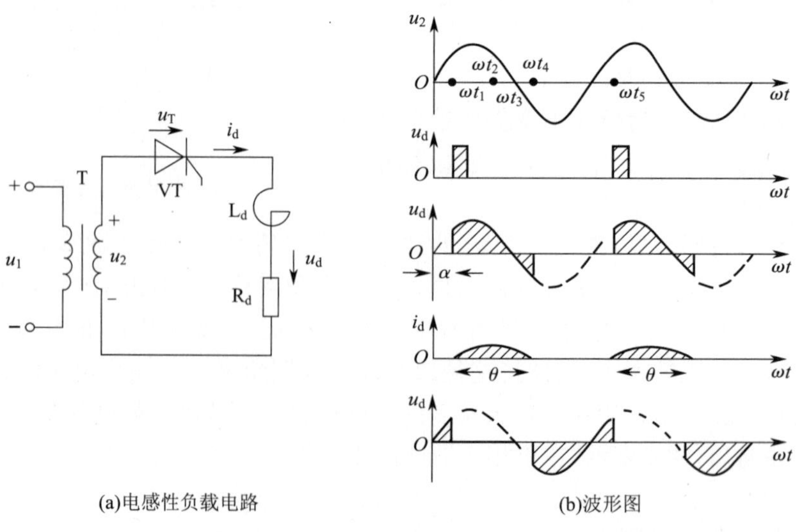

(a)电感性负载电路　　(b)波形图

图 3.2　单相半波可控整流感性负载的电路及其波形

$0\sim\omega t_1$ 期间：VT 处于正向阻断，电源电压全部加在晶闸管上，负载电压 $u_d=0$。

$\omega t_1\sim\omega t_2$ 期间：VT 触发导通，电源电压全部加在负载即 $u_d=u_2$，负载电流 i_d 由零开始逐渐增大，到 ωt_2 时达到最大值为 u_2/R。在此期间电源不断向 R 及 L 供给能量，电感的磁场能量达到最大。

$\omega t_2\sim\omega t_3$ 期间：VT 继续导通，电流 i_d 逐渐减小，L 的感应电动势 e_L 改变方向，阻碍电流下降。在 ωt_3（即 π）时刻 u_2 已经降为零，但由于 L 两端感应电动势的存在，使晶闸管仍受正压而继续到导通，负载电压 $u_d=u_2$。

$\omega t_3\sim\omega t_4$ 期间：电源电压 u_2 由零变负，但由于 L 两端感应电动势的存在，使晶闸管仍受正压而继续到导通，负载电压 $u_d=u_2$，其负载电流不断减小，直到 ωt_4 时刻减小为零。

$\omega t_4\sim 2\pi$ 期间：VT 承受反相电压处于关断状态，负载无电流流过，负载电压 $u_d=0$。

当 R 为一定值，L 越大，u_2 进入负半周后 L 维持晶闸管导通的时间就越长，这样 u_d 波形中负面积就越大，u_d 的值也就越低。当 $\omega L\ll R$ 时，u_d 波形中的负面积接近正面积，$u_d\approx 0$。

(2)接续流二极管

为了解决在带有大电感负载时，单相半波相控整流电路正常工作时出现负电压的问题，可在负载两端反相并接一只二极管，称为续流二极管，如图 3.3 所示。

结合工作波形，其工作原理分析如下：

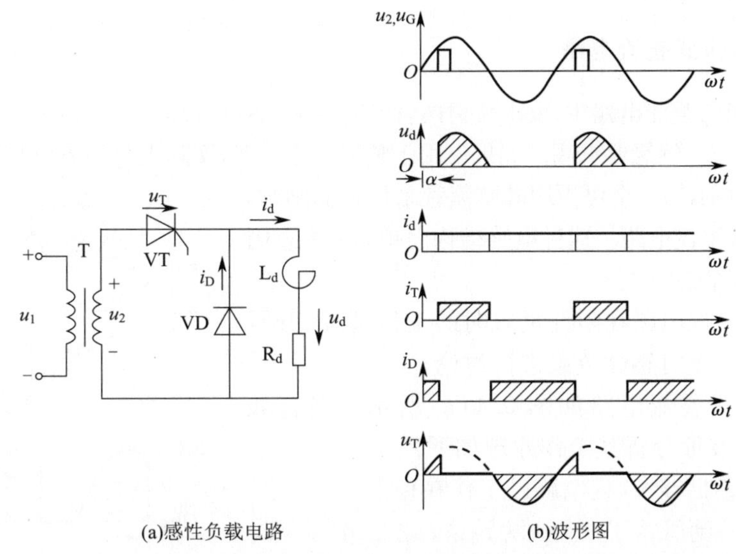

(a)感性负载电路 (b)波形图

图 3.3 接入续流二极管后单相半波可控整流感性负载电路及其波形

当 u_2 输入正半周时，电路的工作状态和不接续流二极管完全相同，VT 首先正向阻断，然后触发导通。

当 u_2 输入负半周时，续流二极管承受正向电压导通，晶闸管被关断，此时 $u_d=0$。

由图 3.3(b)波形可见，输出直流电压 u_d 的波形和阻性负载时相同，但负载电流 i_d 的波形就大不相同，对于大电感负载而言，流过负载的电流 i_d 不但连续而且波动很小，电感愈大，i_d 的波形就愈接近一条水平线。因此，流过负载的电流是由晶闸管 VT 和二极管 VD 交替导通承担。设晶闸管的控制角为 α，则其导通角为 $\pi-\alpha$。若输出的负载电流平均值为 I_d，则流过晶闸管的平均电流 I_{dT} 为

$$I_{dT}=\frac{1}{2\pi}\int_{\alpha}^{\pi} i_{dT}\,d(\omega t)=\frac{\pi-\alpha}{2\pi}I_d \tag{3.5}$$

而续流二极管的导通角为 $\pi+\alpha$，流过它的平均电流 I_{dD} 则为

$$I_{dD}=\frac{1}{2\pi}\int_{\alpha}^{2\pi+\alpha} i_{dD}\mathrm{d}(\omega t)=\frac{\pi+\alpha}{2\pi}I_d \tag{3.6}$$

因此，流过晶闸管电流的有效值为

$$I_T=\sqrt{\frac{1}{2\pi}\int_{\alpha}^{\pi} {i_T}^2\mathrm{d}(\omega t)}=\sqrt{\frac{\pi-\alpha}{2\pi}}I_d \tag{3.7}$$

流过二极管电流的有效值为

$$I_D=\sqrt{\frac{1}{2\pi}\int_{\pi}^{2\pi+\alpha} {i_D}^2\mathrm{d}(\omega t)}=\sqrt{\frac{\pi+\alpha}{2\pi}}I_d \tag{3.8}$$

晶闸管和续流二极管可能承受的最大正反向电压均为 $2u_2$。晶闸管的最大移相范围是 180°。

由于电感性负载电流不能突变，当晶闸管被触发导通后，阳极电流上升缓慢，因此要求触发脉冲的宽度要宽些，保证晶闸管阳极电流上升到擎住电流值，即使脉冲消失，晶闸管仍然维持导通。

单相半波可控整流电路具有线路简单、投资小及调试方便等优点，但输出的电流脉动成分大，设备利用率低。为了能更好地满足负载的要求，在一般小容量的晶闸管整流装置中，常采用单相桥式可控整流电路。

3.2.2　单相半控桥式整流电路

在单相全控桥式整流电路中，要求桥臂两管同时导通，脉冲变压器二次侧要求有 3～4 个绕组，绕组间要承受电压 u_2，绝缘要求高。如果仅用于整流工作状态，实际上每个支路只需一个晶闸管就可以控制导通的时刻，另一个可再用硅整流管来代替晶闸管，组成单相半控桥式整流电路。这种电路结构简单，广泛应用于小容量可控整流装置中。

半控电路与全控电路在阻性负载时的工作情况相同，这里不再讨论。以下对感性负载进行讨论。

单向半控桥式整流电路如图 3.4(a)所示。结合如图 3.4(b)的工作波形分析其工作原理如下：

设负载中电感足够大，且电路已工作在稳态。

α～π 期间：晶闸管 VT_1 被触发导通，硅二极管 VD_1 自然导通，电路中的电流由 a→VT_1→R_d→VD_1→b，负载内有电流流过，负载电压 $u_d=u_2$。

π～$\pi+\alpha$ 期间：u_2 过零变负，由于电感两端感应电动势的存在，VT_1 并没有承受反向电压被关断，而是承受正压继续导通，此时 VD_1 自然关断，VD_2 自然开通，电流由 VD_1 转到 VD_2 给负载续流，电流由 a→VT_1→R_d→VD_2→b，负载电压 $u_d=0$。续流期间避免了负压出现。

$\pi+\alpha$～2π 期间：晶闸管 VT_2 被触发导通，VT_1 被关断，VD_2 自然开通，电路中的电流由 b→VT_2→R_d→VD_2→a，负载电压 $u_d=u_2$。

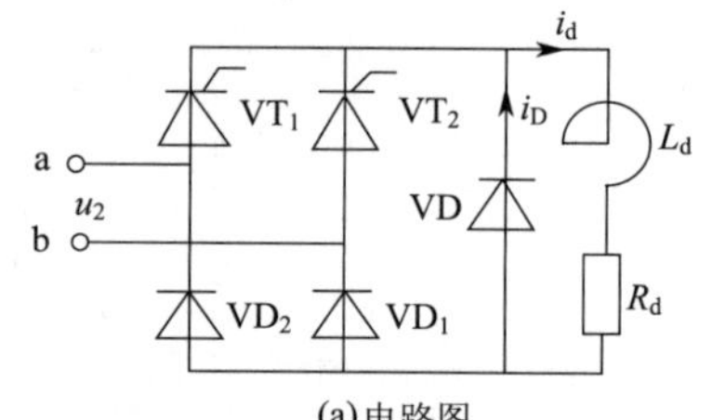

(a)电路图

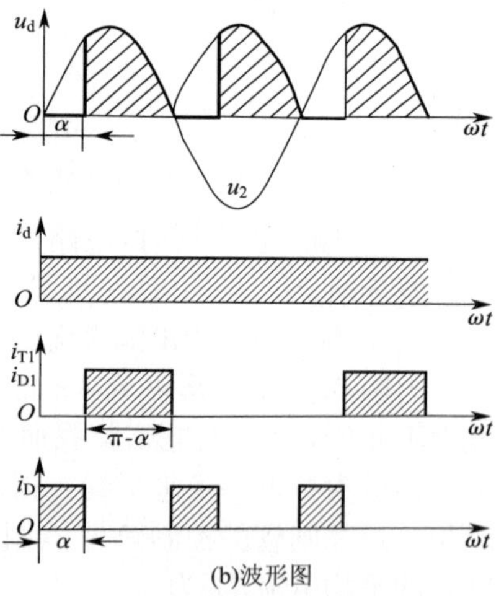

(b)波形图

图 3.4　单相半控桥带电感性负载

$2\pi\sim2\pi+\alpha$ 期间：u_2 过零变负，由于电感两端感应电动势的存在，VT_2 并没有承受反向电压被关断，而是承受正压继续导通，此时 VD_2 自然关断，VD_1 自然开通，电流由 VD_2 转到 VD_1 给负载续流，电流由 $b\to VT_2\to R_d\to VD_1\to a$，续流期间负载电压 $u_d=0$。

单相半控桥式整流电路的特点是：桥臂中的晶闸管通过触发信号控制导通，而硅二极管则自然导通。但该电路在实际运行中，换相时易出现失控现象，即一只晶闸管直通，两只硅二极管交替导通的现象，为避免失控现象的发生，实际应用中常外接续流二极管 VD，以提高电路的工作可靠性。

电路输出电压的平均值和有效值为

$$U_d=\frac{1}{\pi}\int_{\alpha}^{\pi}\sqrt{2}U_2\sin\omega t\,d(\omega t)=\frac{\sqrt{2}}{\pi}U_2(1+\cos\alpha)=0.9U_2\frac{1+\cos\alpha}{2} \tag{3.9}$$

$$U=\sqrt{\frac{1}{\pi}\int_{\alpha}^{\pi}(\sqrt{2}U_2\sin\omega t)^2d(\omega t)}=U_2\sqrt{\frac{\sin2\alpha}{2\pi}+\frac{\pi-\alpha}{2\pi}} \tag{3.10}$$

3.3 单相全控桥式整流电路

1. 电阻性负载

单相全控桥式整流电路如图 3.5 所示。

电路中 VT_1、VT_2、VT_3、VT_4 构成整流桥，其中 VT_1、VT_3 组成一对桥臂，VT_2、VT_4 组成一对桥臂，在整流过程中，分别担任正负半波的整流输出工作。

结合图 3.5(b)中的波形，分析其工作原理如下。

①在 u_2 输入正半周时

$0\sim\alpha$ 期间：VT_1、VT_3 由于承受正向电压但无触发信号，所以处于正向阻断状态，呈高阻性。而 VT_2、VT_4 由于承受反相电压处于反相截止状态。因此负载无电流流过，负载电压 $u_d=0$，电源电压全部加在晶闸管上，各只晶闸管均承受 $u_2/2$ 电压。

$\alpha\sim\pi$ 期间：给 VT_1、VT_3 同时加触发信号，VT_1 和 VT_3 导通，电流从电源 a 端流出，经 VT_1、R_d、VT_3 流回电源 b 端，负载电压 $u_d=u_2$。VT_2、VT_4 因受反向电压而截止。

当电源电压 u_2 过零时，桥臂中导通的晶闸管自然关断。

②在 u_2 输入负半周时

$\pi\sim\pi+\alpha$ 期间：VT_2、VT_4 由于承受正向电压但无触发信号，所以处于正向阻断状态，呈高阻性。而 VT_1、VT_3 由于承受反相电压处于反相截止状态。因此负载无电流流过，负载电压 $u_d=0$，电源电压全部加在晶闸管上，各只晶闸管均承受 $u_2/2$ 电压。

$\pi+\alpha\sim2\pi$ 期间：给 VT_2、VT_4 同时加触发信号，VT_2 和 VT_4 导通，电流从电源 b 端流出，经 VT_2、R_d、VT_4 流回电源 a 端，负载电压 $u_d=u_2$。VT_2、VT_4 因受反向电压而截止。

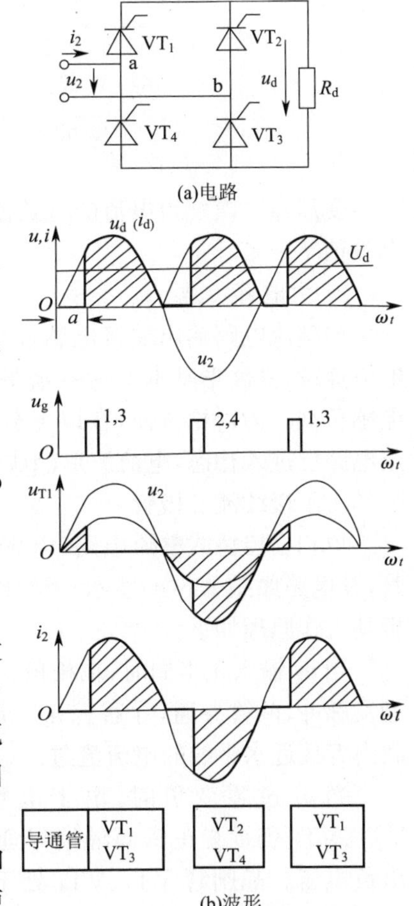

图 3.5 单相全控桥电阻性负载

负载在两个半波中都有电流通过，故为全波整流。一个周期内整流电压脉动二次，脉动程度比半波时小，提高了电源设备的利用率。

整流输出电压的平均值为

$$U_{\mathrm{d}}=\frac{1}{\pi}\int_{\alpha}^{\pi}\sqrt{2}U_{2}\sin\omega t\,\mathrm{d}(\omega t)=\frac{\sqrt{2}}{\pi}U_{2}(1+\cos\alpha)=0.9U_{2}\frac{1+\cos\alpha}{2} \tag{3.11}$$

整流输出电压的有效值为

$$U=\sqrt{\frac{1}{\pi}\int_{\alpha}^{\pi}(\sqrt{2}U_{2}\sin\omega t)^{2}\mathrm{d}(\omega t)}=U_{2}\sqrt{\frac{\sin2\alpha}{2\pi}+\frac{\pi-\alpha}{2\pi}} \tag{3.12}$$

负载上输出直流电流的平均值和有效值分别为

$$I_{\mathrm{d}}=\frac{U_{\mathrm{d}}}{R_{\mathrm{d}}}=0.9\frac{U_{2}}{R_{\mathrm{d}}}\frac{1+\cos\alpha}{2} \tag{3.13}$$

$$I=\frac{U}{R_{\mathrm{d}}}=\frac{U_{2}}{R_{\mathrm{d}}}\sqrt{\frac{\sin2\alpha}{2\pi}+\frac{\pi-\alpha}{2\pi}} \tag{3.14}$$

由于晶闸管 VT_1、VT_3 和 VT_2、VT_4 在一个周期中是轮流导通的，所以流过每个晶闸管的平均电流是负载电流的一半，即

$$I_{\mathrm{dT}}=\frac{1}{2}I_{\mathrm{d}}=0.45\frac{U_{2}}{R_{\mathrm{d}}}\frac{1+\cos\alpha}{2} \tag{3.15}$$

流过晶闸管电流的有效值为

$$I_{\mathrm{T}}=\sqrt{\frac{1}{2\pi}\int_{\alpha}^{\pi}\left(\frac{\sqrt{2}U_{2}}{R_{\mathrm{d}}}\sin\omega t\right)^{2}\mathrm{d}(\omega t)}=\frac{U_{2}}{\sqrt{2}R_{\mathrm{d}}}\sqrt{\frac{\sin2\alpha}{2\pi}+\frac{\pi-\alpha}{2\pi}}=\frac{I}{\sqrt{2}} \tag{3.16}$$

变压器二次绕组电流的有效值 I_2 即等于负载电流的有效值 I。

2. 大电感负载

当整流电路输出端接电感性负载，且电感足够大，使电流连续，其波形基本上为一水平线时，这种负载称为大电感负载。为讨论方便，在以下分析电路工作情况时，假定电路已进入稳态，电流波形已成形。

①不接续流二极管

单相全控桥式整流电路，电感性负载，不接续流二极管，其电路如图 3.6(a)所示。结合图 3.6(b)中的波形，分析其工作原理如下：

当 u_2 输入正半周时，在相角 α 时刻给 VT_1、VT_3 施加触发脉冲，两管导通，导通后 $u_d=u_2$，由于电感的作用，负载内有接近水平线的电流流过。

当 u_2 过零变负时，由于电感上的感应电动势使 VT_1、VT_3 仍承受正压而继续导通，此时 $u_d=u_2$，负载输出负电压。晶闸管 VT_2、VT_4 处于正向阻断状态。

当 $\omega t=\pi+\alpha$ 时，VT_2、VT_4 触发导通，VT_1、VT_3 承

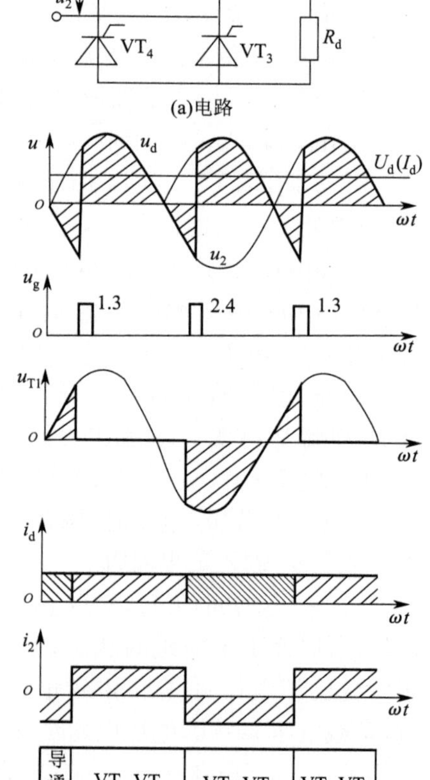

图 3.6 电感负载不接续流管

受反向电压被关断，负载电流从 VT_1、VT_3 转移到 VT_2、VT_4 上，这个过程称为换相。以后每个周期重复上述过程，不断循环。

整流电路额输出电压平均值和有效值分别为

$$U_d=\frac{1}{\pi}\int_{\alpha}^{\pi+\alpha}(\sqrt{2}U_2\sin\omega t)^2\mathrm{d}(\omega t)=0.9U_2\cos\alpha\ (0°\leqslant\alpha\leqslant 90°) \tag{3.17}$$

$$U=\sqrt{\frac{1}{\pi}\int_{\alpha}^{\pi+\alpha}(\sqrt{2}U_2\sin\omega t)^2\mathrm{d}(\omega t)}=U_2 \tag{3.18}$$

输出直流电流平均值为

$$I_d=\frac{U_d}{R_d} \tag{3.19}$$

晶闸管电流的平均值、有效值及管子可能承受的最大电压分别为

$$I_{dT}=\frac{1}{2}I_d \tag{3.20}$$

$$I_T=\sqrt{\frac{1}{2}}I_d \tag{3.21}$$

$$U_{TM}=\pm\sqrt{2}U_2 \tag{3.22}$$

②接续流二极管

为了解决整流电路正常工作时出现负电压的问题，并扩大移相范围，可在负载两端反相并接一只二极管，改善电路的工作性能，如图 3.7(a)所示。当 u_2 过零变负时，原来导通的晶闸管承受反相电压被关断，续流二极管承受正向电压导通，u_d 的波形同阻性负载相同。负载电流 i_d 连续且波形近似水平直线，由两对桥臂 VT_1、VT_3 和 VT_2、VT_4 以及续流二极管共同承载，如图 3.7(b)所示。

各电量参数技术式如下：

$$U_d=0.9U_2\frac{1+\cos\alpha}{2} \tag{3.23}$$

$$I_d=\frac{U_d}{R_d} \tag{3.24}$$

$$I_{dT}=\frac{\pi-\alpha}{2\pi}I_d \tag{3.25}$$

$$I_T=\sqrt{\frac{\pi-\alpha}{2\pi}}I_d \tag{3.26}$$

$$I_{dD}=\frac{\alpha}{\pi}I_d \tag{3.27}$$

$$I_D=\sqrt{\frac{\alpha}{\pi}}I_d \tag{3.28}$$

$$U_{TM}=\pm\sqrt{2}U_2 \tag{3.29}$$

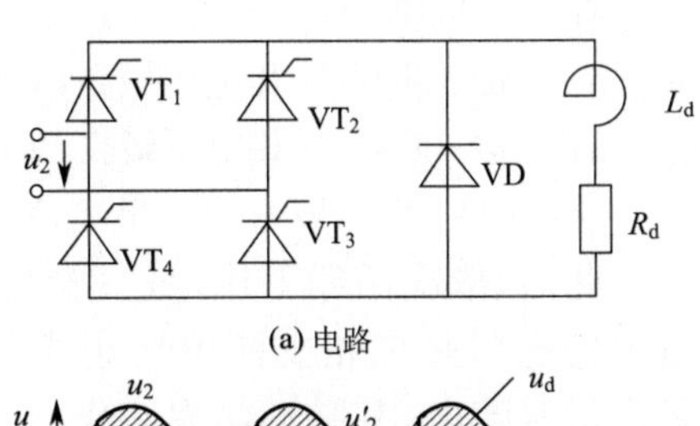

(a) 电路

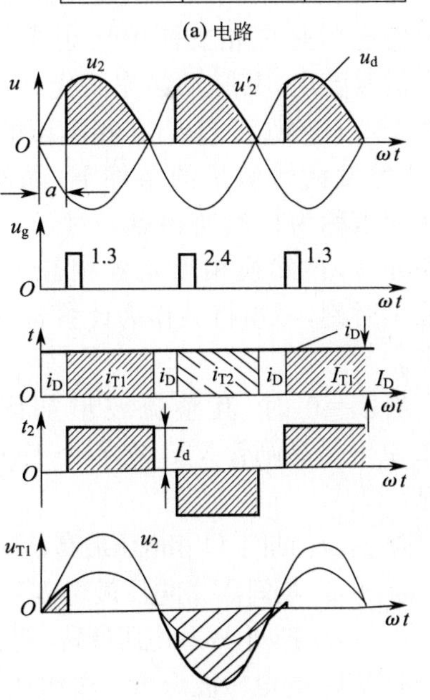

(b) 波形

图 3.7 电感负载接续流管

3.4　三相可控整流电路

单相可控整流电路的输出电压脉动较大,且脉动频率低。在实际应用中,当负载容量较大,或要求直流电压脉动较小时,应采用三相可控整流电路,其交流侧由三相电源供电。三相可控整流电路中,最基本的是三相半波可控整流电路,应用最广泛的是三相桥式全控整流电路以及双反星形可控整流电路和十二脉波可控整流电路等。

3.4.1　三相半波可控整流电路

1. 电阻性负载

三相半波可控整流电路阻性负载如图 3.8(a)所示。为得到零线,变压器二次侧必须接成星形,而一次侧接成三角形。三只晶闸管分别接入三相电源,它们的阴极连接在一起,称为共阴极接法。

结合下图工作波形,分析其工作原理。

在一个周期中:

$\omega t_1 \sim \omega t_3$ 期间,U 相电压最高,VT_1 导通,$u_d = u_U$;

$\omega t_3 \sim \omega t_5$ 期间,V 相电压最高,VT_2 导通,$u_d = u_V$;

$\omega t_5 \sim \omega t_7$ 期间,W 相电压最高,VT_3 导通,$u_d = u_W$。

此后,依次循环工作,每只管导通 120°。负载上输出的电压是三相交流电压正半周的包络线,脉动较小的直流电,其脉动频率为电源电压频率的 3 倍,即 3×50 Hz=150 Hz。在相电压的交点 ωt_1、ωt_3、ωt_5 处,当触发信号满足的条件下,晶闸管会自然换相,这些交点称为自然换相点。对于三相半波可控整流电路而言,自然换相点是各相晶闸管可能触发导通的最早时刻,习惯将其作为计算各晶闸管触发角 α 的起点。

当 $\alpha = 0$ 时,其整流波形如图 3.8 所示,其中图 3.8(d)是晶闸管 VT_1 在一个工作周期的承受电压情况:

$\omega t_1 \sim \omega t_3$ 期间,U 相电压最高,VT_1 导通,$u_{T1} = 0$;

$\omega t_3 \sim \omega t_5$ 期间,V 相电压最高,VT_2 导通,$u_d = u_{UV}$;

$\omega t_5 \sim \omega t_7$ 期间,W 相电压最高,VT_3 导通,$u_d = u_{UW}$。

故 VT_1 的电压波形由三段组成:一段和横轴重合的直线,一段为 U、V 相的线电压 u_{UV},一段为 U、W 相的线电压 u_{UW}。

图 3.9 为当 $\alpha = 30°$时的整流波形,从输出电压、电流的波形可看出,这时负载电流处于连续和断续的临界状态,各相仍导通 120°。

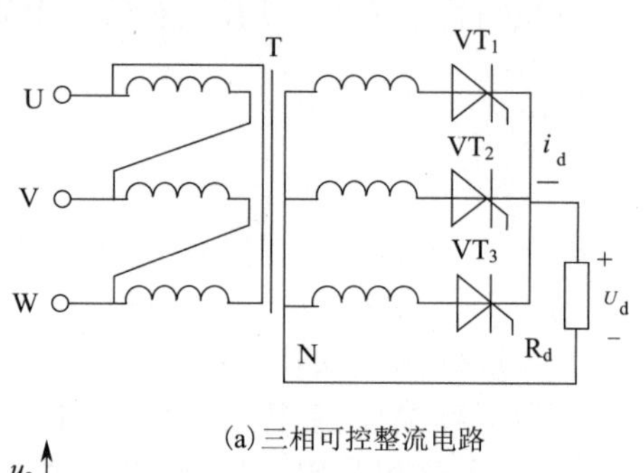

(a) 三相可控整流电路

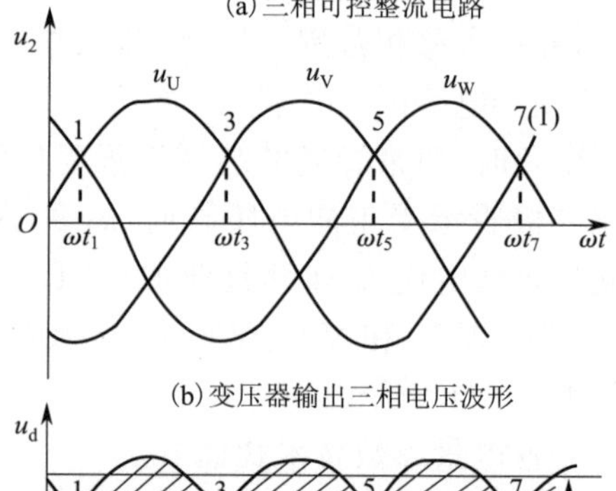

(b) 变压器输出三相电压波形

(c) 整流输出电压波形

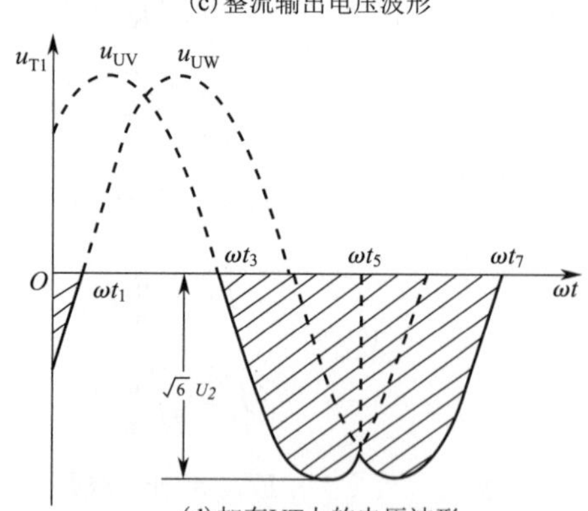

(d) 加在VT上的电压波形

图 3.8　三相半波可控整流电路及 $\alpha = 0°$时电压波形

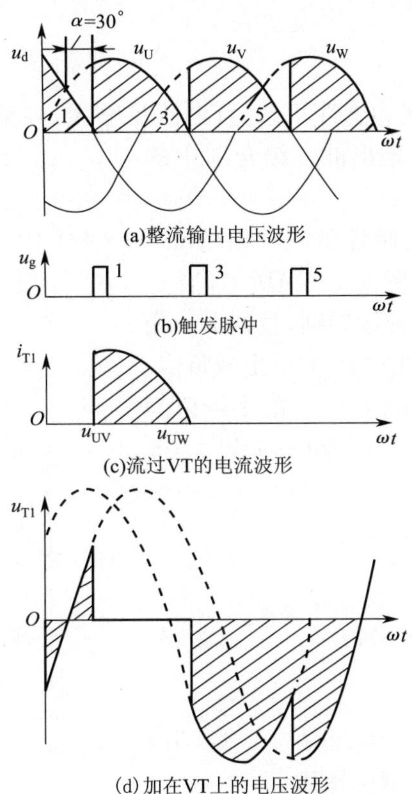

图 3.9　电阻负载 $\alpha=30°$时的波形

增大 α 值，将脉冲后移，整流电路的工作情况相应地发生变化。$\alpha=150°$ 时，整流输出电压为零，故 α 得移相范围为 0～150°。

整流输出电压平均值的计算分两种情况：

①$0\leqslant\alpha\leqslant30°$时，负载电流连续，则

$$U_d=\frac{3}{2\pi}\int_{\alpha+\frac{\pi}{6}}^{\frac{5\pi}{6}+\alpha}\sqrt{2}U_2\sin\omega t\,d(\omega t)$$
$$=1.17U_2\cos\alpha \tag{3.30}$$

②$30°<\alpha\leqslant150°$ 时，负载电流断续，则

$$U_d=\frac{3}{2\pi}\int_{\frac{\pi}{6}+\alpha}^{\pi}\sqrt{2}U_2\sin\omega t\,d(\omega t)$$
$$=1.17U_2\frac{1+\cos(30°+\alpha)}{\sqrt{3}} \tag{3.31}$$

负载电流的平均值为

$$I_d=\frac{U_d}{R_d} \tag{3.32}$$

流过晶闸管的电流平均值为

$$I_{dT}=\frac{1}{3}I_d \tag{3.33}$$

晶闸管承受的最大反相电压为

$$U_{TM}=\sqrt{2}U_{UV}=\sqrt{2}\times\sqrt{3}U_2$$

$$=\sqrt{6}U_2 \tag{3.34}$$

2. 电感性负载

如图 3.10(a)所示，当负载为感性负载，且电感足够大，则整流电流的波形基本是连续平直的，流过晶闸管的电流接近矩形波。结合图中的工作波形分析其工作过程如下：

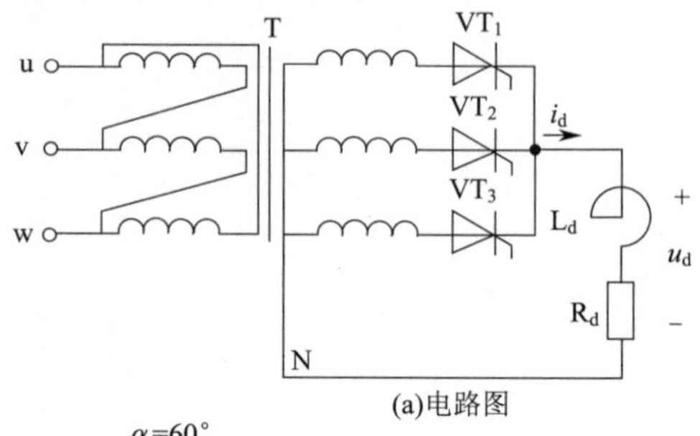

(a)电路图

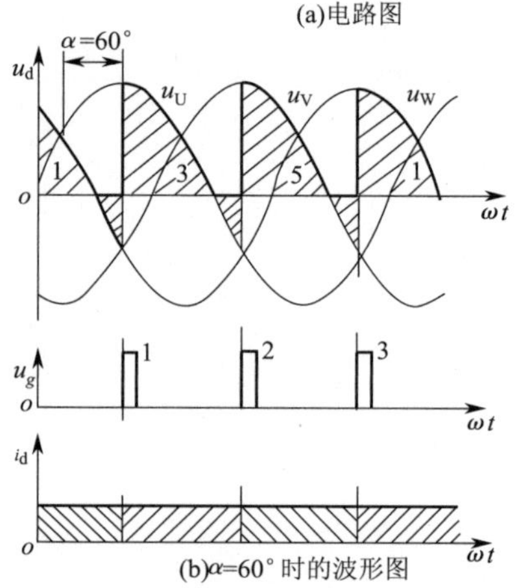

(b)α=60°时的波形图

图 3.10　三相半波可控整流电路带大电感负载时的波形

$\alpha \leqslant 30°$时，整流电压波形与阻性负载时相同；$\alpha > 30°$时，例如$\alpha = 60°$时的波形如图 3.10(b)所示，当 u_2 过零时，由于电感的存在，VT_1 继续导通，直到下一相晶闸管 VT_2 的触发脉冲到来，此时 u_d 波形出现负值；$\alpha = 90°$时，u_d 波形中的正负面积相等，u_d 的平均值为零。可见，感性负载时α的移相范围为0°～90°。

在电流连续的情况下

$$U_d = 1.17U_2\cos\alpha \tag{3.35}$$

晶闸管电流的有效值为

$$I_T = \sqrt{\frac{1}{3}}I_d = 0.577I_d \tag{3.36}$$

晶闸管的额定电流为

$$I_{VT(AV)} = I_{VT}/1.57 = 0.368I_d \tag{3.37}$$

晶闸管承受的最大反向峰值电压为

$$U_{TM} = \sqrt{2}U_{UV} = \sqrt{2}\times\sqrt{3}U_2 = \sqrt{6}U_2 \tag{3.38}$$

三相半波可控整流电路的主要缺点在于其变压器二次侧电流中含有直流分量，为此其应用很少。

3.4.2　三相全控桥式整流电路

目前在各种整流电路中，应用最广泛的是三相桥式全控整流电路，其原理图如图 3.11 所示，它可以看成是一组共阴极接法和一组共阳极组接法的三相半波可控整流电路串联并取消零线而构成的。

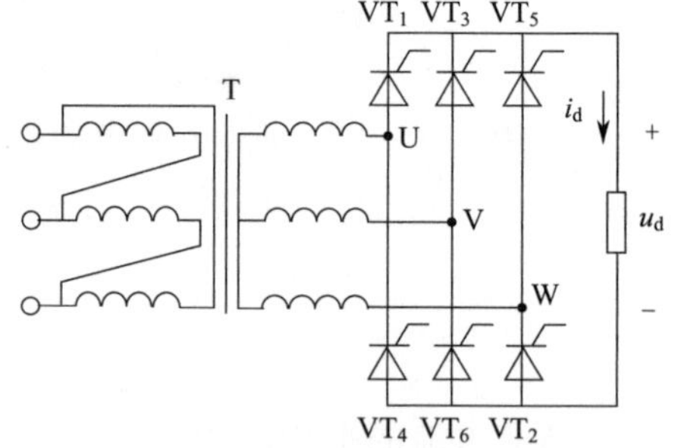

图 3.11　三相桥式全控整流电路带电阻负载

1. 阻性负载

图 3.12 为三相桥式全控整流电路阻性负载且$\alpha = 0°$时的工作波形。工作过程中，共阴极组的 3 只晶闸管，阳极所接交流电压最高的 1 个导通；而共阳极组的 3 只晶闸管，则是阴极所接交流电压值最低的 1 个导通。因此，任意时刻共阳极组和共阴极组各有 1 个晶闸管处于导通状态，加在负载上的电压为某一线电压。

为了分析方便，将一个周期分为 6 段，每段 60°，如图 3.12 所示，每一段中导通的晶闸管及整流电压的情况如下：

$\omega t_1 \sim \omega t_2$ 期间，VT_6、VT_1 导通，$u_d = u_U - u_V = u_{UV}$；

$\omega t_2 \sim \omega t_3$ 期间，VT_1、VT_2 导通，$u_d = u_U - u_W = u_{UW}$；

$\omega t_3 \sim \omega t_4$ 期间，VT_2、VT_3 导通，$u_d = u_V - u_W = u_{VW}$；

$\omega t_4 \sim \omega t_5$ 期间，VT_3、VT_4 导通，$u_d = u_V - u_U = u_{VU}$；

$\omega t_5 \sim \omega t_6$ 期间，VT_4、VT_5 导通，$u_d = u_W - u_U = u_{WU}$；

$\omega t_6 \sim \omega t_7$ 期间，VT_5、VT_6 导通，$u_d = u_W - u_V = u_{WV}$。

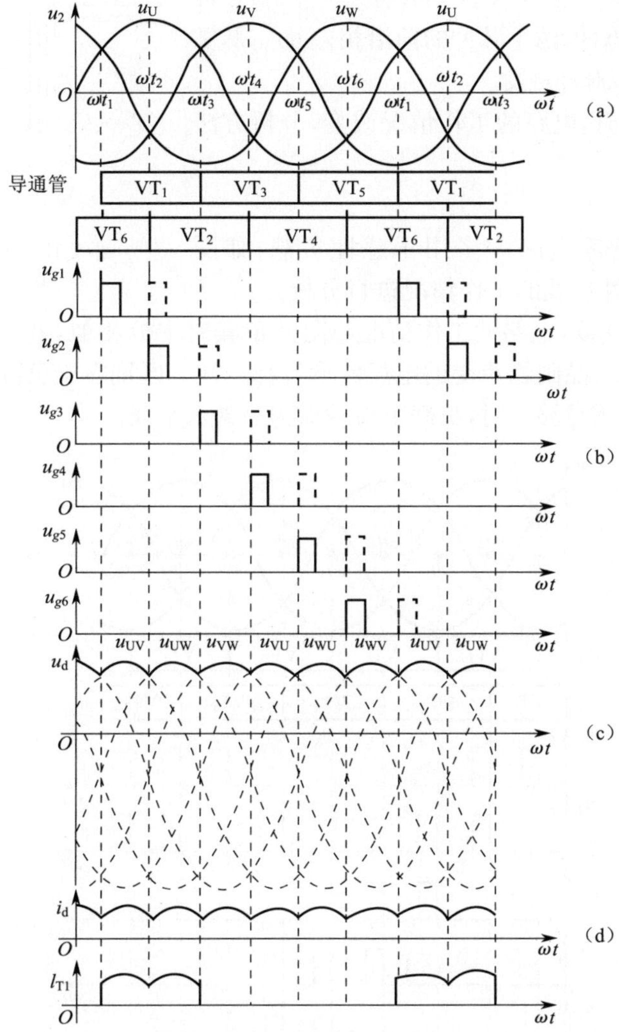

图 3.12　三相桥式全控整流电路电阻负载 $\alpha=0°$时的情况

由此可见，6 只晶闸管的导通顺序为

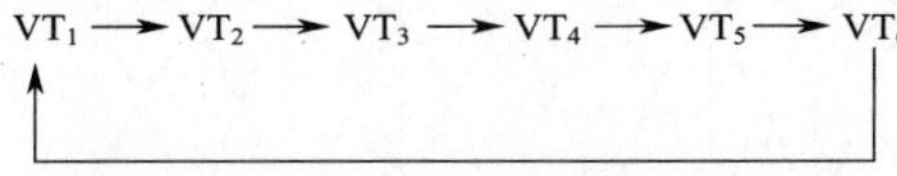

由以上分析可以总结出三相桥式全控整流电路的特点如下：

(1)电路在任意时刻都有两只晶闸管同时导通，其中一个是共阴极组的，另一个是共阳极组的，形成回路向负载供电。

(2)对触发脉冲的要求：6 只晶闸管按 VT_1、VT_2、VT_3、VT_4、VT_5、VT_6 的顺序，相位依次差 60°，共阴极组 VT_1、VT_3、VT_5 的脉冲依次差 120°，共阳极组 VT_4、VT_6、VT_2 也依次差 120°，同一相的上下两个桥臂，即 VT_1 与 VT_4，VT_3 与 VT_6，VT_5 与 VT_2，脉冲相差 180°。

(3)整流输出电压一周脉动 6 次，每次脉动的波形都一样，故该电路为 6 脉波整流电路。

(4)在整流电路合闸启动过程中或电流断续时，为确保电路的正常工作，需保证同时导通的两个晶闸管均有触发脉冲。为此，可采用两种触发方法：一种是脉冲宽度大于 60°（一般取 80°～100°），称为宽脉冲触发。另一种方法是，在触发某个晶闸管的同时，给前面序号的一个晶闸管补发一个脉冲，即用两个窄脉冲代替宽脉冲，两个脉冲的前沿相差 60°，脉宽一般为20°～30°，称为双脉冲触发。

当触发角 α 改变时，电路的工作情况改变，分析方法与 $\alpha=0°$ 时相同。

2. 感性负载

三相桥式全控整流电路大多用于感性负载，如图 3.13 所示，下面就感性负载的工作情况进行分析。

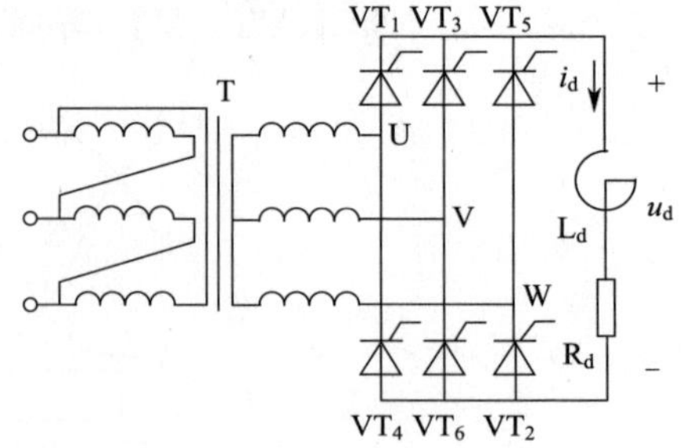

图 3.13　三相桥式全控整流电路带电阻负载

当 $\alpha \leqslant 60°$时，u_d 连续，电路的工作情况与阻性负载时十分相似，各晶闸管的通断情况、输出整流电压 u_d 的波形、晶闸管承受的电压波形等都一样。区别在于负载电流 i_d 的波形不同，如图 3.14 所示，当电感足够大时，负载电流近似为一条水平线。

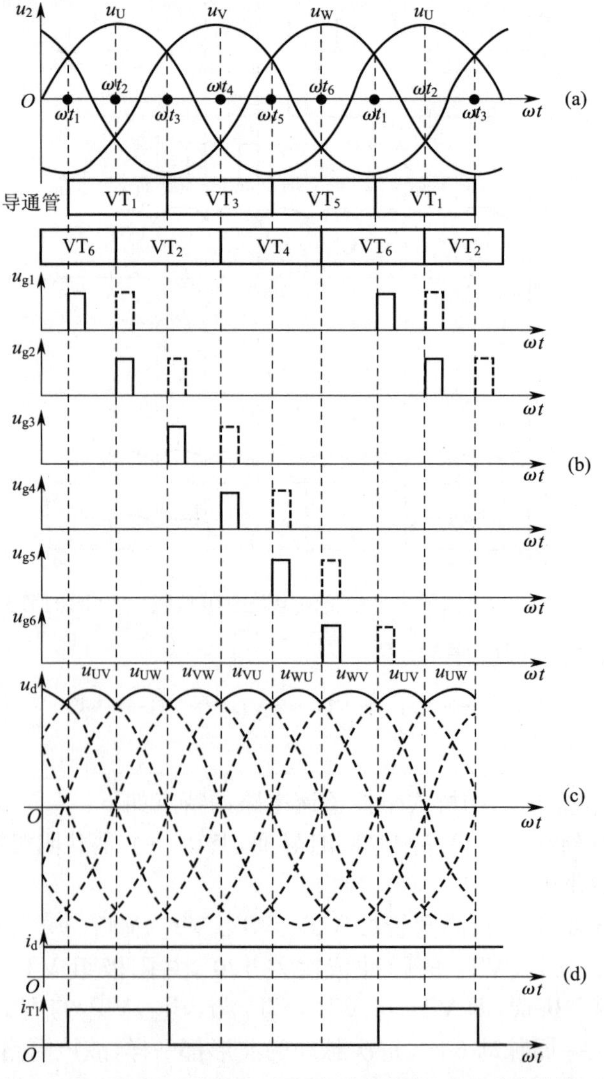

图 3.14　三相桥式全控整流电路感性负载 $\alpha \leqslant 60°$时的情况

当 $\alpha\leqslant60°$时，阻性负载或感性负载时整流输出电压都连续，此时其电压平均值为

$$U_d=\frac{3}{\pi}\int_{\frac{\pi}{3}+\alpha}^{\frac{2\pi}{3}+\alpha}\sqrt{6}U_2\sin\omega t\,d(\omega t)$$

$$=\frac{3\sqrt{6}}{\pi}U_2\cos\alpha$$

$$=2.34U_2\cos\alpha \tag{3.39}$$

当 $\alpha>60°$时，阻性负载和感性负载的工作情况不同，阻性负载时 u_d 不会出现负压，而感性负载时，由于电感 L 的作用，u_d 的波形会出现负的部分。

复习与思考题

1. 请简述相控整流电路的作用，并说明怎样进行输出电压的调控。

2. 在图 3.1 所示的单向半波可控整流电路阻性负载中，输出电压为 90 V，电流为 45 A，电路直接由 220 V 电网供电，试计算晶闸管的导通角及电流有效值。

3. 电感性负载时全控式与半控式整流电路中的续流二极管各有什么作用？有何不同？

4. 单相半波可控整流电路，电阻性负载。要求输出的直流平均电压为 50～92 V 之间，最大输出直流电流为 30 A，由交流 220 V 供电，(1)试求晶闸管控制角的调整范围为多少？(2)选择晶闸管的型号规格。(安全裕量取 2 倍，$I_T/I_d=1.66$)

5. 某感性负载采用带续流二极管的单相半空桥整流电路，已知电感线圈的内电阻 $R_d=5\ \Omega$，输入交流电压 $U_2=220$ V，控制角 $\alpha=60°$。试求晶闸管与续流二极管的平均电流值和有效值。

6. 单相桥式全控整流电路，大电感时 $U_2=220$ V，$R_d=4\ \Omega$，试计算：(1)当 $\alpha=60°$时，输出电压、电流平均值；(2)如负载接续流二极管，试计算 U_d、I_d 的值，并求流过晶闸管和续流二极管的电流的平均值、有效值。

7. 单相桥式半控整流电路，电阻性负载，控制角为 α，请画出整流二极管在一周期内承受的电压波形。

8. 如图 3.8 所示三相半波可控整流电路中，阻性负载，控制角 $\alpha=60°$，$U_2=220$ V，负载电阻 $R=30\ \Omega$，计算：(1)电路输出电压平均值 U_d；(2)负载电流的平均值 I_d；(3)流过晶闸管的电流平均值 I_{dT}。

9. 如图 3.15 所示的可控整流电路，试画出 $\alpha=60°$时的 u_d、i_T、i_D 及 u_T 波形；如果 $U_2=220$ V，$R_d=5\ \Omega$，试选择晶闸管和二极管。

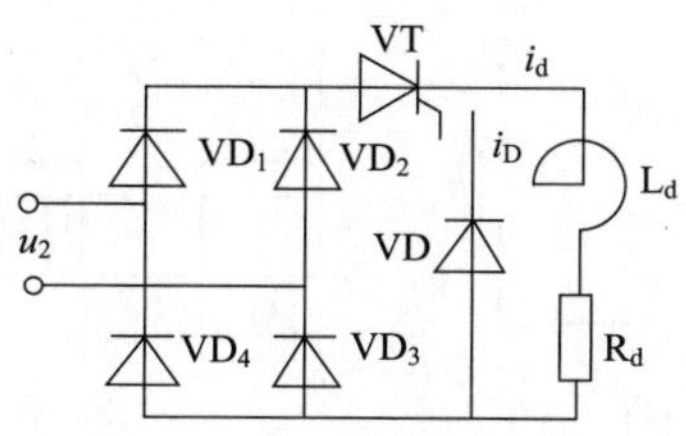

图 3.15　可控整流电路

10. 对三相半波可控整流电流，如果 U 相得触发脉冲丢失，试画出 $\alpha=60°$时，大电感负载时的 u_d、i_{T2} 及 u_{T3} 的波形。

4 斩波电路与逆变电路

学习指导

通过本章的学习，主要掌握斩波电路和逆变电路的作用，升压、降压、升降压、库克(Cuk)斩波电路工作原理；电压型逆变电路和电流型逆变电路工作原理、波形分析；缓冲电路的作用、基本工作原理等方面知识。

4.1 斩波电路

4.1.1 概　述

直流斩波电路(DC Chopper)的功能是将一个恒定的直流电压变成另一种固定的或可调的直流电压，也称DC/DC变换电路。它通过周期性地快速接通、关断负载电路，从而将直流电"斩"成一系列的脉冲电压，改变这个脉冲电压接通、关断的时间比，就可以方便地调整输出电压的平均值。直流斩波电路广泛应用于直流电机调速的电力牵引上，如采用直流供电的城市地铁车辆、城市无轨电车和采用蓄电池的各种电动车。

4.1.2 斩波电路的基本原理

1. 直流斩波电路的工作原理

基本斩波电路原理图如图4.1(a)所示。电阻R为斩波器的负载，S为一高速开关。当开关S合上时，电源电压U_d加到负载电阻R上，并持续时间t_{on}；当开关断开时，负载电压为零并持续时间t_{off}。斩波器的输出波形如图4.1(b)所示，$T(T=t_{on}+t_{off})$为斩波器的工作周期，$\alpha=t_{on}/T$定义为占空比，则斩波电路输出电压的平均值为

$$U_0=\frac{1}{T}\int_0^{t_{on}}u_0\,dt=\frac{t_{on}}{T}U_d=\alpha U_d \tag{4.1}$$

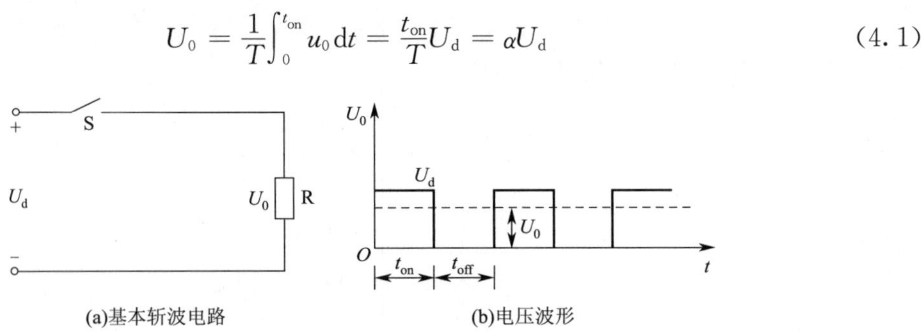

图4.1　基本斩波电路图及工作波形

实际上，图4.1(a)的开关S不是普通的机械开关，而是由电力电子器件构成的电子开关，一般称这个开关为斩波开关。斩波开关可由半控型的晶闸管构成，也可由GTO、GTR、IGBT等全控型器件构成。但是，由于半控型器件本身无自关断能力，需另加一套关断电路，导致电

路复杂，并且可靠性差，斩波器的工作频率也比较低，一般很少采用。全控型电力电子器件本身有自关断能力，采用全控型器件，省去了关断电路，简化了主电路和控制路，同时，为斩波频率的提高创造了条件。斩波频率的提高可以减少低频谐波分量，降低对滤波元件的要求，减小了斩波器的体积和重量。因此，采用全控型器件构成直流斩波器，是当前的发展方向。

2. 直流斩波电路的控制方式

由式(4.1)可知，改变导通时间 t_{on} 或导通周期 T 都可改变斩波器的输出电压。因此，斩波电路有三种电压控制方式：

(1)定频调宽控制(脉冲宽度调制——PWM)。保持斩波周期 T 不变，只改变斩波器的导通时间 t_{on}。这种控制方式的特点是斩波器的基本频率不变，所以滤除高次谐波的滤波器设计比较简单。

(2)定宽调频控制(脉冲频率调制——PFM)。保持斩波器的导通时间 t_{on} 不变，只改变斩波周期 T。这种控制方式的特点是斩波回路和控制回路变得简单，但频率是变化的，因而滤波器的设计比较困难。

(3)调频调宽混合控制。这种控制方式不但改变斩波器的工作频率，而且改变斩波器的导通时间。这种控制方式的特点是可以大幅度地变化输出，但也存在着由于频率变化所引起的设计滤波器较困难的问题。

4.1.3　直流斩波基本电路

1. 降压斩波电路原理

图 4.2(a)是一个实际的降压斩波电路(Buck Chopper)原理图。图中 VT 是一个采用全控型器件 IGBT 的斩波开关，VD 为续流二极管，用于在斩波器关断期间为电感性负载提供续流回路；L_d 为平波电抗器，可使负载得到平滑的输出电流；L_F 和 C_F 组成输入滤波回路，用于吸收斩波器产生的谐波电流。降压斩波电路的典型用途是直流电动机调速，也可带蓄电池负载，两种情况下均为反电势负载。图 4.2(b)为负载电流连续工况下各点波形图。

(1)工作过程分析

假设电路工作在稳态过程，滤波电容 CF 的容量和平波电抗器的电感足够大，并且负载电流连续，当 $t=t_{on}$ 期间，VT 导通，电源电压 U_d 加在平波电抗器及负载上。

由图 4.2(b)中的 VT 的栅射电压 u_{GE} 波形可知，在 $t=0$ 时刻驱动 VT 导通，电源 U_d 向负载供电，负载电压 $u_0=U_d$，负载电流 i_0 按指数曲线上升。

当 $t=t_1$ 时控制 VT 关断，二极管 VD 续流，负载电压 u_0 近似为零，负载电流呈指数曲线下降。通常串接较大电感 L 使负载电流连续且脉动小。

至一个周期 T 结束，再驱动 VT 导通，重复上一周期的过程。当电路工作于稳态时，负载电流在下一个周期和终值相等，如图 4.2(b)所示。负载电压的平均值为

$$U_0=\frac{t_{on}}{t_{on}+t_{off}}U_d=\frac{t_{on}}{T}U_d=\alpha U_d \tag{4.2}$$

式中　t_{on}——VT 通的时间；

t_{off}——VT 断的时间；

T——开关周期；

α——导通占空比，简称占空比或导通比。

由式(4.2)知，输出到负载电压平均值 U_0 最大为 U_d，若较小占空比 α，则 U_0 随之减小。

因此将该电路称为降压斩波电路。

负载电流平均值为

$$I_0=\frac{U_0-E_M}{R} \tag{4.3}$$

如负载中 L 值比较小，则在 VT 关断后，到了 t_2 时刻，如图 4.2(c)所示，负载电流已衰减至零，会出现负载电流断续的情况。由波形可见，负载电压 U_0 平均值会被抬高，一般不希望电流断续的情况。

(2)负载电流连续的条件

从上面分析可知在斩波器关断期间，负载电流全部来自电感释放的能量。当斩波器工作时，如果电感储存的能量不足，当斩波器关断以后，电感电流不足以维持负载电流，就会发生电流断续的情况。

维持负载电流临界连续的最小电感值为

$$L_d=\frac{TU_d}{2I_0}\alpha(1-\alpha) \tag{4.4}$$

对于定频调宽斩波电路，负载电流最大脉动量发生在 $\alpha=0.5$ 的工况，此时，电枢回路总的最小电感值为

$$L_d=\frac{TU_d}{8I_0} \tag{4.5}$$

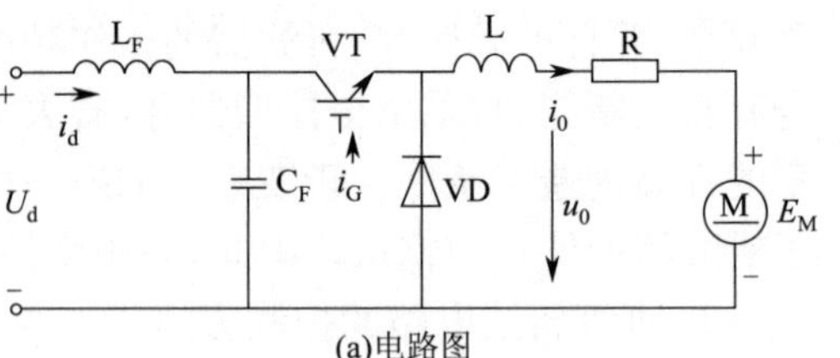

(a)电路图

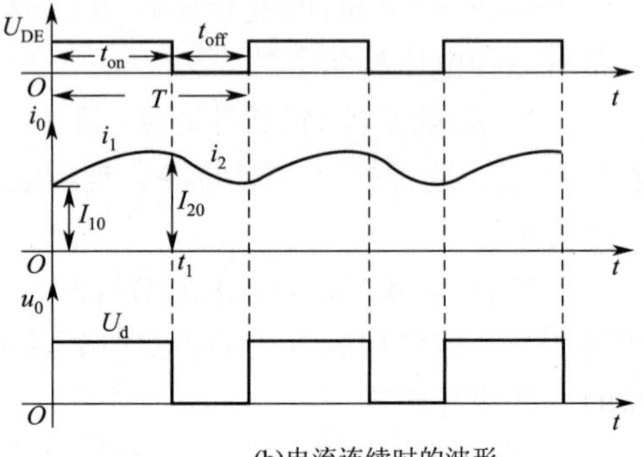

(b)电流连续时的波形

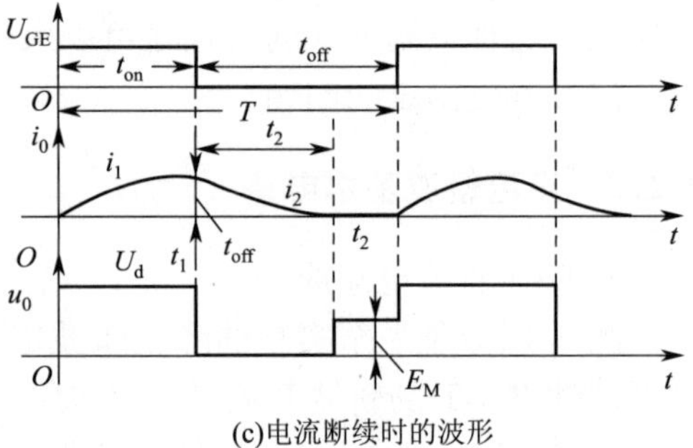

(c)电流断续时的波形

图 4.2　降压斩波电路的原理图及波形

直流电动机正常工作时，电枢电流不允许断续，否则会影响电动机的换向，严重时甚至产生环火，导致电动机损坏。由于一般直流电动机的电感量有限，应用时一般串入一个电感量足够大的平波电抗器，以增大负载回路的电感量，使负载电流保持连续，并尽可能使电流波形平直，减小纹波，以利于电机换向。一般分析时，在负载电感量足够大的条件下，我们可以认为这时电机电流波形为一条直线。

2. 升压斩波电路

升压斩波电路(Boost Chopper)的工作原理及波形如图 4.3 所示。电路中，L 和 C 分别为电感量很大的储能电感和电容量很大的储能电容，R 为负载电阻。降压斩波电路的输出电压平均值小于或等于电源电压，而升压斩波器的输出电压的平均值在电源电压 U_d 以上范围变化。

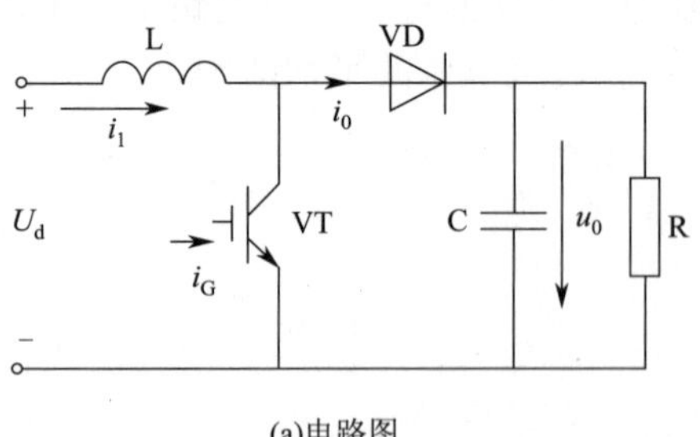

(a)电路图

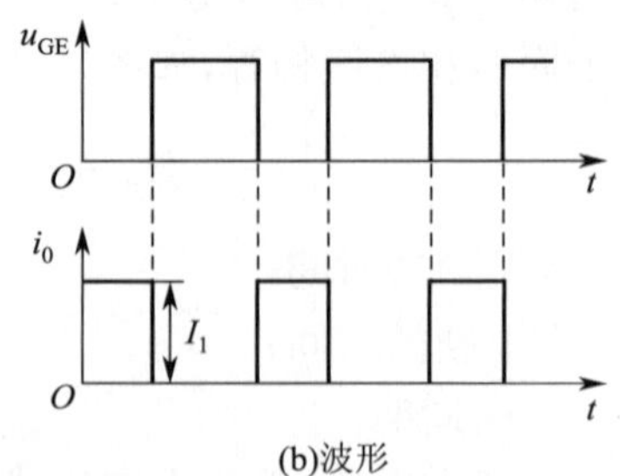

(b)波形

图 4.3　升压斩波电路及工作波形

当斩波器 VT 开通时，电源 U_d 向电感 L 充电，充电电流基本恒定为 I_1，此时电感的自感电势为左正右负；同时电容 C 向负载 R 放电，因 C 值很大，基本保持输出电压 u_0 为恒值，记为 U_0。此时，隔离二极管因受电容反向电压而关断。设 VT 处于通态的时间为 t_{on}，此阶段 L 上积蓄的能量为 $U_d I_1 t_{on}$。

当斩波器 VT 关断时，电感 L 中的电流维持原来的方向不变，其自感电势改变极性，变为左负右正，并和电源正向叠加，向电容充电，同时向负载供电。这样，斩波器导通时储存在电感中的能量便释放到负载和电容上。此时隔离二极管受正压而导通。

设 VT 断态的时间为 t_{off}，则此期间电感 L 释放能量为 $(U_0-U_d)I_1 t_{off}$。当电路工作于稳态时，一个周期 T 中电感积蓄的能量和释放的能量相等，即

$$U_d I_1 t_{on}=(U_0-U_d)I_1 t_{off} \tag{4.6}$$

化简得

$$U_0=\frac{t_{on}+t_{off}}{t_{off}}U_d=\frac{T}{t_{off}}U_d=\frac{1}{1-\alpha}U_d \tag{4.7}$$

因 $\alpha<1$，故由式 4.7 可知 $U_0>U_d$。输出电压高于电源电压，故称此电路为升压斩波电路。

根据电路结构，负载上的输出电流为

$$I_0=\frac{U_0}{R}=\frac{1}{1-\alpha}\frac{U_d}{R} \tag{4.8}$$

在忽略所有元件的功耗时，电源输入的功率等于在负载上的输出功率，即 $U_d I_1=U_0 I_0$，因此电源输入的电流为

$$I_1=\frac{U_0}{U_d}I_0=\frac{1}{(1-\alpha)^2}\frac{U_d}{R} \tag{4.9}$$

升压斩波电路之所以能使输出电压高于电源电压，一是 L 储能之后具有使电压泵升的作用，二是电容 C 可使输出电压保持住。在上述分析中，认为 VT 处于导通期间因电容 C 的作用使得输出电压 U_0 不变，但实际电路中，C 不可能无限大，电容 C 对负载放电时，电压必然会有所下降，因此，实际输出电压要略低于式(4.7)的理论计算值。

3. 升降压斩波电路

(1)升降压斩波电路

升降压斩波电路(Boost-Buck Chopper)的工作原理及波形如图 4.4 所示。它由降压式与升压式两种基本斩波电路混合而成，电路组成及元件功能与图 4.3(a)升压斩波电路相似。电路中电感 L 与电容 C 都很大，因而电感电流 i_L 和电容电压即负载电压 u_0 的值变化很小。

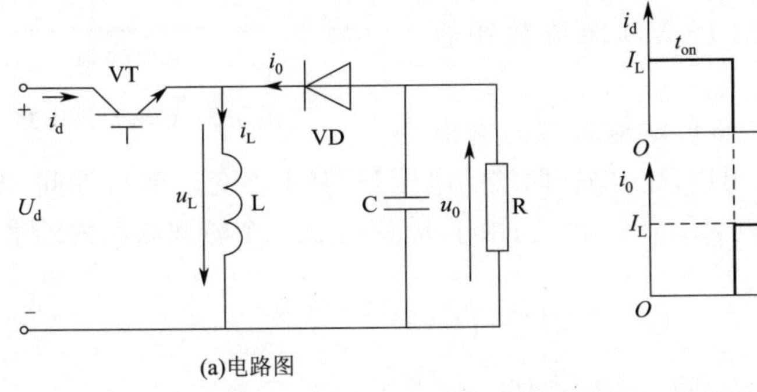

(a)电路图 (b)波形

图 4.4 升降压斩波电路及其波形图

电路的基本工作原理是：当斩波器处于开通状态时，电源向电感充电，充电电流 $i_L = i_d$，而电容 C 维持输出电压基本恒定并向负载供电，此时，二极管处于反偏关断状态；当斩波器关断时，电感中储存的能量向负载释放，同时电容充电，电感的放电电流等于 i_0，由于电感中的电流方向不能突然改变，此时电感两端的极性为上负下正。此时，二极管受正电压开通。

稳态时，一个周期 T 内电感 L 两端电压 u_L 对时间的积分为零，即

$$\int_0^T u_L \mathrm{d}t = 0 \tag{4.10}$$

VT 处于通态期间，$u_L = U_d$；而当 VT 处于断态期间，$u_L = -U_0$。于是

$$U_d t_{on} = U_0 t_{off} \tag{4.11}$$

所以输出电压为

$$U_0 = \frac{\alpha}{1-\alpha} U_d \tag{4.12}$$

由(4.12)可知，升降压斩波电路的输出电压可以高于或低于电源电压；当 $\alpha = 0.5$ 时，$U_0 = U_d$；当 $\alpha > 0.5$ 时，为升压斩波电路；当 $\alpha < 0.5$ 时，为降压斩波电路。整个电路起到一个直流“变压器”的作用。当忽略电路元件损耗时，电路的输入功率与输出功率等，即 $U_d I_d = U_0 I_0$，因此

$$I_d = \frac{\alpha}{1-\alpha} I_0 \tag{4.13}$$

(2)Cuk 斩波电路

库克(Cuk)斩波电路也是一种升降压斩波电路，其电路原理图及其等效电路如图 4.5 所示。图中 L_1 及 L_2 为储能电感，VD 是快恢复续流二极管，C 为传送能量的耦合电容。这种电路的特点是：输出电压极性与输入电压相反；输出及输入端电流都是连续的，而且脉动很小；输出直流电压平稳，降低了对外部滤波器的要求。

当斩波开关 VT 导通时，电容 C 上的电压使二极管 VD 反偏截止，电源经 VT 向电感 L_1 充电；与此同时，原来储存在电容 C 中的能量向负载释放，并向 L_2 充电，负载获得反极性电压。

当斩波开关 VT 截止时，电感 L_1 中电势方向变为左负右正，电源电压与电感电压同向串联后经 VD 向电容充电；此期间，电感 L_2 经 VD 向负载释放能量。

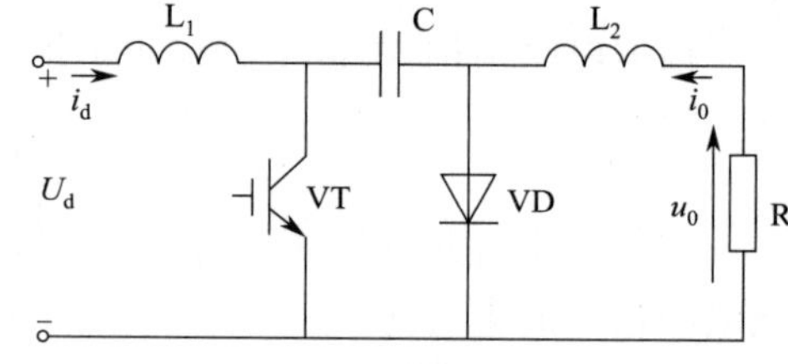

(a)cuk斩波电路

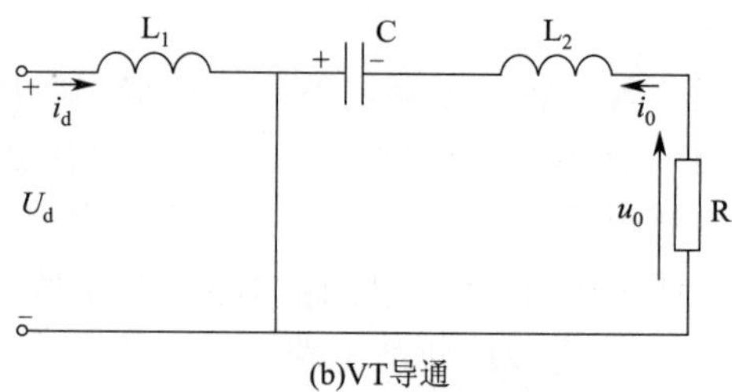

(b)VT导通

(c)VT关断

图 4.5　Cuk 斩波电路

因此，在整个斩波周期，电容 C 从输入端向输出端传递能量，当电容足够大时，可以认为电容两端的电压 U_c 基本不变。在 t_{on} 期间，电感 L_1 两端的电压为 $U_{L1} = U_d$；在 t_{off} 期间，$U_{L1} = U_d - U_c$；由于电感 L_1 在一个斩波周期内的平均电压为零，因此

$$U_d t_{on} + (U_d - U_c) = 0 \tag{4.14}$$

$$U_c = \frac{t_{on} + t_{off}}{t_{off}} U_d = \frac{1}{1-\alpha} U_d \tag{4.15}$$

相似地，t_{on}在期间，电感 L_2 两端的电压为 $U_{L2}=U_c-U_0$；在 t_{off}期间，$U_{L2}=-U_0$；由于电感 L_2 在一个斩波周期内的平均电压也为零，因此

$$(U_c-U_0)t_{on}-U_0t_{off}=0 \tag{4.16}$$

$$U_0=\frac{t_{on}}{t_{on}+t_{off}}U_c=\alpha U_c \tag{4.17}$$

比较式(4.14)及式(4.16)，可知

$$U_0=\frac{\alpha}{1-\alpha}U_d \tag{4.18}$$

需要注意的是，上式中输入与输出电压的极性实际是相反的。

在忽略器件损耗时，输出功率等于电源输入功率，即 $U_dI_d=U_0I_0$，因此有

$$I_d=\frac{\alpha}{1-\alpha}I_0 \tag{4.19}$$

与升降压斩波电路相比，Cuk 斩波电路有一个明显的优势，即其输入与输出电流是连续的，且脉动小，有利于对输入、输出进行滤波。

4.2 逆变电路

4.2.1 概　　述

在生产实践中利用晶闸管电路把直流电变成交流电，这种对应于整流的逆向过程，定义为逆变。例如：卷扬机下降或电力机车下坡行驶时，使直流电动机作为发电机制动运行，位能转变成电能反送到交流电网中去。在实际应用中还有很多，如直流电动机的可逆调速，绕线转子异步电动机的串级调速，高压直流输电等。

通常将既可以工作在整流状态又可以工作在逆变状态的整流电路称为变流电路。对于逆变电路，如果把变流器的交流侧接到交流电源上，把直流电逆变为同频率的交流电反送到电网去，称为有源逆变；若变流电路的交流侧不与电网相连而直接接到负载上则称为无源逆变。交流变频调速就是利用这一原理工作的。

4.2.2 有源逆变电路

1. 有源逆变的工作原理

这里首先从直流发电机—电动机系统入手，研究其间电能流转的关系，再转入变流器中分析交流和直流电之间电能的流转，掌握实现整流和逆变的转化规律。

(1)直流发电机—电动机系统电能的流转

图 4.6 所示的直流发电机—电动机系统中，M 为电动机，G 为发电机。图 4.6(a)中，M 做电动运转，$E_G>E_M$，电流 I_d 从 G 流向 M，大小为

$$I_d=\frac{E_G-E_M}{R_\Sigma} \tag{4.20}$$

式中　R_Σ——主回路总的电阻。

G 输出电功率为 E_GI_d，M 吸收电功率为 E_MI_d，电能由 G 流向 M，转变为 M 轴上输出的机械能，R_Σ 上是热耗。

图 4.6(b)是回馈制动状态，M 作发电运转，此时，$E_M>E_G$，电流反向，从 M 流向 G，其值为

$$I_d=\frac{E_M-E_G}{R_\Sigma} \tag{4.21}$$

此时 I_d 和 E_M 同方向，与 E_G 反向，故 M 输出电功率，G 则吸收电功率，R_Σ 上总是热耗，M 轴上输出的机械能转变为电能反送给 G。

图 4.6(c)中，两电动势顺向串联，向电阻 R_Σ 供电，G 和 M 均输出功率，由于 R_Σ 一般都很小，实际上相当于两个电源间短路，这在实际工作中是不允许的。

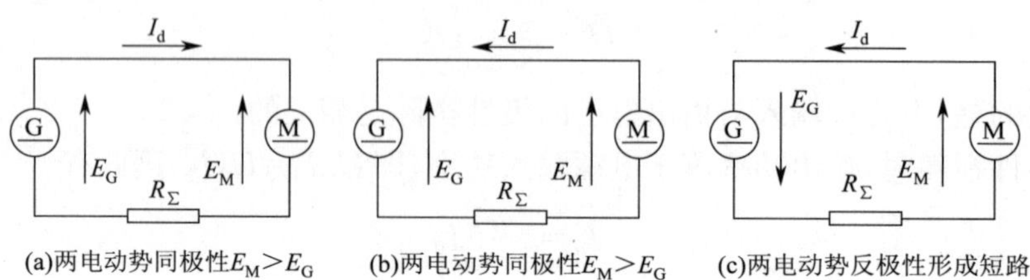

图 4.6 直流发电机—电动机之间电能的流转

由上面的讨论，可归纳如下几点：

①两个电源同极性相连时，电流从电动势高的电源正极流向电动势低的电源正极，电流大小由两个电势之差和回路的总电阻决定。如果回路电阻很小，那么很小的电动势差也可以产生足够大的电流，使两个电源之间交换很大的功率，这对分析逆变电路是十分有用的。

②电流从电源的正端流出，则该电源输出功率；从电源的正端流入，则该电源吸收功率。

③两个电源反极性相连时，回路电流由两电动势之和与回路的总电阻决定，这时两个电源都输出功率，功率消耗在电阻上，如果电阻很小，相当于短路。

(2)单相有源逆变工作原理

图 4.7 为单相桥式电路的整流与逆变原理图，图 4.7(a)为两组单相全控桥式电路，通过开关 Q 与直流电机负载相接。假若 Q 掷向左边位置，Ⅰ组晶闸管的控制角 $\alpha_{\mathrm{I}}<90°$，电路工作在整流状态，输出波形如图 4.7(b)所示，输出电压 $U_{d\mathrm{I}}$ 上正下负，电机作电动运行，流过电枢的电流为 i_1，电动机的反电动势 E 上正下负。这时交流电源通过晶闸管装置供出功率，电动机吸收功率，这相当于图 4.6(a)所示。

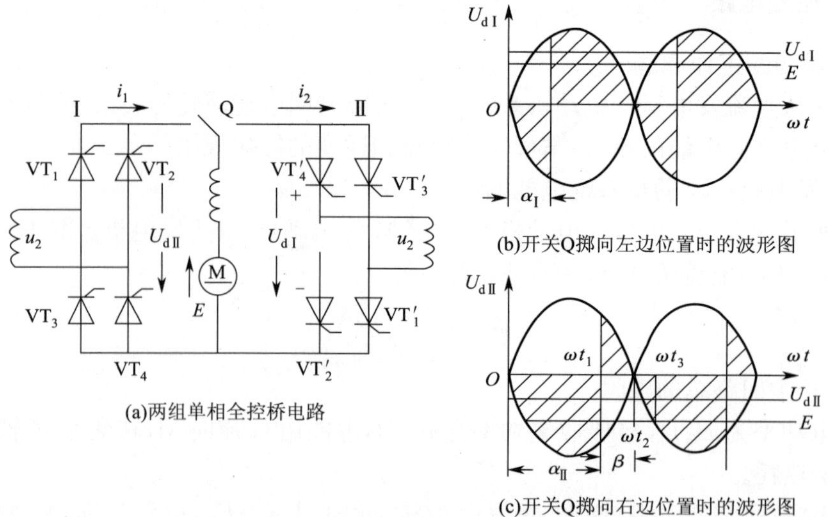

图 4.7 单相桥式电路整流与逆变原理

当开关Q掷向右边位置时，由于机械惯性的作用；电动机的电动势E不改变方向，仍为上正下负，同时给Ⅱ组晶闸管加触发脉冲，使$\alpha_{\text{Ⅱ}}<90°$，输出电压$U_{\text{dⅡ}}$下正上负，则形成两电源顺极性相连，因回路的电阻很小，将产生很大的电流，相当于短路事故，这是不允许的，这就是图4.6(c)所示情况。

当开关Q掷向右边位置时，应同时使单相全控桥电路的控制角α调整到大于90°，这时输出电压为$U_d=U_{d0}\cos\alpha$，因$\alpha_{\text{Ⅱ}}>90°$，故输出波形如图4.7(c)所示。U_d为负值，极性为上正下负，且使$|U_d|<|E|$。若电动机转速暂时不变，因而E也不变，晶闸管在E和U_2的作用下导通，产生电流I_0。此时电动机输出能量，运行在发电制动状态，晶闸管装置吸收能量送回电网，这就是有源逆变，与图4.9(b)所示情况一样。由图4.7(b)中波形可见，单相全控桥式电路工作在逆变时的输出电压控制原理与整流时相同，只是控制角α大于90°，表示为

$$U_d=0.9U_2\cos\alpha \tag{4.22}$$

为计算方便起见，引入逆变角β，令$\beta=\pi-\alpha$，用电角度表示时$\beta=180°-\alpha$，因此

$$U_d=0.9U_d2\cos\alpha=0.9U_d2\cos(180°-\beta)=-0.9U_d2\cos\beta \tag{4.23}$$

逆变角为β时的触发脉冲位置可从$\alpha=180°$时刻向左移β来确定。

由以上分析可见，在有源逆变时，晶闸管在交流电源的负半周导通的时间较长，即输出U_d电压波形负面积大于正面积，电压平均值$U_d<0$，直流平均功率的传递方向是由电动机返送到交流电源；当全控桥变流装置工作在整流工况时，正面积大于负面积，平均电压$U_d>0$。直流平均功率的传递方向是交流电源经变流器送往直流负载。所以同一套变流装置，当$\alpha<90°$时，工作在整流状态；当$\alpha>90°$时，工作在逆变状态；当$\alpha=\beta=90°$时，输出电压平均值$U_d=0$，电流$I_d=0$，交直流两侧无能量交换。

实现有源逆变的条件归纳如下：

①变流装置的直流侧必须外接有电压极性与晶闸管导通方向一致的直流电源E，且其值应稍大于变流器直流侧的平均电压$|U_d|$；

②变流装置必须工作在$\beta<90°$(即$\alpha>90°$)区间，使$U_d<0$。以上两者必须同时具备才能实现有源逆变；

③为保证变流装置回路中的电流连续，逆变电路中一定要串接大电抗。

对于半控桥式晶闸管电路或直流侧并接有续流二极管的电路，因它们不能输出负电压，也不允许直流侧出现负极性的电动势，故不能实现有源逆变。

2. 逆变失败及最小逆变角的限制

逆变运行时，一旦发生换相失败，外接的直流电源就会通过晶闸管电路形成短路，或者使变流器的输出平均电压和直流电动势变成顺向串联，必然形成很大的短路电流流过晶闸管和负载，这种现象称为逆变失败，或称为逆变颠覆。

(1)逆变失败的原因

造成逆变失败的原因很多，主要有下列几种情况：

①触发电路工作不可靠，不能适时地、准确地给各晶闸管分配脉冲，如脉冲丢失、脉冲延迟等，致使晶闸管不能正常换相，使交流电源电压和直流电动势顺向串联，形成短路。

②晶闸管发生故障，突然损坏或误导通，晶闸管连接线的松脱等，造成逆变失败。

③在逆变工作时，交流电源发生缺相或突然消失，由于直流电动势E的存在，晶闸管仍可导通，此时变流器的交流侧由于失去了同直流电动势极性相反的交流电压，因此直流电动势将经过晶闸管电路而短路。

④换相的裕量角不足,引起换相失败。

为了防止逆变失败,不仅逆变角 β 不能等于零,而且不能太小,必须限制在某一允许的最小角度内。

(2)确定最小逆变角 β_{min} 的因素

①换向重叠角 γ

换相重叠角 γ 与整流变压器漏抗,变流器接线形式以及工作电流都有关系。若逆变角 β 小于换相重叠角 γ,就会造成逆变失败。一般 γ 取 15°～25°。

②晶闸管关断时间 t_g 所对应的电角度 δ

晶闸管关断时间 t_g 是指其承受反向电压可靠关断所需时间,其大小由管子参数决定,一般约为 200～300 μs,对应的电角度为 4°～6°。

③安全裕量角 θ_α

考虑触发脉冲间隔不均匀、电网波动、畸变与温度的影响,必须留一个安全裕量角 θ_α,一般 θ_α 取 10°左右。

综合以上各方面因素,逆变时允许采用的最小 β 角应等于

$$\beta_{min} \geqslant \delta + \gamma + \theta_\alpha \approx 30° \sim 35° \tag{4.24}$$

设计逆变电路时,为了防止触发脉冲进入 β_{min} 区间内,可在触发电路中附加一保护电路,使得调整 β 角减小时,不能进入 β_{min} 区间内。在设计要求比较高的逆变电路中,也可以在 β_{min} 处设置产生附加安全脉冲的装置,此脉冲位置固定,一旦工作脉冲移入 β_{min} 区间内,则安全脉冲保证在 β_{min} 处触发晶闸管,防止逆变失败。

3. 电力机车再生制动

交—直型电力机车进行再生制动时,牵引电动机作直流发电机工作,并且将电能馈送回接触网,此时电力机车相当于一个移动的发电站。

(1)再生制动的特点

①再生制动时回馈的电能可供其他电力机车牵引使用,因此是一种更具有经济效益的电气制动方式。

②再生制动调速范围大,防滑性能好,减少了闸瓦与车轮磨耗。

③再生制动的控制系统较为复杂。由于再生制动时系统的稳定性差,制动力的调节一般有两种方法,即可以通过调节电机的他励电流来实现,也可通过调节逆变器的电压来进行。因此控制复杂且精确度要求高,同时为了提高系统的稳定性,在制动电路中增设附加的稳定电阻 R_w,以限制制动电流的变化。

④再生制动的机车必须采用全控桥。因此机车功率因数低,谐波含量高,同时对触发系统可靠性要求高。

(2)再生制动的工作原理

图 4.8 为整流器电力机车再生制动原理图。

当触发角 $\alpha < 90°$ 时,整流器工作在整流状态,电机作电动机运转,电能由整流器端流向电动机。

$$U_d = E_d + I_z \sum R \tag{4.25}$$

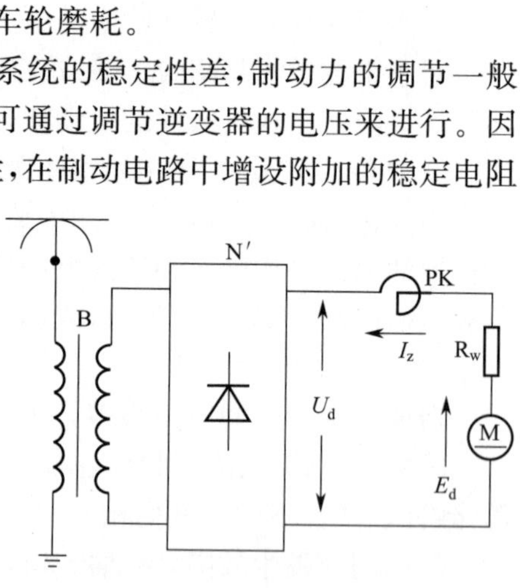

图 4.8　整流器电力机车再生制动原理图

当 $\alpha > 90°$ 时,工作在逆变状态,电力机车工作在再生制动工况,牵引电机 M 为串励发电机工作状态,电能由电机端流向整流器端。其外特

性为

$$U_d = E_d - I_z \sum R \tag{4.26}$$

(3)调节过程及调节方式

欲调节制动电流 I_z,可采用调节它励发电机励磁电流 I_L 或者逆变器电压 U_{da} 即控制角 α 的方法来实现。再生制动在整个调节过程中,大致可分三个阶段如图 4.9 所示。

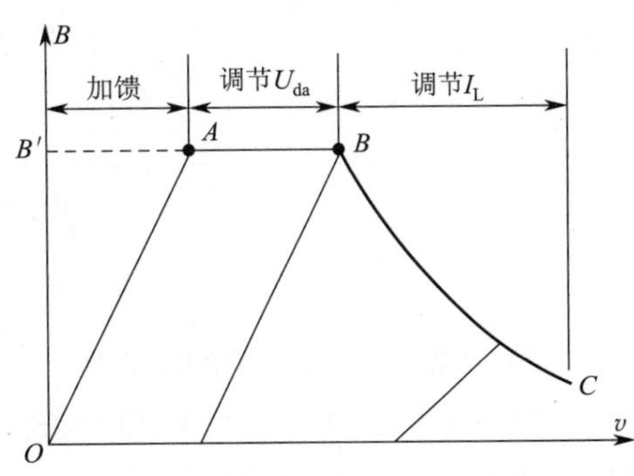

图 4.9　再生制动三个区域的特性

①调节励磁电流 I_L。机车在高速时进行再生制动,为了提高功率因数,可维持逆变器电压 U_{da} 为最大,且基本为恒定。通过调节励磁电流来调节制动电流,如图 4.9 中 BC 段所示,随着机车运行速度 v 的下降,相应增加励磁电流,直至额定值为止。励磁电流最小值受电机安全换向限制。励磁调节的优点是调节功率小,调节平滑,缺点是机车速度的下限受到磁饱和的限制,高速时受电机安全换向的限制。制动力受制动功率的限制,随着机车速度增加,制动力要相应减小。

②调节逆变器电压 U_{da}。在励磁电流调节到额定值之后维持常数不变,调节控制角 α,改变逆变器电压 U_{da}。减小 U_{da} 可维持制动电流为常数,维持制动力不变,如图 4.9 中 AB 段所示,直到 $U_{da}=0$ 为止。一般采用不对称触发方式,α 范围为 $0\sim(\pi-\beta)$。

③加馈电阻制动。此种工况下逆变器变为整流工况运行,电压 U_{da} 改变极性,此时制动电流由发电机电势和整流电压共同产生,可保持低速时制动力不变,如图 4.9 中 $B'A$ 虚线所示。如前所述 OA 的斜率取决于制动电阻的大小,制动电阻越小,斜率越大,A 点速度越低。该电阻值一般小于电阻制动机车的制动电阻。

上述三个阶段中,前两个阶段为再生制动工况。

4.2.3　无源逆变电路

1. 概述

通常把交流电能变换成直流电能的过程称之为整流,相控整流为最常见的交直变换过程;而把直流电能变换成交流电能的过程称之为逆变。逆变电路又分为有源逆变和无源逆变两大类,有源逆变电路,是把交流侧接在交流电网上,直流电能经过直交变换后,向交流电源反馈能量,相应的装置也称为有源逆变器。相控角大于 90°的全控整流器为常见的有源逆变器。本节介绍的无源逆变电路,是把直流电能变换为交流电能后,直接向非电源负载供电的电路。无源逆变电路广泛应用于交流电机的变频调速及各种需要严格的频率和波形的负载。

(1)无源逆变电路的基本原理

基本的单相桥式无源逆变电路工作原理如图 4.10(a)所示。图中 U_d 为电流电源电压,R 为逆变电路的输出负载,$S_1\sim S_4$ 为 4 个高速开关。该电路有两种工作状态:

①S_1、S_4 闭合,S_2、S_3 断开,加在负载 R 上的电压为左正右负,输出电压 $U_0=U_d$;

②S_2、S_3 闭合,S_1、S_4 断开,加在负载 R 上的电压为左负右正,输出电压 $U_0=-U_d$。

当以频率 f 交替切换 S_1、S_4 和 S_2、S_3 时,负载将获得交变电压,其波形如图 4.10(b)所示。切换周期 $T=1/f$,这样,就将直流电压 U_d 变换成交流电压 u_0。

与前面介绍的斩波电路相同，开关 $S_1 \sim S_4$ 也是由电力电子器件构成的电子开关。它可由半控型的快速晶闸管构成，也可由 GTO、GTR、IGBT 等全控型器件构成。

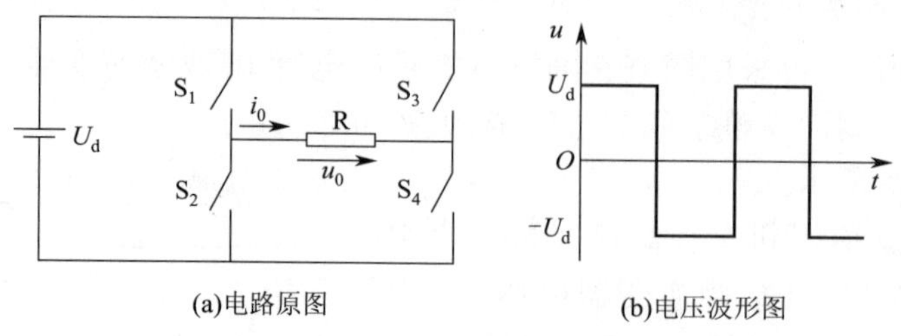

图 4.10　单相桥式逆变电路工作原理

(2)无源逆变电路的换相方式

当控制 S_1、S_4 和 S_2、S_3 两组开关交替开闭时，使加在负载上的电压方向交替变化，与此同时，电流也从一对桥臂转移到另外一对桥臂，这一过程通常被称为换流，换流也常被称为换相。在换相过程中，原已开通的支路由通态转换为断态，原已断开的支路由断态转换为通态。从断态向通态转换时，无论桥臂是由全控型还是半控型电力电子器件组成，只要给门极合适的驱动信号，就可以使其开通。但从通态向断态转换时情况就完全不同了。对于全控型器件，给门极施加适当的反向信号就可以使其关断；而对于半控型的晶闸管来说，就不能通过对门极的控制使其关断，必须利用外部条件或采取其他措施才能使其关断。一般来说，要在晶闸管电流为零后再施加一定时间的反向电压，才能使其可靠关断。可见，在换相过程中，使晶闸管关断要比使其开通复杂得多。

换相的方式主要有下面几种。

①器件换相

器件换相是利用全控型器件自身所具有的自关断能力进行换相。

普通型和快速型晶闸管作为逆变器的开关器件时，因其阳极与阴极两端加有正向直流电压，只要在它的门极加正的触发电压，晶闸管就可以导通。但晶闸管导通后门极失去控制作用，必须设置关断电路，才能使其关断。负载换相和强迫换相是晶闸管器件常采用的关断方式。全控型电力电子器件可由门极(或基极/栅极)控制开通与关断，不需要复杂的换流电路，是构成逆变器的理想器件。现在已经很少采用半控型器件构成逆变器。

②电网换相

由电网提供换相电压实现逆变电路的换相称为电网换相。

在第 3 章讲述的可控整流电路，无论其工作在整流状态还是有源逆变状态，都是借助于电网电压实现换相的，都属于电网换相。在换相时，只要把负的电网电压施加在欲关断的晶闸管上即可使其关断。这种换相方式不需要器件具有门极关断能力，也不需要为换相附加任何元器件，但是不适用于没有交流电网的无源逆变电路。

③负载换相

由负载提供换相电压实现逆变电路的换相称为负载换相。

凡是负载电流的相位超前于负载电压的场合，都可以实现负载换相。当负载为电容性负载时，即可实现负载换相；当负载为同步电动机时，由于可以控制励磁电流使负载呈电容性，因而也可以实现负载换相；将负载与其他换相元器件接成并联或串联谐振电路，使负载电流的相位超前负载电压，且超前时间大于管子关断时间，就能保证管子完全恢复阻断实现可靠换相。

本节图 4.16 介绍的单相桥式电流型逆变电路，就是一种典型的负载换相方式。

④强迫换相

设置附加的换相电路，给欲关断的晶闸管强迫施加反向电压或电流的换相方式称为强迫换相。强迫换相通常利用附加电容上所储存的能量来实现，因此也称为电容换相。

在强迫换相方式中，由换相电路内电容直接提供换相电压的方式称为直接耦合式强迫换相。其电路原理如图 4.11(a)所示，在晶闸管 VT 处于通态时，预先给电容 C 按图 4.11(a)所示极性充电。如果合上开关 S，就可以使晶闸管被施加反向电压而关断。

如果通过换相电路内的电容和电感的耦合来提供换相电压或换相电流，则称为电感耦合式强迫换相。图 4.11(b)、(c)是两种不同的电感耦合式强迫换相电路。图 4.11(b)中晶闸管在 LC 振荡的第一个半周期内关断，图 4.11(c)在中晶闸管在 LC 振荡的第二个周期内关断。因为在晶闸管导通期间，两图中电容所充的电压极性不同。在图 4.11(b)中，接通开关 S 后，LC 振荡电流将反向流过晶闸管 VT，与 VT 的负载电流相减，直到 VT 的合成正向电流减至零后，再流过二极管 VD。图 4.11(c)中，接通开关 S 后，LC 振荡电流先正向流过 VT 并和 VT 中原有负载电流叠加，经过半个振荡周期 $\pi\sqrt{LC}$ 后，振荡电流反向流过 VT，直到 VT 的合成正向电流减至零后再流过二极管 VD。在这两种情况下，晶闸管都是在正向电流减至零且二极管开始流过电流时关断。二极管上的管压降就是加在晶闸管中的反向电压。

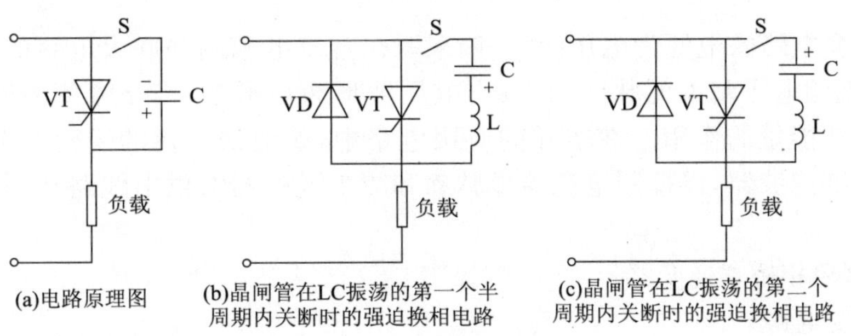

图 4.11 强迫换向电路

图 4.11(a)电路这种给晶闸管加上反向电压而使其关断的换相，也叫电压换相；而图 4.11(b)、(c)是先使晶闸管电流减为零，然后通过反并联二极管使其加上反向电压，这种换相方式也叫电流换相。

上述四种换相方式中，器件换相只适用于全控型器件，其余三种方式主要是针对晶闸管。器件换相和强迫换相都是因为器件或变流器自身的原因实现换相的，二者都属于自换相；电网换相和负载换相不是依靠变流器自身原因，而是借助于外部手段(电网电压或负载电压)来实现换相的，它们属于外部换相。采用自换相方式的逆变电路称为自换相逆变电路，而采用外部换相方式的逆变电路称为外部换相逆变电路。

(3)无源逆变的分类

①按相数分

a. 单相逆变器。

b. 三相逆变器。

②根据直流侧电源性质分

a. 电压型：直流侧为电压源。

b. 电流型:直流侧为电流源。

③根据电路的结构特点分类

a. 半桥式逆变电路。

b. 全桥式逆变电路。

c. 推挽式逆变电路。

d. 其他形式,如单晶体管逆变电路。

④根据换流方式分类

a. 器件换流型逆变电路。

b. 负载换流型逆变电路。

c. 强迫换流型逆变电路。

⑤根据负载特点分类

a. 非谐振式逆变电路。

b. 谐振式逆变电路。

2. 电压型逆变电路

按照直流侧电源性质,逆变电路可分为电压型逆变电路和电流型逆变电路两类,直流侧电源是电压源的逆变电路称为电压型逆变电路,而直流侧电源为电流源的逆变电路称为电流型逆变电路。

电压型逆变电路的电源为电压源,一般采取在直流电源侧并联大电容的方法获得恒压源,工作时直流侧电压基本无脉动,其输出电压波形为矩形波,当交流侧为感性负载时,电容还起缓冲无功能量的作用。在实际的应用电路中,如地铁车辆的逆变器中,在进线侧一般还串联有线路滤波器,以抑制电流尖峰脉动和减少逆变器对供电线路和周围其他设备的谐波干扰。

(1)电压型单相桥式逆变器

①半桥逆变电路

半桥逆变电路的结构如图 4.12(a)所示。它由一对桥臂和一个带有电压中点的直流电源构成。每个导电桥臂由一个全控型器件和一个反并联二极管组成;电压中点由接在直流侧的两个相互串联的足够大且数值相等的电容 C_1 和 C_2 分压而成。

VT_1 和 VT_2 的驱动信号在一个周期内各有半周正偏、半周反偏,且二者互补。逆变器工作波形如图 4.12(b)所示。输出电压 u_0 为矩形波,其幅值为 $U_d/2$。输出电流 i_0 波形随负载性质而变。

设 t_2 时刻以前 VT_1 导通,VT_2 关断,C_1 两端电压加在负载上,$u_0=+U_d/2$。

t_2 时刻给 VT_1 关断信号,给 VT_2 开通信号,则 VT_1 关断,但由于感性负载中的电流 i_0 不能立即改变方向,于是 VD_2 导通续流,C_2 两端电压加在负载上,此时,负载电压 $u_0=-U_d/2$。

t_3 时刻 i_0 降至零,续流二极管 VD_2 截止,VT_2 开始导通,i_0 开始反向增大。

同样,在 t_4 时刻给 VT_2 发关断信号,给 VT_1 发导通信号,VD_1 先导通续流,t_5 时刻 VT_1 才导通。

当 VT_1 或 VT_2 导通时,负载电流与电压同方向,直流侧向负载提供能量;而当 VD_1 或 VD_2 导通时,负载电流和电压反方向,负载中电感的能量向直流侧反馈,即负载将其吸收的无功能量反馈回直流侧,反馈的能量暂时储存在直流侧的电容器中,直流侧电容器起着缓冲这种无功能量的作用。

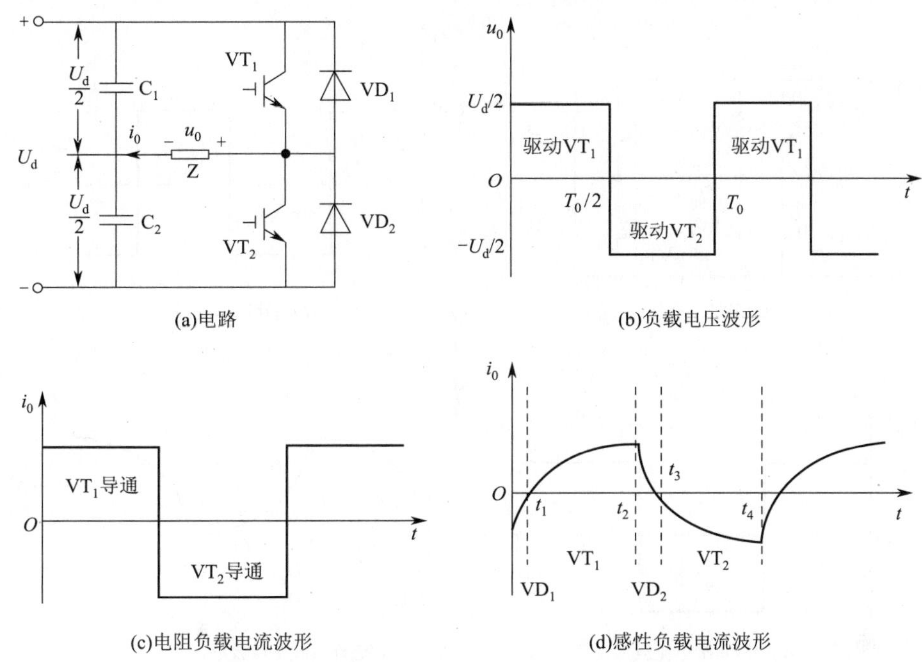

图 4.12 电压型单相半桥逆变电路及其工作波形

二极管 VD_1、VD_2 提供感性负载的续流通道，故称为续流二极管；又因为二极管 VD_1、VD_2 是负载向直流侧反馈能量的通道，故又称为反馈二极管。

半桥逆变电路的优点是电路简单，使用器件少。其缺点是输出交流电压的幅值仅为直流电源 U_d 的一半，需要分压电容器，且需要控制两个电容的电压均衡。半桥电路常用于几千瓦以下的小功率逆变器。

②单相全桥逆变电路

用全控型器件，如 IGBT 取代图 4.11(a)中的开关后，就得到如图 4.13(a)所示电压型单相全桥逆变电路，从图中可看出，它是由两对桥臂组合而成。VT_1 和 VT_4 构成一对导电臂，VT_2 和 VT_3 构成另一对导电臂，两对导电臂交替导通 180°，其输出电压如图 4.13(b)所示，负载电流波形如图 4.13(c)、(d)所示，与半桥电路相同，但电压、电流的幅值均增加了一倍。下面分析单相全桥逆变电路在感性负载时的工作过程。

$t=0$ 时刻以前，VT_2、VT_3 导通，VT_1 和 VT_4 关断，电源电压反向加在负载上，$u_0=-U_d$。

在 $t=0$ 时刻，负载电流上升到负的最大值，此时关断，VT_2、VT_3，同时驱动 VT_1 和 VT_4，由于感性负载电流不能立即改变方向，负载电流经 VD_1、VD_4 续流，此时，由于 VD_1、VD_4 导通，VT_1 和 VT_4 受反压而不能开通。负载电压 $u_0=+U_d$。

t_1 时刻，负载电流下降到零，VD_1、VD_4 自然关断，VT_1 和 VT_4 在正向电压作用下开始导通，负载电流正向增大，负载电压 $u_0=+U_d$。

t_2 时刻，负载电流上升到正的最大值，此时关断 VT_1 和 VT_4，并驱动 VT_2、VT_3，同样，由于负载电流不能立即换向，负载电流经 VD_2、VD_3 续流，负载电压 $u_0=-U_d$。

t_3 时刻，负载电流下降到零，VD_2、VD_3 自然关断，VT_2、VT_3 开通，负载电流反向增大，此时，$u_0=-U_d$。

t_4 时刻，负载电流上升到负的最大值，完成一个工作周期。

可见，对于感性负载，VD_1～VD_4 起提供负载电流续流通道和反馈无功能量的作用。

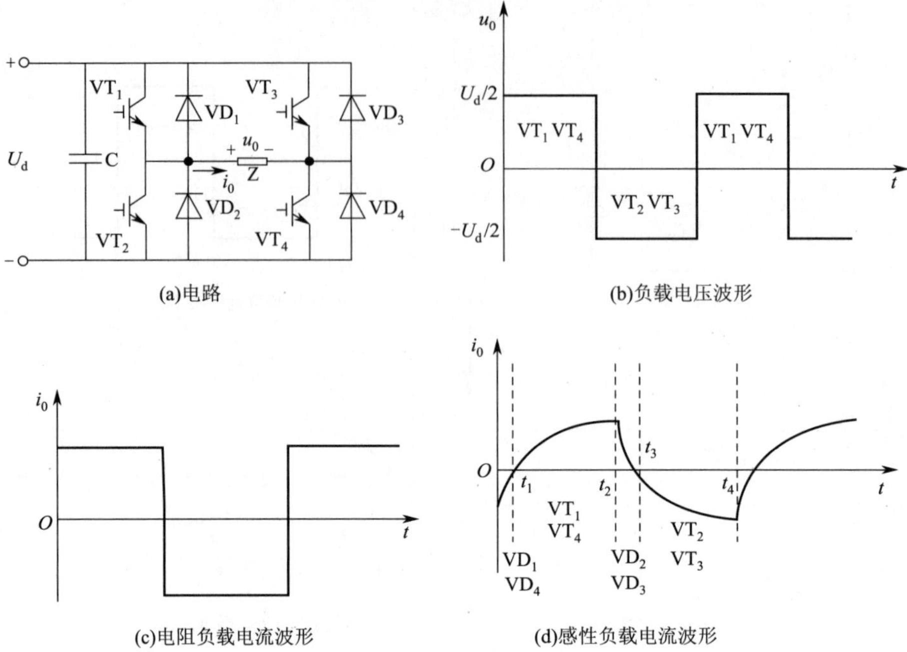

图 4.13　电压型单相全桥逆变电路及其工作波形

由图 4.13(b)可知，单相全桥逆变电路的输出电压为方波，定量分析时，将 u_0 展开成傅里叶级数，得

$$u_0=\frac{4U_d}{\pi}\left(\sin\omega t+\frac{1}{3}\sin3\omega t+\frac{1}{5}\sin5\omega t+\cdots\right) \tag{4.27}$$

其中基波分量的幅值 U_{01m} 和有效值 U_{01} 分别为

$$U_{01m}=\frac{4U_d}{\pi}\approx1.27U_d \tag{4.28}$$

$$U_{01}=\frac{2\sqrt{2}}{\pi}U_d\approx0.9U_d \tag{4.29}$$

(2)电压型三相桥式逆变器

电压型三相桥式逆变电路如图 4.14 所示。电路由 3 个半桥组成，开关管采用全控型器件，如 GTO、IGBT、GTR 等，$VD_1\sim VD_6$ 为续流二极管。这是最基本的逆变电路，通常大、中功率的应用均要求采用三相逆变电路，当对波形有较高要求时，则采用此基本线路进行多重叠加或采用 PWM 控制方法，以抑制高次谐波。

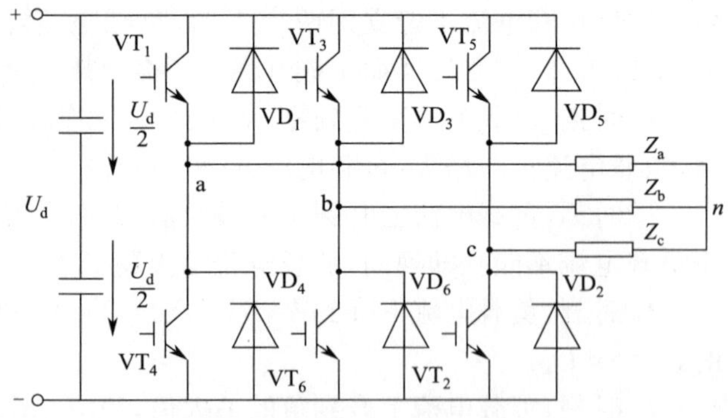

图 4.14　电压型三相桥式逆变器

根据各开关管导通时间的长短，该电路可分 180°导电型和 120°导电型，其中常用的为 180°导电型。下面就 180°导电型进行分析。

在 180°导电型中，每个开关管的驱动信号持续 180°，同一相上下两个开关管交替导通，在任何时刻都有 3 个开关管导通。在一个周期内，6 个管子触发导

通的次序为 $VT_1 \sim VT_6$，依次相隔 60°，导通的组合顺序为 $VT_1VT_2VT_3 \rightarrow VT_2VT_3VT_4 \rightarrow VT_3VT_4VT_5 \rightarrow VT_4VT_5VT_6 \rightarrow VT_5VT_6VT_1 \rightarrow VT_6VT_1VT_2$，每种组合工作 60°电角度。

180°导电型三桥式逆变电路的工作波形如图 4.15 所示。为分析方便，将一个工作周期分为 6 个区间，每区间占 60°。每隔 60°的各阶段等值电路图形及相电压和线电压的数值见表 4.1。表中负载为三相星形对称负载：

$$Z_a = Z_b = Z_c$$

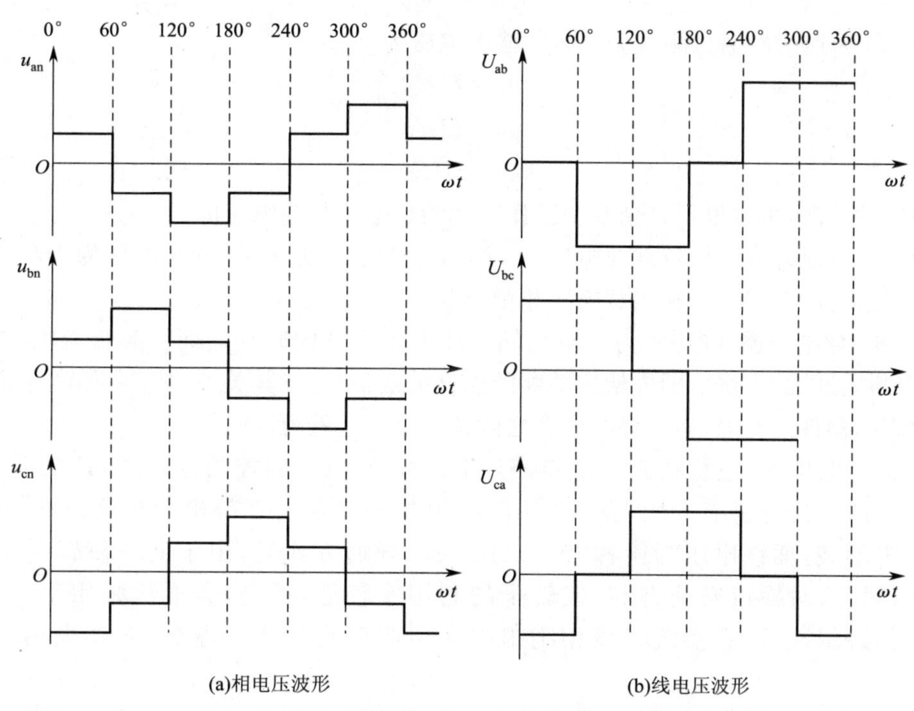

图 4.15 180°导通型三相桥式逆变电路的工作波形

表 4.1 180°导通型三相桥式逆变电路各阶段等效电路及相电压和线电压的值

ωt		0°～60°	60°～120°	120°～180°	180°～240°	240°～300°	300°～360°
导通开关管		$VT_1VT_2VT_3$	$VT_2VT_3VT_4$	$VT_3VT_4VT_5$	$VT_4VT_5VT_6$	$VT_5VT_6VT_1$	$VT_6VT_1VT_2$
负载等效电路		+ Z_a Z_b n Z_c −	+ Z_b n Z_a Z_c −	+ Z_b n Z_a Z_c −	+ Z_c n Z_a Z_b −	+ Z_a Z_c n Z_b −	+ Z_a n Z_b Z_c −
相电压	u_{an}	$U_d/3$	$-U_d/3$	$-2U_d/3$	$-U_d/3$	$U_d/3$	$2U_d/3$
	u_{bn}	$U_d/3$	$2U_d/3$	$U_d/3$	$-U_d/3$	$-2U_d/3$	$-U_d/3$
	u_{cn}	$-2U_d/3$	$-U_d/3$	$U_d/3$	$2U_d/3$	$U_d/3$	$-U_d/3$
线电压	U_{ab}	0	$-U_d$	$-U_d$	0	U_d	U_d
	U_{bc}	U_d	U_d	0	$-U_d$	$-U_d$	0
	U_{ca}	$-U_d$	0	U_d	U_d	0	$-U_d$

下面以 0～π/3 为例加以分析。

在 0～π/3 时，VT_1，VT_2，VT_3 同时导通，a 相和 b 相负载 Z_a、Z_b 与电源正极联接，c 相负载 Z_c 与电源负极连接。若取负载中心点行为基准点，则线电压为

$$U_{ab}=0$$

$$U_{bc}=U_d$$

$$U_{ca}=-U_d$$

式中，U_d 为逆变器输入侧直流电压。输出电压为

$$u_{an}=U_d/3$$

$$u_{bn}=U_d/3$$

$$u_{cn}=-2U_d/3$$

用同样的方法，可以推得其余 5 个工作区间的相电压与线电压值。

由图 4.15 波形图可见，负载线电压为 120°正负对称的矩形波，而相电压为 180°正负对称的阶梯波，与正弦波接近，三相负载电压相位差为 120°。

对于 180°导电型逆变电路，为了防止同一相上下桥臂同时导通而引起直流电源的短路，要采取“先断后通”的方法。即先给应关断的器件关断信号，待其关断后留一定时间裕量，然后再给应导通的器件发开通信号，即在两者之间留一个短暂的死区时间。

除 180°导电型外，三相桥式逆变电路还有 120°导电型的控制方式，即每个桥臂 120°，同一相上下两臂的导通有 60°间隔，各相依次相差 120°与 180°导电型相反，120°导电型的相电压为矩形波，而线电压为阶梯波。采用 120°导通方式时，由于同一桥臂上下两管有 60°的导通间隙，对换流安全有利，但管子的利用率较低，并且，若电机采用星形接法，则始终有一相绕组断开，在换流时该相绕组中会引起较高的感应电势，需要采用过电压保护措施。

改变逆变桥开关管的触发频率或者触发顺序，则能改变输出电压的频率及相序，从而可实现电动机的变频调速与正反转。

(3)电压型逆变电路的特点

①直流侧接有大电容，相当于电压源，直流电压基本无脉动，直流回路呈现低阻抗。

②由于直流电压源的箝位作用，交流侧电压波形为矩形波，与负载阻抗角无关，而交流侧电流波形和相位因负载阻抗角的不同而异，其波形接近三角波或接近正弦波。

③当交流侧为电感性负载时需提供无功功率，直流侧电容起缓冲无功能量的作用。为了给交流侧向直流侧反馈能量提供通道，各逆变臂都并联了续流二极管。

④逆变电路从直流侧向交流侧传送的功率是脉动的，因直流电压无脉动，故功率的脉动是由直流电流的脉动来体现的。

⑤当用于交—直—交变频器中且负载为电动机时，如果电动机工作在再生制动状态，就必须向交流电源反馈能量。因直流侧电压方向不能改变，所以只能靠改变直流电流的方向来实现，这就需要给交—直整流桥再反并联一套逆变桥，或在整流侧采用四象限脉冲变流器。

3. 电流型逆变电路

直流电源为电流源的逆变电路称为电流型逆变电路，它的特征是直流中间环节用电感作为储能元件，因大电感中的电流脉动很小，因此可近似看成直流电流源。

(1)电流型单相桥式逆变器

①电路结构

图 4.16 是一种单相桥式电流型逆变电路的原理图。电路由 4 个晶闸管桥臂构成,每个桥臂均串联 1 个电抗器 L_T,用来限制晶闸管的电流上升率 di/dt。桥臂 1、4 和桥臂 2、3 以 1 000~2 500 Hz 的中频轮流导通,由于工作频率较高,开关管通常采用快速晶闸管。

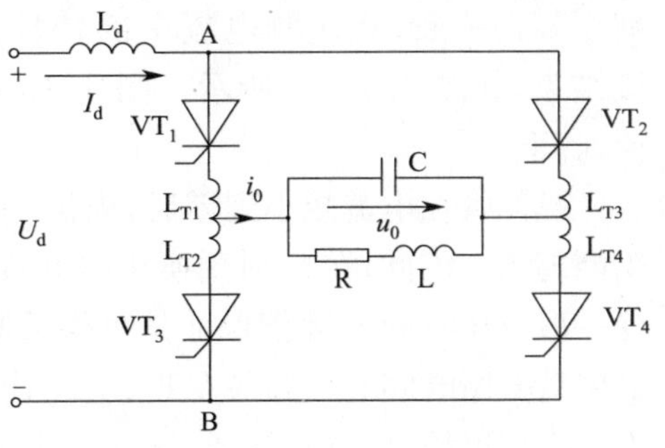

图 4.16 单相桥式电流型(并联谐振式)逆变电路

图中的负载是一个中频电炉,实际上是一个电磁感应线圈,用来加热置于线圈内的钢料。图中 L 和 R 串联电路即为感应线圈的等效电路。因为功率因数很低,故并联补偿电容器 C。电容 C 和电感 L、R 构成并联谐振电路,所以称这种逆变电路为并联谐振式逆变电路。本电路采用负载换流,要求负载电流超前电压,因此补偿电容应使负载过补偿,以使负载电路总体呈容性阻抗。

②工作原理

并联谐振式逆变电路为电流型逆变电路,其交流输出电流波形接近矩形波,其中包含基波和各奇次谐波。工作时,因逆变电路的工作频率接近负载电路的谐振频率,故负载电路对基波呈现高阻抗,而对其他高次谐波呈现低阻抗,谐波在负载电路上产生的压降很小,因此负载电压的波形接近正弦波。

图 4.17 为并联谐振式逆变电路工作时的换流过程,图 4.18 是该逆变电路换流过程的波形。在交流电流的一个周期内,有两个稳定的导通阶段和两个换流阶段。

在 $t_1 \sim t_2$ 时刻,晶闸管 VT_1、VT_4 稳定导通,负载电流 $i_0 = i_d$,近似为恒值,此阶段电容 C 上建立的电压为左正右负,如图 4.17(a)所示。

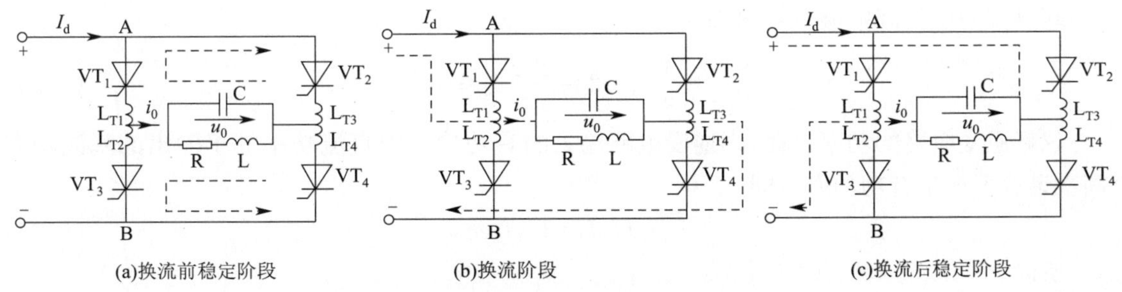

图 4.17 并联谐振式逆变电路的换流过程

在 t_2 时刻触发 VT_2、VT_3,因在 t_2 之前 VT_2、VT_3 阳极电压等于负载电压为正值,故 VT_2、VT_3 开始导通,逆变电路开始进入换流阶段。此时负载电压反向加在 VT_1、VT_4 上,但由于每个晶闸管都串有换流电抗器 L_T,故 VT_1、VT_4 在 t_2 时刻不能立刻关断,其电流由 i_d 逐渐减少,而流过 VT_2、VT_3 的电流由零逐渐增大。在换流期间,4 个晶闸管同时导通,负载电容电压经两个并联的放电回路同时放电,如图 4.17(b)所示。其中一个放电回路是经 L_{T1}、VT_1,VT_2,L_{T3} 回到电容 C,另一个放电回路是经 L_{T2}、VT_3、VT_4、L_{T4} 回到电容 C,在这个过程中,VT_1、VT_4 电流逐渐减少,而 VT_2、VT_3 电流逐渐增大。到 t_4 时刻,VT_1、VT_4 电流减至零而关断，直流侧电流全部转移到 VT_2、VT_3，换流阶段结束，如图 4.17(c)所示。图 4.18 中，$t_4-t_2=t_\gamma$ 称为换流时间。

晶闸管在电流减小到零后，尚需一段时间才能恢复正向阻断能力。因此，在 t_4 时刻换相结束后，还要使 VT_1、VT_4 承受一段反压时间 t_β 才能保证其可靠关断。$t_\beta=t_5-t_4$ 应大于晶闸管关断时间 t_q。如果 VT_1、VT_4 尚未恢复阻断能力就加上了正向电压，会重新导通，这样 4 个晶闸管同时稳态导通，造成逆变失败。

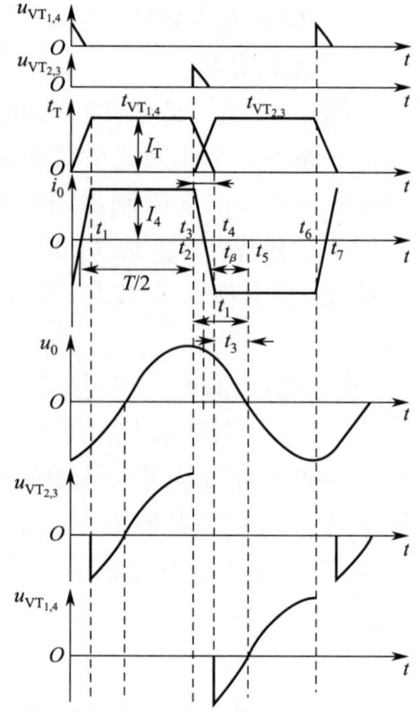

图 4.18　并联谐振式逆变电路的换流过程波形

为了保证可靠换相，应在负载电压 u_0 过零前 t_f 时刻触发 VT_2、VT_3，t_f 称为触发引前时间。由图 4.18 可知

$$t_f=t_\gamma+t_\beta \tag{4.30}$$

式中，一般取 $t_\beta=(2\sim3)t_q$。

从图 4.18 还可知，负载电流超前负载电压的时间

$$t_\theta=\frac{t_\gamma}{2}+t_\beta \tag{4.31}$$

因此，负载的功率因数角，即电流超前电压的相位角 φ 为

$$\varphi=\omega\left(\frac{t_\gamma}{2}+t_\beta\right) \tag{4.32}$$

式中，ω 为电路的工作角频率。

③中频电流、电压和输出功率的计算

忽略换相重叠时间 t_γ，则中频负载电流 i_0 为交变矩形波，用傅里叶级数展开得

$$i_0=\frac{4}{\pi}I_d\left(\sin\omega t+\frac{1}{3}\sin3\omega t+\frac{1}{5}\sin5\omega t+\cdots\right) \tag{4.33}$$

式(4.33)中基波电流有效值为

$$I_{01}=\frac{4}{\pi}I_d/\sqrt{2}=\frac{2\sqrt{2}}{\pi}I_d\approx0.9I_d \tag{4.34}$$

忽略逆变电路的功率损耗，则逆变电路输入的有功功率即直流功率等于输出的基波功率(高次谐波不产生有功功率)，即

$$P_0=U_dI_d=U_0I_0\cos\varphi \tag{4.35}$$

所以

$$U_0=\frac{U_dI_d}{I_0\cos\varphi}=\frac{\pi}{2\sqrt{2}}\frac{U_d}{\cos\varphi}\approx\frac{1.11}{\cos\varphi}U_d \tag{4.36}$$

中频输出功率为

$$P_0=\frac{U_0^2}{R_f} \tag{4.37}$$

式中，R_f 为对应于某一逆变角 φ 时负载阻抗的电阻分量。将式(4.36)代入上式得

$$P_0=1.23\frac{U_d^2}{\cos^2\varphi}\frac{1}{R_f} \tag{4.38}$$

由式(4.38)可见，调节直流电压 U_d 或改变逆变角 φ，都能改变中频输出功率的大小。

(2)电流型三相桥式逆变器

图 4.19 为典型的电流型三相桥式逆变电路原理图，逆变电路的供电电源是电流源，图中的电感 L_d 很大，使电流 I_d 近似恒流；其负载采用星形接法；6 只 IGBT 器件 $VT_1 \sim VT_6$ 的驱动信号 u_G 彼此相差 60°。

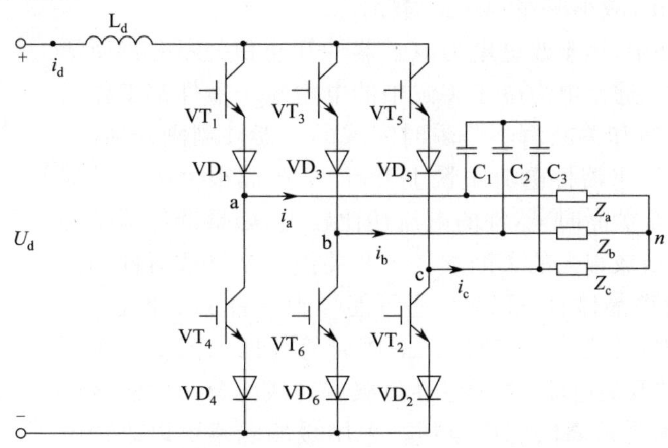

图 4.19　电流型三相桥式逆变电路

这种电路属于 120°导电型，各 IGBT 器件在每个周期各导通 120°，如图 4.20 所示，在任何时刻只有两只 IGBT 导通。在 $0° \leqslant \omega t \leqslant 6°$ 期间，VT_6、VT_1 导通，此后按 $VT_1 \sim VT_6$ 顺序导通，则能获得图 4.20 所示线电流(i_a，i_b，i_c)波形。

电流型三相桥式逆变电路的负载可以是星形或三角形连接。当负载为星形接法时，已知三相电流 i_a，i_b，i_c 后，便可求得负载相电压，如 $u_{an}=Zi_a$，则线电压为

$$u_{ab}=u_{an}-u_{bn}=Z(i_a-i_b) \tag{4.39}$$

图 4.19 所示电路中只有当直流侧电感数值很大时才能构成一个电流源，使电源电流恒定；因此该电感的重量、体积都很大，这是电流型逆变电路使用不广泛的一个重要原因。

(3)电流型逆变器的特点

①直流侧串联有大电感，直流侧电流基本无脉动。由于大电感抑流作用，直流回路呈现高阻抗，短路的危险性也比电压型逆变电路小得多。

②电路中开关器件的作用仅是改变直流电流的流通路径，因此交流侧输出的电流为矩形波，与负载性质无关。而交流侧电压波形因负载阻抗角的不同而不同。

③直流侧电感起缓冲无功能量的作用，因电流不能反向，故不必给开关器件反并联二极管，电路相对电压型也较简单。

④当负载为电动机时，可很方便地实现再生制动。

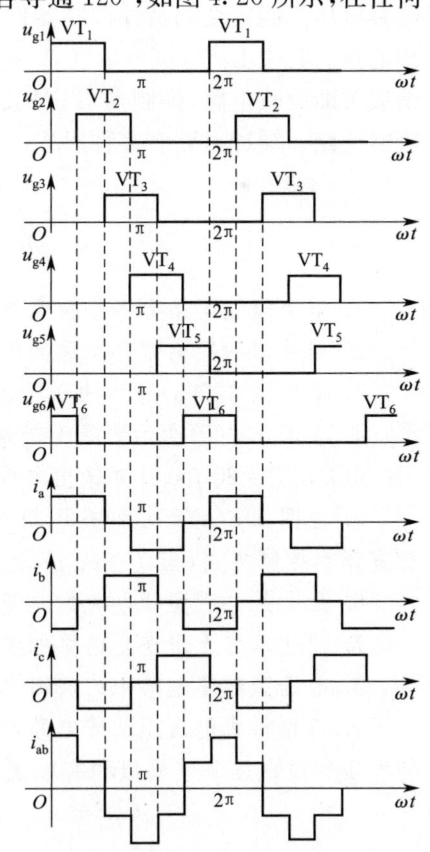

图 4.20　电流型三相逆变电路的驱动信号和电流波形

4.3 缓冲电路

缓冲电路(Snubber Circuit)又称吸收电路,如图 4.21 所示。其作用是抑制器件过电压、du/dt、过电流和 di/dt,减小器件的开关损耗。

在电力电子电路中,用于改进电力电子器件开通和关断时刻所承受的电压、电流波形。通常电力电子装置中的电力电子器件都工作于开关状态,器件的开通和关断都不是瞬时完成的。器件刚刚开通时,器件的等效阻抗大,如果器件电流很快上升,就会造成很大的开通损耗;同样器件接近完全关断时,器件的电流还比较大,如果器件承受的电压迅速上升,也会造成很大的关断损耗。开关损耗会导致器件的发热甚至损坏,对于功率晶体管(GTR),还可能导致器件的二次击穿。实际电力电子电路中,还常由于二极管、晶闸管等的反向恢复电流而增加电力电子器件的开通电流,由于感性负载或导线的分布电感等原因造成器件关断时承受很高的感应电压。采用缓冲电路可以改善电力电子器件的开关工作条件。

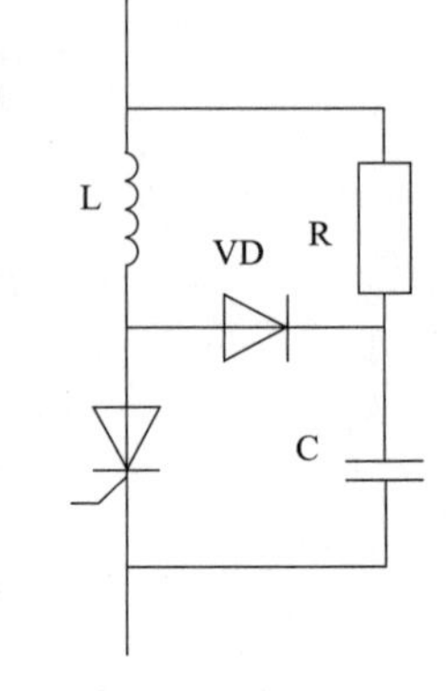

图 4.21 缓冲电路示例

缓冲电路的基本工作原理是利用电感电流不能突变的特性抑制器件的电流上升率,利用电容电压不能突变的特性抑制器件的电压上升率。图 4.21 是以 GTO 为例的一种简单的缓冲电路。其中 L 与 GTO 串联,以抑制 GTO 导通时的电流上升率 dI/dt,电容 C 和二极管 VD 组成关断吸收电路,抑制当 GTO 关断时端电压的上升率 dU/dt,其中电阻 R 为电容 C 提供了放电通路。缓冲电路有多种形式,以适用于不同的器件和不同的电路。

复习与思考题

1. 直流斩波电路有哪些控制方式?
2. 斩波器一般由哪些类型的电力电子器件构成?为什么?
3. 简述图 4.2(a)所示的降压斩波电路工作原理。
4. 在图 4.2(a)所示的降压斩波电路中,已知 $E=200$ V,$R=10$ Ω,L 值极大,$E_M=30$ V,$T=50$ μs,$t_{on}=20$ μs,计算输出电压平均值 U_0,输出电流平均值 I_0。
5. 在图 4.3(a)所示的升压斩波电路中,已知 $E=50$ V,L 值和 C 值极大,$R=20$ Ω,采用脉宽调制控制方式,当 $T=40$ μs,$t_{on}=25$ μs 时,计算输出电压平均值 U_0,输出电流平均值 I_0。
6. 什么是电压型和电流型逆变电路?各有何特点?
7. 简述单相无源逆变电路的结构与工作原理。
8. 电压型逆变电路中的反馈二极管的作用是什么?
9. 三相桥式电压型逆变电路,采用 180°导电方式,当其直流侧电压 $U_d=100$ V 时,求输出相电压和线电压基波幅值和有效值。

5 交流调压电路

学习指导

通过本章的学习，主要掌握单相交流调压电路和三相交流调压电路的工作原理。了解单相交流调压电路和三相交流调压电路波形分析、数值分析方法。

5.1 概　　述

交流调压电路通常将两个普通晶闸管反并联后串接在电路中，在电源的每半个周期内触发一次晶闸管，通过控制晶闸管的触发相位，可以方便调节交流输出电压，从而达到交流调压的目的。由于出现了双向晶闸管，可以用一个双向晶闸管代替两个反并联普通晶闸管，使电路大大简化，因而用双向晶闸管的交流调压电路，在调光、控温，小容量电动机的调速及大容量异步电动机的软起动等场合得到广泛应用。

5.2 晶闸管交流开关

交流开关可用两只普通晶闸管或者两只自关断电力电子器件反并联组成。由于出现了双向晶闸管，可以用一只双向晶闸管代替两只反并联普通晶闸管，使电路大大简化，因而用双向晶闸管组成的交流开关电路，在调光、控温、小容量电动机的调速及大容量异步电动机的软起等场合得到广泛应用。

晶闸管开关的基本形式如图 5.1 所示。它以毫安级触发电流控制流过晶闸管及负载的几安至几百安级大电流的通断。晶闸管在承受正半周电压时可被触发导通，在电源电压过零或负半周时管子承受反向电压，在电流过零时自然通断，因此在晶闸管关断时不会因负载或线路中电感储能而造成暂态电压的现象。

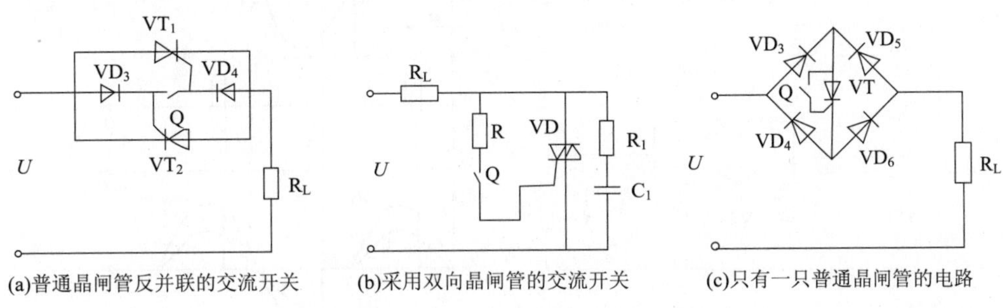

图 5.1　晶闸管开关的基本形式

图 5.1(a)为普通晶闸管反并联的交流开关。当 Q 合上时，靠管子本身的阳极电压作为触

发电源，具有强触发性质，即使触发电流要求比较大的管子也能可靠触发。负载上可得到基本为正弦波的电压。图 5.1(b)为采用双向晶闸管的交流开关，其线路简单，但工作频率比反并联电路低(小于 400 Hz)。图 5.1(c)为只有一只普通晶闸管 VT 的电路，管子只能承受正压，但由于串联元件多，其压降损耗较大。

图 5.2 为采用光电耦合器的交流开关电路应用实例。主电路由晶闸管 VT_1、VT_2 和两只二极管 VD_1、VD_2 组成。当控制信号未接通时，1、2 端没有信号，主电路不工作。光电耦合器 B 截止，晶体管 VT 处于导通状态，晶闸管门极电路被晶体管 VT 旁路，因而晶闸管 VT_1、VT_2 处于截止状态，负载未导通。当 1、2 端接入控制信号，光电耦合器中的光敏管导通，晶体管 VT 截止，晶闸管 VT_1、VT_2 被触发导通，主回路被接通。电源正半波时(例如 U+、V-)，负载电流经 U+→VT_1→VD_2→R_L→V-形成通路；电源负半波对(U-、V+)，负载电流经 V+→R_L→VT_2→VD_1→U-形成通路，负载上得到交流电压。因而只要控制光电耦合器的通断就能方便地控制主电路的通断。

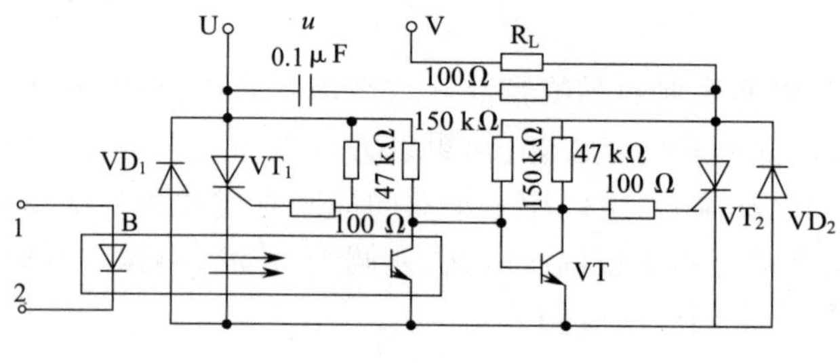

图 5.2　光耦合交流开关

5.3　晶闸管单相交流调压电路

单相交流调压电路可由一只双向晶闸管组成，也可以用两只普通晶闸管或 GTR 等其他全控器件反并联组成。

1. 电阻负载

电路如图 5.3(a)所示，由两只晶闸管反并联组成主电路，接电阻负载。

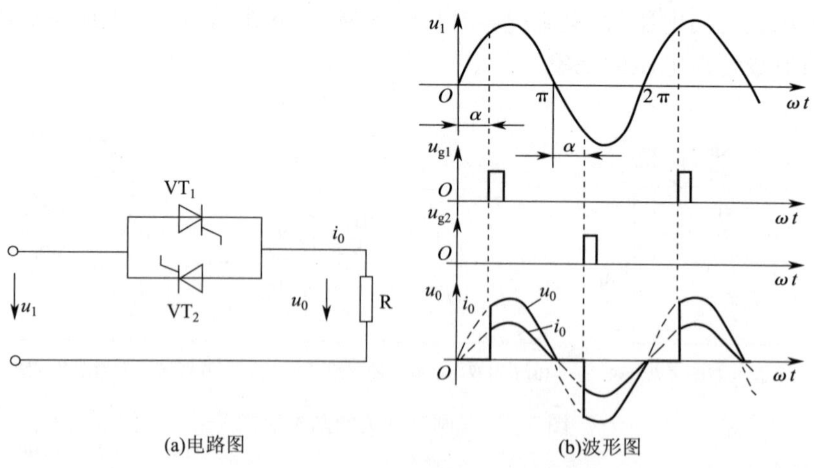

图 5.3　单相交流调压阻型负载波形图

当电源电压为正半波时，在 $\omega t=\alpha$ 时晶闸管 VT_1 被触发导通，便有电流 I 流过负载电阻 R，负载有电压 u_R。当 $\omega t=2\pi$ 时，电源电压过零，$i=0$，VT_1 自行关断，$u_R=0$。在电源的负半波 $\omega t=\pi+\alpha$ 时，再次触发 VT_2 导通，负载电阻得电，u_R 变为负值。在 $\omega t=2\pi$ 时，$i=0$，VT_2 又自行关断，$u_R=0$。下个周期重复上述动作，在负载电阻上就得到缺角的交流电压波形，如图 5.3(b)所示。通过改变 α 可得到不同的输出电压的有效值，从而达到交流调压的目的。若电路由两只单相晶闸管反并联组成，则需要两组独立的触发电路分别控制两只晶闸管，在正、负半周的对称的相应时刻（$\omega t=\alpha$，$\omega t=\pi+\alpha$）给触发脉冲，便与双向晶闸管电路一样，负载上可得到同样的可调交流电压。

2. 电感性负载

图 5.4(a)为单向晶闸管反并联接入电感负载的单相交流调压电路。由于电感性负载电路中电流的变化要滞后电压的变化，因而和电阻负载相比就有一些新的特点。当电源电压由正半波过零反向时，由于负载电感中产生感应电动势要阻止电流变化，电压过零时电流还未到零，晶闸管不能关断，故还要继续导通到负半周。

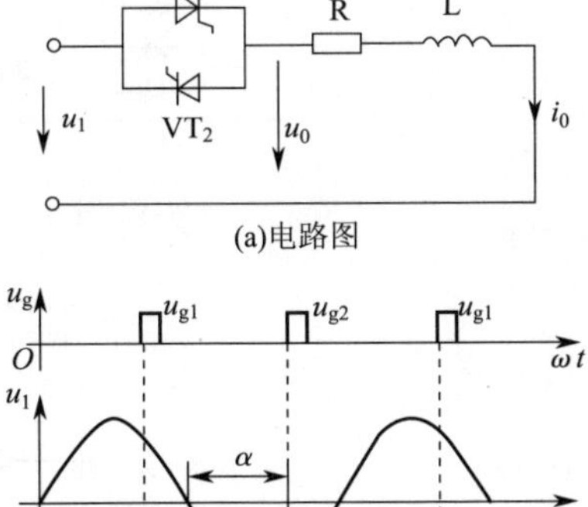

(a)电路图

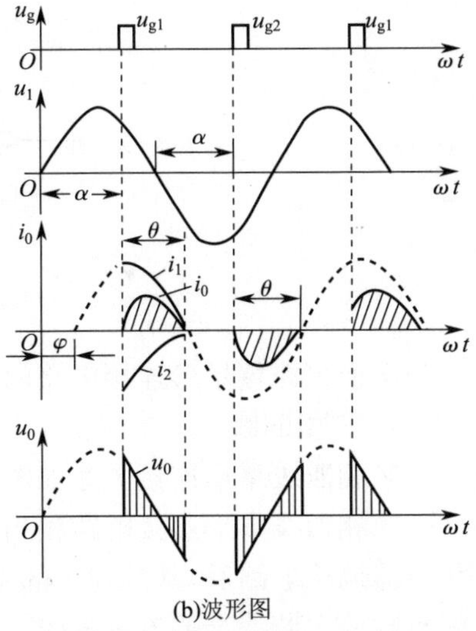

(b)波形图

图 5.4　单相交流调压感性负载及其波形图

设感性负载的阻抗角为 $\varphi=\arctan(\omega L/R)$。

为了分析方便，把 $\alpha=0°$ 的时刻仍然定为电源电压过零的时刻。

为了使感性负载电路稳定工作，α 的移相范围为 $\varphi\leqslant\alpha\leqslant\pi$，并且采用宽度大于 $\pi/3$ 的宽脉冲或后沿固定，前沿可调，最大宽度可达 π 的脉冲列触发。

单相交流调压感性负载波形图如图 5.4(b)所示，设晶闸管的导通角为 θ。

$\omega t=\alpha$ 时，触发 VT_1 导通，VT_2 截止，输出电压 $u_0=u_i$，输出电流 i_0 从 0 开始上升。

$\omega t=\alpha\sim\pi$：VT_1 继续导通，输出电压 $u_0=u_i$。

$\omega t=\pi$ 时，虽然 $u_i=0$ 但 $i_0\neq0$，VT_1 继续导通，输出电压 $u_0=u_i$。

$\omega t=\alpha+\theta$ 时，$i_0=0$，VT_1 截止 u，输出电压 $u_0=0$。

$\omega t=\pi+\alpha$ 时，触发 VT_2 导通，VT_1 继续截止，输出电压 $u_0=u_i$，输出电流 i_0 从 0 开始上升。

$\omega t=(\pi+\alpha)\sim2\pi$：$VT_2$ 继续导通，输出电压 $u_0=u_i$。

$\omega t=2\pi$ 时，$u_i=0$，但 $i_0\neq0$，VT_2 继续导通，输出电压 $u_0=u_i$。

$\omega t=\pi+\alpha+\theta$ 时，$i_0=0$，VT_2 截止，输出电压 $u_0=0$。

5.4　晶闸管三相交流调压电路

当交流调压电路的负载为感应电动机或其他三相负载时，需要采用三相交流调压电路。根据三相连接方式的不同，三相交流调压电路有星形连接、负载与晶闸管的串联的三角形连接、晶闸管三角形连接以及三相半控 Y 连接等，如图 5.5 所示。图 5.5(a)为带有中性线的连接，每个单相交流调压器分别接在自己的相电源上，每相的工作过程与单相交流调压器完全一样。各相电流的所有谐波分量都能经中性线流通而加在负载上。由于三相中的 3 倍频谐波电流的相位相同,因此它们在中线中将叠加而使中性线流过相当大的三次谐波电流,这会给电源变压器及其他负载带来不利的影响,故很少采用。5.5(c)为三角形连接,每个带负载的单相交流调压器跨接在线电压上,每相工作时的电压电流波形也与单相交流调压器相同,但三级三倍频的谐波电流在线电流中无法流通而在三角形内自成环流流通,故线电流中将不出现三级三倍频的谐波电流。但负载必须是 3 个独立的线路,要有 6 个线头引出才能应用。图 5.5(b)为无中性线的 Y 连接,它的波形正负对称,负载及线路中都无三次谐波电流,因此得到广泛的应用图 5.5(d)、图 5.5(e)两种电路的优点是所用的晶闸管只要 3 只,但其缺点是电压电流的正负半周不对称,谐波分量大。

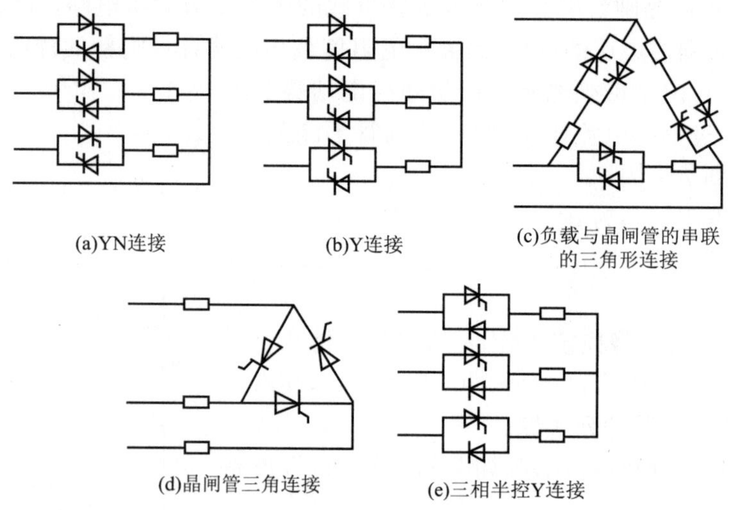

图 5.5　三相交流调压器电路的连接

下面仅介绍星形连接电路的工作原理。

1. 三相四线

三相四线星形连接电路如图 5.5(a)所示。

三相四线星形连接电路相当于 3 个相位互差 $2\pi/3$ 的单相交流调压电路的组合。组成三相交流调压电路后,基波和 3 的整数倍次以外的谐波在三相之间相互流动,不流过零线,而 3 的整数倍次谐波全部流过零线。当 $\alpha=\pi/2$ 时,零线电流甚至和各相电流的有效值接近,在选择线径和变压器时必须注意。

2. 三相三线

为了分析方便,这里只介绍阻性负载三相三线星形连接电路,如图 5.6 所示。

由于没有零线,为了保证电路的正常工作,在三相电路中,至少有一相正向晶闸管导通与另一相反向晶闸管导通,所以应采用双脉冲或宽脉冲触发。三相的触发脉冲依次相差 $2\pi/3$,同一相的两个反并联晶闸管触发脉冲相差 π。

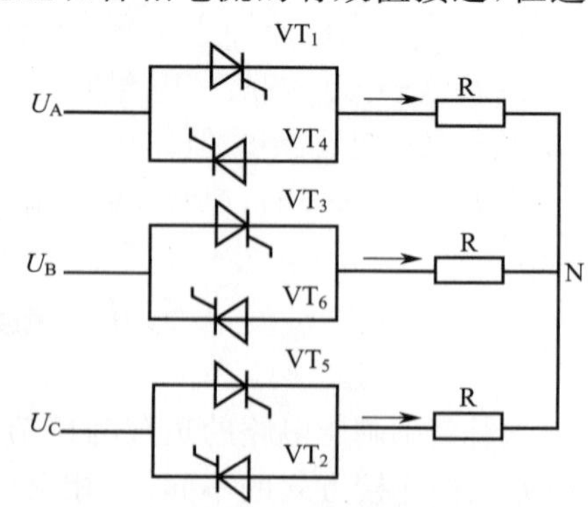

图 5.6　三相三线星形连接电路

(1)$\alpha=0°$时的波形如图 5.7 所示。

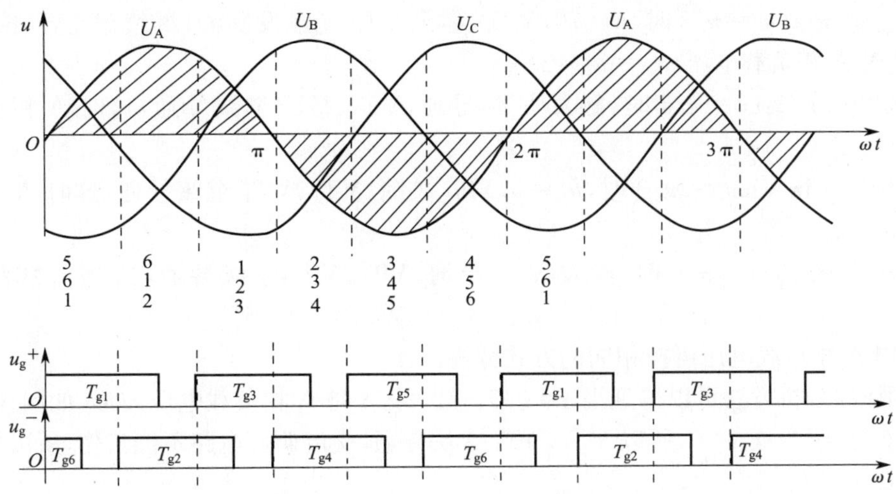

图 5.7 电阻性负载 Y 形连结三相交流调压器 $\alpha=0°$时的波形

$\omega t=0$ 时，触发 VT_1，以后每隔 $\pi/3$ 依次触发 $VT_2 \sim VT_6$。

$\omega t=0 \sim \pi/3$：u_A、u_C 为正，u_B 为负，VT_5、VT_6、VT_1 导通。

$\omega t=\pi/3 \sim 2\pi/3$：$u_A$ 为正，u_B、u_C 为负，VT_6、VT_1、VT_2 导通。

$\omega t=2\pi/3 \sim \pi$：u_A、u_B 为正，u_C 为负，VT_1、VT_2、VT_3 导通。

由于晶闸管全开放，任何时刻都有 3 个晶闸管导通，负载上得到的是全电压，$u_{RA}=u_A$，$u_{RB}=u_B$，$u_{RC}=u_C$。

(2)$\alpha=\pi/6$ 时的波形如图 5.8 所示。

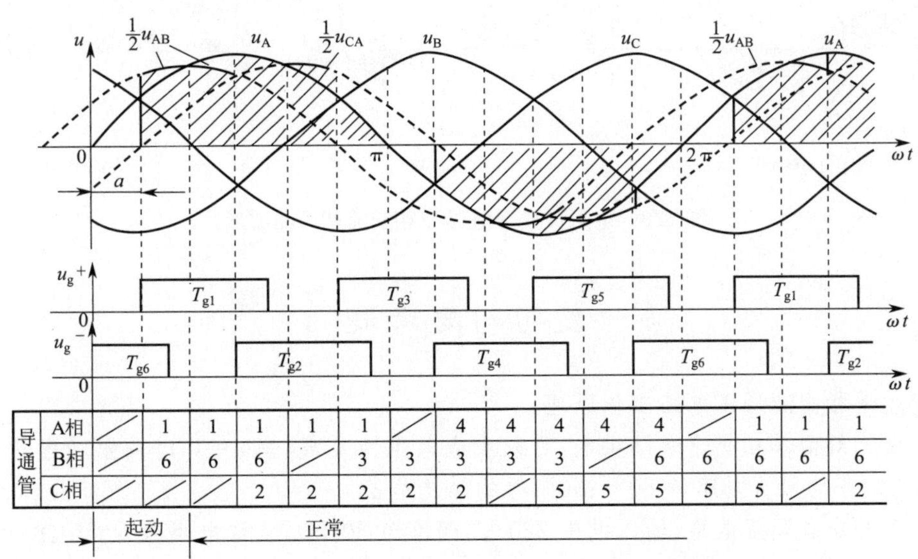

图 5.8 电阻负载 Y 连接三相交流调压器 $\alpha=30°$时的波形

$\omega t=0 \sim \pi/6$：$\omega t=0$ 时，u_A 变正，VT_4 关断，VT_1 无触发脉冲，继续截止，VT_5、VT_6 继续导通，这时 A 相负载电压 $u_{RA}=0$。

$\omega t=\pi/6 \sim \pi/3$：$\omega t=\pi/6$ 时，触发 VT_1 导通，VT_5、VT_6 继续导通，三相均有电流，这时 A 相负载电压 $u_{RA}=u_A$。

$\omega t=\pi/3\sim\pi/2$：$\omega t=\pi/3$ 时，$u_C=0$，VT_5 关断；VT_2 无触发脉冲，继续截止，VT_1、VT_6 继续导通，这时 A 相负载电压 $u_{RA}=u_{AB}/2$。

$\omega t=\pi/2\sim 2\pi/3$：$\omega t=\pi/2$ 时，触发 VT_2 导通，VT_1、VT_6 继续导通，这时 A 相负载电压 $u_{RA}=u_A$。

$\omega t=2\pi/3\sim 5\pi/6$：$\omega t=2\pi/3$ 时，$u_B=0$，VT_6 关断；VT_1、VT_1 继续导通，这时 A 相负载电压 $u_{RA}=u_{AC}/2$。

$\omega t=5\pi/6\sim\pi$：$\omega t=5\pi/6$ 时，触发 VT_3 导通，VT_1、VT_2 继续导通，这时 A 相负载电压 $u_{RA}=u_A$。

负半周 A 相负载电压可按相同的方式分析。

(3)同样的分析方法可以得到当 $\alpha=\pi/3$、$\pi/2$、$2\pi/3$ 时 A 相负载电压波形，如图 5.9 所示。当 $\alpha>5\pi/6$ 时，因为 $u_{AB}<0$，所以 VT_6、VT_1 无法导通，交流调压电路不能工作，所以控制角移相范围为 $0\sim 5\pi/6$。

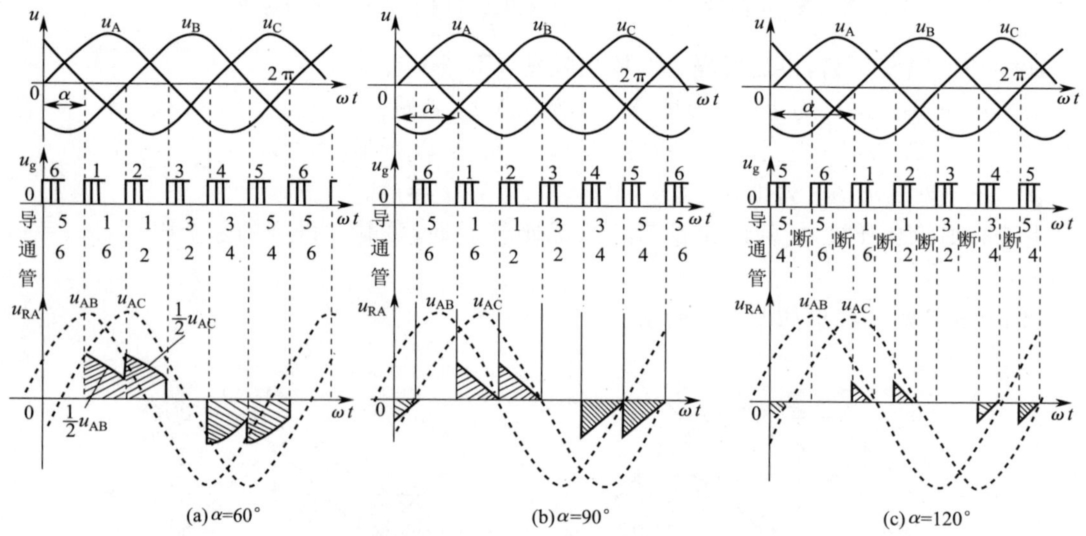

图 5.9　电阻负载 Y 连接三相交流调压器波形

复习与思考题

1. 简述单相交流调压电路工作原理。

2. 一调光灯由单相交流电路供电，可以看成电阻性负载，当 $\alpha=0$ 时输出功率达到最大。试计算输出功率为最大功率的 80%、50%时的触发角 α。

3. 一单相交流调压电路，输入电压 220 V，频率为 50 Hz，负载电阻为 $R=5\ \Omega$。求当 $\alpha=\pi/2$ 时输出电压的有效值、输出平均功率。

6　触发电路与驱动电路

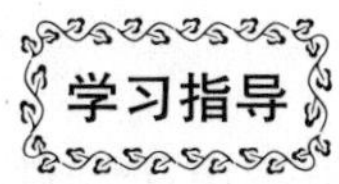

通过本章的学习，主要掌握晶闸管触发电路，GTO门极驱动电路，IGBT驱动与保护技术，了解GTR门极驱动电路，功率MOSFET门极驱动电路。

6.1　概　　述

电力电子器件以不同的电路拓扑构成不同的电力电子电路，实现各种电能转换与控制功能。为使电力电子电路能够稳定运行并获得优良电能，需要对电力电子器件进行可靠的驱动与保护。

可控型电力电子器件(包括全控和半控)多为三端器件，其中有两个电极接主电路，如晶闸管的阳极和阴极、GTR的集电极和发射极。工作时可承受很高的电压和通过很大的电流。另一个电极起控制作用，如晶闸管的门极，MOSFET的栅极，在其上面施加一定的电压或通以适当的电流可以控制器件的通断。较之主电路的电压或电流，这个起控制作用的电压或电流都很小，这种"以弱控强"的作用称之为驱动，与之相关的电路叫做驱动电路。电力电子器件的结构和性能各不相同，对驱动信号的要求也不一样，这使得各种器件的驱动电路存在着很大的差异。

电力电子器件的驱动电路是电力电子主电路与控制电路之间的接口，是电力电子装置的重要环节，对整个装置的性能有很大的影响。采用性能良好的驱动电路，可使电力电子器件工作在较理想的开关状态，缩短开关时间，减小开关损耗，对装置的运行效率、可靠性和安全性都有重要的意义。另外，对电力电子器件或整个装置的一些保护措施也往往就近设在驱动电路中，或者通过驱动电路来实现，这使得驱动电路的设计更为重要。

简单地说，驱动电路的基本任务，就是将信息电子电路传来的信号按照其控制目标的要求，转换为加在电力电子器件控制端和公共端之间，可以使其开通或关断的信号。对半控型器件只需提供开通控制信号，对全控型器件则既要提供开通控制信号，又要提供关断控制信号，以保证器件按要求可靠导通或关断。

驱动电路还要提供控制电路与主电路之间的电气隔离环节。一般采用光隔离或磁隔离。光隔离一般采用光耦合器。光耦合器由发光二极管和光敏晶体管组成，封装在一个外壳内。其类型有普通、高速和高传输比三种，内部电路和基本接法分别如图6.1所示。普通光耦合器的输出特性和晶体管相似，只是其电流传输比I_C/I_D比晶体管的电流放大倍数β小得多，一般只有0.1～0.3。高传输比光耦合器的I_C/I_D要大得多。普通型光耦合器的响应时间为10 μs左右。高速光耦合器的光敏二极管流过的是反向电流，其响应时间小于1.5 μs。磁隔离的元件通常是脉冲变压器。当脉冲较宽时，为避免铁芯饱和，常采用高频调制和解调的方法。

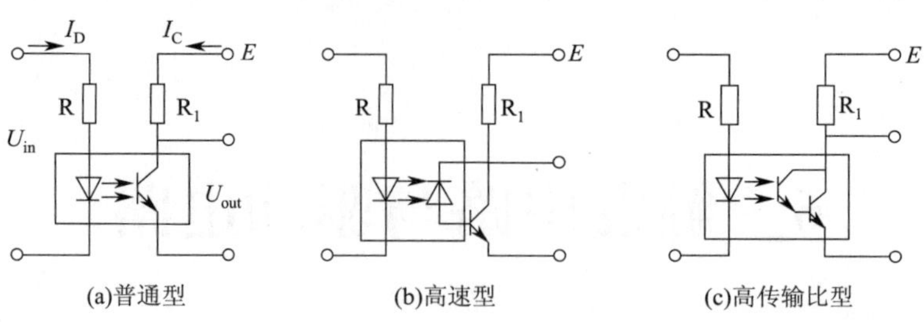

图 6.1 光耦合器的类型及接法

按照驱动电路加在电力电子器件控制端和公共端之间信号的性质，可以将电力电子器件分为电流驱动型和电压驱动型两类。晶闸管属于电流驱动型器件，但是它是半控型器件。晶闸管的驱动电路常称为触发电路。GTO、GTR、电力 MOSFET 和 IGBT 是典型的全控型器件。

驱动电路的具体形式可以是分立元件构成的驱动电路，但目前的趋势是采用专用的集成驱动电路，包括双列直插式集成电路，以及将光耦合隔离电路也集成在内的混合集成电路，而且为达到参数最佳配合，应首先选择所用电力电子器件的生产厂家专门为其器件开发的集成驱动电路。

电力电子器件在实际应用时，由于各种原因，总可能会发生过电压、过电流甚至短路等现象，若无必要的保护措施，势必会损坏电力电子器件，或者损坏电路。同时，电力电子元器件在工作过程中，要消耗大量的功率，这部分耗散功率转变成热量会使元器件本身的温度升高，若温度过高且不及时处理，同样会造成元器件的损坏。

因此，在电力电子电路中，为了避免器件及线路出现损坏，除了电力电子元件参数要选择合适、驱动电路设计良好外，还需要进行必要的散热、设置必要的保护环节和缓冲处理。对电力电子器件或整个装置的一些保护环节，如控制电路与主电路之间的电气隔离环节及对整个电路的缓冲环节等，也设在驱动电路或通过驱动电路来实现，这些都使得驱动电路的设计尤为重要。

6.2 晶闸管触发电路

晶闸管为半控型电力电子器件，只能控制开通不能控制关断，因此在设计驱动电路时只考虑开通控制。如前所述，晶闸管开通的条件是：①阳极与阴极之间加正向电压，阳极为正，阴极为负（这个电压一般很高）；②门极与阴极之间加一定数量的正向电压，门极为正，阴极为负（同时形成一定的门极电流）。另外，晶闸管一旦导通，门极则失去控制能力，所以晶闸管的驱动信号只需一个电压和电流脉冲即可，但是脉冲的宽度要大于晶闸管的开通时间。因此常把晶闸管的导通驱动叫做“触发”。为门极提供触发电压与电流的电路称为触发电路，它决定每个晶闸管的触发导通时刻，是晶闸管装置中的重要部分，正确设计选择与使用触发电路，可以充分发挥晶闸管和其装置的潜力，保证安全可靠的运行。

触发电路根据控制晶闸管的通断状况可分为移向触发与过零触发两类。移向触发就是改变晶闸管每周期导通的起始点即控制角的大小，以达到改变输出电压、功率的目的；而过零触发是晶闸管在设定的时间间隔内，通过改变导通的周波数来实现电压或功率的控制。本节主要讨论应用最广泛的单结晶体管触发电路、同步信号为锯齿波的触发电路及集成触发电路。

1. 晶闸管触发电路的要求

为保证晶闸管装置能正常可靠地工作，触发电路必须满足以下要求：

(1)触发信号应有足够的功率(电压与电流)触发电路送出的触发信号是作用于晶闸管门极与阴极的。由晶闸管原理可知，晶闸管的门极和阴极之间为一 PN 结，规定元件的门极阻值在某高阻(曲线 *OD*)和低阻(曲线 *OG*)之间。如图 6.2 所示，元件给出的触发电流 I_{GT}、电压 U_{GT}，不是元件触发允许值，而是指该型号所有合格元件都能被触发的最小门极电流电压值。因此，在接近坐标原点以 I_{GT}、U_{GT} 划出 *OABCO* 区域，在此区域内为不可靠触发区。在元件门极极限电流、电压和功率曲线包围下，面积 *ABCDEFG* 为允许可靠触发区，所有合格的元件，其触发电流与电压均应落在这个区域，在正常使用时，触发电路送至门极的触发电流与电压都应处于这个区域。

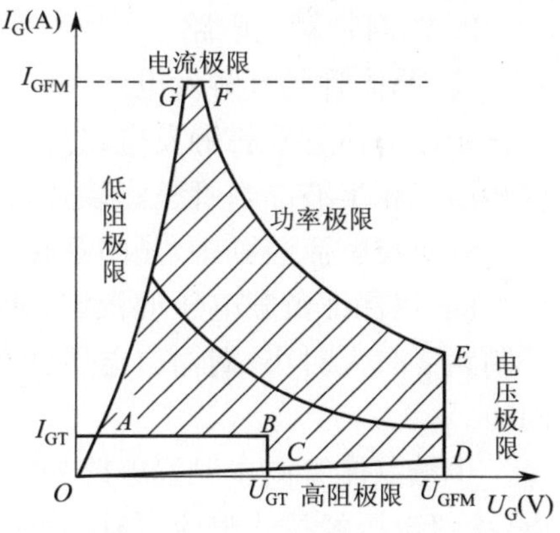

图 6.2 晶闸管的门极特性

(2)触发脉冲应有一定的宽度，脉冲前沿尽可能陡，以使元件在触发导通后，阳极电流能迅速上升超过擎住电流而维持导通。对于大电感负载，由于电流上升较慢，触发脉冲宽度通常要 0.5～1 ms，相当于 50 Hz、18°电角度。为了快速而可靠地触发大功率晶闸管，常在窄脉冲的前沿叠加上一个强触发脉冲，波形如图 6.3 所示，强触发脉冲的幅值 I_M 可达最大触发电流的 5 倍，前沿 t_1～t_2 在几微秒以内，达到快速触发与准时触发的目的。对于三相全控电路脉宽要大于 60°或采用双窄脉冲。为了减小触发功率，保证可靠触发，目前也有使用由许多窄脉冲以一定高频调制而组成的脉冲列来触发。

(3)触发脉冲必须与晶闸管的阳极电压同步，脉冲移向范围必须满足电路要求。为使晶闸管在每个周期都在相同的控制角 α 触发导通，触发脉冲必须与电源同步且与脉冲与电源保持固定的相位关系。移相触发的结构如图 6.4 所示，触发电路同时受控制电压 u_c 与同步电压 u_s 控制。控制电压 u_c 使脉冲在要求范围内移相，同步电压使脉冲与电源电压同步，保证每个周期内控制角恒定，得到稳定的直流电压。为了使电路在给定范围内工作，必须保证触发脉冲能在相应范围内进行移相。例如三相半波电路带电阻性负载，要求移相范围为 0°～150°；带大电感负载(电流连续)，只要求整流，则移相范围为 0°～90°，既要整流又要逆变，其移相范围为 0°～180°；三相桥式全控电路，带电阻负载为 0°～120°，既要整流又要逆变，其移相范围为 0°～180°，为保证逆变工作可靠，对最小逆变角 β_{min}应加以限制。

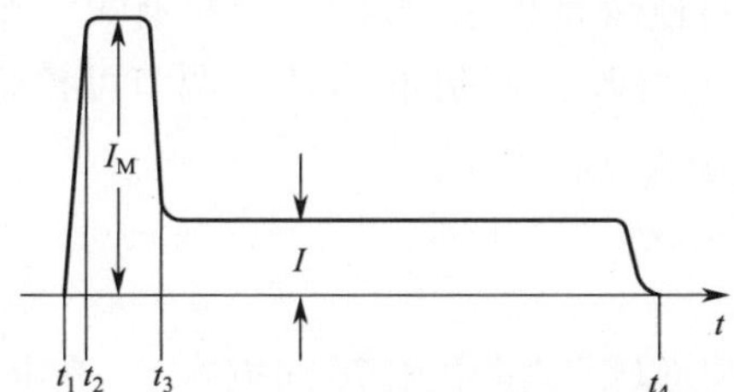

图 6.3 理想的晶闸管触发脉冲电流波形

t_1～t_2—脉冲前沿上升时间(<1 μs)；t_1～t_3—强脉冲宽度；I_M—强脉冲幅值；t_1～t_4—脉冲宽度；*I*—脉冲平顶幅值

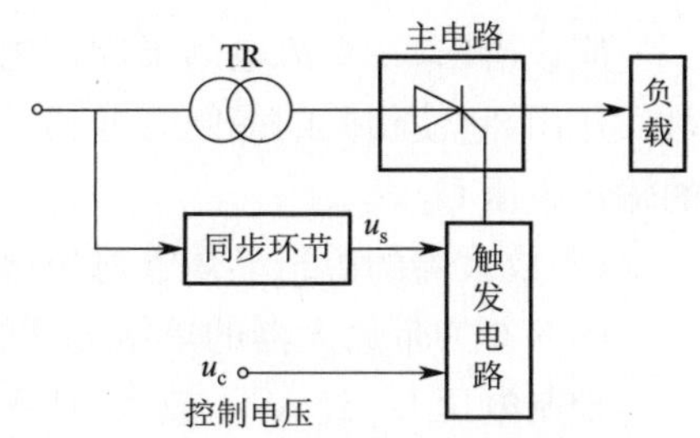

图 6.4 整流装置框图

2. 晶闸管触发电路

(1)晶体管同步触发电路

单结晶体管移相触发电路是一种较简单的触发电路,采用延时移相方法,主要用于小功率单相或三相半波晶闸管整流装置。

在可控整流装置中,晶闸管在每次承受正向电压的半周内,触发脉冲到来的时刻(相位)应该相同,以保证负载电压的稳定,如果在电源电压的不同半周内,晶闸管的触发导通时间不同,控制角 α 时大时小,则输出电压就会不稳定。所以实用的触发电路中,触发脉冲必须与主电源同步。

单结晶体管同步触发电路如图 6.5 所示。同步变压器 T 的初级与主电路由同一电源供电,次级电压经桥式整流、稳压管限幅成为 u_{b0} 的梯形电压,由它作为单结晶体管触发电路的电源。当交流电压过零时,梯形电压也为零,电容 C 上电荷很快泄放。在下一个半周开始时,电容充电,其电压 u_c 从零开始增加。这就保证了每个半周内电路发出的第一个脉冲距交流电过零的时间相同,即控制角 α 一致,从而实现了同步触发。

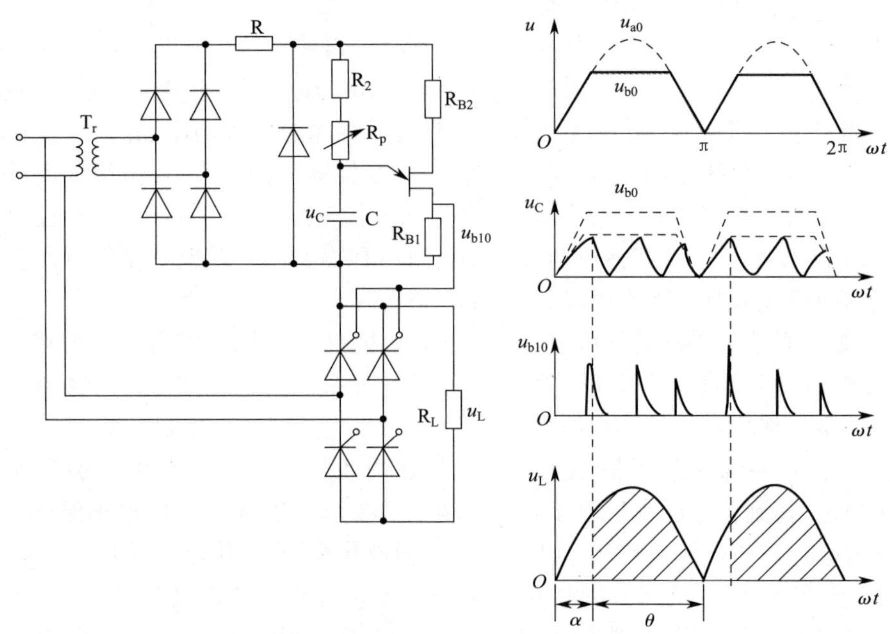

图 6.5 单结晶体管同步触发电路

应该指出,在交流电的半周期内,虽然触发电路连续发出多个脉冲,但只有第一个脉冲其触发作用,它使相关的晶闸管导通。改变电阻 R_p,即可改变控制角 α,从而调节可控整流电路的输出电压 U_L。

(2)放大器的单结晶体管触发电路

图 6.6 为带放大器的单结晶体管触发电路。

控制电压 U_k 经 VT_1 放大,使 VT_2 成为恒流源,以恒定的电流 I_{c1} 向电容 C_1 充电,其端电压 u_c 线性上升。U_k 增大时,VT_1、VT_2 的电流 I_{c1}、I_{c2} 随之增大,使触发脉冲输出的时间提前,控制角 α 减小。反之,U_k 减小则 α 增大。由于电路中有放大器,所以控制灵敏度较高,且便于进行自动控制。

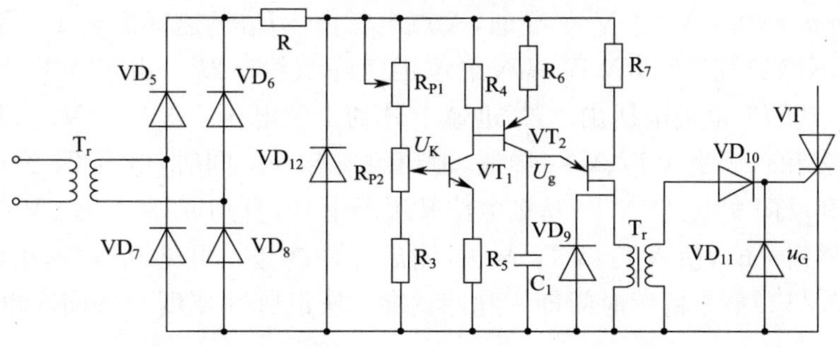

图 6.6 带输出脉冲变压器的单结晶体管触发电路

触发脉冲采用变压器输出，把触发电路与高压主电路隔离，以保证安全。二极管 VD_{10}、VD_{11} 可防止晶闸管的控制极因承受反向电压而击穿。在这里应该注意的是：脉冲变压器的接法要按图中标注的同名端连接。

(3)同步信号为锯齿波的触发电路

大、中功率的变流器，对触发电路的精度要求较高，对输出的触发功率要求较大，故广泛应用的是晶体管触发电路，其中以同步信号为锯齿波的触发电路应用最多。

脉冲形成环节由晶体管 VT_4、VT_5 组成，VT_7、VT_8 其脉冲放大作用。控制电压 u_{c0} 加在 VT_4 基极上，电路的触发脉冲由脉冲变压器 TP 二次侧输出，其一次绕组接在 VT_8 集电极电路中。

当控制电压 $u_{c0}=0$ 时，VT_4 截止。$+E_1$ 电源通过 R_{11} 供给 VT_5 一个足够大的基极电流，使 VT_5 饱和导通，所以 VT_5 的集电极电压 U_{c5} 接近于 $-E_1$。VT_7、VT_8 处于截止状态，无脉冲输出。另外，电源的 $+E_1$ 经 R_9、VT_5 发射结到 $-E_1$，对电容 C_3 充电，充满后电容两端电压接近 $2E_1$，极性如图 6.7 所示。

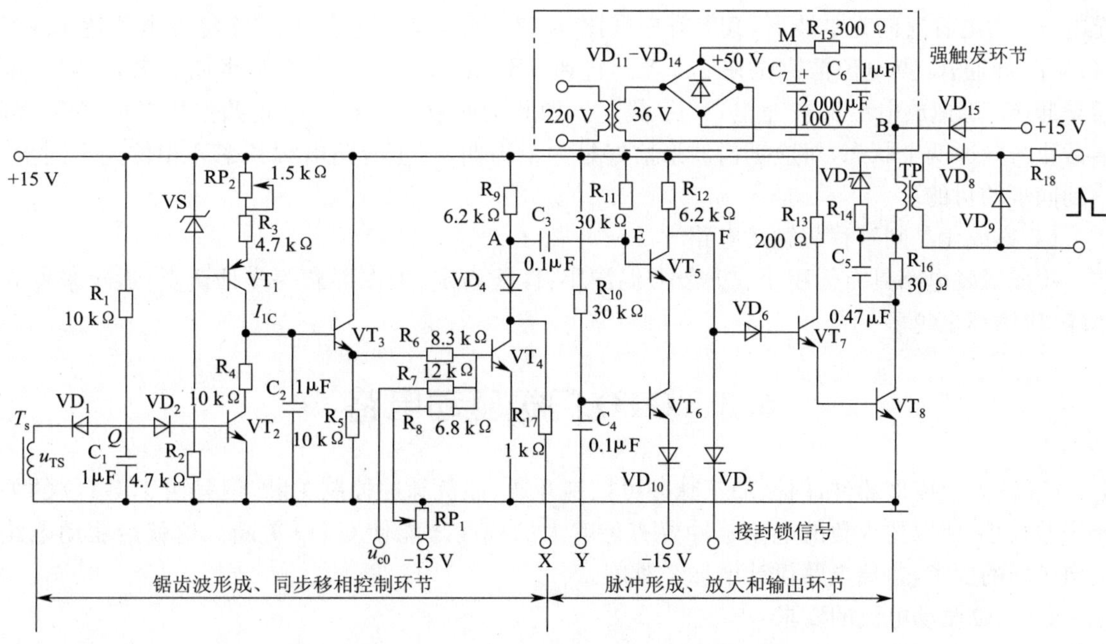

图 6.7 同步信号为锯齿波的触发电路

当控制电压 $u_{c0}\approx0.7$ V 时，VT_4 导通，A 点电位由 $+E_1$ 迅速降低至 1.0 V 左右，由于电容 C_3 两端电压不能突变，所以 VT_5 基极电位迅速降至约 $-2E_1$，由于 VT_5 发射结反偏置，VT_5 立即截止。它的集电极电压由 $-E_1$ 迅速上升到钳位电压 +2.1 V(VD_6、VT_7、VT_8 三个 PN 结正向压降之和)，于是 VT_7、VT_8 导通，输出触发脉冲。同时，电容 C_3 经电源 $+E_1$、R_{11}、VD_4、VT_4 放电和反向充电，使 VT_5 基极电位又逐渐上升，直到 $u_{b5}>-E_1$，VT_5 又重新导通。这时 u_{c5} 又立即降到 $-E_1$，使 VT_7、VT_8 截止，输出脉冲终止。可见，脉冲前沿由 VT_4 导通时刻确定，VT_5(或 VT_6)截止持续时间即为脉冲宽度。所以脉冲宽度与反向充电回路时间常数 $R_{11}C_3$ 有关。

锯齿波电压形成的方案较多，如采用自举式电路、恒流源电路等。图 6.7 为恒流源电路方案，由 VT_1、VT_2、VT_3 和 C_2 等元件组成，其中 VT_1、VS、RP_2 和 R_3 为一恒流源电路。

当 VT_2 截止时，恒流源电流 I_{1c} 对电容 C_2 充放电，所以 C_2 两端电压为 u_c 为

$$u_c=\frac{1}{C}\int I_{1c}\mathrm{d}t=\frac{1}{C}I_{1c}t$$

u_c 按线性增长，即 VT_3 的基极电位 u_{b3} 按线性增长。调节电位器 RP_2，即改变 C_2 的恒定充电电流 I_{1c}，可见 RP_2 是用来调节锯齿波斜率的。

当 VT_2 导通时，由于 R_4 阻值很小，所以 C_2 迅速放电，使 u_{b3} 电位迅速降到零伏附近。当 VT_2 周期性地导通和关断时，u_{b3} 便形成一锯齿波，同样 u_{e3} 也是一个锯齿波电压。射极跟随器 VT_3 的作用是减小控制回路的电流对锯齿波电压 u_{b3} 的影响。

在锯齿波同步的触发电路中，触发电路与主电路的同步是指要求锯齿波的频率与主电路电源的频率相同且相位关系确定。锯齿波是由开关 VT_2 来控制的。同步变压器 TS 二次电压 u_{TS} 经二极管 VD_1 间接加在 VT_2 的基极上。当二次电压波形在负半周的下降段时，VD_1 导通，电容 C_1 被迅速充电。因 0 点接地为零电位，R 点为负电位，Q 点电位与 R 相近，故在这一阶段 VT_2 基极为反向偏置，VT_2 截止。在负半周的上升段，$+E_1$ 电源通过 R_1 给电容 C_1 反向充电，u_Q 为电容反向充电波形，其上升速度比 u_{TS} 波形慢，故 VD_1 截止。当 Q 点电位达 1.4 V 时，VT_2 导通，Q 点电位被钳位在 1.4 V。直到 TS 二次电压的下一个负半周到来时，VD_1 重新导通，C_1 迅速放电后又被充电，VT_2 截止。如此周而复始。在一个正弦波周期内，VT_2 包括截止与导通两个状态，对应锯齿波形恰好是一个周期，与主电路电源频率和相位完全同步，达到同步的目的。

(4)集成化晶闸管移相触发电路

集成触发电路具有体积小、功耗小、温漂小、性能稳定、工作可靠等多种优点，近年来发展迅速，应用越来越多。

6.3 GTO 门极驱动电路

GTO 为全控型器件，门极加正脉冲可控制开通，加负脉冲控制关断，但是由于 GTO 的关断增益很小，所以要求负的电流脉冲要有足够大的幅度才能使 GTO 关断。这就给驱动电路提出了新的要求，也给电路设计增加了难度。

1. GTO 驱动电流的要求

对触发电流的波形有以下具体要求：

(1)开通时门极电流的上升率尽可能陡，这样有利于器件阳极电流的快速增加，缩短开通

时间。一般取门极电流上升率为 5～10 A/μs。

(2)开通门极电流要具有一定的幅度,刚开始的强触发阶段要求门极电流 I_G 为门极直流额定触发电流 I_{GM} 的 3～10 倍,这也是为了缩短开通时间。

(3)脉冲要有一定的宽度,对于开通正脉冲,其持续时间要为 GTO 开通时间的数倍以上,如果负载为电感性,由于阳极电流的变化受主电路电磁时间常数的约束,开通正脉冲的持续时间要大于阳极电流建立的时间,根据电路的具体参数确定。

(4)关断门极电流的上升沿要陡,可以缩短关断时间,一般要求关断门极电流的上升率为 10～50 A/μs。

(5)关断门极电流脉冲要有一定的幅度,该幅度与欲关断的阳极电流的大小和关断增益 β_{off} 有关。

(6)关断脉冲要有一定的宽度,以保证器件有足够的时间向外抽取载流子和使内部载流子复合,从而保证可靠关断。

GTO 理想的门极驱动电流波形如图 6.8 所示。

2. GTO 驱动电路

GTO 一般用于大容量电路的场合,其驱动电路通常包括开通驱动电路、关断驱动电路和门极反偏电路三部分,如图 6.9 所示。可分为脉冲变压器耦合式和直接耦合式两种类型。

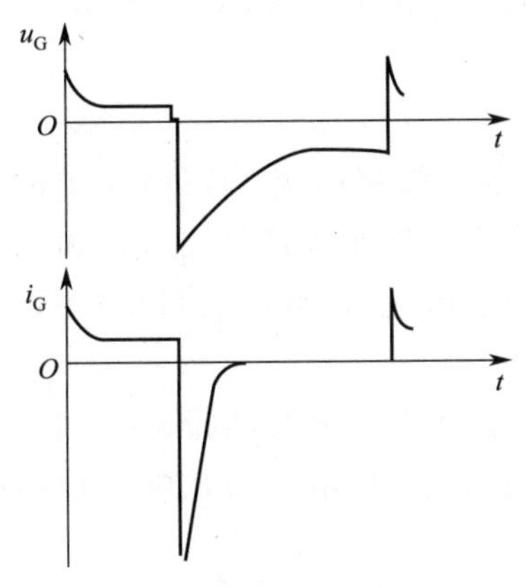

图 6.8　理想的 GTO 门极电压电流波形

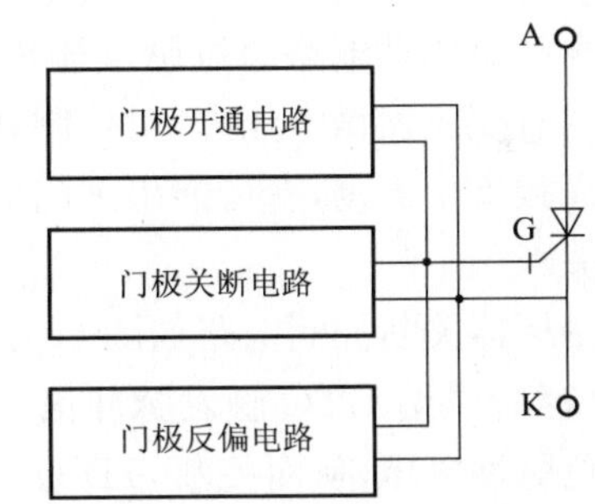

图 6.9　门极驱动电路结构示意图

(1)直接耦合式驱动电路

直接耦合式驱动电路可避免电路内部的相互干扰和寄生振荡,可得到较陡的脉冲前沿,因此目前应用较广,但其功耗大,效率较低。

图 6.10(a)、(b)为 GTO 驱动电路的原理图,其中图 6.10(a)为单电源结构的 GTO 驱动电路。开通触发时晶体管 VT_3、VT_4 导通,电源供给 GTO 以正向门极触发电流,电流路径为:电源正极→VT_3→GTO 门极→GTO 阴极→VT_4→电源负极。电阻起限流作用,决定正脉冲的幅度。触发关断时晶闸管 VT_1、VT_2 导通,电源供给 GTO 门极反向门极电流,电流路径为:电源正极→VT_2→GTO 阴极→GTO 门极→电感→VT_1→电源负极。图 6.9 中的电感很小,有时仅引线的电感就足够,但它的大小决定关断门极电流的上升率,所以在图中特别标出。图 6.10(b)为双电源结构的 GTO 驱动电路。开通 GTO 时,使晶体管 VT_5 饱和导通,电源 E_1 为 GTO 提供正向触发脉冲,电流从 E_1 的正极出发,经晶体管 VT_5 进入 GTO 的门极,又从

GTO 的阴极流出，到电源 E_1 的负极。

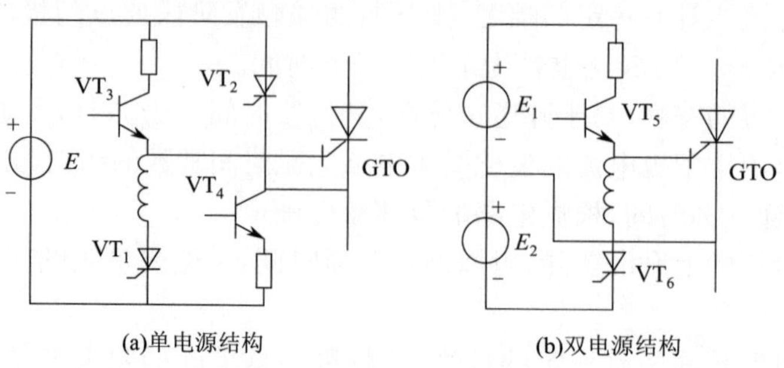

图 6.10　GTO 的驱动电路

欲使 GTO 关断时使晶闸管 VT_6 导通，电源 E_2 为 GTO 提供反向驱动电流。驱动电流从 E_2 的正极流出，进入 GTO 的阴极，为其提供反向电流，然后从 GTO 的门极流出，通过电感和晶闸管 VT_6 回到 E_2 的负极。

图 6.11 为典型的直接耦合式 GTO 驱动电路。该电路的电源有高频电源经二极管整流后提供，二极管 VD_1 和电容 C_1 提供＋5 V 电压，VD_2、VD_3、C_2、C_3 构成倍压整流电路提供＋15 V电压，VD_4 和电容 C_4 提供－15 V 电压。场效应晶体管 VT_1 开通时，输出正强脉冲；VT_2 开通时输出正脉冲平顶部分；VT_2 关断 VT_3 开通时输出负脉冲；VT_3 关断后电阻 R_3 和 R_4 提供门极负偏压。

(2)脉冲变压器耦合式驱动电路

间接驱动是驱动电路通过脉冲输出变压器与 GTO 门极相连接。GTO 主电路与门极控制电路之间有变压器做电隔离，对控制系统来说较为安全。输出变压器带来的寄生电感和电容易产生高频寄生振荡，有可能出现门极瞬时过电压或过电流，而且造成 GTO 不能干净利落地开通和关断。

脉冲变压器关断控制电路如图 6.12 所示。当三极管 VT 导通时，电源经脉冲变压器隔离后，通过电容 C 供给 GTO 触发脉冲信号，当三极管 VT 截止时，电容 C 放电，为 GTO 门阴极提供一个负脉冲电压，从而关断 GTO。

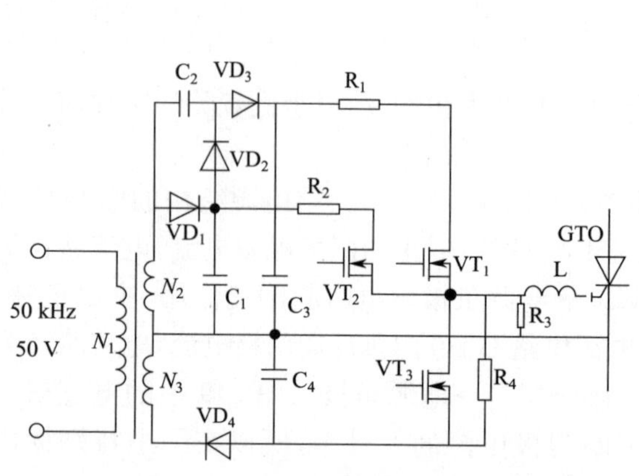

图 6.11　典型的直接耦合式 GTO 驱动电路

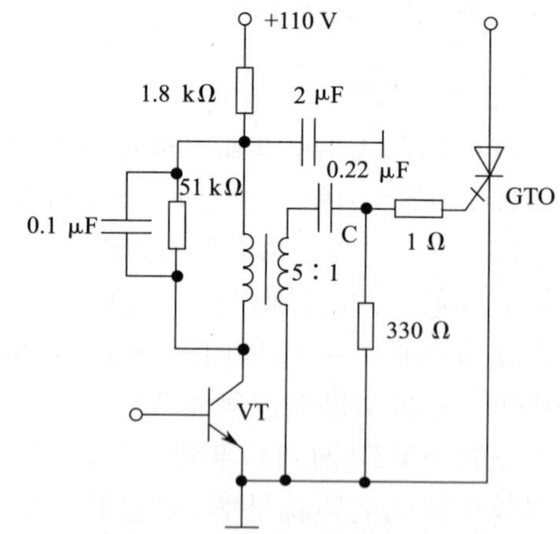

图 6.12　脉冲变压器关断控制电路

6.4 GTR 门极驱动电路

1. GTR 门极驱动电路的基本要求

GTR 也是一种电流控制型器件，但与晶闸管和 GTO 不同的是 GTR 有线性放大区。在电力电子电路中 GTR 多工作在开关状态，应回避其进入线性放大区。GTR 的通断由基极电流 I_B 控制，对基极电流（即驱动电流）有以下要求：

（1）控制开通 GTR 时，驱动电流前沿要陡（小于 1 μs），并有一定的过冲电流，以缩短开通时间，减小开通损耗。

（2）GTR 导通后，应相应减小驱动电流，使 GTR 处于准饱和导通状态，且使之不进入放大区和深饱和区，以降低驱动功率，缩短储存时间。

（3）GTR 关断时，应迅速加上足够大的反向基极电流，迅速抽取基区的剩余载流子，确保 GTR 快速关断，并减小关断损耗。

（4）GTR 的驱动电路要具有自动保护功能，以便在故障状态下能快速自动切除基极驱动信号，避免 GTR 遭致损坏。

理想的 GTR 基极驱动电流波形如图 6.13 所示。

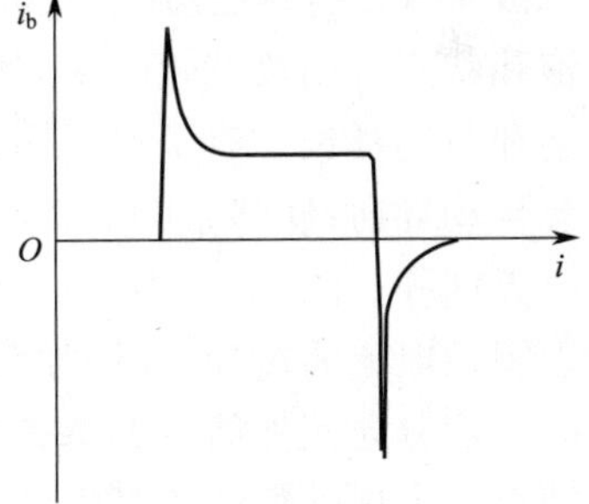

图 6.13 理想的 GTR 基极驱动电流波形

2. GTR 门极驱动电路

图 6.14(a)为简单的 GTR 驱动电路。

当输入电压 u_i 为高电平时，晶体管 VT 截止，负电源通过 R_4 给 GTR 的基极加负偏压。当 u_i 为低电平，VT 导通，正电源和负电源串联后经 R_3、R_4 分压给 GTR 提供正偏压，供给 GTR 以驱动电流。在 GTR 的关断过程中，VT 由导通变为截止，负电源会在 GTR 的基极回路产生一反向电流加速 GTR 的关断。该电路虽然简单但有一些缺点，如 R_3、R_4 消耗的功率较大，无法为开通过程提供较大的电流，在整个导通过程中为 GTR 提供的正向偏值电压是不变的，所以对 GTR 已经开通后的过饱和没有积极的预防措施。

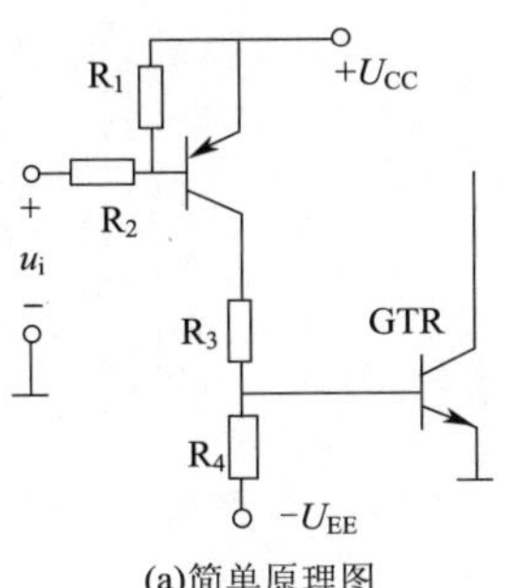

(a)简单原理图

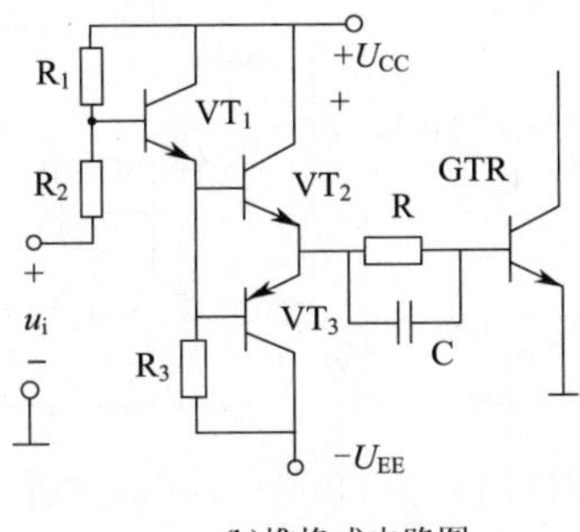

(b)推挽式电路图

图 6.14 GTR 驱动电路

图 6.14(b)为推挽式 GTR 驱动电路。VT_2、VT_3 接成互补推挽式射极输出器，当输入电压 u_i 为高电平时，VT_2 截止，R_3 为 VT_3 提供偏流，VT_3 导通。VT_3 的导通给 GTR 提供反向偏压，保持其关断状态。u_i 为低电平时，VT_1、VT_2 导通，VT_2 的导通为 GTR 提供基极电流。电容 C 为加速电容，VT_2 刚开始导通时，电容两端电压为 0 或为一个左负右正的电

压，由于电容的充电作用，VT_2 提供的发射极电流较大，使 GTR 的基极电流很大，加速 GTR 的导通。随着时间的推移，电容两端的电压逐渐上升，同时充电电流逐渐减小，GTR 的基极电流逐渐稳定在一个较小的数值上，电容也保持一定的电压（左正右负），为形成较大的反向电流做准备。关断过程中 VT_1 截止 VT_3 导通，电容 C 通过 R_3、负电源、GTR 的发射结放电，形成一个短暂的但幅度较大的反向基极电流，电容放电完毕后反向基极电流消失，负电源给 GTR 提供一个负偏压。按照对 GTR 驱动信号的要求，为了能够快速关断 GTR 在导通时不应工作在深度饱和状态，在驱动电路中增加贝克钳位电路来实现这一功能。电路中 A、E 之间的电压为

$$U_{AE}=U_{D2}+U_{D3}+U_{BE}=U_{D1}+U_{CE}$$

由此可得

$$U_{CE}=U_{D1}+U_{D2}+U_{BE}-U_{D1}$$

如果二极管参数相等，其导通压降均为 U_D，则 $U_{CE}=U_{BE}+U_D$，说明集电极电位高于基极电位，集电结反偏但数值较小，此时 GTR 处于准饱和状态。

图 6.15 给出了 GTR 的一种驱动电路，包括电气隔离和晶体管的放大电路两部分。其中二极管 VD_2 和电位补偿二极管 VD_3 构成抗饱和的贝克钳位电路，可使 GTR 导通时处于临界饱和状态。当负载较轻时，如果 VT_5 的发射极电流全部注入 VT，会使 VT 过饱和，关断时退饱和时间延长。有了贝克钳位之后，当 VT 过饱和使的集电极电位低于基极电位时，VD_2 就会自动导通，使多余的驱动电流流入集电极，维持 $U_{bc}\approx 0$。这样，就使得 VT 导通时始终处于临界饱和。图 6.15 中，C_2 为加速开通关断过程的电容。开通时，R_5 被 C_2 短路。这样可以实现驱动电流的过冲，并增加前沿的陡度，加快开通。

由分立元件组成的基极驱动电路都存在着电路组件多、电路复杂、稳定性差和使用不便等缺点。大规模集成化基极驱动电路的出现不但解决了这些问题，同时还增加了电路保护功能。驱动 GTR 的集成驱动电路中，THOMSON 公司的 UAA4002 和三菱公司的 M57215BL 较为常见。UAA4002 引脚示意图如图 6.16 所示。

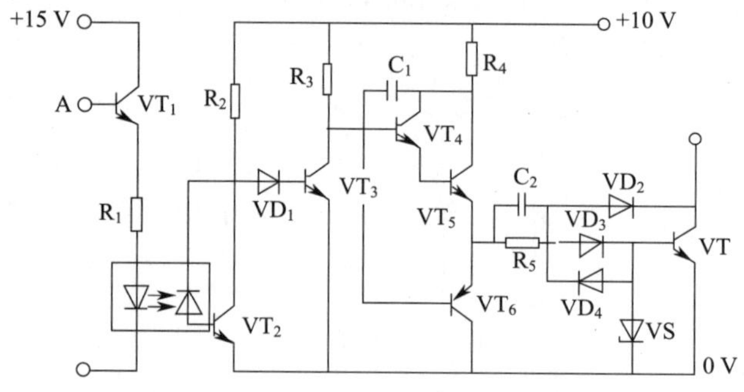

图 6.15　GTR 的一种驱动电路

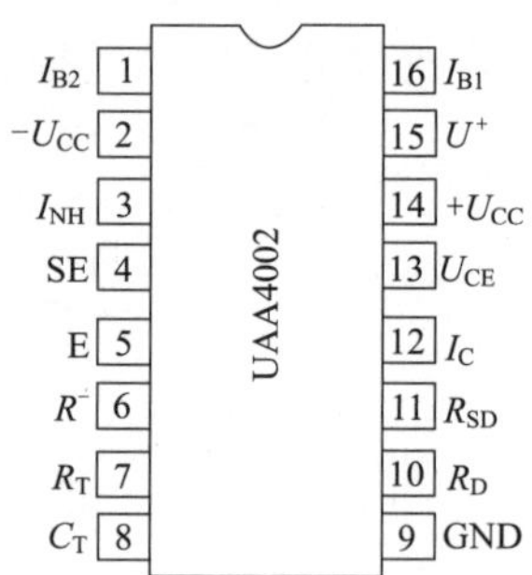

图 6.16　UAA4002 引脚图

6.5　功率 MOSFET 门极驱动电路

1. 功率 MOSFET 门极驱动电路的要求

（1）保证功率 MOSFET 可靠开通和关断，触发脉冲前、后沿要求陡峭。

（2）减小驱动电路的输出电阻，提高功率 MOSFET 的开关速度。

(3)触发脉冲电压应高于管子的开启电压,为了防止误导通,在功率 MOSFET 截止时,能提供负的栅源电压。

(4)功率 MOSFET 开关时所需的驱动电流为栅极电容的充、放电电流。

(5)驱动电路应实现主电路与控制电路之间的隔离,避免功率电路对控制信号造成干扰。

(6)驱动电路应能提供适当的保护功能,使得功率管可靠工作,如低压锁存保护、过电流保护、过热保护及驱动电压箝位保护等。

(7)驱动电源必须并联旁路电容,它不仅滤除噪声,也用于给负载提供瞬时电流,加快功率 MOSFET 的开关速度。

2. 驱动电路

由于栅极和源极之间是绝缘的,所以在器件导通和关断的稳定状态都不可能出现栅极电流,需要的仅是一个栅极电压。但是器件的各电极之间都存在着电容,从驱动的输入端看相当于一个电容网络,因此驱动电压的变化将产生电容充放电电流,充放电时间常数决定栅极电压变化的速率,进而影响器件的开关速度。为了减小时间常数,要求驱动回路的电阻尽可能小。初学者容易忽视的一个问题是欲使场控器件关断时,必须为栅—源之间提供放电通路或在栅—源之间加反向电压,不能简单地撤掉栅—源之间的正向驱动电压而使栅—源之间开路。图 6.17是两种简单的 MOSFET 驱动电路的原理图。图 6.17(a)为单管驱动电路,图中 u_s 为驱动信号源,u_s 为正时晶体管 VT 导通,其发射极电流为被驱动的 MOSFET 的输入电容充电,使栅极电位迅速上升,MOSFET 开通。u_s 为 0 时 VT 截止,MOSFET 栅—源之间储存的电荷经 VD、信号源放电,使 MOSFET 关断。图 6.17(b)为推挽式驱动电路,当 u_s 为正时晶体管 VT_1 导通 VT_2 截止,VT_1 发射极电流为被驱动的 MOSFET 的输入电容充电,MOSFET 开通。u_s 为零时晶体管 VT_2 导通 VT_1 截止,MOSFET 的输入电容储存的电荷通过 VT_2 迅速释放,使 MOSFET 关断。

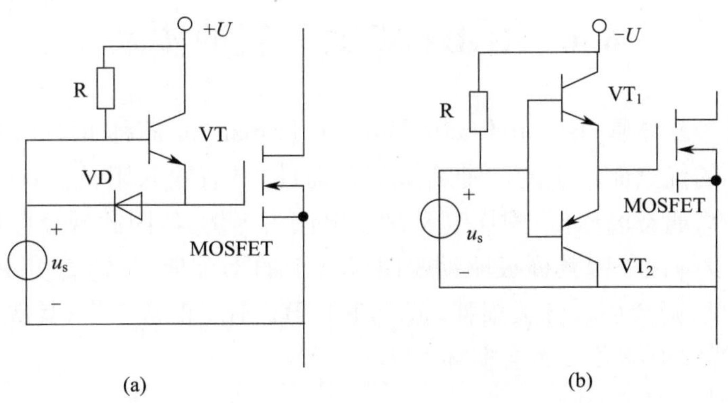

图 6.17　MOSFET 的驱动电路

在有些场合,需要在驱动电路和主电路之间实行电气隔离,如多个电力电子器件组成桥式接线时,控制电路共地而各桥臂开关器件的电位各不相等,电气隔离是必需的。隔离的方法多采用脉冲变压器实现磁耦合或通过光电器件实现光电耦合。图 6.18 为一种简单的磁耦合驱动电路。晶体管 VT 导通时脉冲变压器的初级线圈中电流上升,使得次级感应出上正下负的电压,该电压通过二极管 VD_1 为 MOSFET 的输入电容充电,使 MOSFET 导通。VT 关断时脉冲变压器初级的电流下降,次级线圈中感应出上负下正的电压,使 MOS-

FET 的输入电容反向充电，栅—源之间的电压由正变负，MOSFET 关断。图 6.18 中 VD_2 为续流二极管，为晶体管关断后线圈中的电流提供通路，该二极管的导通压降很小，会使线圈电流经较长的时间才能衰减到零，为加快电流的衰减速度，可在续流回路中串联一个大小适当的电阻或一定数值的稳压管。做上述处理后，电流的衰减速度会加快，在次级线圈中产生的感应电压也会加大，能够缩短 MOSFET 的关断时间。

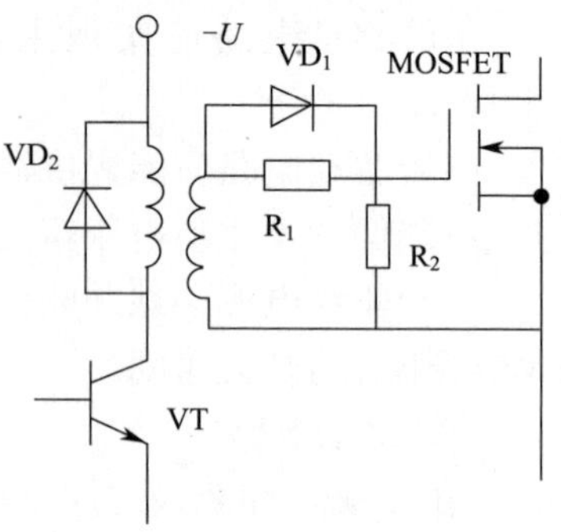

图 6.18　磁耦合驱动电路

图 6.19 为功率 MOSFET 光电耦合的驱动电路，由电气隔离和晶体管放大电路两部分。当无输入信号时高速放大器 A 输出负电平，VT_3 导通输出负驱动电压；当有输入信号时 A 输出正电平，VT_2 导通输出正驱动电压。

常见的专用驱动电力 MOSFET 而设计的混合集成电路有三菱公司的 M57918L，其输入信号电流幅值为 6 mA，输出最大脉冲电流为＋2 A 和－3 A，输出驱动电压＋15 V 和－10 V。

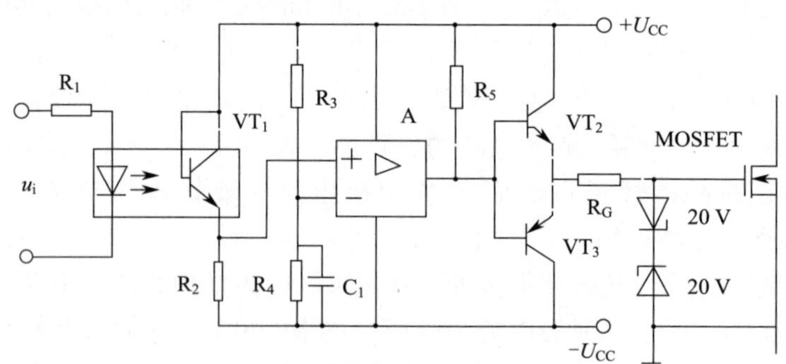

图 6.19　光电耦合驱动电路

6.6　IGBT 驱动与保护技术

绝缘门极双极型晶体管（Isolated Gate Bipolar Transistor 简称 IGBT）是复合了功率场效应管和电力晶体管的优点而产生的一种新型复合器件，具有输入阻抗高、工作速度快、热稳定性好，驱动电路简单、通态电压低、耐压高和承受电流大等优点，因此现今应用相当广泛。但是 IGBT 良好特性的发挥往往因其栅极驱动电路设计上的不合理，制约着 IGBT 的推广及应用。IGBT 的驱动若不良，则会加大开关损耗，甚至使 IGBT 不能正常工作；其次 IGBT 的保护电路有别于其他电路，若保护不力反而会损坏 IGBT。

1. IGBT 对驱动电路的要求

(1)栅极驱动电路对 IGBT 的影响

①正向驱动电压＋U 增加时，IGBT 输出级晶体管的导通压降和开通损耗值将下降，但并不是说＋U 值越高越好。

②IGBT 在关断过程中，栅射极施加的反偏压有利于 IGBT 的快速关断。

③栅极驱动电路最好有对 IGBT 的完整保护能力。

④为防止造成同一个系统多个 IGBT 中某个的误导通，要求栅极配线走向应与主电流线尽可能远，且不要将多个 IGBT 的栅极驱动线捆扎在一起。

(2)IGBT 对驱动电路的要求

①由于 IGBT 的栅—射极之间有数千皮法的极间电容,为加快建立驱动电压,要求驱动电路具有较小的内阻。同时用内阻小的驱动源对电容充放电,可以保证栅极控制电压 U_{GS} 的前后沿足够陡峭,从而使 IGBT 快速开通和关断,并减少开关损耗。

②栅极驱动电源的功率要足够大,这样可以保证在 IGBT 导通后,其功率输出极总是处于饱和状态。而当瞬时过载时,足够大的驱动功率也足以保证 IGBT 不退出饱和区,以使IGBT 的开关可靠,并避免在开通期间因退饱和而损坏。

③要提供大小合适的正向驱动电压 U_{GE}。当正向驱动电压增加时,IGBT 的通态压降和开关损耗均将下降;但若 U_{GE} 过大,则在负载短路过程中,IGBT 的集电极电流也随的增大而增大,使 IGBT 能承受电流的时间减少,不利于其本身的安全,因此 U_{GE} 也不宜选得过大,合适的 U_{GE} 取值为 12～15 V。

④要提供大小合适的反向驱动电压。IGBT 关断时,在栅极和发射极间施加反向电压可防止因关断时浪涌电流过大而使 IGBT 误导通,并使 IGBT 快速关断。但反向驱动电压也不能过高,否则会造成栅—射极反向击穿。一般取反向电压数值为－5～－10 V。

⑤要提供合适的开关时间。快速开通和关断有利于提高工作频率,减小开关损耗。但在大电感负载情况下,开关时间过短会产生很高的尖峰电压,造成元器件击穿。因此提供合适的开关时间,才能保证 IGBT 正常工作并不致损坏。

⑥要有较强的抗干扰能力及对 IGBT 的保护功能。驱动电路与信号控制电路要严格进行电气隔离,防止相互间的干扰;还要有完整的自保护功能。同时,信号控制电路到驱动电路IGBT 模块的引线要尽量短,且采用双绞线或同轴电缆屏蔽线,以免引起干扰。

2. IGBT 驱动电路

由分立元件构成的插接式驱动电路,在 20 世纪 80 年代由 IGBT 构成的设备上被广泛使用。分立元件驱动电路的设计和应用主要受当时电子元器件技术水平和生产工艺的制约,但随着大规模集成电路的发展及贴片工艺的出现,这类分立元件插接式电路因结构复杂、集成化程度低、故障率高等原因已逐渐被淘汰。

由于光电耦合器构成的驱动电路具有线路简单、可靠性高、开关性能好等特点,在 IGBT 驱动电路设计中被广泛采用。由于驱动光电耦合器的型号很多,所以选用的余地很大。用于IGBT 的光耦合器驱动电路的驱动光耦合器用较多的主要有东芝的 TLP 系列、夏普的 PC 系列、惠普的 HCPL 系列等。以东芝 TLP 系列光耦合器为例,驱动 IGBT 模块的光电耦合器主要采用的是 TLP250 和 TLP251 两个型号。对于小电流的模块,一般采用 TLP251。外围再辅以驱动电源和限流电阻等就构成了最简单的驱动电路。而对于中等电流的模块,一般采用TLP250 型号的光电耦合器。对于更大电流的模块,在设计驱动电路时一般在光电耦合器驱动电路后面在增加一级放大电路,以达到安全驱动 IGBT 的模块的目的。光电耦合器的优点是体积小巧,缺点是反应慢,因而有较大的延迟时间。光电耦合器的输出极需要隔离的辅助电源供电。

光耦合器门极驱动电路的输出级采用互补电路的形式以降低驱动源的内阻,同时加速IGBT 的关断过程。图 6.20 为采用光电耦合进行隔离的 IGBT 驱动电路。

脉冲变压器直接驱动 IGBT 的电路由于是电磁隔离方式,驱动级不需要专门直流电源,简化了电源结构。图 6.21 为一种采用脉冲变压器隔离的驱动方式电路图。

同其他的电力电子器件一样,由分立元件组成的 IGBT 驱动电路也存在着可靠性问题。

为此，目前已经研制出多种专用的 IGBT 集成驱动电路。这些集成化驱动模块抗干扰能力强、速度快、保护功能完善，可实现 IGBT 的最优驱动。

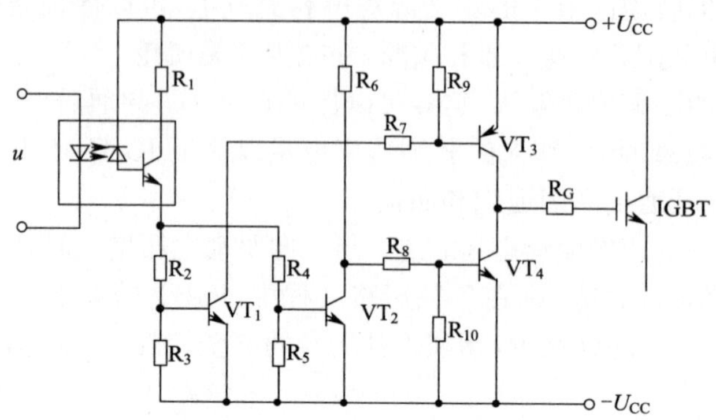

图 6.20　采用光电耦合器进行隔离的 IGBT 驱动电路

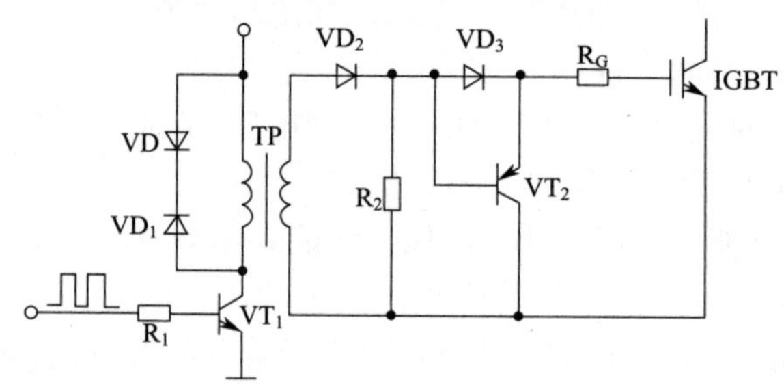

图 6.21　由脉冲变压器组成的 IGBT 驱动电路

IGBT 的驱动多采用专用的混合集成驱动器。常采用的有三菱公司的 M579 系列（如 M57962L 和 M57959L）和富士公司的 EXB 系列（如 EXB840、EXB841、EXB850 和 EXB851）。同一系列的不同型号其引脚和接线基本相同，只是适用被驱动器件的容量和开关频率以及输入电流幅值等参数有所不同。M57962L 的原理和接线如图 6.22 所示。这些混合集成驱动器内部都具有退饱和检测和保护环节，当发生过电流时能快速响应但慢速关断 IGBT，并向外部电路给出故障信号。M57962L 输出的正驱动电压均为＋15 V 左右，负驱动电压为－10 V。

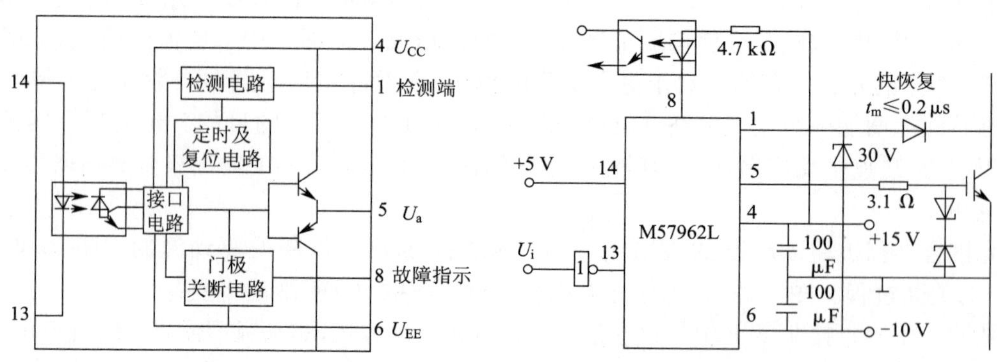

图 6.22　M57962L 型 IGBT 驱动器的原理和接线图

3. IGBT 保护

(1)IGBT 过电压保护

IGBT 的栅级—发射极驱动电压的保证值为±20 V,如果在它的栅级与发射极之间加上超出保证值的电压,则可能会损坏 IGBT。为防止 IGBT 的栅级—发射极过电压情况发生,应在 IGBT 的栅级与发射极间并联一只几十欧的电阻,此阻应尽量靠近栅级与发射极。

设计缓冲电路是抑制集电极—发射极间过电压的有效措施,缓冲电路如图 6.23 所示。用于抑制过电压的器件有金属氧化物压敏电阻和并联在直流母线上的无感电容。

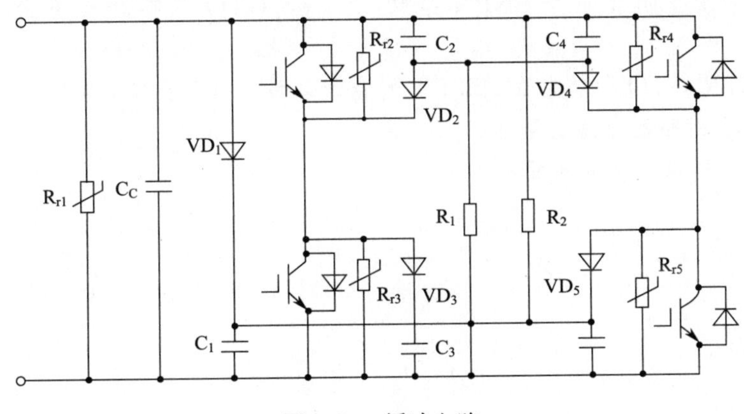

图 6.23 缓冲电路

(2)IGBT 过电流保护

IGBT 的过电流保护电路可分为两类:一类是低倍数(1.2~1.5 倍)的过载保护;另一类是高倍数(可达 8~10 倍)的短路保护。常见的过电流保护电路如图 6.24 所示。

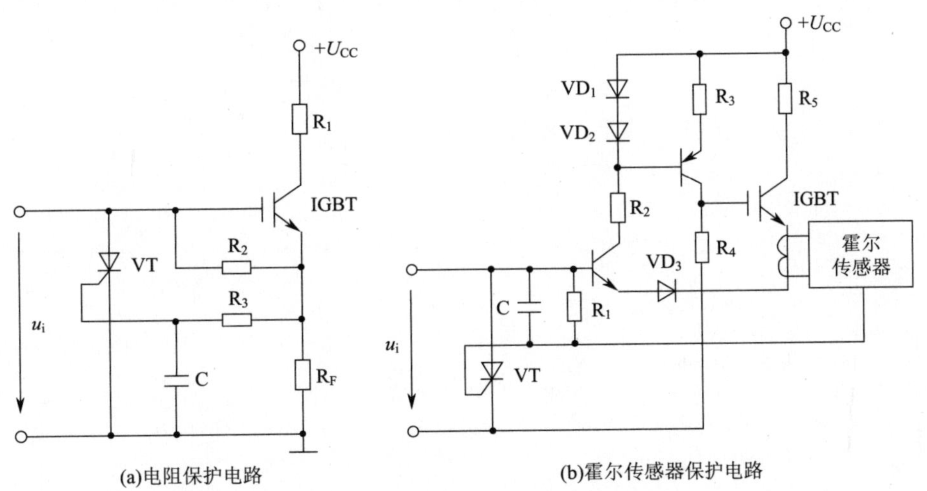

(a)电阻保护电路 (b)霍尔传感器保护电路

图 6.24 IGBT 的过电流保护电路

(3)IGBT 过热保护

一般情况下,流过 IGBT 的电流较大,开关频率较高,导致 IGBT 器件的损耗比较大,如果热量不能及时散掉,器件的结温将超过其最大值,IGBT 可能损坏。IGBT 过热的原因可能是驱动波形不好、电流过大或开关频率太高，也可能是散热状况不良。IGBT 的过热保护是利用温度传感器检测 IGBT 的散热温度，当超过允许温度时使主电路停止工作。

复习与思考题

1. 使晶闸管导通的条件是什么？
2. 什么是电力电子器件的触发电路？
3. 维持晶闸管导通的条件是什么？怎样才能使晶闸管由导通变为关断？
4. GTO 和普通晶闸管同为 PNPN 结构，为什么 GTO 能够自动关断，而普通晶闸管不能？
5. IGBT、GTR、GTO 和电力 MOSFET 的驱动电路各有什么特点？
6. 简述 IGBT 对驱动电路的要求。
7. IGBT 的主要保护措施有哪些？

7　电力机车控制系统单元电路

学习指导

在电力机车电子电路中用到各种检测元件、控制元件和触发系统元件，它们组成电力传动系统的调节装置，根据给定的指令去控制调节对象，如牵引电动机、辅助电机和变流器等。所以调节装置是一种信息处理装置，组成调节装置的这些单元组件的工作可靠性和精确度，在很大程度上决定着电力传动系统运行的可靠性和精确度。

学习本章，要求重点掌握各种检测元件、控制元件和触发系统元件的功用。电力机车的控制系统中包含有许多基本的元件或单元电路，这些元件或单元电路具有独立的功能，对实现电力机车的过程控制起着非常重要的作用。本章主要讲解各种检测元件、控制元件和触发系统元件。

7.1　检测单元

7.1.1　电流和电压传感器

传感器是借助于检测元件接收一种形式的信息，并按一定规律将它转换成另一种信息的装置。传感器是自动化系统中不可缺少的元件。

依据变压器原理，交流电流或电压互感器可以进行交流电流和电压的测量。在相控整流装置中，交流电源侧电流与直流负载电流之间存在一定的比例关系，所以可以用检测交流侧电流来对直流侧负载电流进行自动控制。

在恒压控制系统中电压反馈信号只能取自直流侧，因为交流电源电压有效值基本恒定，直流侧电压大小取决于晶闸管控制角 α 的大小。在直流侧检测电流或电压比在交流侧困难。对于大功率电传动装置来说，用分流器或电阻分压方式来检测电流或电压，从人身和设备的安全考虑都是不合适的。必须将大功率高电压的主电路与小功率低电压的控制电路进行绝缘隔离。在现代电力机车上采用霍尔元件、直流互感器或调制转换技术进行测量。

1. 霍尔传感器

霍尔传感器是利用半导体元件中的电磁效应（霍尔效应）而制成，如图 7.1 所示，在一个半导体基片上的 3 个相互垂直面各作用 3 个物理量：控制电流 I_C（1 与 2 端），磁密 B 和霍尔电动势 U_H（3 与 4 端）。3 个物理量的关系可表示为

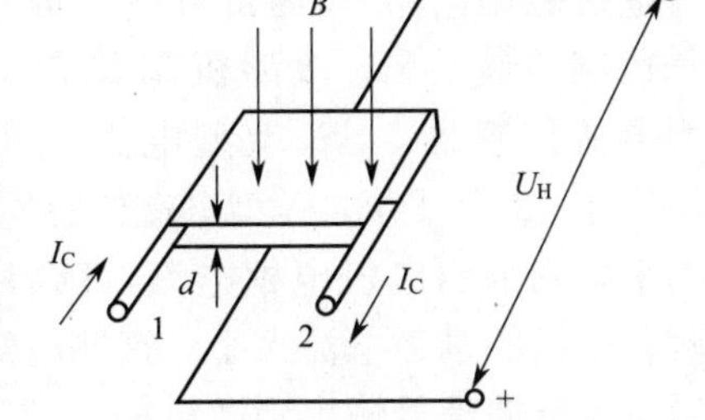

图 7.1　霍尔元件原理

$$U_H = K_H B I_C$$

式中 K_H 称为霍尔元件灵敏度，它表示霍尔元件在单位磁感应强度和单位控制电流下的霍尔电势的大小，一般要求 K_H 值越大越好，当控制电流 I_C 或磁密 B 改变方向时，电动势 U_H

极性也跟着变化。霍尔传感器可用于检测电流、电压、功率和磁场,也可应用于数字式转速表和接近开关。

图 7.2 为应用霍尔传感器测量整流装置直流侧功率的示意图。直流侧功率 $P_d=U_dI_d$。图中用直流电流和电压互感器检测主电路的电流与电压,同时将主控电路进行绝缘隔离。电流互感器输出电流 I_B 正比于主电路电流 I_d,它流过绕组 W_B 的安匝数 I_BW_B,在铁芯气隙处产生均匀磁场 B,所以 B 值正比于电机电流 I_d。根据相同原理,控制电流 I_C 正比于主电路整流电压 U_d,磁场 B 与控制电流 I_C 的方向垂直,在基片的另一垂直方向上感应出霍尔电势 U_H,大小正比于 U_d 和 I_d 的乘积,霍尔电势一般仅有几十毫伏,故需经比例放大器放大方可作控制信号使用,如图中 U_{SC} 所示。

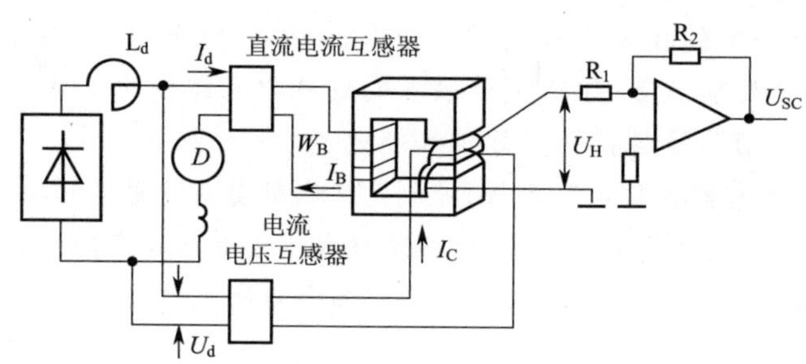

图 7.2　用霍尔元件检测功率

如果控制电流 I_C 是由恒流源供给,即 I_C=常数,则输出电压 U_{SC} 正比于电机电流 I_d,同样道理可测电机电压 U_d。

霍尔元件具有响应速度快、线性度好、结构简单和无触点等优点,在自动控制系统中有比较广泛的应用,缺点是对温度变化比较敏感,往往需要采用一些温度补偿措施,来提高检测的精确度。

为了提高霍尔元件检测电流的精度和扩大线性工作区,可以采用一种零磁通霍尔元件装置,如图 7.3 所示。

2. 电流传感器

电流传感器是一种通过霍尔元件来实现对电流进行检测的电气设备。SS_4 改型机车采用 TCS1 型电流传感器,检测各电枢电流和各电机磁场电路,将各部分电流信号输入到电子控制系统。SS_4 改型机车共有 10 只 TCS1 型电流传感器。SS_9 改型电力机车主电路中使用了 12 个 TQG4A 型电流传感器,其中 6 个用来检测牵引电机电枢电流,其余用来分别检测各电机的励磁电流大小。这些电流传感器分别串接在各牵引电机主电路中,将电枢电流、励磁电流反馈信号输出到微机柜。TCS1 型电流传感器与 TQG4A 型电流传感器可以互换,外特性一致。

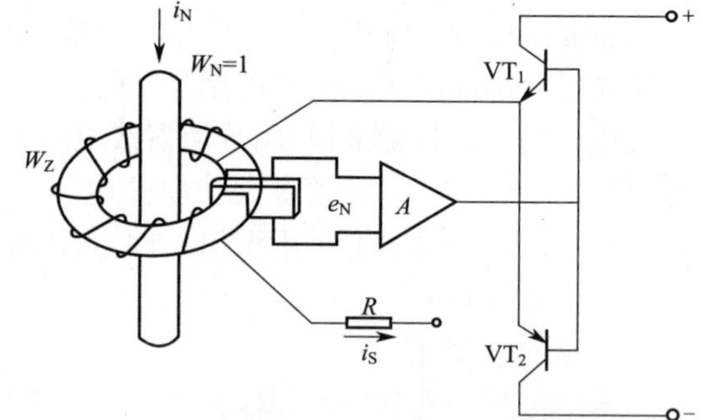

图 7.3　零磁通霍尔元件工作原理

(1)TCS1 型电流传感器

①主要技术参数

额定测量电流 I_N　　　　1 500 A

过载能力　　1 800 A、2 min/h
二次侧输出测量电流　　300 mA/1 500 A
二次侧线圈内阻　　55 Ω
准确度　　±1% I_N
工作温度范围　　−25～+70 ℃
无输入电流时的偏移电流　　≤0.4 mA　(20±5)℃
耐压：一次侧电路和二次侧输出电路间　　6 kV、50 Hz、1 min
电源　　±24×(1±5%)V
电流消耗　　50 mA+输出测量电流
外形尺寸　　230 mm×152 mm×152 mm
质量　　3 kg

②结构及工作原理

TCS1 型电流传感器是采用霍尔元件的磁场平衡式（又称零磁场式）传感器，其原理如图 7.4所示。

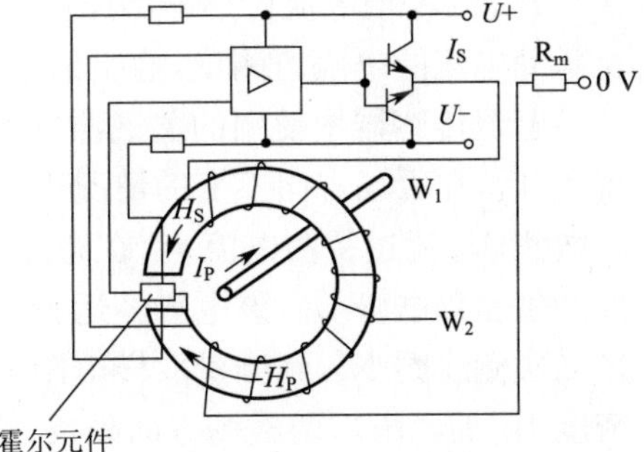

图 7.4　TCS1 型电流传感器原理示意图

TCS1 型电流传感器由磁路部件、安装在磁路气隙中的霍尔发生器、二次侧线圈和电子电路所组成。全部器件均用硅橡胶固封于绝缘外壳内。传感器本身带有穿心母线。传感器具有很好的电隔离性能和抗震动冲击性能。

当被测电流 I_P 流过穿心母线 W_1 时，该电流产生一磁场 H_P，霍尔发生器有霍尔电势输出。该信号经放大，推动功率管，从电源获得补偿电流 I_S。I_S 流经二次侧线圈 W_2，并产生磁场 H_S。H_S 方向与 H_P 相反，因而补偿了原来的磁场，因为放大器放大倍数很大，只要气隙磁场不为零，I_S 会增大，直到 $I_P \times W_1 = I_S \times W_2$ 为止。由此可得出 $I_P = (W_2/W_1) \times I_S$，而在测量电路中 W_1、W_2 是固定不变的，所以只要测得了 I_S 便可知被测电流 I_P 值。

③传感器接线

当被测电流为直流电流、穿心母线中被测电流 I_P 方向与传感器标识箭头方向一致时，二次侧测量电流 I_S 方向如图 7.5 所示。当 I_P 方向改变时，I_S 方向将跟随 I_P方向变化。实际接线采用 4 芯插头接线。

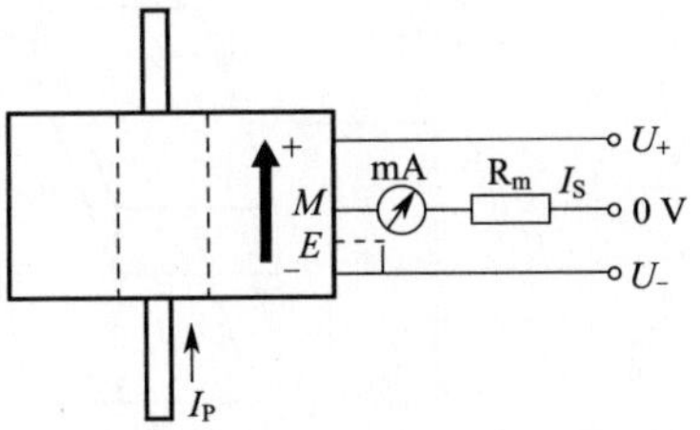

图 7.5　TCS1 型电流传感器接线示意图

④测量电阻 R_m 的计算方法

TCS1 型电流传感器电源电压为±24×(1±5%)V。传感器按额定被测电流 1 500 A 时输出测量电流为 300 mA 设计。用户从测量电阻 R_m 上取得测量信号，R_m 的最大值可按下式计算

$$R_m = (U_{min} - U_{ce,sat})/I_{smax} - R_2/2$$

式中　U_{min}——电源电压最小值，V；

$U_{ce,sat}$——晶体管饱和压降，一般为 0.5 V；

I_{smax}——二次测量电流最大值，A；

R_2——二次侧线圈电阻，Ω。

⑤传感器的使用

传感器在使用时必须先接通电源，然后再加上被测电流；当测量结束时必须先断开被测电流，然后再断开电源。否则将因剩磁而影响测量精度。

(2)TQG4A 型电流传感器

①主要技术参数

额定测量值	1 000 A
工作电源	DC±24 V
额定输出	200 mA
准确度	2.5%
线性度	0.1%
隔离电压	12 kV
响应时间	≤1 μs

②工作原理

TQG4A 型电流传感器利用霍尔效应，采用磁补偿原理，通过霍尔元件实现对直流、交流及脉动电流的电隔离测量，输出信号正比于被测电流。

电流传感器中使用的关键器件的霍尔元件。如图 7.6 所示，霍尔元件加入适当的控制电流 I_C 后，在磁场方向不变的情况下，其输出电压 U 正比于所在磁场的磁通密度 B。当传感器一次侧 N_p 流过待测电流 I_p，在磁路中产生与 I_p 成正比的磁通密度 B_p($I_p \propto B_p$)，引起霍尔元件产生霍尔电势 U_B，该电势经运算放大器差分放大后，推动功放形成二次侧电流 I_s，该电流流过二次侧线圈 N_s，到测量取样电阻 R_m。与此同时，流过二次侧线圈的电流 I_s 成正比的磁通密度 B_s($I_s \propto B_s$)，两磁场方向相反，引起磁路中总磁通密度减小，最终达到平衡，从而使处于该磁路中的霍尔元件工作在零磁通状态。整个过程是一个动态平衡过程，二次侧线圈中的电流 I_s(或测量取样电阻上的电压)真实地反映了待测电流 I_p。

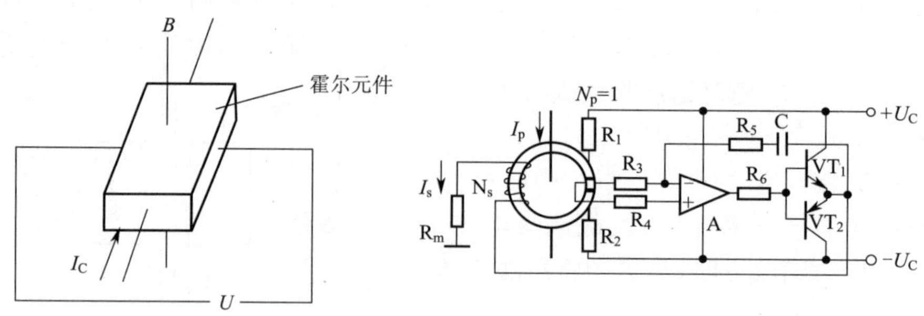

图 7.6 TQG4A 型电流传感器工作原理简图

为了增强对外磁场的抗干扰能力，在 TQG4A 电流传感器中采用了双霍尔元件，对称的两组线圈结构，输出并联。这样外磁场对霍尔元件的影响将在输出中得到抵消。

3. 电压传感器

SS_4 改型机车采用 TSV1 型电压传感器，检测牵引电机两端的电压，将牵引电机电压信号取样送入控制系统。SS_9 改型电力机车主电路中使用了 6 个 TGQ3A 型电压传感器，分别跨接在每台牵引电机两端，用来检测各电机的牵引电压大小，并将反馈信号输出到微机柜。TSV1 型电压传感器与 YQG3A 型电压传感器可以互换，外特性完全一致。

(1)TSV1 型电压传感器

①主要技术参数

额定测量电压U_N	2 000 V
输入电阻	500 kΩ
二次侧输出测量电流	80 mA/2 000 V
二次侧线圈内阻	30 Ω
准确度	±1% U_N
无输入电压时偏移电流	≤±0.5 mA
工作环境温度	−20～+70 ℃
耐压	
一次侧电路和二次侧输出电路及屏蔽间	6 kV/50 Hz/1 min
二次侧输出电路和屏蔽间	1 kV/50 Hz/1 min
电源	±24×(1±5%)V
电流消耗	(30±5)mA+输出测量电流
外形尺寸	196 mm×134 mm×105 mm
质量	2 kg

②结构及工作原理

传感器除一次侧被测电压输入接线端子(+HT,−HT)、限流电阻连接片和二次侧测量输出端子、工作电源供给端子("+"、"M"、"E"、"−")外,所有电子器件均用绝缘材料固封于自熄式绝缘外壳内,结构紧凑牢固。

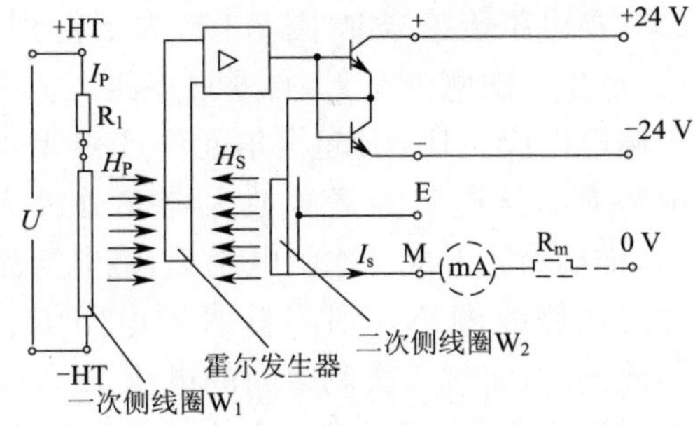

图 7.7　电压传感器原理示意图

该传感器是采用霍尔元件的磁场平衡式传感器,其原理如图 7.7 所示。传感器由限流电阻R_1、一次侧线圈 W_1、霍尔发生器、一次侧线圈 W_2 及放大电路等组成。当被测电压U经过限流电阻R_1和一次侧线圈W_1产生电流I_P时,该电流流经 W_1 产生磁场H_P,使霍尔发生器有霍尔电势输出,该信号经放大电路放大,推动功率管,从电源获得补偿电流 I_s,I_s 流经 W_2 所产生的磁场 H_S 方向和 H_P 相反,从而补偿了 H_P,直到 $I_PW_1=I_sW_2$ 为止。根据 $I_PW_1=I_sW_2$ 可得出 $I_P=(W_2/W_1)I_s$,而被测电压$U=I_PR'$($R'=R_1$+一次线圈电阻),所以测得 I_s 便可知被测电压U的值。

③传感器接线

如图 7.8 所示,+HT、−HT 端子接被测电压,+HT 接高电位,−HT 接低电位测量电流方向如图 7.8 中 I_s 箭头所示,若被测电压为交流电时,I_s 方向跟随输入端电压方向改变而改变。

"+"、"−"端子接±24 V 电源,M 端子经外接毫安表(也可不接)及测量电阻 R_m 接到±24 V电源的中点(0 V)。

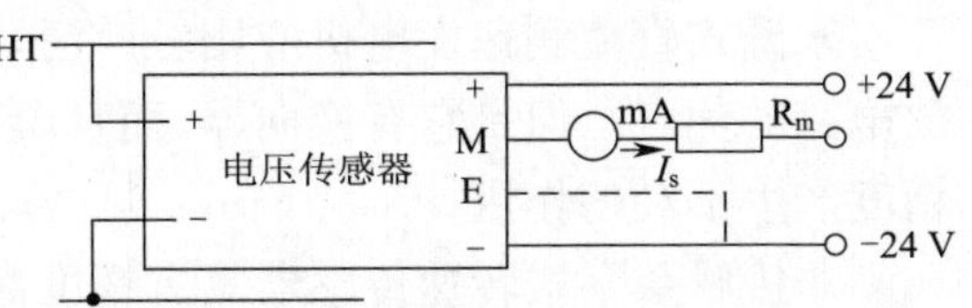

图 7.8　电压传感器接线示意图

"E"端子为内部屏蔽端子,一般接机车地线或电源"−"端,也可空着不接。

④测量电阻 R_m 的计算

该电压传感器电源为±24(1±5%)V,并按

额定被测电压 2 000 V 时，输出测量电流 80 mA 设计，测量电阻 R_m 的限值可由下式来决定

$$R_m = (U_{min} - U_{ce,sat})/I_s - R_2/2$$

式中 U_{min}——电源电压最小值，V；

$U_{ce,sat}$——晶体管饱和压降，一般为 0.5 V；

R_2——二次侧线圈电阻，Ω；

I_s——二次侧输出测量电流，A。

⑤传感器的使用

传感器在使用时必须先接通电源，然后再加上被测电压，当测量结束时，必须先断开被测电压，然后再断开电源。否则将因剩磁而影响测量精度。

(2)TGQ3A 型电压传感器

①主要技术参数

额定测量值	2 000 V
工作电源	DC ±24 V
额定输出	80 mA
准确度	5%
线性度	0.1%
隔离电压	7 kV
响应时间	≤120 μs

②工作原理

在电压传感器中(图 7.9)，为了得到合适的原边磁场，首先将被测电压通过原边电阻降压，产生一次侧电流 I_p，再通过多匝 N_p 一次侧线圈产生一次侧磁场，该磁场的磁通密度 B_p 与被测电压成正比，引起霍尔元件产生霍尔电势 U_B，该电势经运算放大器差分放大后，推动功放形成二次侧电流 I_s，该电流流过二次侧线圈 N_s，到测量取样电阻 R_m。与此同时，流过二次侧线圈的电流 I_s 也会在磁路中产生与 I_s 成正比的磁通密度 B_s ($I_s \propto B_s$)，两磁场方向相反，引起磁路中总磁通密度减小，最终达到平衡，从而使处于该磁路中的霍尔元件工作在零磁通状态。整个过程是一个动态平衡过程，二次侧线圈中的电流 I_s(或测量取样电阻上的电压)同样真实地反映了待测电压 U_p。

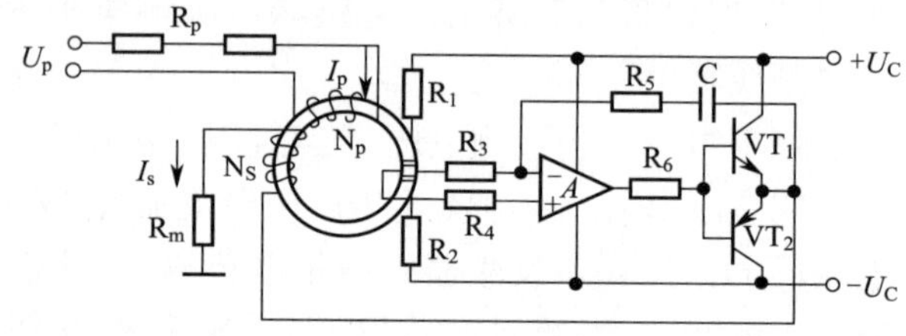

图 7.9 电压传感器原理图

7.1.2 速度传感器

测量电机转速的方法有模拟式和数字式两种。前者采用直流或交流测速发电机；后者采用光电或磁电耦合装置。

永磁式直流测速发电机应用较广泛，与数字式相比，它具有响应快、输出功率大，不需要功放电路的优点。但是它有换向器，而且电刷压降、磁滞回线和绕组电阻受温度影响等均对检测精度产生不利的作用。

非接触数字式转速传感器具有精度高等特点，故应用日益广泛。电机转速检测采用数字式，有两种方式：一种是光电检测；另一种是磁电检测。

磁电检测，采用齿轮形的圆盘装在电机轴上，随着电机在一固定磁场中转动，在检测线圈内感应出频率与齿数成正比的交流电压。

光电检测，是由光源、带光栅的圆盘(相当于齿数)和光电传感器组成。当电机转动时光电传感器接受从光源通过光栅射来的光束脉冲，由光电管产生交流电压信号，经过整形得到反馈频率 $f=N/60$，其中 N 为圆盘上的光栅数量。

1. DF16 型速度传感器

SS_9 改型电力机车选用 DF16 型速度传感器，与机车的速度表、微机、列车运行监控记录及轮喷等装置配套使用，可进行机车速度、方向、空转及打滑等参数、信息的检测。SS_9 改型电力机车上装有 DF16 型双通道光电式速度传感器 3 个，3 通道的 DF16 型光电式速度传感器 1 个。双通道速度传感器通过内外两轨道光栅盘扫描，光电模块输出两种不同频率、不随温度变化和电气干扰影响的方波信号，输出可以是不同脉冲的各种组合。3 通道的速度传感器与之相比所多出的一个通道信号用于机车的相位防溜控制。为了安全，速度传感器各通道彼此隔离，且带有极性保护、输出短路保护等。速度传感器具有坚硬的铸铝外壳，可方便地安装在机车轴箱盖上。端口为 14 芯防水插座，传动部分采用软性连接，能克服安装不同心及驱动间隙。

DF16 型光电式速度传感器外形及安装如图 7.10 所示。

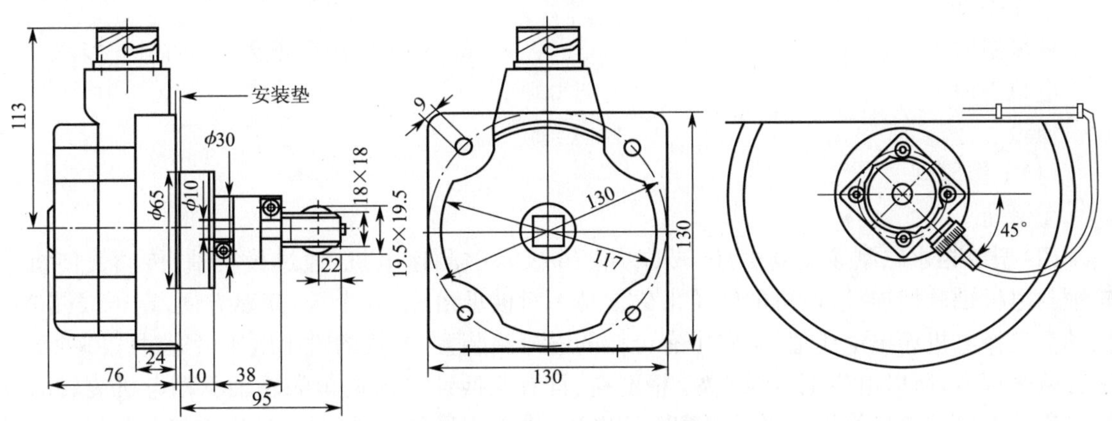

图 7.10　DF16 型光电式速度传感器外形及安装

主要技术参数：

测速范围	0～2 000 r/min
每转脉冲数	外轨道 200 内轨道 80
输出通道	双通道(三通道)
输出波形	方波
输出脉冲幅度	高电平为 DC(10～30)V
	低电平≤1 V(负载能力≤10 mA)
脉冲占空比	50%±20%
脉冲相位差	90°±45°(双通道)
工作电源	DC 10～30 V
功耗电流	≤35 mA(每通道)
短路保护	输出信号具有短路保护功能

绝缘强度	1 500 V 50 Hz 交流正弦波 1 min(引线端对外壳)
	500 V 50 Hz 交流正弦波 1 min(各通道间)
温度范围	−40～+70 ℃
耐振性能	振动 30g,冲击 200g(DIN40046)
密封性	承受雨、雪、风、沙(防护等级:IP66)
质量	3 kg

2. FD 型速度传感器

SS_4 改型电力机车安装了 FD 型速度传感器,与 SD 型机车速度表配套使用。

主要技术参数:

测量范围	0～1 000 r/min
电压允许误差	AC 32±0.2 V(800 r/min)
电机的线性允许误差	±0.3
电机旋转方向	任意
工作方式	连续
结构形式	封闭自冷
里程接点	每公里开关通断一次(根据轮径定)

工作条件:

环境温度	−20～+50 ℃相对湿度不大于 85%(+25 ℃)
电机寿命	5 000 h
质量	6 kg

(1)工作原理

①测速

FD 型单相永磁测速发电机是一只单相 16 极永磁测速电机,通过拨动轴、传动簧使机车轮轴与电机轴软性连接,电机的转子由磁钢与一对极爪组成 16 个极,充磁方便,定子线圈有 3 挡抽头选择电机输出电压值,磁路中有可调的磁分路装置,电机的输出电压可通过线圈抽头和磁分路来调节,所以电机电压线性好、精度高、具有互换性。当机车的轮轴驱动电机旋转时就会产生与电机转速呈线性关系的单相交流电压,供电测量仪表进行速度、转速显示与机车自动控制用。

②里程接点

FD 型电机上部装有由二级蜗轮、蜗杆减速、偏心轮转动装置和微动开关组成的里程减速机构。当机车轮轴走行 1 km 时,经蜗轮、蜗杆减速,偏心轮转动接通微动开关一次,里程开关信号进入 SD 型速度表内的里程计数器。累计机车行走公里。减速机构中蜗轮的齿数根据机车轮径的大小决定,偏心轮装置保证机车无论前进、后退均能输出里程开关信号。

(2)使用、维护与检验

①安装、使用与维护

a. 速度表与 FD 型速度传感器需编号对应使用,传感器铭牌上的轮径数应与速度表铭牌上的轮径数相符,电表指针应调到机械零位,电机传动轴转动必须灵活。

b. 速度表与机车控制电路的连线必须牢固,不得有断线、短路现象。电机安装在机车轴箱上,传动轴通过传动机构与机车轮轴连接,其安装必须牢固可靠,电机接线盒内接线不得有断线、断路等现象。

c. 速度表面板设有速度接点指示灯，表内电路板上设有熔断器 RD。速度表安装接线完毕后，若机车速度为零，继电器 K 释放，速度取样显示灯亮；当机车速度达到或超过规定速度取样上限时，继电器 K 吸合，速度取样显示灯灭。面板左侧的 3 只速度取样显示灯，从上至下顺次为绿、黄、红色，它们分别显示高、中、低速度（55～65 km，33～35 km 或 26～28 km 及 18～20 km/h）取样状态。如果达到规定速度取样上限时灯不灭，或低于规定速度取样下限时灯不亮，则说明速度取样电路有故障，应立即进行维修或更换。

测速发电机使用半年后，应检查各传动零件和电机零件的工作状况，如有磨损应给予更换。更换后，组装时应清洗零件和重新润滑。电机电压的测定在速度表实验台上进行，采用阻抗不小于 10 MΩ、精度不低于 0.5 级的数字交流电压表测定。电压不符合技术要求时必须进行调整，调整方法如下：打开后盖，拆除降速机构，松开磁分路环的 3 个锁紧螺钉，均匀调节磁分路环在磁分路中的升降位置，使电机电压在 800 r/min 时为（32±0.2）V，然后用锁片自锁，防止调节螺钉松动，最终使电压值满足要求。

图 7.11 速度传感器接线图

d. 速度传感器接线方式如图 7.11 所示。

②校验方法

当表头与传感器检验合格后速度表表头与传感器的校验工作在专用校验台上进行。校验台应有恒速调节机构，标准转速表的数字指示器，或频率指示器，或直接换算成标准机车速度的数字指示器。

速度表与传感器每使用 3 个月应在速度表校验台上进行一次速度和转速、速度取样点校验。校验时根据机车的实测轮径进行计算。

7.1.3 光电耦合器

光电耦合器是由发光二极管和光敏三极管密封于金属或塑料壳内所组成，如图 7.12 所示。

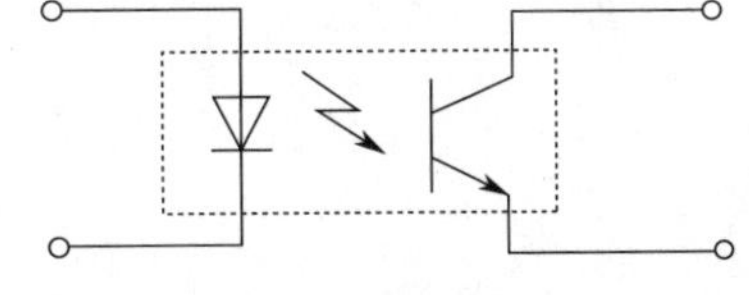
图 7.12 光电耦合电路

发光二极管与普通二极管一样，管芯是由一个 PN 结组成，也具有单相导电性，当给 PN 结加上反向电压后，注入的电子与空穴相复合时，以光的形式释放出能量。光通亮的大小与流过的电流成比例。

光敏三极管的结构与一般 NPN 型三极管相似，当发光二极管的光照射光敏三极管的发射极时，在集电极产生光电流，集电极光电流为基极电流的 β 倍（$\beta>1$）。

光电耦合器的优点是结构简单、响应快，实现了电和磁的隔离（此种电磁隔离只用于控制系统电压信息的转换），从而提高了抗干扰性。

7.2 控制单元

7.2.1 给定积分器

为了列车在起动或运行时牵引电机电流变化有一定的速度限制，也就是说使牵引电机电流不随司机操作手柄移动的快慢和进位的大小而急剧变化，而是按预定的速度上升或下降，在机车上设置了给定积分器，这样既提高了旅客的舒适度，也有利于电气设备的安全运行。

简单的给定积分器如图 7.13 所示，当给定指令阶跃变化为 u_{sr}＝常数时，输出电压 $-u_{sc}=\int \frac{u_{sr}}{RC}\mathrm{d}t=u_{sr}t/\tau_0=at$，这种简单积分器的缺点是积分斜率 $a=u_{sr}/\tau_0$ 不仅与时间常数 $\tau_0=RC$ 有关，而且还与输入指令 u_{sr} 大小有关。

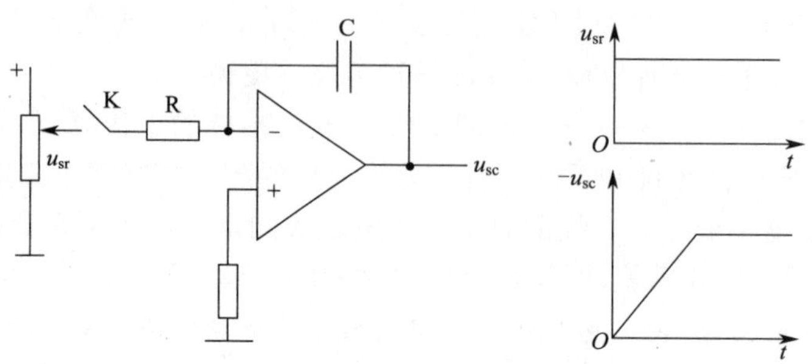

图 7.13　简单的给定积分器

图 7.14 为 8K 型机车给定积分器和比例调节器电路图。由于将输出 U_{REF} 反馈到运算放大器 A_1 的同相端，而运算放大器 A_2 既作积分器，又兼作比例调节器使用。因此简化了电路，且效果有所改善。

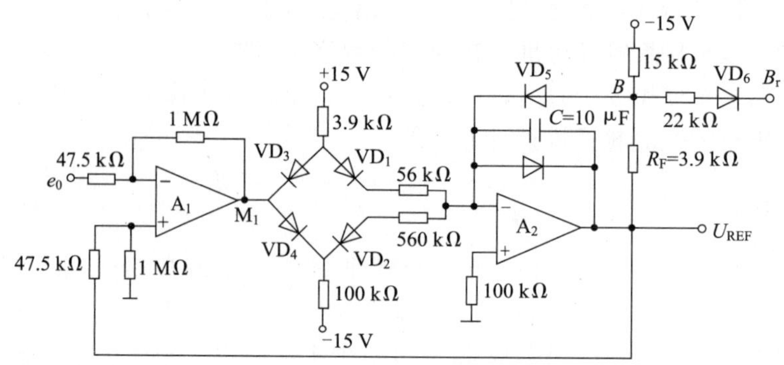

图 7.14　8K 型机车给定积分器

该给定积分器工作原理如下：当有突加信号 e_0 作用，$e_0>U_{REF}$ 时，运算放大器 A_1 输出负饱和电压 U_1，约为－13.5 V，二极管 VD_2 导通，VD_1 截止，积分器 A_2 的反馈电容 C 经电阻 560 kΩ 和 VD_2 充电，输出电压 U_{REF} 为正，直线上升，时间常数为：

$$\tau=RC=(560+100)\times10^3\times10\times10^{-6}=6.6(\mathrm{s})$$

如果 e_0 突变时(司机手柄退回 0 位)，则 $U_{REF}>e_0$，运算放大器 A_1 输出正饱和电压 U_1，约为＋13.5 V，二极管 VD_1 导通，VD_2 截止，反馈电容 C 经电阻 56 kΩ 和 VD_1 反向充电，U_{REF} 直线下降，且时间常数较小：

$$\tau=RC=(39+56)\times10^3\times10\times10^{-6}=0.95(\mathrm{s})$$

输出电压 U_{REF} 迅速下降。比例调节器是由偏置电路 R_F，和二极管 VD_5 等组成，随着 U_{REF} 的升高，B 点的电位增大，到 B 点为 0.7 V 时，VD_5 导通，U_{REF} 上升速度减慢。

7.2.2　函数发生器

在电传动系统中，有时要实现非线性控制，例如机车轮缘黏着系数与速度的关系 $\psi=f(v)$

是非线性的，如图 7.15 所示。机车起动时随着速度的增加，牵引电机电流应随着黏着系数下降有所减小，以免超过黏着力极限而发生空转。

SS_4 型电力机车设有黏着极限控制装置，如图 7.16 所示，图中用运算放大器 A_1 组成函数发生器，放大器的放大系数 $K=R_f/R_0$，其中 R_f 为反馈回路总电阻，R_0 为输入电阻。

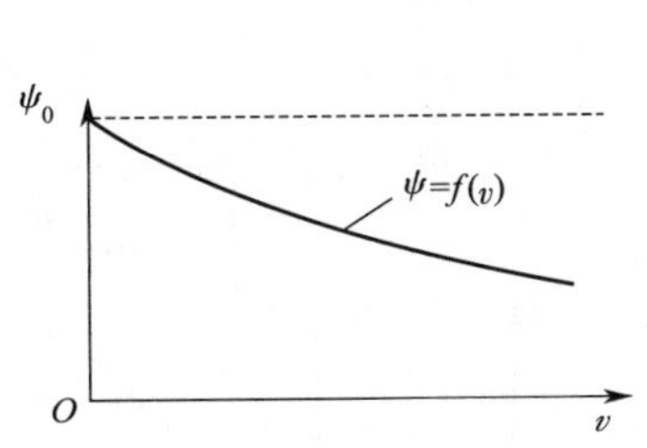

图 7.15　非线性黏着极限曲线

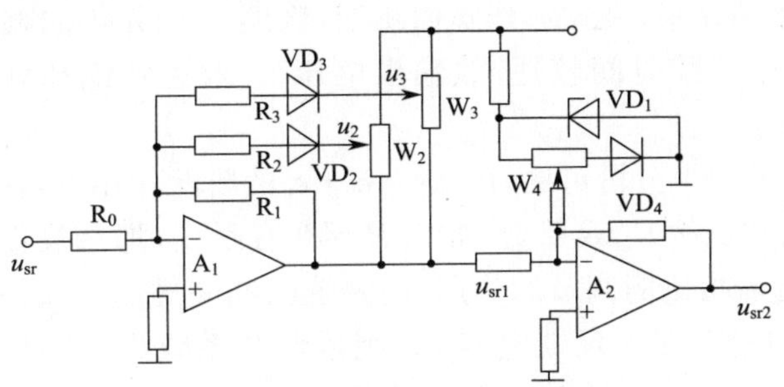

图 7.16　黏着限制函数发生器

当 u_{sr} 从零开始变化时，由于电位器 W_2 和 W_3 作用有正向电源电压 $u_2>0$、$u_3>0$，二极管 VD_2 和 VD_3 均处于反向偏置，这时放大系数 $K_1=R_{f1}/R_0=R_1/R_0$，如图 7.17 中输入输出特性的 oa 段。输入信号增加时，电位器分压(图中 u_2 和 u_3)在减小，在 a 点之后 $u_2<0$、$u_3>0$，VD_2 导通，使 R_2 接入反馈回路，放大器总的反馈电阻为 R_1 与 R_2 并联，即

$$R_{f2}=R_1\times R_2/(R_1+R_2)$$

放大系数 $K_2=R_{f2}/R_0<K_1$，由于放大系数降低，特性斜率减小，如图 7.17 中的 ab 线段。同理，当输入信号进一步增大时，$u_3<0$，VD_3 导通，总的反馈电阻为 R_1、R_2 和 R_3 的并联，放大系数进一步减小，$K_3<K_2<K_1$，如图 7.17 中的 bc 线段。为了模拟图 7.15 的黏着极限曲线，SS_4 型机车函数发生器是由图 7.16 中的 A_1 和 A_2 两个运算放大器组成，A_2 输入有两个信号：一个信号是 A_1 的输出，它是用 3 段折线(图 7.17)模拟黏着的变化，A_1 的输入信号正比例于机车的速度；另一个信号经稳压后从电位器 W_4 取得。由于两个信号极性相反，合成结果如图 7.15 所示黏着限制曲线。显然用折线代替曲线是近似的，为提高精度，可以增加折线的段数。

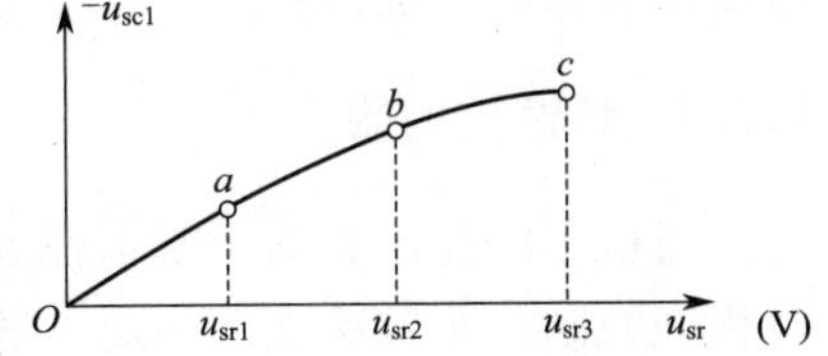

图 7.17　三段折线模拟黏着曲线

7.2.3　比例积分调节器

在无差调节自动控制系统中比例积分调节器得到十分广泛的应用。

图 7.18 为这种调节器的典型电路，它是由高放大倍数直流运算放大器 A_1 和 R_f、C_f 反馈电路组成。运算放大器输入端，即相加点 Σ，输入给定信号电压 e_i 和负反馈电压 e_{if} 两者进行比较，其偏差量 Δe_i 对反馈电容 C_f 进行充电或放电，对运算放大器的输出 e_c 电压进行调节。在偏差量 Δe_i 作阶跃变化的情况下，运算放大器输出端控制电压 e_c 变化的规律在 $t=0$，Δe_i 阶跃瞬间，由于反馈电容 C_f 两端电压不能突变，故在反馈电阻 R_f 两端产生阶跃电压，其大小为 $(R_f/R)\Delta e_i$ $(\Delta e_i=e_1-e_{if}, \Delta i=\Delta e_i/R_f)$，随着电容两端电

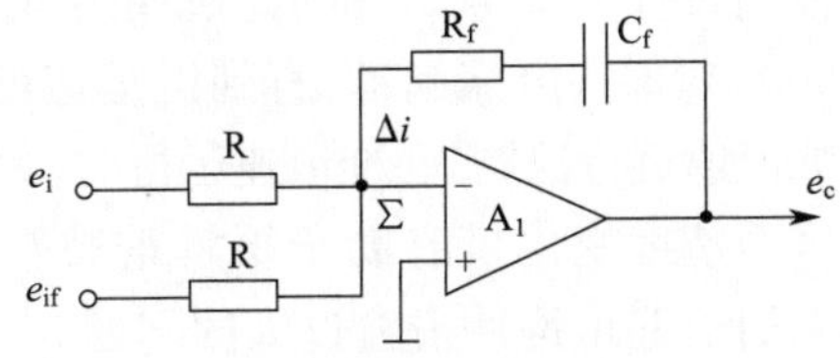

图 7.18　PI 调节器

压的建立，充放电电流 Δi 将按指数规律衰减，直到消失。因此，如图 7.19(b)所示，运算放大器输出电压 e_c，在 $t=0$ 处有跃变，而极性相反；在 $0\sim t_1$ 期间输出电压 e_c 直线变化。在 $t=t_1$ 处运算放大器输出饱和电压 $e_c=e_s$，并维持不变，其大小接近于运算放大器的电源电压(+15 V)；在 $t=t_2$ 处输入电压 $\Delta e_i=e_i-e_{if}$突降为零，输出电压 e_c 也先按比例突降，然后保持不变；在 $t=t_3$ 处 Δe_i 作负向跳变，输出 e_c 则先正向跳变，在 $t_3\sim t_4$ 期间直线增长，由于 $\Delta t=t_5-t_4$ 持续时间较短，故输出电压 e_c 未达到饱和就开始下降。

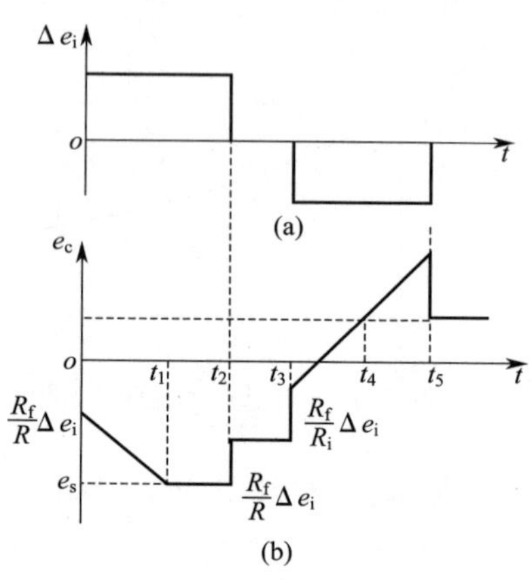

图 7.19　PI 调节器在阶跃输入时的输出

从以上分析可见，在 $\Delta e_i=e_i-e_{if}$的阶跃作用下，输出 e_c 开始按比例 R_f/R 跳变，如果 $R_f\neq 0$ 有跃变，那么反馈电阻 R_f 起着按比例调节的作用，使系统的响应迅速。如果仅有反馈电阻，而无反馈电容 C_f，则该调节系统为有差调节系统，误差的大小取决于放大倍数 R_f/R。采用反馈电容 C_f，系统属无差调节系统，因为只要给定值与反馈的大小不相等，就会有偏差电压和电流，它将对反馈电容进行充放电，只要运算放大器没有饱和，其输出电压 e_c 将有相应的变化。在给定值与反馈量大小相等时，(符号相反，因为是负反馈)，偏差电流 Δi 才等于零，反馈电容两端电压保持稳定不变，该电压等于运算放大器的稳定输出电压。由此可见，调节反馈电阻 R_f 与电容 C_f 的大小，可改变调解器响应的速度，这往往影响整个机车机电系统的稳定性和调节性能。

7.2.4　特性控制器

对机车的控制有两个基本任务：一是在起动加速过程中控制机车牵引力；二是在机车运行过程中控制机车的速度。为此一般需要有两个控制手柄，即电流(牵引力)指令手柄和速度指令手柄。8K 型电力机车采用单手柄特性控制器，既满足了机车控制的两项基本要求，又简化了机车的操作。单手柄顺时针转动为牵引工况，分成 0～11 级；单手柄逆时针转动为制动工况，也分成 0～11 级。单手柄级位 n 与机车起动电流指令值关系及机车速度关系分别为：

电流指令：$I=200n$(A)

速度指令：$v\approx 10n$(km/h)

式中，n 为手柄级位 0～11。8K 型机车牵引和制动时控制特性如图 7.20 所示。如牵引时 $n=4$，机车起动电流为 800 A，保持恒流起动，直到机车速度为 40 km/h 左右，进入准恒速运行控制，在准恒速运行时，速度变化 $\Delta v\leqslant 10$ km/h，这一速度变化量有助于缓解重载牵引时，运行阻力变化较大而引起车钩冲击力过大的问题。

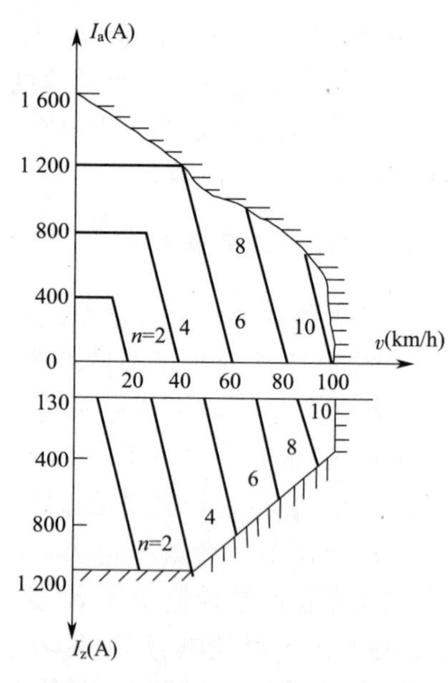

图 7.20　8K 型电力机车特性曲线

图 7.20 特性曲线可以从图 7.21 电子原理线路获得。两个同相型反馈放大器 A_1 与 A_2 和由 VD_1 与 VD_2 组成的最小值选择器，形成牵引特性控制曲线。给定信号为牵引

电流指令 I_{REF}(正值),反馈信号为机车速度 v_{1st}(负值)。为了真实反映机车速度,对转向架两根轴的速度传感器信号作如下处理:牵引工况,取两速度最小值作为速度信号;制动工况则取最大值为速度信号。这样可消除个别轮对空转或滑行导致的实际速度偏差。制动特性控制电路如图 7.21 所示,由反相形反馈运算放大器 A_3 与同相形运算放大器 A_4 和 VD_3 与 VD_4 组成的最大值选择器所组成。运算放大器 A_3 输入端有制动电流给定值(正值)和机车速度反馈信号 v_{1st} 负值)。运算放大器 A_4 输入端信号有制动电流最小值限制,如图 7.21 右下图所示,制动电流最小值为 130 A。制动电流最小值限制是为了保持列车车钩在制动时始终处于压缩状态,避免冲击。

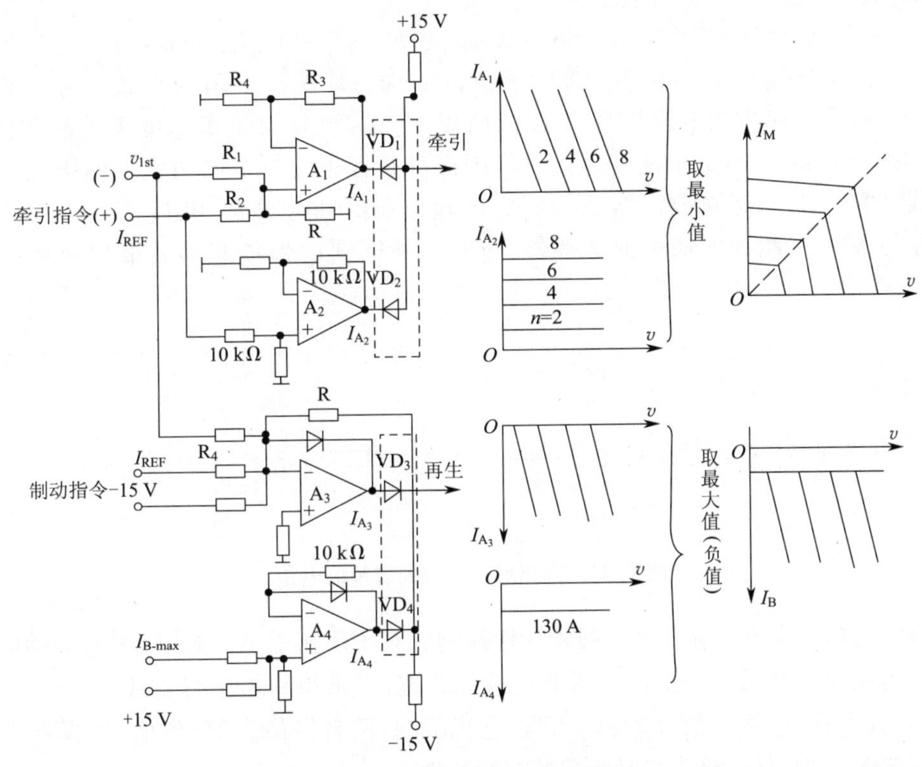

图 7.21 8K 型电力机车特性控制电路

为了说明图 7.21 所示特性控制器的工作原理,首先介绍图 7.22 同相形运算放大器原理。由于运算放大器开环增益很大,所以运算放大器的同相与反相输入端之间的电位差为 0,即图中反相端电压 $U_\Sigma=U$,而 $U_\Sigma=U_0R_4/(R_4+R_3)$,所以 $U_0=(1+R_3/R_4)U$。

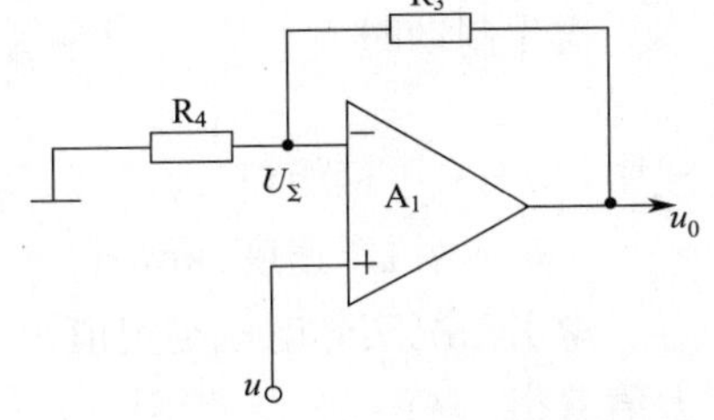

图 7.22 同相形运算放大器原理

现在再来研究图 7.21 运算放大器 A_1 与 A_2 的工作情况。运算放大器 A_2 的同相端输入信号只有一个,为司机手柄的电流指令 I_{REF},它取决手柄的级位 n,经过电阻分压后输入运算放大器 A_2,所以 A_2 输出信号 I_{A_2} 与机车速度无关,而与手柄的级位 n 成正比,如图 7.21 所示 I_{A_2} 是一簇水平线。运算放大器 A_1 的同相端输入信号有两个:一个司机电流指令 I_{REF};另一个是机车速度负反馈信号 $-v_{1st}$。为了求得运算放大器 I_{A_1} 输出信号电压,可以利用线性叠加原理。

设 $v_{1st}=0$，$I_{REF}\neq0$；此时运算放大器同相端输入等效电路如图 7.23(a)所示。可求得同相端输入电压

$$U_1=(R_1/\!/R_0)I_{REF}/(R_2+R_1/\!/R_0)=K_i I_{REF}$$

设 $I_{REF}=0$，$v_{1st}\neq0$；此时输入端等效电路为图 7.23(b)。可求得同相端输入电压

$$U_2=R_2/\!/R_0(-v_{1st})/(R_1+R_2/\!/R_0)=-K_V v_{1st}$$

负号表示负反馈。当 I_{REF} 与 $(-v_{st})$ 同时作用时，运算放大器同相端输入信号电压为

$$U=U_1+U_2=K_i I_{REF}-K_V v_{1st}$$

故运算放大器输出端 I_{A_1} 可表示为

$$I_{A_1}=(1+R_3/R_4)U=K_F(K_1 I_{REF}-K_V v_{1st})=K'_i I_{REF}-K'_V v_{1st}$$

式中 $K_F=(1+R_3/R_4)$，$K'_i=K_F K_i$ 和 $K'_V=K_F K_V$ 均为取决于电阻的常数。对于不同的司机手柄级位 n，具有相应的电流指令值 I_{REF}，所以 $K'_i I_{REF}$ 也是与机车速度无关的常值，I_{A_1} 式中的第二项 $(-K'_V v_{1st})$ 与机车速度成正比。因而可获得相应与不同司机手柄级位 n 的一簇 I_{A_1} 单行线(图 7.21)。运算放大器 A_1 和 A_2 的输出端信号电压 I_{A_1} 和 I_{A_2}，经图 7.21 中虚线框内 VD_1 与 VD_2 所组成的最小值选择器，可获得所需要的恒流起动和准恒速运行的特性曲线族。

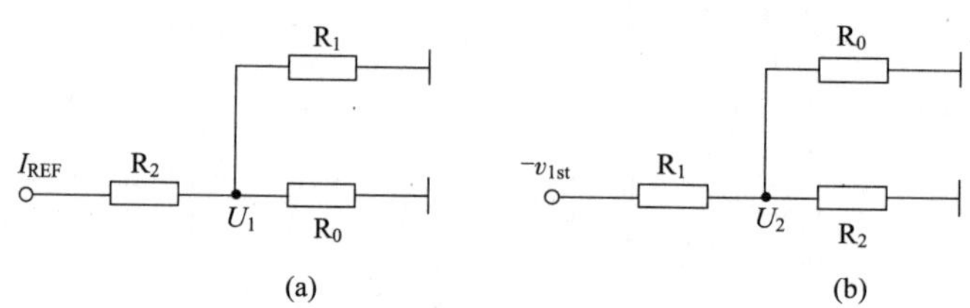

图 7.23 同相形运算放大器等值电路

运算放大器 A_3 与 A_4 组成再生制动特性控制。对于反相型 A_3 输入信号有制动电流信号 I_{REF} 和机车速度反馈信号 $(-v_{1st})$，利用上述叠加原理，可求得一组平行直线族 I_{A_3}(图 7.21)。同相型运算放大器 A_4 输入信号为最小制动电流限制，两者经最大值(负值)选择器选择其中之一，得到如图 7.21 所示制动工况所需的控制特性。

根据上述原理和 8K 型机车所采用的电阻参数，可以求得：

牵引时 $\quad I_{A_1}=900n-90v \quad (A)$

$\quad I_{A_2}=200n \quad (A)$

再生制动时 $\quad I_{A_3}=83v+1\ 030-830n \quad (A)$

$\quad I_{A_4}=130 \quad (A)$

式中 n——手柄级位；

v——机车速度，km/h。

牵引工况实际电流给定值由 I_{A_1}、I_{A_2} 取最小值；制动工况制动电流给定值由 I_{A_3}、I_{A_4} 取最大值获得。

7.2.5 连续控制器

为了提高机车功率因数，相控晶闸管电力机车普遍采用多段桥主电路。在调压过程中从

一段桥过渡到另一段桥，电压变化必须连续平滑和负载电流必须不间断，在非微机控制的电力机车控制电路上这是用连续控制器来保证的。图 7.24 为 6G 型电力机车两段桥连续控制器原理图。它是由两个运算放大器 A03 和 A04 组成。从 6G 型机车主电路工作原理可知，要求在第Ⅰ段半控桥 RM_1 满开放时，再开始开放第Ⅱ段半控桥 RM_2。6G 型机车移相采用交直流叠加移相控制，半控桥移相控制角 α 取决于直流控制电压 U_{C1} 和 U_{C2} 的大小，它们的变化范围是＋7.5～－7.5 V，相应于控制角为 180°～0°，即半控角关闭到满开放。根据两段半控桥连续控制的要求，PI 调节器输出电压，$e_c=0\sim10$ V 与 U_{C1}、U_{C2} 的关系如图 7.25 所示。在牵引电机端电压 0～450(V)时，第Ⅰ段半控桥工作，相应于 $e_c=0\sim5$ V，$U_{C1}=+7.5\sim-7.5$ V，$\alpha_1=180°\sim0°$，此时第Ⅱ段半控桥关闭，即 $U_{C2}=7.5$ V，$\alpha_2=180°$。当牵引电机端压需要大于 450 V 时，在第Ⅰ段半控桥满开放的基础上，第Ⅱ段半控桥投入工作。即 $e_c=5\sim10$ V 时，$U_{C1}=-7.5$ V 和 $\alpha_1=0°$ 维持不变，$U_{C2}=+7.5\sim-7.5$ V，$\alpha_2=180°\sim0°$ 直到 $e_c=10$ V，设偏置电压 $U_{C1}=U_{C2}=-7.5$ V，$\alpha_1=\alpha_2=0°$，两段桥均满开放，牵引电机端电压达到额定电压 900 V。

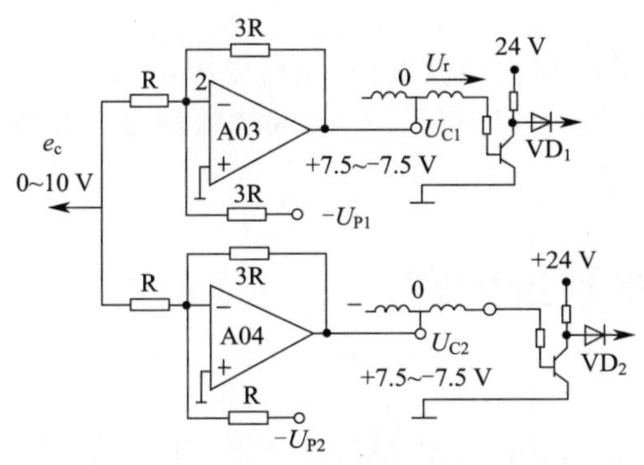

图 7.24　连续控制电路

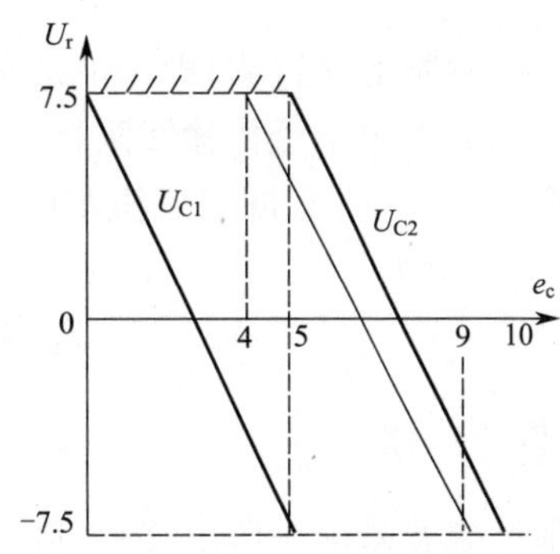

图 7.25　连续控制特性

现说明图 7.25 的由来，图中根据运算放大器输入综合点 Σ 电位等于 0 的特点，在 Σ 点的合成电流等于 0，即

$$e_c/R-U_{P1}/3R+U_{C1}/3R=0$$

$$e_c/R-U_{P2}/R+U_{C2}/3R=0$$

得

$$U_{C1}=U_{P1}-3e_c$$

$$U_{C2}=3(U_{P2}-e_c)$$

设偏置电压 $U_{P1}=U_{P2}=7.5$ V，当 $e_c=0\sim10$ V 变化时，$U_{C1}=f_1(e_c)$ 和 $U_{C2}=f_2(e_c)$ 变化关系即如图 7.25 所示。运算放大器输出电压 U_{C1} 和 U_{C2} 的绝对值可以大于 7.5 V，达到运算放大器的饱和电压，但不会影响半控桥的关闭或满开放。

考虑到整流桥换相重叠角 γ 期间整流输出电压等于 0 的情况，第Ⅱ段半控桥应提前投入工作。此时可设 $U_{P1}=7.5$ V，而 $U_{P2}=6.5$ V，相应的 U_{C2} 变化如图 7.25 所示，即 $e_{c2}=4\sim9$ V 范围变化时，$U_{C2}=+7.5\sim-7.5$ V。在 $e_c=4\sim5$ V 期间两段半控桥是重叠交接过程，以保证牵引电机端压平滑无冲击的变化。

7.2.6　调制/解调器

对于双机重联和多机重联运行工况，前后机车之间距离可达近百米。如果采用信号直接传递方式，会因线路阻抗衰减较大而导致前后机车牵引力不均匀。SS_4 改型机车采用的方法是：首先对本务机车发出的电流指令进行定频脉宽调制，脉冲宽度对应给定值，电平为蓄电池电平；各重联机车接受这一调制信号独立地进行解调，如图 7.26 所示。

定频脉宽调制原理如图 7.27 所示。调制波为幅值 V_m 和频率 $f=1/T$ 恒定的三角波，被调制波为模拟量 A。两者输入到调制器进行比较，如图 7.27(a)所示，调制器输出为频率 $f=1/T$ 一定，而脉宽与输入模拟量 A 成比例的脉冲波。一般调制深度 $m=A/U_m\leqslant 1$。

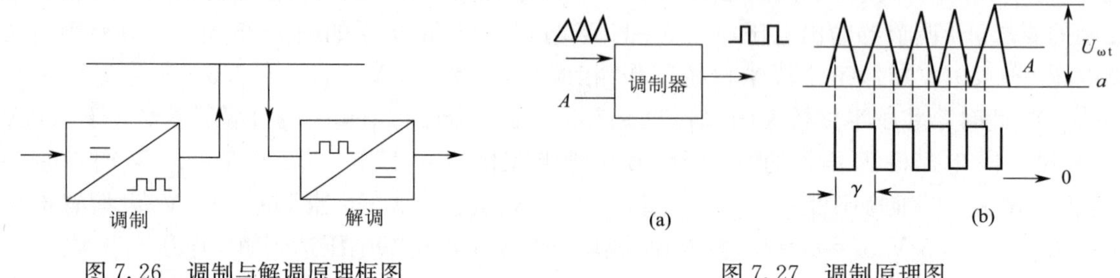

图 7.26　调制与解调原理框图　　图 7.27　调制原理图

解调是调制的逆过程，即用滤波器将脉冲波中高次谐波滤掉，获得模拟量 A。

由于脉宽大小不受传输线阻抗大小的影响，因而可以保证较高的传输精度。正常条件下解调后精度为 50 mV，即前后机车电机电流相差在 12.5 A 左右。

7.3　触发系统元件

7.3.1　概　　述

晶闸管触发系统一般由移相、脉冲形成、单稳、功率放大、脉冲变压器和同步信号 6 个部分所组成。如图 7.28 所示交直型晶闸管相控电力机车的触发系统，按线路结构可分为多通道和单通道两种。目前国内相控电力机车均采用二通道触发系统，在该方案中两个桥臂晶闸管在电压正负半波的控制，是由两套完全相同，但相位差 180°的触发系统来完成，这种多通道系统的缺点是两套触发系统的元件参数在运行中不可能保持完全相同，使正负半波的控制角存在差异，因而在变压器绕组中引起直流磁化磁势，严重地影响机车的功率因数。单通道触发系统只有一套移相、脉冲形成装置，脉冲形成后经脉冲分配器和放大电路分配给不同桥臂的晶闸管门极。

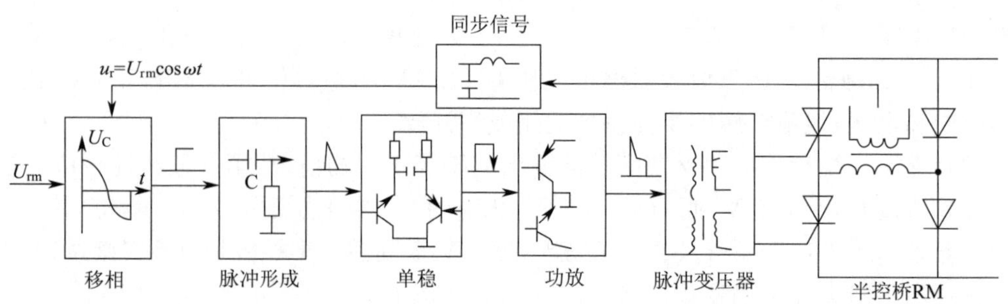

图 7.28　交直型晶闸管相控电力机车的触发系统

触发系统按控制的逻辑关系又可分为对称和不对称两种。对于全控桥式整流装置，采用对称触发控制时，随着控制角的增加，整流装置功率因数几乎成正比减小。为了提高功率因数,可采用比较复杂的不对称触发方式。

7.3.2 移相电路的原理

移相电路可分为四种:阻容移相、单结晶体管移相、交流与直流叠加移相和锯齿波与直流叠加移相。前两种一般用于功率不大的整流装置,触发系统不经脉冲变压器隔离,直接与主电路晶闸管门极相连接。后两种用于大功率电力机车整流装置,移相电路输出,中间经脉冲形成电路(例如单稳电路)和隔离脉冲变压器,再送到晶闸管的门极,现对常用的交流与直流叠加移相电路和锯齿波与直流叠加移相电路分别作简要介绍。

1. 交流与直流叠加移相电路原理

(1)串联移相电路

图 7.29 为 6G 型电力机车采用的交、直流电压串联移相电路,它利用交、直流电压串联叠加来控制晶体管基极电压 U_{23}。

图 7.29 中 u_r 为同步余弦电压,与网压同频率,但相位超前 $\pi/2$。U_C 为比例积分调节器输出的直流控制电压。

当 $U_C=0$ 时,在 $\omega t=0°\sim90°$ 范围内,U_{23} 为正电压,晶体管 VT_1 导通,但 $\omega t\geqslant90°$ 时,因 U_{23} 为负电压,故晶体管截止,则在 $\omega t=90°$ 时送出脉冲信号。

当 $U_C=U_{rm}$ 时,基极电位 U_{23} 在 $\omega t=0°\sim180°$ 范围内为正电位,故 TV_1 一直维持导通,没有脉冲信号输出;当 $U_C=-U_{rm}$ 时,在 $\omega t=0$ 时,U_{23} 由正电压变为负电压,晶体管 VT_1 由导通变为截止,即在 $\omega t=0$ 时输出脉冲信号。

综上可知改变直流控制电压 U_C 的大小(从 $+U_{rm}$ 到 $-U_{rm}$),可使控制角从 180°调节到 0°。

(2)并联移相电路

图 7.30 为国产 SS 系列机车常用的并联移相电路,它利用交、直流电压并联叠加来控制晶体管基极与发射极之间的电压 U_{23}。

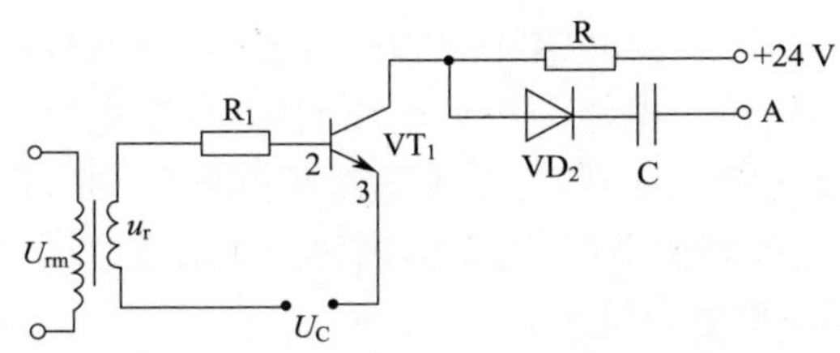

图 7.29 交、直流电压串联叠加移相电路

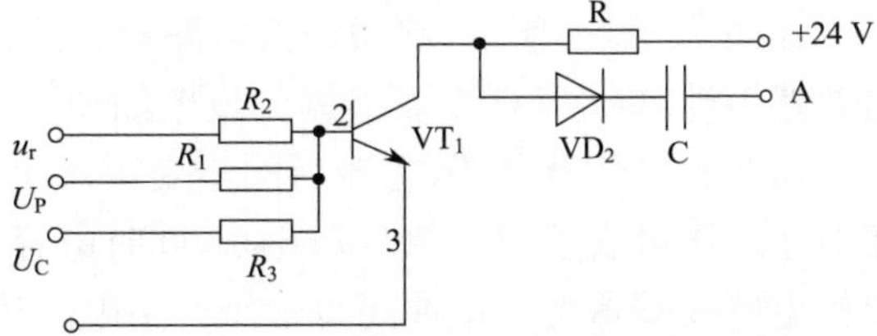

图 7.30 交、直流电压并联叠加移相电路

图中 u_r 为同步余弦电压,与网压同频率,但相位超前网压 90°;U_C 为控制电压;U_P 为偏置电压($U_P>0$)。

同样,当 U_{23} 由正值变为负值(即 $i_b=U_P/R_1+u_r/R_2+U_C/R_3=0$)时,$VT_1$ 由导通变截止,经 A 点送出脉冲。

2. 锯齿波与直流电压叠加移相电路

图 7.31(a)为锯齿波与直流电压叠加移相原理图。同步变压器的同步正弦电压 u_r,经二极管 VD_5 作用于晶体管 VT_1 的基极,当该电压由负变正时,晶体管 VT_1 截止,此时电容 C_2 经晶体管 VT_2 恒流充电,形成锯齿波如图 7.31(c)所示。此锯齿波电压经 VT_3 发射极输出 u_{C2}

作用于晶体管 VT_4 的基极。晶体管 VT_4 基极上还作用有偏置电压 u_P 和直流控制电压 u_C 在图 7.31(a)中 3 个电压 u_C、u_P 和 u_{C2} 采用并联叠加。当三者之和(有正和负的)由正电位变为负电位时,晶体管 VT_4 导通,输出一个正的脉冲,例如图 7.31(c)表示 $u_P=0$,u_C 具有正的电位,当 u_{C2} 负电位线性变化时,在 $\omega t=\alpha$ 处,晶体管 VT_4 导通,晶体管 VT_4 集电极电位由 -16 V 跃变为 0,发出正脉冲波。国外 BJ180P 型电力机车采用与此类似方案。

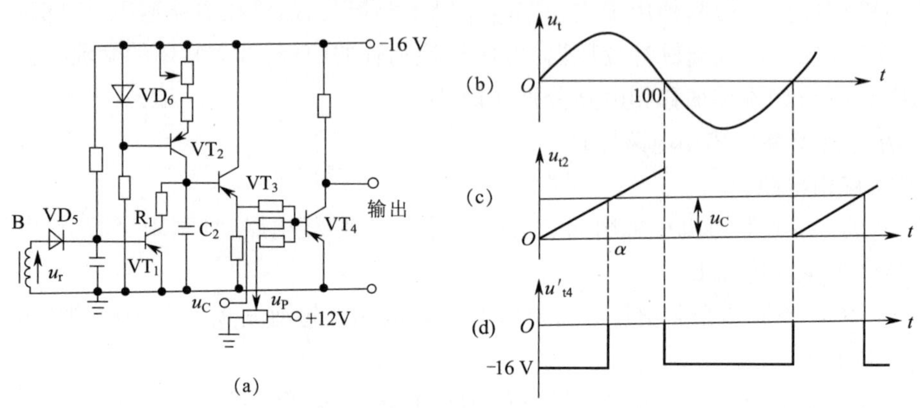

图 7.31　锯齿波与直流电压叠加移相电路

(a)电路图;(b)变压器输出同步正弦电压;(c)锯齿波;(d)负脉冲信号

7.3.3　同步电路

在交直型整流器式电力机车晶闸管调速系统中,触发系统的同步电压与电源电压保持一定的电位关系,保证仅在晶闸管承受正向电压时,可产生移相触发脉冲,进行移相控制。在交直流叠加移相电路中同步电压为余弦波形,如前所述,电源电压 $u_C=U_{rm}\sin\omega t$,则同步电压 $u_r=U_{rm}\cos\omega t$,即超前电源电压 90°。在电力机车上采用以下三种形式同步电压。

1. 串联谐振电路

如图 7.32(a)所示,串联谐振电路是由同步变压器、线性电感线圈和电容器组成,欧姆电阻忽略不计,理想 LC 串联谐振矢量图如图 7.32(b)所示。电流与电源电压同相位,取电容两端电压为同步信号电压,它滞后同步变压器次边绕组电压 U_2 90°,超前原边绕组电压 U_1 90°,即相对于网压可表示为 $u_C=U_{rm}\cos\omega t$,同时电容还有滤掉高次谐波的作用,因为高次谐波电压主要由电感线圈承受。这种同步电压产生电路用于 6G 型电力机车。

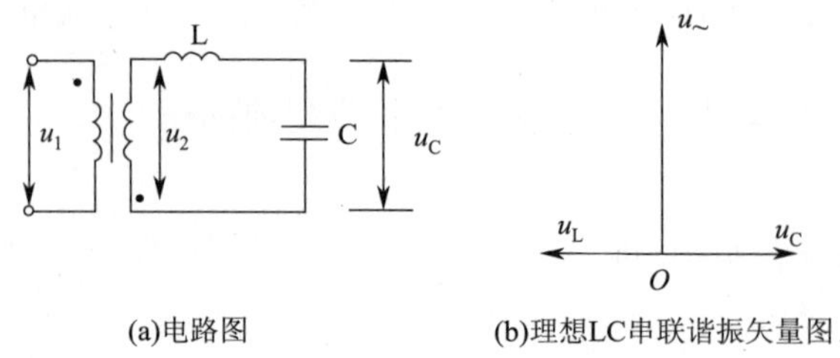

图 7.32　串联谐振同步电路

2. 阻容移相同步电路

阻容移相电路原理如图 7.33(a)所示。经过两极阻容移相,可以使 U_{C2} 电压滞后电源电压

90°，再利用同步变压器原次边电压反相如图 7.33(c)所示，可获得超前于网压 90°的同步信号电压。这种同步电压产生电路用于 SS_8 型、SS_4 改型等电力机车。

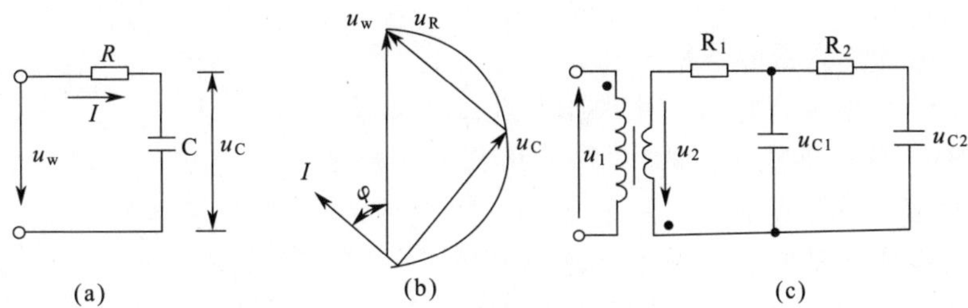

图 7.33　阻容移相同步电路

7.3.4　单稳电路

晶闸管导通需要一定宽度的触发脉冲作用于门极。触发脉冲宽度主要是根据负载性质来确定，为了使晶闸管阳极电流达到维持电流以上，对于感性负载要求较宽的脉冲宽度。对于 6G 型电力机车触发脉宽取 1.5 ms，而 SS_4 改型和 SS_{3B} 型电力机车为 4 ms。

触发脉宽的定时是由单稳电路来实现。图 7.34 为用于 6G 型电力机车产生 1.5 ms 脉宽的单稳电路，和 SS_{3B} 型及 SS_4 改型电力机车的单稳电路基本上类似。在移相脉冲到来之前，单稳电路晶体管 VT_8 截止，VT_{10} 导通；电容 C_{15} 被反充电，极性左正右负，如图 7.34 所示，在电阻 R_{48} 上输出电压为零。当有移相尖脉冲到来时，晶体管 VT_8 触发导通，电容 C_{15} 经晶体管 VT_8，电源和电阻 R_{46} 放电，同时使晶体管 VT_{10} 截止，输出为高电平，该高电平经电阻 R_{36} 正反馈，使 VT_8 导通加快。电容 C_{15} 在 VT_8 导通的情况下，放电到零电位，然后反向充电，变为右正左负达到一定大小时，晶体管 VT_{10} 将导通，VT_8 截止，由于正反馈的作用，这种翻转十分迅速。因此，在单稳电路输入端作用移相尖脉冲时，输出端输出一定宽度的高电平，宽度大小主要取决于 C_{15}、R_{46}，而与输入端移相尖脉冲的宽度无关。

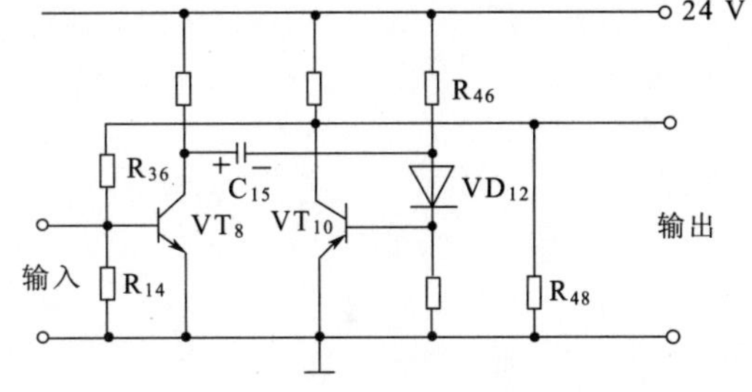

图 7.34　单稳电路

7.3.5　脉冲变压器

脉冲变压器副边绕组接主电路晶闸管的门极电路，与主电路高电压有电的联系；而原边绕组是低电压的功率放大电路，如图 7.35 所示。所以除放大信息外，它还起着主、控电路的绝缘隔离作用。

与普通变压器不同，脉冲变压器原边作用的不是工频正弦波电压，而是阶跃式脉冲方波，在开关晶体管 VT_1(图 7.35)导通瞬间原边绕组突加直流电压，次边绕组会感应相应宽度的脉冲电压。一般地说，脉冲变压器尺寸越小，副边电压上升越快。

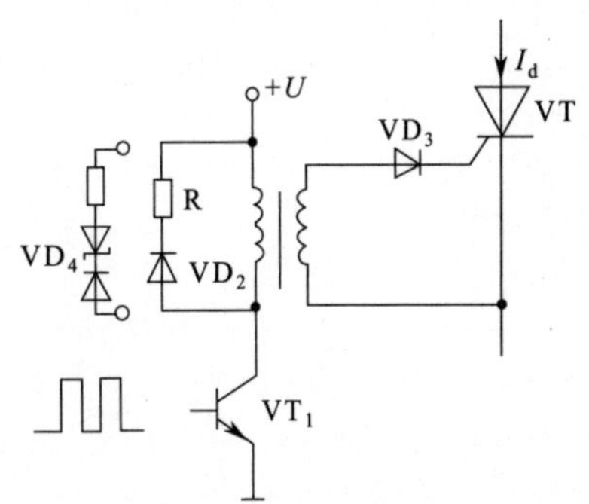

图 7.35　脉冲放大电路

复习与思考题

1. TCS1 型电流传感器的作用是什么?
2. 简述 TCS1 型电流传感器的主要结构及工作原理。
3. 简述 TSV1 型电压传感器的作用、结构及工作原理。
4. 速度传感器的作用是什么?
5. 简述 FD 型速度传感器的工作原理。
6. 简述光电耦合器的结构、工作原理和应用。
7. 简述给定积分器的作用。
8. 简述比例积分调节器的工作原理。
9. 说明特性控制器的作用。
10. 连续控制器的作用是什么?
11. 说明晶闸管触发系统移相电路的种类并简述电力机车上常采用的移相电路有哪几种。

8　电力机车控制电源柜

学习指导

通过对本章的学习，了解SS9型电力机车控制电源柜的基本构成、主电路基本原理、电子控制电路基本原理、斩波电源基本原理；了解HXD3型电力机车电源装置的基本构成、控制原理。

8.1　SS9型电力机车的控制电源柜

8.1.1　概　　述

机车上的110 V控制电源系统由110 V控制电源和蓄电池组构成。通常情况下两者并联运行为机车提供稳定的110 V控制电源。在降弓情况下，由蓄电池供给低压试验和照明电源；在运行中110 V电源发生故障时，蓄电池作维持机车故障运行的控制电源。

110 V电源具有恒压、限流的特点，输出电压稳定在110×(1±5%) V，输出电流即使在短路情况下也被限制在55×(1±10%) A(此时不再稳压)。110 V控制电源的主要参数如下：

输入电源	$389^{+97.25}_{-116.7}$ V单相交流50 Hz
输出额定电压	直流110×(1±5%) V (与蓄电池并联运行)
输出额定电流	直流50 A
限流保护整定值	55×(1±10%) A
静态电压脉动有效值	<5 V(与蓄电池并联运行)

110 V控制电源(图8.1)布置在1号电器柜的左侧，上方是整流器组装，其中前面装有半控整流桥元件VD_1～VD_4及VD_5，后面是阻容板及晶闸管触发装置KBC、KBR、C_1、C_2、R_1、R_2、C_3、C_4、1MB、2MB。整流器组装的左下方是TPZ17A型110 V电源控制箱，控制箱中装有4块插件及一个电源控制A、B组转换开关和一个辅助控制电源A、B组扳钮开关。4块插件中有两块是110 V控制电源的“稳压触发”插件，另两块是“开关电源”插件(即110 V变48 V、24 V、15 V辅助控制电源)。中间的开关板上装有电压表650PV，电流表640PA，照明灯497EL，扳钮开关676SB，全车的110 V控制电路自动开关，交流回路的取暖、窗加热、电炉、空调电源的自动开关。这些自动开关均为自动脱扣手动恢复，型号为JXM25-63H，自动开关的负载支路名称及整定值见控制电路原理图8.2。开关板上还装有1个电容663C和1个控制接地保护中间继电器554 KA，开关板上的短连片669XB主要作用在于当维修检查接地故障需断开地电路时，只要打开短连片即可。此外，还装有两个开关：

(1)整流输出开关666QS，即整流桥输出与蓄电池相连接的开关；

(2)负载开关667QS，即110 V控制电路的总负载开关。

电阻板上装有接地电阻630R、电阻642R、检测电阻635R、压敏电阻677RV和分流器 673RS。

开关板的后面是电抗器 671L，下方是电源变压器 670TC，电源变压器前面是端子排组装 51XT，该部件主要负责对外交、直流线和蓄电池线的连接。

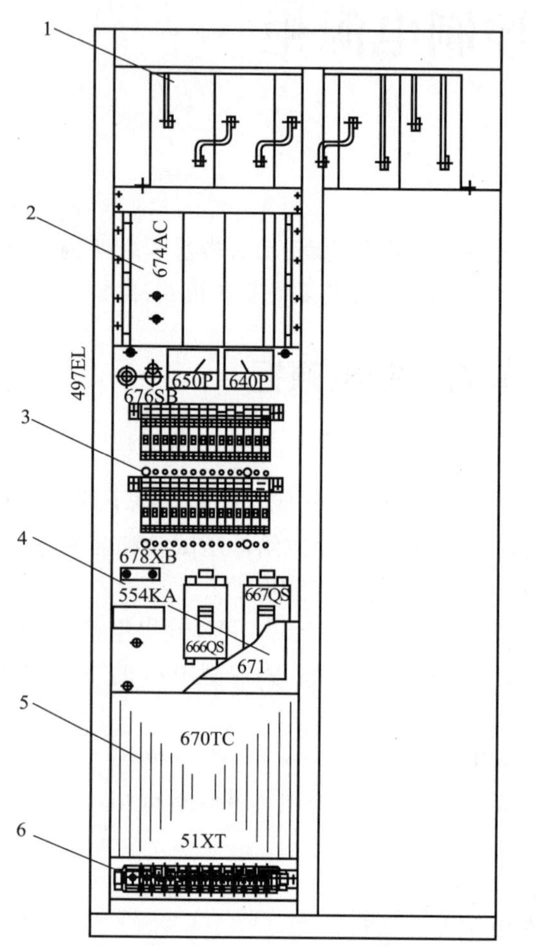

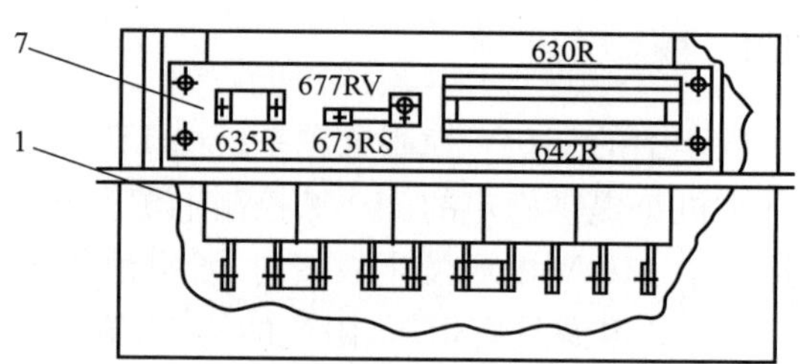

图 8.1　110 V 控制电源结构示意图

1—整流器组装；2—控制插件箱（含辅助控制电源）；3—开关板；4—电抗器；5—电源变压器；6—接线端子排；7—电阻板组装

8.1.2　控制电源柜主电路

110 V 控制电源主电路采用全波半控桥整流电路，如图 8.2 所示。电源变压器 670TC 的原边一端通过 1 号电器柜接入辅助端子 201，另一端通过自动开关和 1 号电器柜接入辅助端子 202，得到 389 V 单相交流电，随网压变化；其次边输出 220 V 交流电送到半控桥，经 VD_1～VD_4 整流，VD_5 输出，再经电抗器 671L、电容 663C 滤波后成为较平稳的直流电压。671L 为带铁芯的电抗器，663 C 为电解电容，二极管 VD_3、VD_4 兼作续流作用。通常情况下，110 V 电源与蓄电池并联运行，向机车控制电路提供 110 V 电源。蓄电池相当于一个数千微法的电容，在线路上兼起滤波作用，从而保证静态电压脉动有效值<5 V，因此工作时不得断开蓄电池。

整流电压的平均值 U_{d2} 由公式 $U_{d2}=0.45U_2(1+\cos\alpha)$ 可知，与整流桥的输入电压 U_2 和晶闸管的移相角 α 有关，当 U_2 随网压变化时，可通过自动调节 α 角达到稳压的目的。当出现过电流也可以通过自动调节 α 角降低 U_{d2} 达到限流的目的。

变压器次边的 KBC、KBR 是用来吸收操作过电压的，整流二极管及晶闸管两端的 C1、R_1、C_2、R_2、C_3、C_4 用来保护整流元件，吸收换相过电压。

本电路采用的两个开关 666QS 和 667QS 的断开，同时切断了负载的正、负两端，避免了负载单线带电的可能。整流二极管 VD_5 的作用是防止外部电路的电压反串。

本电路的另一特点是 400 号线不直接接地，而是通过电阻 630R、中间继电器 554KA 及自动开关 616QA 接地。通常 616QA 处于闭合位，一旦出现负载接地故障，自动开关 616QA 跳开，短路电流受电阻 630R 限制，110 V 控制电路维持故障运行，中间继电器 554KA 得电吸合，其常开点闭合，司机台上显示控制电路接地。待故障处理完毕，合上自动开关 616QA，恢复正常运行。

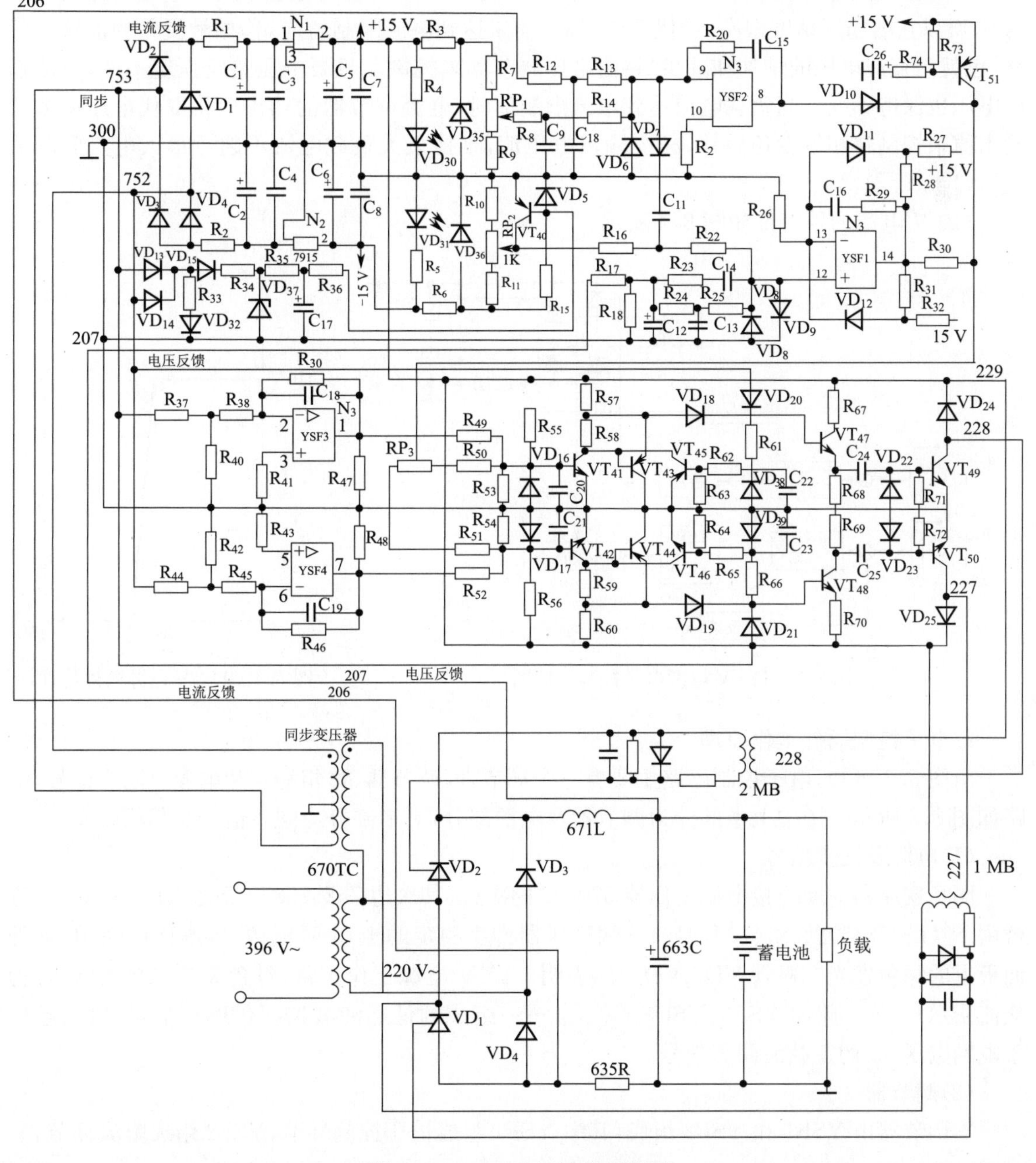

图 8.2 110 V 电源控制原理图

8.1.3　控制电源柜电子控制电路

电子控制电路基本原理采用了一些集成元件，如运算放大器 LM124，它包含 4 个运算放大器，±15 V 电源部分采用了 LM785 及 LM795 三端稳压器；超前网压 90°的同步移相信号采用由运算放大器构成的低通滤波器 YSF3、YSF4、C18、C19 等构成，这样结构更加紧凑，连线减少，提高了可靠性。

1. 110 V 电源电子控制原理

110 V 电源电子控制方框图如图 8.3 所示。电压给定为一恒定负值，它与 110 V 电源的反馈信号(经电阻分压器分压)在电压调节器输入端进行比较，电压调节器及电流调节器都采用了中增益线性运算放大器 LM124。当系统工作后，电压给定值与电压反馈信号的差值几乎为 0，所以它的稳压精度很高，可优于±5%。当未达到电流限制值前，移相触发角的前移与后移(也就是直流电压的增加和减少)将由电压调节器来控制。只要电压给定恒定不变，直流输出电压也保持不变。当负载电流达到电流限制值时，电流调节器的输出值将取代电压调节器输出值来控制移相触发角后移，减少输出电压值，维持最大负载电流不超过最大电流限制值 55×(1±10%) A。

110 V 电源的外特性如图 8.4 所示。

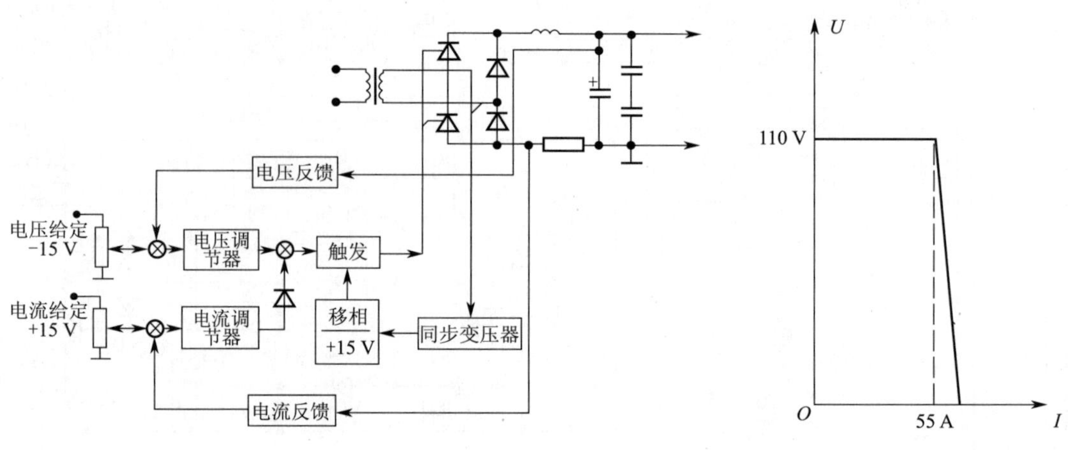

图 8.3　110 V 电源电子控制方框图　　图 8.4　110 V 电源的外特性

2. 电子控制插件工作原理

由图 8.3 可知，电子控制电路主要有三个环节，即调节器、移相触发和电源及同步信号，电路如图 8.2 所示。图中上半部分为调节器及电源部分，下半部分为同步信号及移相触发。

(1)电源及同步信号

同步变压器的原边接电源变压器 670TC 的次边，其次边 752、753 一路经 VD_1～VD_4 整流桥由 N_1(LM7815)及 N_2(LM7915)三端稳压器产生稳定的±15 V 电源，供本插件使用(插件面板上的绿色发光二极管 VD_0、VD_1 亮，表明±15 V 电源工作正常，红色发光二极管 VD_{32} 为交流指示)。另一路向 YSF3、YSF4、C_{18}、C_{19}……组成的低通滤波器提供网压信号，输出超前于电网电压 90°的正弦波同步信号。

(2)调节器

本调节器由 YSF1 和 YSF2 组成，其中 YSF1 组成恒压控制环节，YSF2 组成限流环节。

“调节”的主要功能在于：将 110 V 电源输出的电压和电流与插件内给定值相比较，向“移相触发”送出移相控制电压。自动调节电源的直流输出电压为 110×(1±5%) V，电流限流值为 55×(1±10%) A。

插件中的电压给定值是负极性的，由 −15 V 经 VD36 再次稳压后供给，给定值可以用 RP2 调节，其值大约为 −4 V 左右。正极性电压反馈由 207 线，经 R_{17}、R_{18} 分压后供给。这两路电压分别经 R_{24}、R_{25} 及 R_{16}、R_{22} 在 YSF1 的同相输入端进行电流综合，YSF1 的输出值直接控制 110 V 电源的触发电路。由于 YSF1 放大倍数很大，故能保证晶闸管输出直流电压稳定不变。在降弓时，由于无交流电源，由蓄电池电压决定的电压反馈信号将始终小于额定值。当升弓合闸时使 YSF1 的输出值趋向负饱和，相应于触发电路送出满开放脉冲，使启动过程输出电压出现瞬间过电压。为了避免这种现象，引入 752、753 线、电阻 R_{34}～R_{36} 及三极管 VT_{40} 等有关电路。当升弓时，−15V 由 R_{15} 向 VT_{40} 提供偏流而饱和导通，把给定值接地，YSF1 仅有蓄电池电压反馈，使 YSF1 输出为正饱和。当 752、753 线有交流电输入，R_{35}、C_{17}、R_{36} 向 VT_{40} 提供反压，VT_{40} 延时截止，给定值恢复，使输出电压平缓达到 110 V，无冲击。同时还引入延时电路，延时电路由 VT_{51}、C_{26} 等元件组成。它的作用是使通电后经一定的延时，控制电路才投入工作。启动时，+15 V 电压对 C_{26} 充电，VT_{51} 导通，+15 V 电压加至 RP_3 上，使 VT_{41} 及 VT_{42} 导通，封锁脉冲，此原理见移相触发部分。随着 C_{26} 电压不断上升，VT_{51} 退出饱和，进入放大状态，直至最终截止。启动过程完毕，触发脉冲从 $\alpha=180°$。逐渐过渡到相应的角度。

YSF2 构成电流调节器，电流反馈信号由反馈电阻 635R 上的压降通过 206 线提供，限流给定值(正值)可由 RP_1 调整。206 线的电压和 RP_1 的给定值通过各自的电阻，在 YSF2 反相端进行电流综合。当负载电流未达到限制值时，YSF2 的输出是负饱和(约 −13 V)，此电压低于 YSF1 的输出，VD_{10} 起了隔离作用，YSF2 不参与调节。当负载电流大于 55 A，YSF2 的输出由负饱和逐渐向正饱和变化，此值就会大于 YSF1 的输出，VD_{10} 正向导通，YSF2 的输出电压将控制移相触发脉冲后移，减小整流桥的输出电压。YSF2 的放大倍数很大，可使负载电流最大值始终维持 55 A。

(3)移相触发

移相触发电路的功能是根据调节电路送来的控制电压，产生相应的触发脉冲，去触发电源主电路的晶闸管。

该电路包含有正、负两半波的电路，现以正半波的电路为例加以说明。

控制移相角的产生环节主要由晶体管 VT_{41}、VT_{43}、VT_{45} 及其附属电路构成。VT_{41} 与 VT_{43}、VT_{43} 与 VT_{45} 分别组成了互补复合管。以求得到较大的电流放大倍数，提高其工作灵敏度。而 VT_{41} 与 VT_{43} 组成一个“与”门电路。只有两个管子都截止时，才能产生移相触发脉冲。VT_{41} 的基极电路送入两个控制信号：

①同步余弦信号，由 YSF3 的 1 脚送出超前网压 90°的同步余弦信号；

②移相控制电压信号，由前面叙述的调节电路 YSF1 或 YSF2 送来，电压范围在 +12～−12 V之间。

上述两个信号有共同接地点，可通过 R_{49}、R_{50} 电流综合叠加方式，加到 VT_{41} 的基极上，以控制其导通或截止。

当两信号之和大于 0，使 VT_{41} 处于正向偏置，VT_{41} 导通，当 VT_{43} 也导通时，VT_{47} 截止，VT_{49} 截止，不产生触发脉冲。当两信号之和小于 0，VT_{41} 由导通变成截止，VT_{45} 也截止，VT_{43}

截止，这时+15 V 经 VD_{18} 使 VT_{47} 导通，强行对 C_{24} 充电，使 VT_{49} 导通，发出触发脉冲，移相控制电压越正，移相控制角越接近 180°，触发脉冲也就越后移。同步信号、移相控制电压和触发脉冲相位关系如图 8.5 所示。

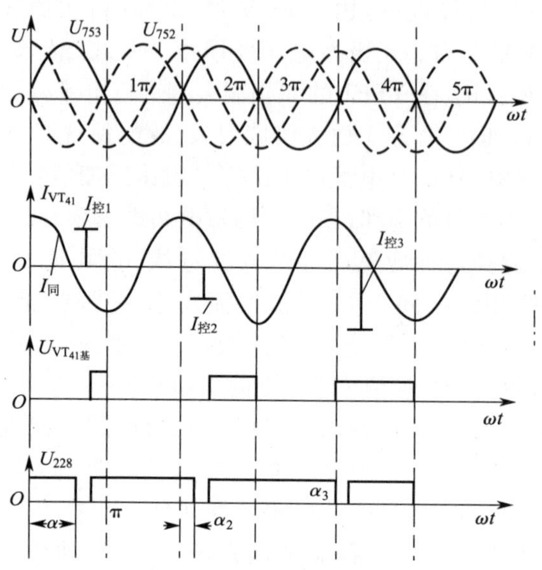

图 8.5　同步移相控制电压和触发脉冲相位关系

$I_{同}$—同步余弦电流，由 U_{753}、U_{752} 产生；

$I_{控}$—控制电流，由移相控制电压产生；α—移相控制角；

$I_{控1}$ 为正、$I_{控2}$、$I_{控3}$ 为负，α 由 180°～0 °变化

由于 VT_{45} 的基极所加的电压 U752 与网压(即与所控制的晶闸管的阳极电压)同步，相位刚好反相，即晶闸管阳极为正时，VT_{45} 刚好进入负向电压，VT_{45} 截止(注意产生超前网压 90°的同步移相信号是用 U753)。VT_{45} 截止，VT_{43} 也截止，VT_{47} 导通迫使 VT_{49} 瞬时导通，产生脉冲。由于此时晶闸管两端电压为正，故此脉冲使晶闸管导通。当 U752 为正，VT_{45} 导通，VT_{43} 也导通，VT_{47} 截止，不产生脉冲。

由于 C_{24} 及 C_{25} 的作用，迫使输出脉冲为一负窄脉冲，其宽度约为 200 μs。

8.1.4　控制电源柜 DC110 V/15 V、24 V、48 V 斩波电源

控制电源柜 DC110 V/15 V、24 V、48 V 斩波电源输入为直流 110 V 电压，经斩波整流，分别产生 15 V、24 V、48 V 直流电压。辅助控制电源采用脉宽调制(PWM)开关电源技术，工作频率达 100 kHz，并设有输入、输出过流及输出过压保护功能，因而具有体积小、重量轻、工作可靠、效率高等特点。

辅助控制电源电路原理如图 8.6 所示。由图可知，该斩波电源由两个完全独立的电源电路组成，上半部分斩波电源产生 15 V 和 24 V 直流输出，下半部分斩波电源产生 48 V 直流输出。若接入 W_3、W_4 短接线，该斩波电源还可由一处 110 V 直流供电。

首先分析 110 V/15 V、24 V 斩波电源工作原理：

1. 辅助电源

辅助电源由 R_{23}、R_{24}、R_{25}、VD_7、VD_{36}、VT_{58}、C_{21} 组成，从 C_{21} 的两端输出一个约 14.4 V 的辅助电压给控制电路供电。

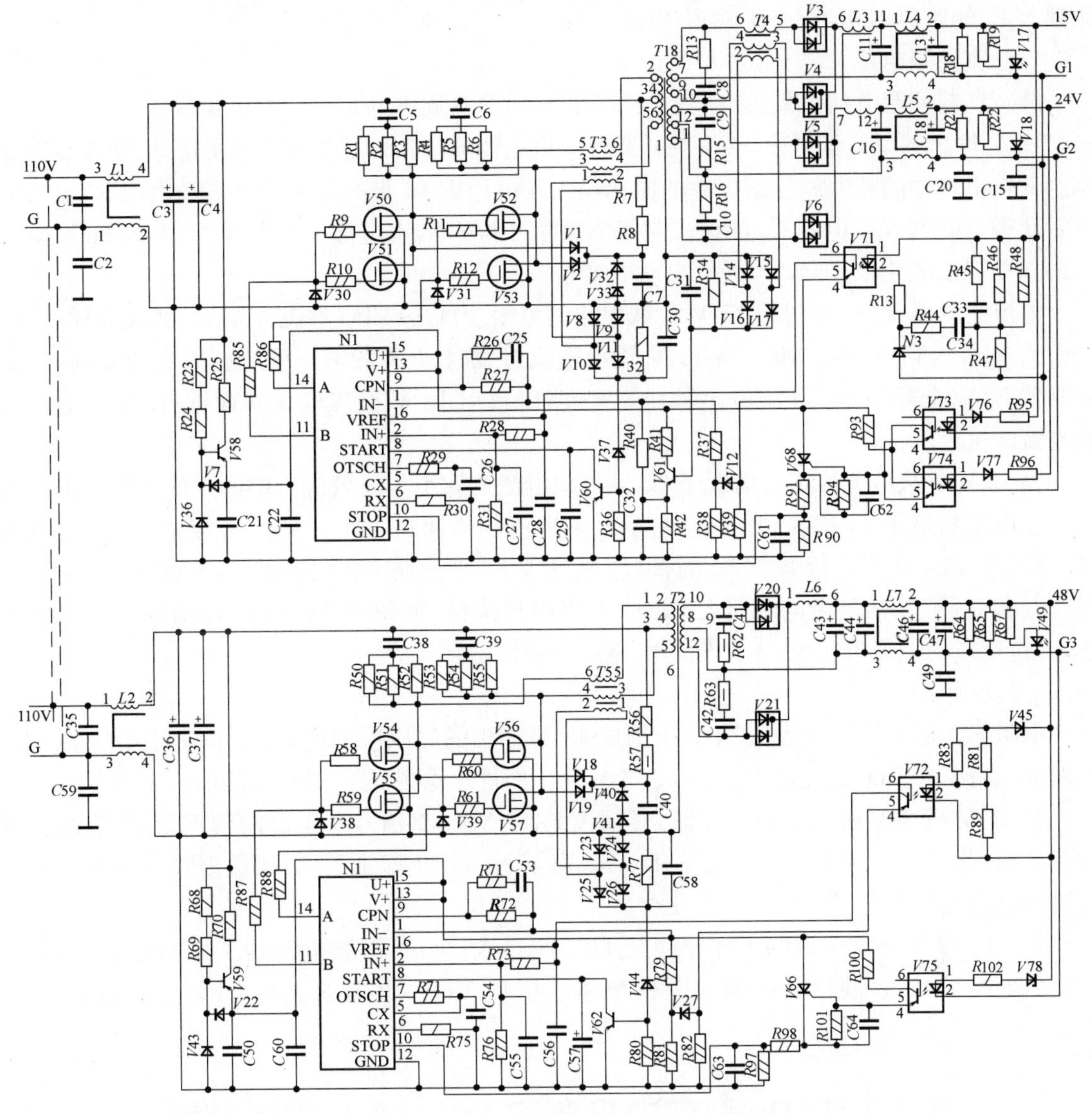

图 8.6　斩波电源电路原理图

2. 主电路

场效应管 VT_{50}、VT_{51}、VT_{52}、VT_{53} 及变压器 T_1 组成推挽电路；电阻 R_1～R_6，电容 C_5、C_6，二极管 VD_1、VD_2，电阻 R_7、R_8，电容 C_7 为场效应管的过压吸收电路，而稳压管 VD_{32}、VD_{33} 可限制场效应管关断时的最高峰值电压。

电流互感器 T_3 可检测场效应管的工作电流。

二极管 VD_3、VD_4，电感 L_3、L_4，电容 C_{11}、C_{13} 为 15 V 输出的整流滤波电路。

电流互感器 T_4 可检测 15 V 整流二极管中的工作电流。

二极管 VD_5、VD_6，电感 L_3、L_5，电容 C_{16}、C_{18} 为 24V 输出的整流滤波电路。

3. 反馈隔离电路

15 V 输出电压经电阻 R_{46}、R_{47}、R_{48} 分压之后，送入 N_3(TL431 ILP)器件，N_3 相当于正向输入端接 2.5 V 基准，放大倍数为 1 000 倍的运算放大器，它将 15 V 误差信号放大之后送到

光耦 VT_{71}的原边，VT_{71}起电位隔离作用。

4. 脉宽控制电路

脉宽调制控制电路由集成电路 N_1（U 1525 A）及其周围的相关元器件组成。

15 V 输出的误差信号由 VT_{71}的 4 脚经 VD_{12}、R_{37}送到 N_1 中控制运放的反相输入端以便控制其输出脉冲的宽度。控制运放的同相输入端电压由 16 脚的 5.1 V 基准经电阻 R_{28}、R_{31}分压后获得。电阻 R_{30}、电容 C_{26}的值决定了 N_1 的工作频率，本电源工作频率为 100 kHz。电阻 R_{29}决定了 N_1 的死区时间，C_{29}为软启动电容。

电流互感器 T_4 检测到的 15 V 负载电流信号由 VD_{14}～VD_{17}整流、C_{31}、R_{34}滤波取样之后，经 VT_{61}、R_{40}送到 N_1 的 1 脚。当 15 V 输出电流过载时，1 脚的电压就会相应有所提高，脉宽调制器 N_1 就会减小 11、14 脚输出脉冲的宽度，以减小 15 V 输出电压从而维持 15 V 输出负载电流的恒定。

在 15 V 负载电流恒定的情况下 24 V 负载电流的大小与场效应管中的工作电流的大小相对应。电流互感器 T_3 检测到的场效应管中的电流信号通过 VD_8～VD_{11}整流，C_{30}、R_{32}滤波取样之后，经 VD_{37}送至三极管 VT_{60}的基极，通过 VT_{60}来控制 N_1 软启动脚（8 脚）的电位。当 24 V过载时，VT_{60}的基极电流增大，N_1 的 8 脚电位降低，使得其 11、14 脚输出脉冲的宽度减小，通过这样的调节可实现 24 V 输出电流的近似恒定。

5. 过压保护

电阻 R_{95}、稳压管 VD_{76}及光耦 VT_{73}组成 15 V 输出的过压检测电路，过压检测值约为17 V；电阻 R_{96}、稳压管 VD_{77}及光耦 VT_{74}组成 24 V 输出的过压检测电路，过压检测值约为28 V。

当 15 V 或 24V 输出出现过压时，光耦 VT_{73}或 VT_{74}将信号送至晶闸管 VT_{68}的控制极而使其导通；此时，5.1 V 基准电压经 VT_{68}、R_{91}送至 N_1 的 10 脚使 N_1 关闭输出脉冲从而达到关闭输出电压的目的。

110 V/48 V 斩波电源的工作原理与 110 V/15 V、24 V 斩波电源的工作原理基本相同。不同之处在于 48 V 输出电压的误差检测靠稳压管 VD_{45}、电阻 R_{83}、R_{81}、R_{89}及光耦 VT_{72}来完成。

8.2 HXD3 型电力机车的 DC 110 V 电源装置

DC 110 V 电源装置也称蓄电池充电器（简称充电器），它为机车提供控制电源。HXD3 型机车用 DC 110 V 电源装置由两组完全相同的电源单元（简称 PSU）组成，均采用 IGBT 元件，通常情况只有一组处于工作状态，当其故障时，另外一组会启动，继续供电。由机车控制系统对装置进行控制与监视。

8.2.1 DC 110 V 电源装置电气系统构成

充电器输入电压为 DC (750±75)V，输出电压为 DC (110±1.1)V，额定功率 6.05 kW，各部件自然冷却，其输出特性曲线如图 8.7 所示。

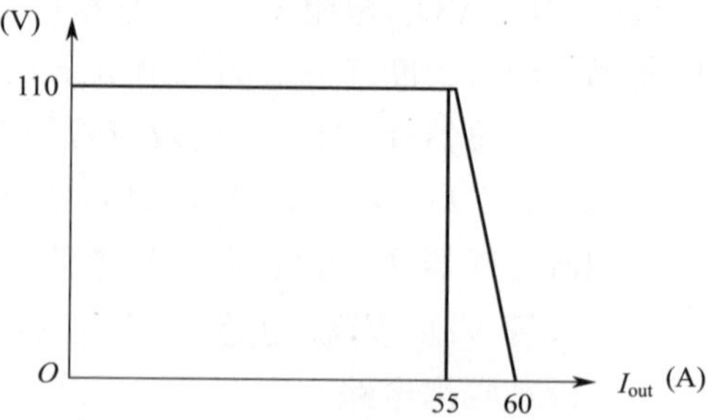

图 8.7 DC 110 V 电源装置输出特性曲线

电源装置电气组成可以划分为四大部分，依次为电源输入电路、预充电电路、DC 110 V 输出电路和控制电路，如图 8.8 所示。

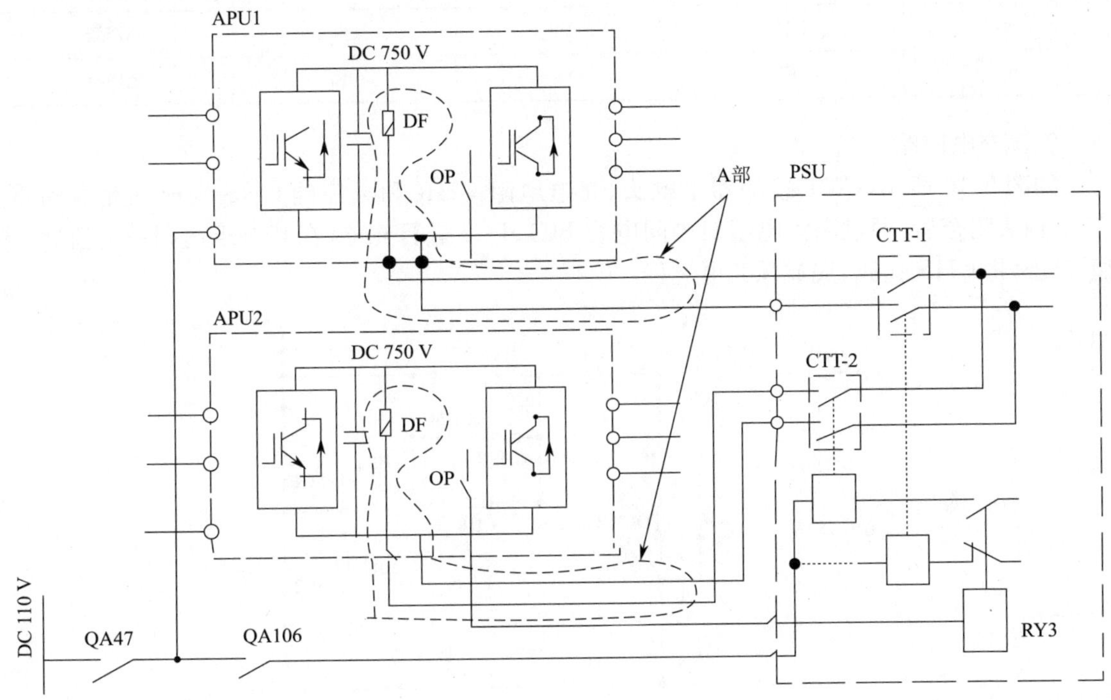

图 8.8 DC 110 V 电源装置电气系统框图

1. 电源输入电路

DC 110 V 电源装置的输入电源来自机车辅助逆变器 APU 的中间直流回路，采用双电源、双路供电方式，如图 8.9 所示。图 8.9 中 A 部为电源输入线，输入电源的选择由 OP 信号（位于 APU2 中）进行控制。QA47 闭合 2.5 s 后，APU2 就送出 OP 信号（无故障时此信号为 110 V），通过继电器连锁控制 CTT 接触器，实现输入电源的选择。表 8.1 显示了 OP 信号与 RY3 继电器和 CTT 接触器的关系。

外部输入电源的双路冗余设计能确保在 APU2 故障时，电源装置仍能从 APU1 处获得电源。同时一路电源也可以给两个 PSU 供电，这样 4 种组合方式确保了机车控制电源的可靠性。

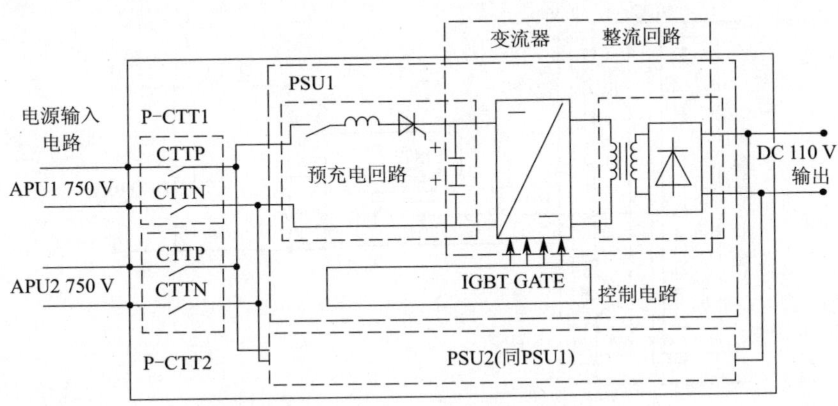

图 8.9 APU 与 PSU 的接线

表 8.1　OP 信号与电源选择的关系

OP 信号	RY3	CTT1	CTT2	电源来源
ON	ON	OFF	ON	APU2
OFF	OFF	ON	OFF	APU1

2. 预充电回路

如图 8.10 所示，CTT 接触器主触头、充电电阻 CHR 和可控硅 CHS 构成预充电回路。CTT 触头闭合后，通过限流电阻对中间电容 FC1、FC2 进行充电，在其电压达到一定值后，导通 CHS，将 CHR 短路，完成预充电过程。

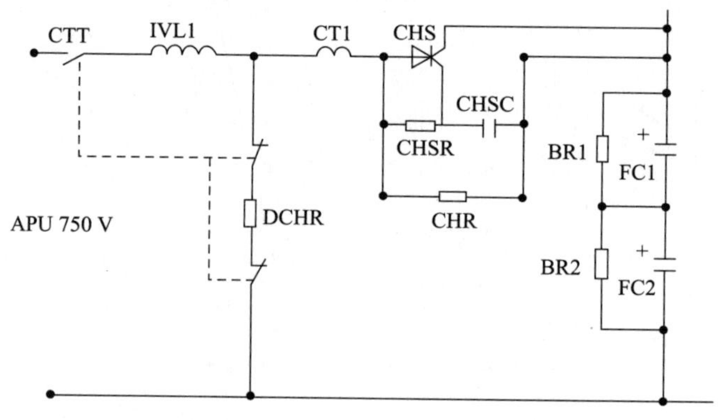

图 8.10　预充电回路、输入滤波回路和放电回路

中间电容同时也起到滤波作用，它与滤波电感 IVL 一起构成滤波回路，防止 APU 电源电压脉动对电源装置主电路造成损害，同时防止电源装置在高频工作时对 APU 电源质量的影响。

当电源装置工作结束后，接触器主触头 CTT 断开，其常闭辅助触点闭合，残留在中间电容上的电压通过放电电阻 DCHR 进行放电。

3. DC 110 V 输出电路

IGBT 桥臂、绝缘高频变压器 IST1 和整流器 FR、电抗器 DCL1 和电容 LC1 构成了 DC/DC 变换回路，它是电源装置的核心部分，如图 8.11 所示。

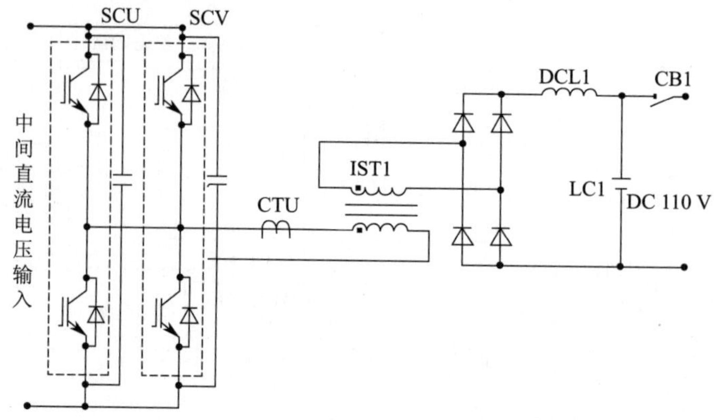

图 8.11　DC/DC 转换回路

两组 4 个 IGBT 构成全桥逆变器，微机根据脉宽调制技术控制 IGBT 动作，将输出电压变为单相脉冲交流电压，然后经过高频变压器和整流器以及滤波环节输出所需的 DC 110 V，如图 8.12 所示。

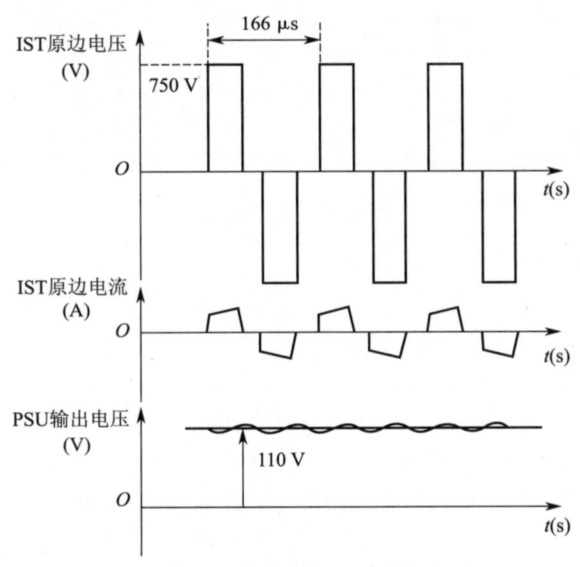

图 8.12　变压器 IST 输出波形

与半控桥方式相比，全控桥方式更适用于大功率需求，同时提高了变压器的利用率，使整个装置的效率高达 90%以上。单相脉冲交流电压的输出方式比，SPWM 方式更有效的控制了变压器的直流偏磁问题：只要保证一个周期内正负脉冲的时间相等，就可以在原理上避免偏磁的发生，并通过驱动电路的参数匹配来消除因元件本身的差异所导致的偏磁问题。

另外需要注意的是 IGBT 的工作频率为 6 kHz，关断的瞬间会产生一个巨大的尖峰。这一尖峰对 IGBT 非常有害，所以在 IGBT 的回路中并联一个无感电容，用以消除尖锋，并且这个电容要与 IGBT 的两端直接相连，以防止线路中的杂散感抗进入回路中，从而影响电容对尖峰的吸收效果，失去对 IGBT 的保护作用。

滤波环节采用 LC 滤波网络，构成低通滤波器，使直流电源在到达负载前尽量降低纹波。该装置的输出纹波电压被控制在 5 V 以下。

4. 控制电路

控制电路(图 8.13)是 PSU 的控制核心。其中间部分是控制基板 PWB，它收集 PSU 内部的各个器件的状态以及电压、电流信号，并进行逻辑处理，然后控制继电器(CTT、RY1 等)动作、向 IGBT 发出指令。左侧部分是基板的电源供电电路，经过一个小型的电源转换器(PSU)后，向基板提供正常工作所需的电源。右侧为输入/输出信号并预留了 RS-232C 串行接口，方便与电脑相连。

单元是否工作取决于左下角的选择开关电路，这一部分由两个开关构成(图 8.14)，SW1 为自动/手动选择开关，“TCMS”位表示由机车的微机系统来控制单元的启动；“MANUAL”位表示通过手动选择开关 SW2 来选择工作的单元。采用这种控制电路，信号处理简单，微机只输出一个信号就可以选择所需要启动的 PSU。

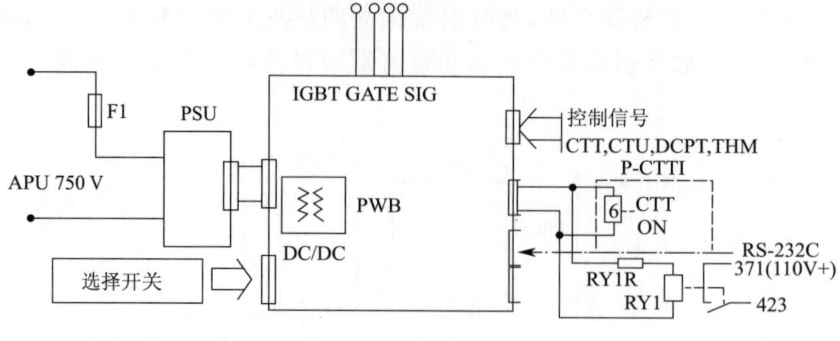

图 8.13　控制电路

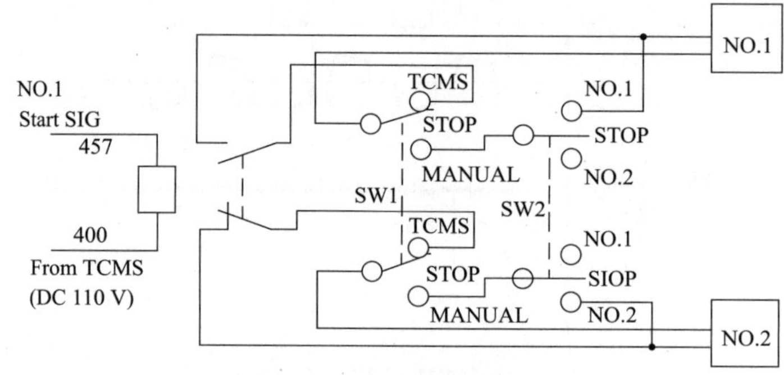

图 8.14　选择开关电路

8.2.2　DC 110 V 电源装置控制系统

1. 控制基板工作原理

PSU 的控制系统由微机系统组成，控制核心部件安装在控制基板 PWB 上，控制功能框图如图 8.15 所示。电源转换模块为基板内的各个芯片提供电源，IGBT 的门极电压为±15 V。模拟量处理模块采集电压、电流传感器(DCCT，DCPT，HCT)送来的输入电流、输出电压和 IGBT 电流值。DI/DO 模块是对开关量输入/输出的控制模块。它采集空气断路器 MCCB 的状态等开关量信息，同时也进行输出，控制 CTT 等接触器的工作。

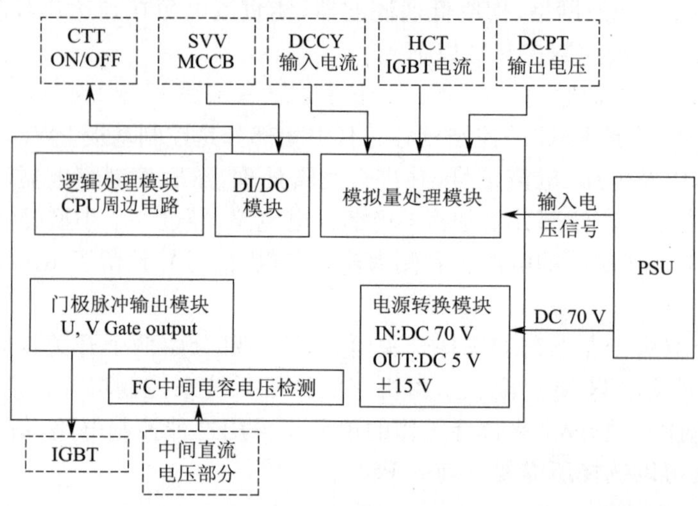

图 8.15　控制基板框图

门极脉冲输出模块是驱动电路，它将微机输出的 IGBT 门极信号与 IGBT 的高压回路进行隔离，保证控制信号不受外电路中高电压的干扰，保护微机系统各个芯片不被高压烧损。FC 中间电容电压检测用来监测中间电容的端电压，用于装置的控制和监视。

2. 输出电压控制原理

充电器的主要控制目标是输出电压，其控制规则严格遵守特性曲线的要求，图 8.16 为输出电压控制框图。

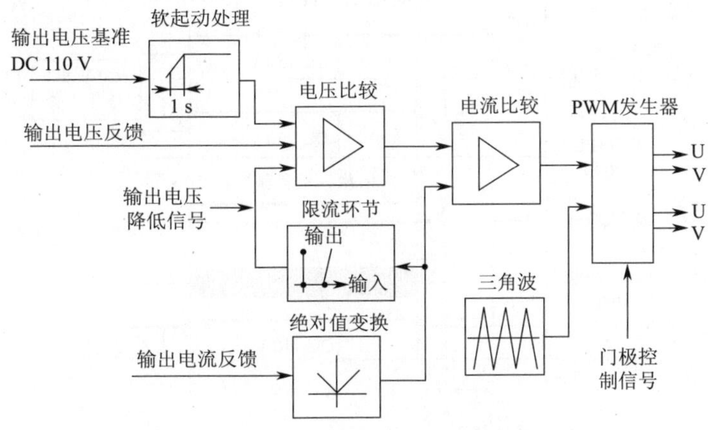

图 8.16 输出电压控制框图

输出电压控制系统是个双闭环控制系统，电压控制环起主要作用，电流控制环起辅助作用。在特性曲线的恒压阶段，输出电压的反馈值与基准电压比较后，生成一个电流参考值，然后与电流反馈值进行比较，最终确定一个输出波形，送到 PWM 发生器中，产生 IGBT 的门极控制信号；在限流阶段，过程同恒压阶段，只是在电压比较器处多比较了一个“输出电压降低值”的参数。这个值的确定将根据预先写入程序中的限流曲线生成，所以此时电流控制环的地位比电压控制环高，起主导作用。

软启动处理环节，将输入的给定值按照一定的斜率加载到电压比较器中。以这种方式进行输入，给定电压值就不会是一个阶跃信号，装置最终的输出电压也会平稳上升，防止了IGBT 因突然流过大电流而损坏。

绝对值变换环节将输出电流反馈(在变压器原边采集，见图 8.12)的全周期的波形，变换为半周期的上半波波形，相当于整流回路。这样处理后更容易进行比较和计算。

3. 逻辑控制时序控制

充电器中各个接触器和继电器的动作、IGBT 的触发时间都是有一定时序的，这样才能保证设备的安全和正常的工作。图 8.17 显示了时序控制及相应波形。

充电装置的工作过程为：当 APU 开始工作后，其中间直流回路的电压逐渐上升，达到 750 V；控制电路检测到输入电压达到 750 V，并维持 10 s 后，首先闭合 CTT 接触器，预充电回路投入工作，中间电容 FC 两端电压上升；延迟 3 s 后预充电完成，触发晶闸管 CHS，使装置进入工作状态；然后输出 IGBT 门极信号，得到了 110 V 直流电源。当 APU 停止工作后，输入电压下降，当中间电容电压低于 620 V 时，装置也停止工作，停止时序与工作时序相反。

4. 装置的保护控制

该装置具有自己保护策略，装置具有输入过压、欠压、过流，输出欠压、过流等保护功能，因为这些参数对装置本身是独特的，不同于其他设备的；但对于接地保护，该装置就没有设立单独的保护电路，而是把这一保护功能交给机车系统来实施；装置的高压部分连接到机车辅助逆变器中，高压电路的接地保护由 APU 来处理；输出电路连接到机车的控制系统中，由机车的控制接地保护来完成。装置对于接地保护的策略，充分利用了机车的资源，同时节约了成本。实际应用证明，其保护策略的设计是成功的。

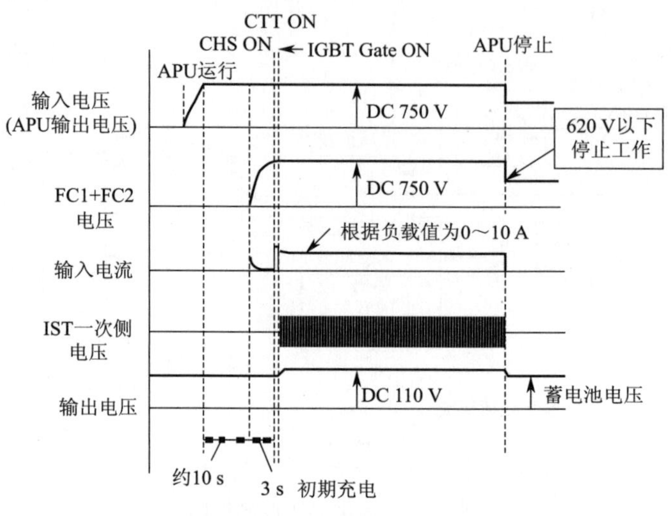

图 8.17　时序控制及波形

复习与思考题

1. SS_9 型电力机车机车上 110 V 控制电源系统有哪几部分组成，并说出每部分的作用。
2. SS_9 型电力机车 110 V 控制电源主电路有什么特点？
3. 试画出 SS_9 型电力机车 110 V 电源电子控制原理框图。
4. SS_9 型电力机车 DC 15 V、24 V 斩波电源主要有哪几部分构成？
5. 试述 SS_9 型电力机车 DC 15 V、24 V 斩波电源主电路的工作原理。
6. 试述 HXD_3 型电力机车 DC 110 V 电源装置控制系统的工作原理。

9 电力机车电子控制柜和微机控制柜

学习指导

本章主要学习 SS_4 改型电力机车电子控制柜和 SS_9 型电力机车微机控制柜的组成、功能和电子插件的作用，电路组成及简单原理；HXD_3 型机车网络控制系统结构及系统特点、组成与功能、信息流向。要求重点掌握 SS_4 改型电力机车电子控制柜和 SS_9 型电力机车微机控制柜的功能和电子插件的作用，电路组成及简单原理，HXD_3 型机车网络控制系统组成与功能。

电力机车上采用的电子控制系统包括电子控制柜和微机控制柜，电子控制柜属于模拟控制，如国产 SS_{3B}型、SS_4 改型和 SS_7 型机车所采用；微机控制柜属于数字控制，如国产的 SS_{4B}型、SS_8 型、SS_9 型及 AC4000 型机车均采用微机控制技术，从而大大提高了控制精度，并实现机车技术数据信息的传输、显示和存储，给机车故障诊断和处理提供了极大的方便。

SS_4 改机车的电子控制柜和 SS_9 机车的微机控制柜，可以实现牵引机车的恒流起动和准恒速运行，从而提高了牵引性能。SS_9 机车采用微机在电力机车上进行控制、故障检测、保护、记录及显示等，使控制性能更加完善和可靠。

9.1 SS_4 改型电力机车电子控制柜

SS_4 改型电力机车的电子控制柜在控制性能上比 SS_4 型机车的电子控制柜有较大改进，增加了功率因数补偿控制、空电联合制动控制等新内容，在结构上采用标准的插件和插件箱，使电子控制柜内体积大为减小。电子控制柜内还有空转保护系统。

9.1.1 电子控制柜的主要功能

电子控制柜主要功能是：实现电力机车的牵引、电制动控制；空转、滑行保护控制；空电联合控制和功率因数补偿控制。柜内装有两组控制系统，A 组为正常工作控制，B 组为故障工况后备控制，提高了整车的可靠性。

1. A 组控制系统

A 组控制功能最全，它包括有牵引、电制动控制；防空转、滑行控制；空电联合控制和功率因数补偿控制。牵引、电制动控制是最基本的控制系统，它向其他三个控制系统提供部分控制信号。防空转、滑行控制系统可以参与牵引、电制动控制系统的调节过程，也可以通过开关切除这一功能使之不参与调节过程；空电联合控制只在电制动工况下参与调节过程；功率因数补偿控制则完全不参与牵引、制动控制系统的工作。

(1)牵引控制

①采用特性控制，即低速时的恒流控制和设定速度点的准恒速控制。按下式控制电机电流

$$I_m = \begin{bmatrix} 150N \\ 600N - 54v \\ 1\,096 \end{bmatrix}_{\min} \quad \text{(A)}$$

式中　N——牵引级位，0～10 级连续可调；

v——机车速度，km/h；

1 096——电机起动最大电流限制，A。

在黏着范围内，机车先按特性的平直段恒流起动(150N)，待机车速度升高进入特性的斜线段按准恒速运行(600N－54v)。

②对三段桥顺序开放控制，具有电机电压最大值限制。当电机电压达到最大值后，可进行三级磁场削弱。

③对转向架轴重转移进行电气补偿。

(2)制动控制

①采用准恒速的特性控制。制动电流按下式控制：

$$I_z = \begin{bmatrix} 56v - 560(N-1) + 50 \\ 50 \end{bmatrix}_{\max} \quad \text{(A)}$$

式中　N——制动级位，10～1 级；

v——机车速度，km/h；

50——最小制动电流，A。

②控制实现加馈制动。控制系统根据机车的速度首先自动调节励磁电流，使制动电流沿着给定的速度——电流函数曲线变化。当励磁电流达到最大后，则自动进入加馈制动，通过调节电枢电压来维持制动电流。

(3)防空转、滑行控制

防空转、滑行控制系统根据机车 4 个轴的速度信号进行处理，得出速度差 Δv、加速度 $\mathrm{d}v/\mathrm{d}t$ 和加速度微分 $\mathrm{d}^2v/\mathrm{d}t^2$ 。牵引工况时，Δv 取同一转向架两轮轴的速度差，$\mathrm{d}v/\mathrm{d}t$ 和 $\mathrm{d}^2v/\mathrm{d}t^2$ 取本节车加速度的最大值作为控制值。牵引和制动工况有不同的减流曲线，并根据情况分别采用减流、撒砂等措施来预防和抑制空转及滑行。减流速率固定，有快速和慢速恢复过程，以免因电流恢复过快而造成再次空转。

(4)空电联合控制

空气—电阻联合制动(简称为空电联合控制)控制，是以机车准恒速加馈电阻制动和 DK-1 型机车电空制动机为基础，以司机控制器手轮级位作为速度给定，根据机车反馈速度及其他相关状态，控制空气制动的投入和缓解，对电阻制动进行干预，使空气制动和电阻制动有机地结合起来。

(5)功率因数补偿控制(PFC)

SS_4 改型机车的 PFC 装置，无功补偿电容分为四组，其投切控制由电子控制柜中的补偿控制板和补偿接口板完成，以提高机车的功率因数。

2. B组控制系统

B组控制系统是一个简单的控制系统，只能实现牵引、制动工况的控制，但也可以实现恒流、限压控制的功能。

9.1.2 电子控制柜的基本结构

SS_4改型电力机车电子控制柜与L形的控制电源柜安装在一起。其外形尺寸为776 mm×1 000 mm×500 mm，由柜体、插件箱、插件三种主要部件组成，如图9.1所示。

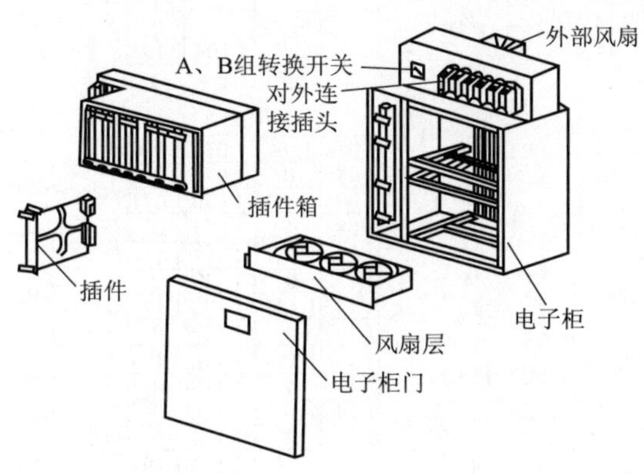

图9.1 SS_4改型电力机车电子控制柜结构示意图

1. 电子控制柜柜体

电子控制柜柜体用钢板压制而成，上部装有一个A、B组转换开关和6个对外连接插座，插座的编号从左至右为N_{101}～N_{106}。此插头插座采用了56芯矩形线簧式插头座，插头座内有两根防插错的编码销，可组成不同的编码。

电子控制柜下部正面有柜门，用改锥旋转门四周的8个活动锁扣即可将柜门取下。柜内分三层，上层装A组控制系统的插件箱Ⅰ，中层为冷却风扇层，下层装B组控制系统的插件箱Ⅱ，这三层均是抽屉式的，可以从柜内取出。

为起到防尘和屏蔽作用，在正常工作时，柜门要盖上，整个电子控制柜就形成封闭的结构。

微机对机车的连接接口是6个56芯插座(图9.2)。

2. 插件箱

插件箱主要由铝型材和侧板、盖板等构成，采用5.08系列插件，长84R(R=5.08 mm)，带6个边插的标准插件箱，其尺寸符合有关规定。

从柜内取出插件箱时，需先松开插件箱角板上的固定螺钉，拔出6个边插头及箱体左侧的接地插套，方可取下。

插件箱Ⅰ和插件箱Ⅱ内插件的布置如图9.3、图9.4所示。

插件箱带有后盖，起屏蔽和保护插件箱布线的作用，布线采用绕接和插接工艺。

3. 插件

插件采用5.08 mm宽度系列，主要由插件面板、捏手、印制电路板、加强用十字架和两个48芯的片簧式插头组成。

为防止运行时插件松脱引起印刷电路板插头座接触不良，插件插入插箱后，用两个M2.5的螺钉将插件面板紧固在插件的上下横梁上。

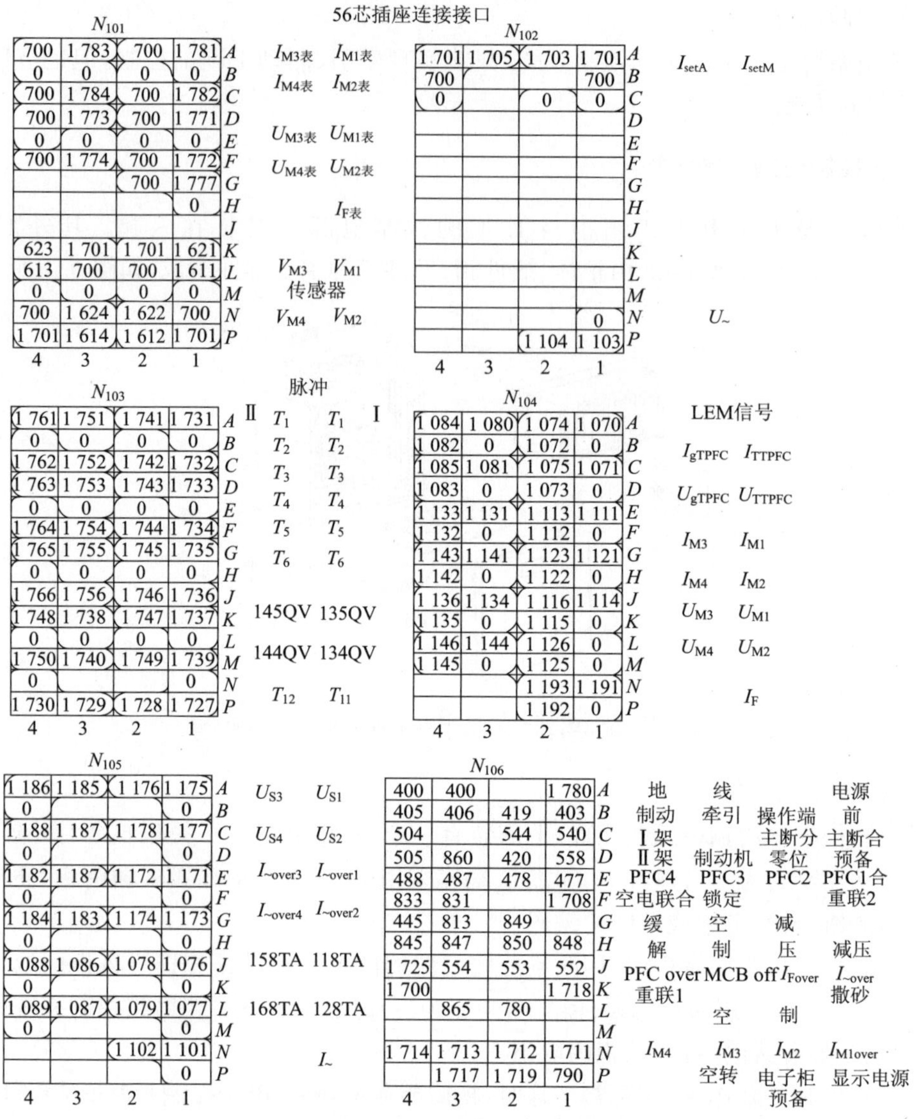

56芯插座连接接口

N_{101}

	4	3	2	1	信号
A	700	1 783	700	1 781	$I_{M3表}$ $I_{M1表}$
B	0	0	0	0	
C	700	1 784	700	1 782	$I_{M4表}$ $I_{M2表}$
D	700	1 773	700	1 771	
E	0	0	0	0	$U_{M3表}$ $U_{M1表}$
F	700	1 774	700	1 772	$U_{M4表}$ $U_{M2表}$
G			700	1 777	
H				0	$I_{F表}$
J					
K	623	1 701	1 701	1 621	
L	613	700	700	1 611	V_{M3} V_{M1}
M	0	0	0	0	传感器
N	700	1 624	1 622	700	
P	1 701	1 614	1 612	1 701	V_{M4} V_{M2}

N_{102}

	4	3	2	1	信号
A	1 701	1 705	1 703	1 701	I_{setA} I_{setM}
B	700			700	
C	0		0	0	
D					
E					
F					
G					
H					
J					
K					
L					
M					
N				0	$U_{\sim}$
P			1 104	1 103	

N_{103} 脉冲（Ⅱ / Ⅰ）

	4	3	2	1	Ⅱ	Ⅰ
A	1 761	1 751	1 741	1 731	T_1	T_1
B	0	0	0	0	T_2	T_2
C	1 762	1 752	1 742	1 732	T_3	T_3
D	1 763	1 753	1 743	1 733	T_4	T_4
E	0	0	0	0		
F	1 764	1 754	1 744	1 734	T_5	T_5
G	1 765	1 755	1 745	1 735	T_6	T_6
H	0	0	0	0		
J	1 766	1 756	1 746	1 736		
K	1 748	1 738	1 747	1 737	145QV	135QV
L	0	0	0	0		
M	1 750	1 740	1 749	1 739	144QV	134QV
N	0			0		
P	1 730	1 729	1 728	1 727	T_{12}	T_{11}

N_{104} LEM信号

	4	3	2	1	信号
A	1 084	1 080	1 074	1 070	
B	1 082	0	1 072	0	I_{gTPFC} I_{TTPFC}
C	1 085	1 081	1 075	1 071	
D	1 083	0	1 073	0	U_{gTPFC} U_{TTPFC}
E	1 133	1 131	1 113	1 111	
F	1 132	0	1 112	0	I_{M3} I_{M1}
G	1 143	1 141	1 123	1 121	
H	1 142	0	1 122	0	I_{M4} I_{M2}
J	1 136	1 134	1 116	1 114	
K	1 135	0	1 115	0	U_{M3} U_{M1}
L	1 146	1 144	1 126	0	
M	1 145	0	1 125	0	U_{M4} U_{M2}
N			1 193	1 191	
P			1 192	0	I_F

N_{105}

	4	3	2	1	信号
A	1 186	1 185	1 176	1 175	U_{S3} U_{S1}
B	0			0	
C	1 188	1 187	1 178	1 177	U_{S4} U_{S2}
D	0			0	
E	1 182	1 187	1 172	1 171	$I_{\sim over3}$ $I_{\sim over1}$
F	0			0	
G	1 184	1 183	1 174	1 173	$I_{\sim over4}$ $I_{\sim over2}$
H	0			0	
J	1 088	1 086	1 078	1 076	158TA 118TA
K	0			0	
L	1 089	1 087	1 079	1 077	168TA 128TA
M	0			0	
N			1 102	1 101	$I_{\sim}$
P				0	

N_{106}

	4	3	2	1	信号4	信号3	信号2	信号1
A	400	400		1 780	地	线		电源
B	405	406	419	403	制动	牵引	操作端	前
C	504		544	540	Ⅰ架		主断分	主断合
D	505	860	420	558	Ⅱ架	制动机	零位	预备
E	488	487	478	477	PFC4	PFC3	PFC2	PFC1合
F	833	831		1 708	空电联合	锁定		重联2
G	445	813	849		缓	空	减	
H	845	847	850	848	解	制	压	减压
J	1 725	554	553	552	PFC over	MCB off	I_{Fover}	$I_{\sim over}$
K	1 700			1 718	重联1			撒砂
L		865	780			空	制	
M								
N	1 714	1 713	1 712	1 711	I_{M4}	I_{M3}	I_{M2}	I_{M1over}
P		1 717	1 719	790		空转	电子柜预备	显示电源

图 9.2　微机对机车的连接接口

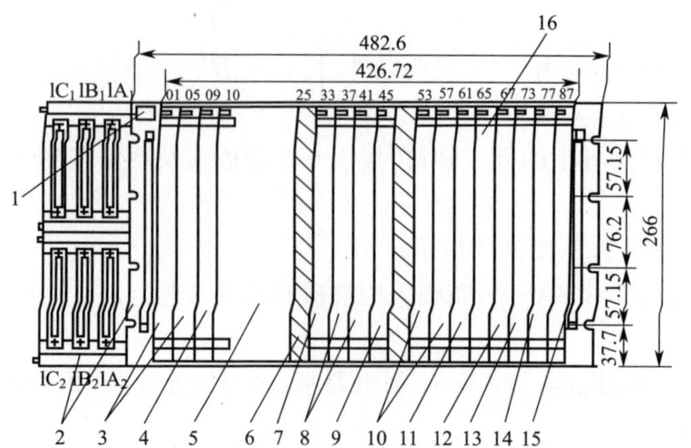

1—铭牌；2—5.08 系列插箱；
3—输入输出插件；4—调制解调插件；
5—电源插件；6—测试位置；
7—保护逻辑插件；8—脉冲形成插件；
9—脉冲放大插件；10—转向架控制插件；
11—特性控制插件；12—频率变换插件；
13—防空转控制插件；14—补偿控制插件；
15—补偿接口插件；16—空电联合控制插件

图 9.3　插件箱Ⅰ插件布置图

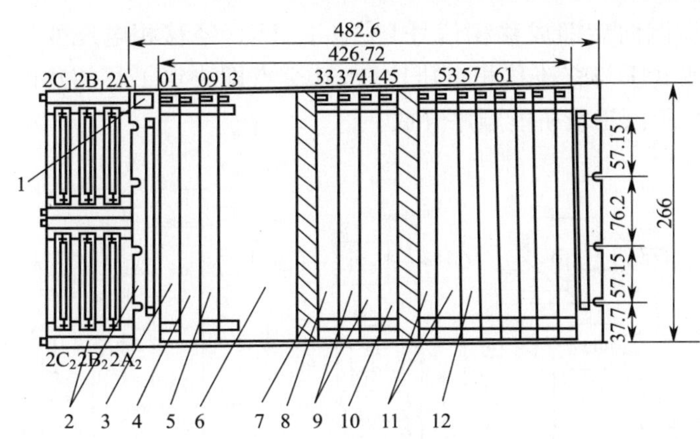

1—铭牌；2—5.08 系列插件箱；
3—输入/输出插件；4—盲面板；
5—调制解调插件；6—电源插件；
7—测试位置；8—保护逻辑插件；
9—脉冲形成插件；10—脉冲放大插件；
11—转换控制插件；12—电压给定插件

图 9.4　插件箱Ⅱ插件布置图

每种插件都有防插错编码，以防插件插错。插件面板上有检测孔及显示灯供监测用。

插件箱中各插件之间的连接是通过各插件板后面的两个 48 芯的片簧式插头，经对应的插座引出连线，再经边插头和边插座相互连接。

48 芯边插和插件板的插头与插座的引脚表示各边插和各插件的信号及连接关系。在电路原理图或方框图上为进出的信号端子编号。

4. 通风和散热

由于电子控制柜成封闭结构，所以通风散热很重要。电子控制柜内的中部风扇层抽屉装有两个风扇——内部风扇；电子控制柜后壁装有一个凹凸截面的波纹形散热板，在该板的上方，装有一个风扇——外部风扇。依靠内部风扇的气流将热量带到电子控制柜的内壁四周并主要通过散热板排出到柜外。外部风扇对散热板起强迫通风作用，增加散热效果。

风扇由直流 48 V 供电，内部风抽屉面板上分别有 3 个熔断器和 3 个红色发光二极管指示灯。中间一个用于外部风扇电路，另外两个用于内部风扇电路，熔断器熔断后指示灯亮。

9.1.3　电子控制柜控制系统原理

1. A 组控制系统原理

系统原理框图如图 9.5 所示。下面分别就牵引与电制动工况进行介绍。

(1)牵引控制

由同一端司机室的主司机控制器牵引用电位器 RP_1 或调车控制器用电位器 RP_3 二者中取最大值，成为牵引级位指令，与机车速度反馈信号一起输入至牵引特性形成环节。其输出经给定值积分器后进行脉宽调制，调制成幅值为 110 V 的调制波，此波送至重联机车及本务机车的解调环节，经解调后又还原成给定值积分器输出的直流电压信号。该电压信号与黏着限制环节的输出二者中取最小值即为牵引给定电流信号 I_S。

当电机电流大于某规定值后，轴重补偿环节就会产生电流差值信号 ΔI，此信号只加于前转向架，以达到前架减载的目的。

I_S 信号经空转保护系统后成 I_{SS}信号，机车未空转时，$I_{SS}=I_S$；发生空转时，防空转保护系统的减载功能起作用，I_{SS}即瞬时下降，然后再按一定的上升率回升，回升后仍有空转则再次下降，直至空转被抑制。

正信号的 I_{SS}与负信号的电机电流反馈信号 I_M 输入至电流调节器，二者不断地比较，从而决定了调节器输出的大小。该输出经倒向后即成移相信号 U_{E1}、U_{E2}、U_{E3}，经移相电压变换环节后成直流控制电压 U_{e1}、U_{e2}、U_{e3}，该电压与交流移相电压比较，其交点即决定了移相角的位置。由于 U_{e1}、U_{e2}、U_{e3} 是顺序衔接的，所以三段桥能顺序开放。

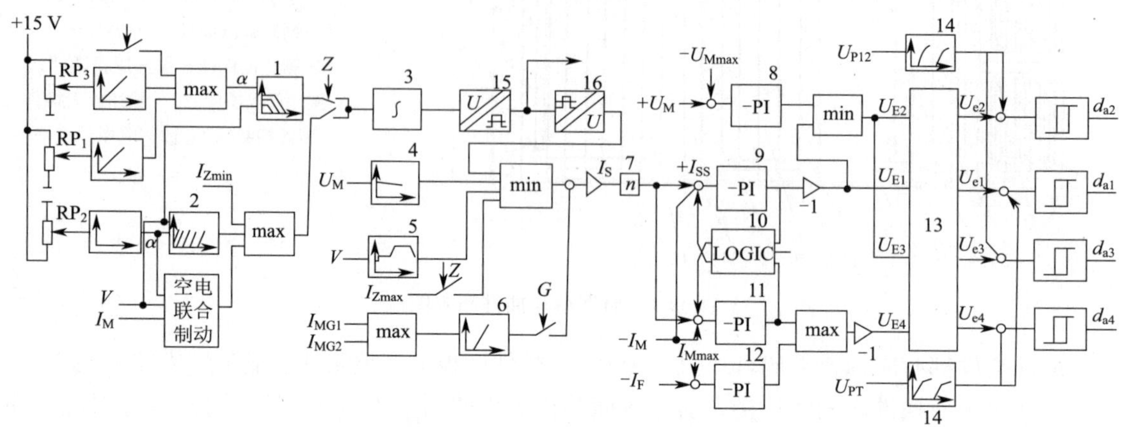

图 9.5　A 组控制系统原理框图

1—牵引特性发生器；2—制动特性发生器；3—给定值积分器；4—黏着限制环节；5—制动电流限制环节；6—轴重补偿环节；7—防空转、滑行系统；8—最大电压调节器；9—电枢调节器；10—控制逻辑环节；11—磁场调节器；12—最大励磁电流调节器；13—移相电压变换环节；14—同步移相信号；15—调制；16—解调；RP_1—牵引电位器；RP_2—制动电位器；α—级位指令信号；Z—制动信号；G—前转向架工作信号；I_M—电机电流反馈信号；U_M—电机电压反馈信号；I_F—励磁电流反馈信号；U_{Mmax}—最大电压限制给定值；I_{Mmax}—最大励磁限制给定值；I_{Zmax}—最大制动电流限制值；I_{Zmin}—最小制动电流限制值；max—最大值选择；min—最小值选择；+—加法；−1—倒相；d_{a1}—一段桥移相触发电平信号；d_{a2}—二段桥移相触发电平信号；d_{a3}—三段桥移相触发电平信号；d_{a4}—励磁桥移相触发电平信号

在调速过程中，电机电压不断升高，其反馈信号 U_M 上升，当达到给定的最大电压限制 U_{Mmax} 值时，最大电压限制调节器的输出小于电流调节器的输出。由于最小值环节的作用，此时 U_{E3} 为最大电压限制调节器的输出，两小段桥的移相角被限制在对应于电机电压最大值的位置。

电机达到最大电压后，如再需要提高机车速度，则要进行有级磁场削弱。

（2）制动控制

由两端司机室主司机控制器制动用电位器 RP_2 二者中取最小值成为制动级位指令。由于制动时从高速到低速，手柄从高级位到低级位，为此先将 RP_2 的输出值经反比例环节转换成制动级位信号 α。该级位信号与机车速度反馈信号一起输入至制动特性形成环节，其输出与最小制动电流给定信号比较后取最大值，再经给定值积分环节，然后与牵引控制一样，经调制、解调，再与最大制动电流限制曲线比较，取最小值即成制动电流给定信号 I_S。

I_S 信号经滑行保护控制系统后成 I_{SS} 信号，该信号与制动电流反馈信号 I_M 输入至磁场电流调节器，I_{SS} 与 I_M 比较后即决定了调节器的输出，该输出经倒相后即成移相信号 U_{E4}，再变换成 U_{e4}，即可控制励磁桥的移相角。同时逻辑环节还送出一个信号至电枢调节器使之封锁。

随着机车速度的降低，励磁电流不断增加，当达到最大励磁电流限制时，最大励磁限制调节器开始工作，磁场调节器不起作用，逻辑环节解除送至电枢调节器的封锁信号，使其工作。与此同时逻辑环节还送一个信号至磁场调节器使之饱和，以保持最大励磁限制调节器工作，使励磁电流保持为最大值。电枢调节器输出经倒相后产生 U_{E1}，经移相电压变换环节后与同步电压比较，其交点即决定了大段桥的移相角。此时机车即进入加馈电阻制动工况。

2. B组控制系统原理

B组是简单的牵引，电制动控制系统，原理框图不另画出，可参考A组的框图。

9.1.4　电子控制柜主要技术参数

控制参数

最大牵引工况限制：

最大电机电流 I_{Mmax}	1 096 A(平均值)
最大电机电压 U_{Mmax}	1 080 V

最大制动工况限制：

最大制动电流 I_{Zmax}	771 A
最大励磁电流 I_{Lmax}	930 A

过载保护值参数：

牵引过载电流	1 300 A
制动过载电流	1 000 A
励磁过载电流	1 150 A
牵引变压器二次侧短路电流	3 000 A
功率因数补偿装置过载电流	1 000 A

9.1.5　电子控制柜插件电路

1. 开关电源插件(板位：13)

(1)插件主要功能

开关电源插件的主要功能是将机车控制电源系统提供的110 V电压变换成5 V、±15V、±24 V直流电压。这几路电源除了给电子控制柜其他插件供电以外，还对与控制电路有关的外围部件供电。其中，+15 V给司机控制器的电位器、速度传感器供电；±24 V给电流传感器、电压传感器供电。本电源具有输入过，欠压保护，辅助电源欠压保护，各路输出过流及过、欠压保护功能。另外，还具备二次起动保护功能。

电子控制柜的A组、B组控制系统各有一块完全相同的斩波电源插件。在该插件的面板上，设有钮子，开关、检测孔和指示灯。在运行工况，钮子开关应处于正常位。检测孔可分别检测几路电源的输出。指示灯有绿、红两种状态，绿灯亮时表示正常，红灯亮时表示中断电源。此时，司机室主台显示屏“电子柜预备”亮。

电源插件的工作电压为77～137.5 V，输入电压超过该范围会造成电子控制柜电源中断。

电源主要技术参数

输入直流电压值	77～137.5 V
输出直流电压值	5×(1±1.0%) A、±15×(1±1.5%) V、±24×(1±10%) V
输出直流电流值	5 A，2.2 A，6 A
输出过流保护值	5.5 A，2.6 A，6.3 A
过压保护动作值	(5.3±0.1) V，(±16.5±0.1) V，(±27.5±0.7) V
欠压保护动作值	(4.7±0.1) V，(±13.5±0.1) V，(±21.5±0.7) V
效率	$\eta>70\%$
110 V输入欠压保护值	68～70 V

110 V 输入过压保护值　140～145 V

辅助电源欠压保护值　　约 9 V

(2)电路原理框图(见图 9.6)

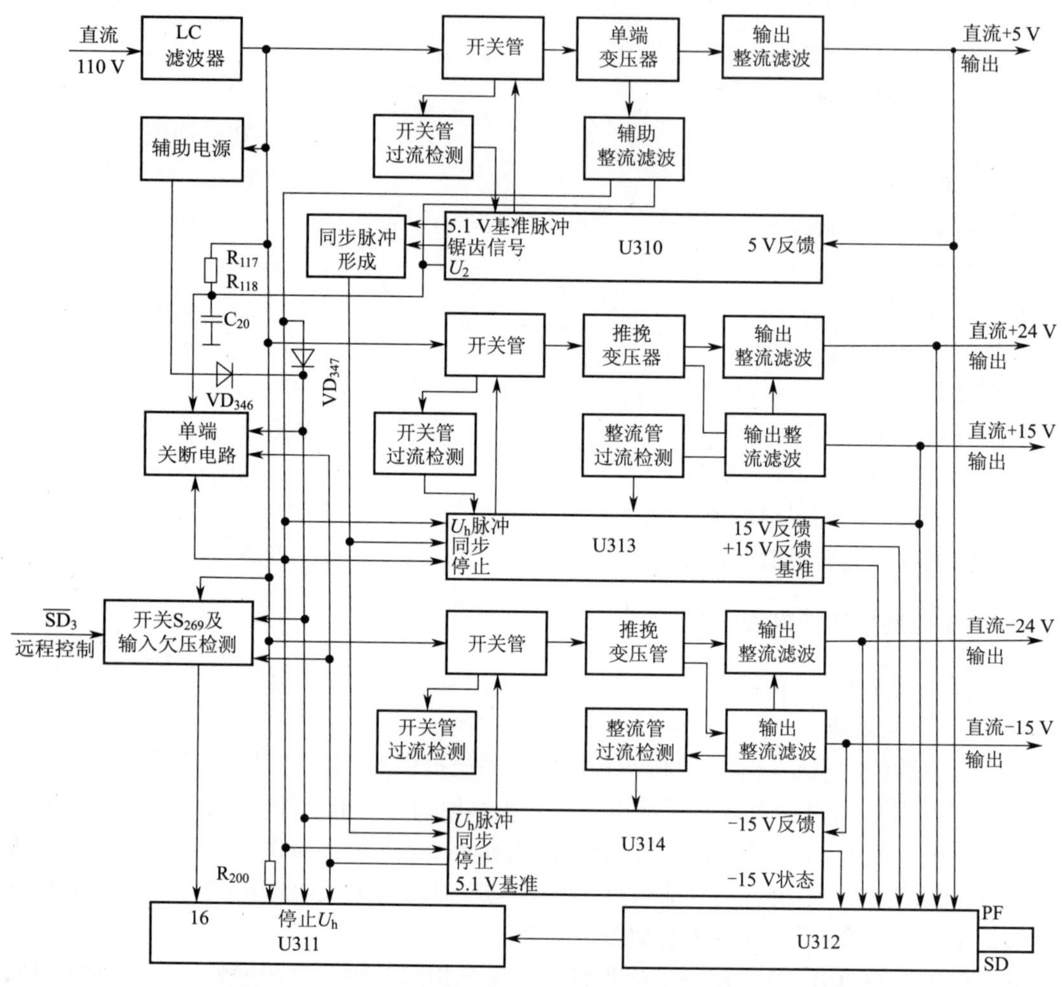

图 9.6　DC 110 V/5 V、±15 V、±24 V 斩波电路原理框图

开关电源插件的电路由一块大印制电路板做成的插件主电路板和安装在其上的 5 块小印刷电路板做成的模件组成:其中 U310 为单端电路控制模件;U311 为监视保护模件Ⅰ;U312 为监视保护模件Ⅱ;U313、U314 为推挽电路控制模件。

图 9.6 中,由开关管、单端变压器、输出整流滤波电路、开关管过流检测电路及单端电路控制模件 U310 组成单端变换器,产生直流 5 V 电压输出;由开关管、推挽变压器、输出整流滤波电路、开关管过流检测电路、整流管过流检测电路及推挽电路控制模件 U313 组成一个推挽变换器,产生直流＋15 V、＋24 V 电压输出;由开关管、推挽变压器、输出整流滤波电路、开关管过流检测电路、整流管过流检测电路及推挽电路控制模件 U314 组成另一个推挽变换器,产生直流－15 V、－24 V 电压输出。

110 V 直流供电电压送入斩波电源插件后,经 LC 滤波器获得一个比较平稳的直流电压。该直流电压送入由串联线性稳压电路组成的辅助电源电路中,输出一个 10.8～13.1 V 的辅助电压 U_h,该辅助电压经二极管 VD_{346} 后给单端关断电路、开关 S_{269} 及输入欠压检测电路、监视保护模件Ⅰ(U311)供电。同时又向推挽电路控制模件 U314 供电使其工作,从而使其相应的主电路工作,产生−15 V、−24 V 输出电压。同时 U314 中产生的 5.1 V 基准电压又给斩波电源中相应的保护电路提供基准,使相应的保护电路进入正常的检测及保护状态。

由图 9.6 可知:DC 110 V/−15 V、−24 V 电路在辅助电源产生辅助电压 U_h 后,经二极管 VD_{346} 向其控制模件 U314 供电并使其工作,从而使其相应的主电路工作,产生−15 V、−24 V输出。而 DC 110 V/5 V 电路和 DC 110 V/−15V、+24 V 电路的工作是在 110 V 直流电压送入以后,经滤波器 LC 后,通过电阻 R_{117}、R_{118} 对电容 C_{20} 充电,经过约 0.3 s 的短暂时间后,电容 C_{20} 上的电压上升至 17 V,此电压从 U310 模件的 U_2 脚送入其脉宽调制器电路,使其发出 100 kHz 脉冲给开关管。通过开关管的开通与关断作用使单端变压器的原边绕组上加上了 100 kHz 的方波电压,经过变压器耦合,其次边感应的方波电压经输出整流滤波电路之后产生 5 V 输出。同时单端变压器原边的辅助绕组上感应的方波电压经两组辅助整流滤波电路之后产生 U'_h 电压,一路反馈给 U310 的 U_2 脚,保证 U310 的持续供电。另一路送至 U313 的 U_h 端,使 U313 对应的推挽变换器工作,产生。+15 V、+24 V 输出。故三路电源不会同时起动,避免了三路电源同时起动造成起动冲击电流过大,对电网电流产生强大冲击。

经辅助整流滤波电路后产生的电压 U'_h,供 U313 模件的 U_h 端一路又通过二极管 VD_{347} 给单端关断电路、开关 S_{269} 及输入欠压检测电路、U311 模件 U_h 端及 U314 模件 U_h 端供电。因该电压设计值大于 13 V,故二极管 VD_{346} 截止,使辅助电源电路不对外送出电流,从而可以减小由于辅助电源长时间工作而产生的不必要损失。

由 U310 模件的锯齿信号输出脚输出的锯齿信号送入同步脉冲形成电路,由它输出一个与 U310 的输出脉冲同步的负脉冲送至模件 U313、U314 的"同步"脚,使这两个控制模件送出的开关管脉冲与模件 U310 送出的脉冲同步,即保证 3 个主电路是同步工作的,这样可以避免主电路间不同步工作而产生的差频干扰。

110 V 直流输入电压通过 LC 滤波器,经过电阻 R_{200},送入 U311 模件中的过压检测电路,去进行电网的过压检测,当发生过压时,U311 模件的"停止"端输出高电压去关闭各路输出。

+15 V 输出电压及 U313 模件产生的 2.5 V 基准电压,同时送给 U312 模件,使 U312 电路工作。直流 5 V 及+24 V 输出电压送入 U312 模件去进行过、欠压检测;而由 U313、U314 模件输出的+15 V"状态"信号送入 U312 模件去执行保护。当各路输出电压中的任何一路出现过或欠压故障时,U312 模件向 U311 模件送出一个保护信号,使 U311 模件的"停止"端立即输出高电压而关闭各路输出,使电源关断。

(3)电路组成

开关电源插件原理电路如图 9.7 所示。原理电路大致可分为以下几部分:

①辅助电源 U_h、输入 110 V 欠压检测及开关控制电路

辅助电源的作用是将直流 110 V 供电电压变换成一个 10.8～13.1 V 的辅助电压 U_h,该辅助电压经二极管 VD_{346} 给单端关断电路、开关 S_{269} 及输入欠压检测电路、监视保护模件Ⅰ(U311)、推挽电路控制模件 U314 供电使其工作。

②DC 110 V/5 V 斩波电源电路

DC 110 V/5 V 斩波电源的作用是将直流 110 V 供电电压变换成一个 5 V 的直流稳压源,给电子控制柜中所需的其他插件供电。DC 110 V/5 V 斩波电源电路由主电路和控制模件电路组成。

③DC 110 V/15 V、24 V 斩波电源电路

DC 110 V/15 V、24 V 斩波电源的作用是将直流 110 V 供电电压变换成 15 V 和 24 V 的

直流稳压电源，给电子控制柜中所需的其他插件、传感器和机车控制电路里的有关电器供电。

④DC 110 V/－15 V、－24 V 斩波电源电路

DC 110 V/－15 V、－24 V 斩波电源的作用是将直流 110 V 供电电压变换成－15 V 和－24 V的直流稳压电源，给电子控制柜中所需的其他插件和各种传感器供电。

⑤监视保护模件Ⅰ(U311)

监视保护模件Ⅰ的作用是：对 110 V 输入进行过压检测；对辅助电源 U_h 进行欠压检测；此外，就是对检测到的电路故障、插件主电路检测到的 110 V 输入欠压故障和监视保护模件Ⅱ检测到的各输出电源的过压或欠压故障进行二次起动保护。

⑥监视保护模件Ⅱ(U312)

监视保护模件Ⅱ的作用是对 5 V、＋24 V 输出电源进行过、欠压检测；并将＋15 V 过、欠压的“状态”信号一起引入到保护电路中执行保护，同时向司机提供一个电源插件“故障”信号。

2. 输入、输出插件(板位：01、05)

(1)插件主要功能

输入输出插件的主要功能是作为 DC 110 V 逻辑信号和电子电路之间的接口，对进出电子控制柜的直流电位进行隔离，以消除 110 V 回路由于各有接点电器动作导致的干扰。

(2)电路原理框图(图 9.8)

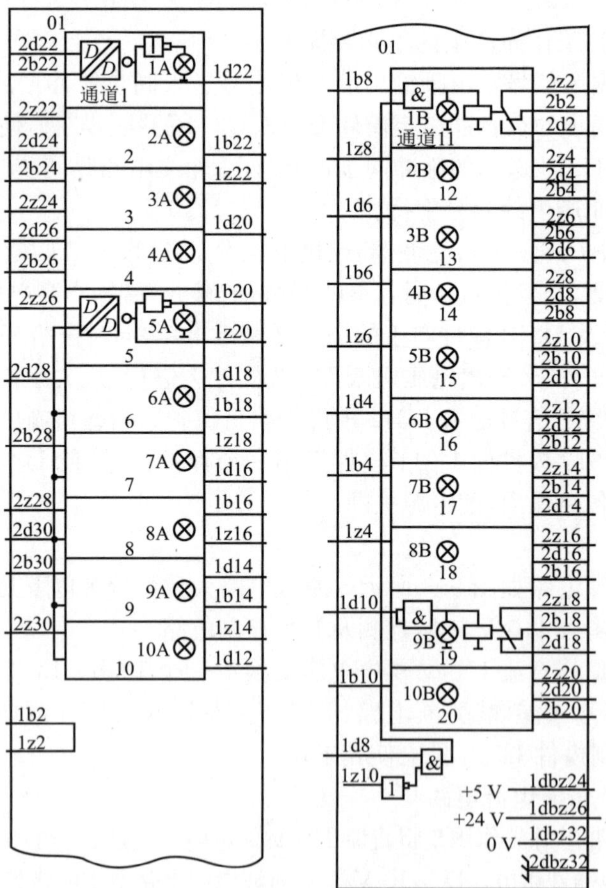

图 9.8　输入、输出插件框图

该插件其输入采用光电耦合进行信号传递，输出用继电器进行信号传递。共由 10 个输入

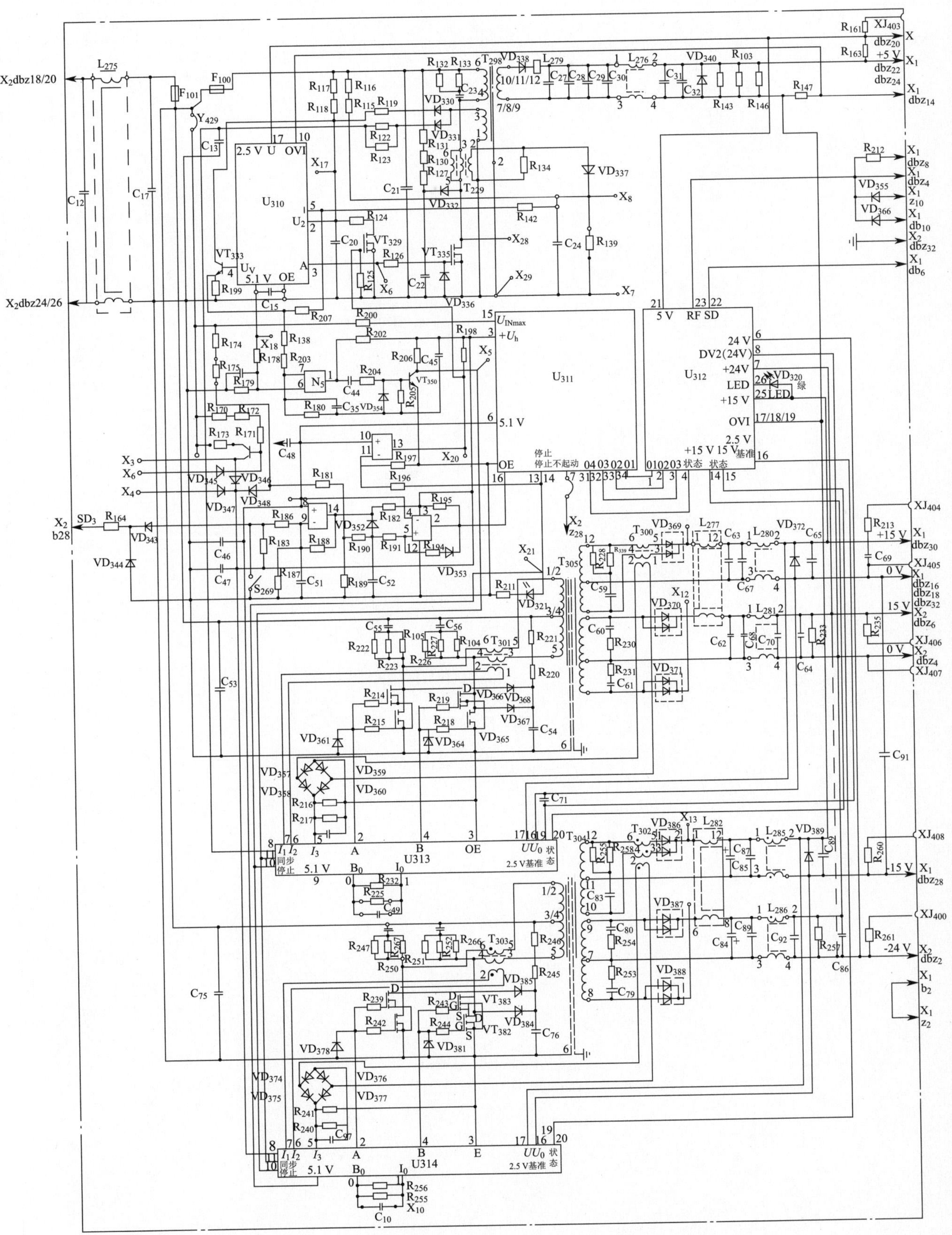

图9.7　DC 110 V/5 V、±15 V、±24 V开关电源原理电路

通道和 10 个输出通道组成。

(3)输入电路

本插件有 10 个输入通道，其中通道 1、2 只有反相输出；通道 3、4 只有同相输出；通道5～10 同时有同相和反相输出端，且在板上已供接地。现以通道 10 为例，其原理如图 9.9 所示。

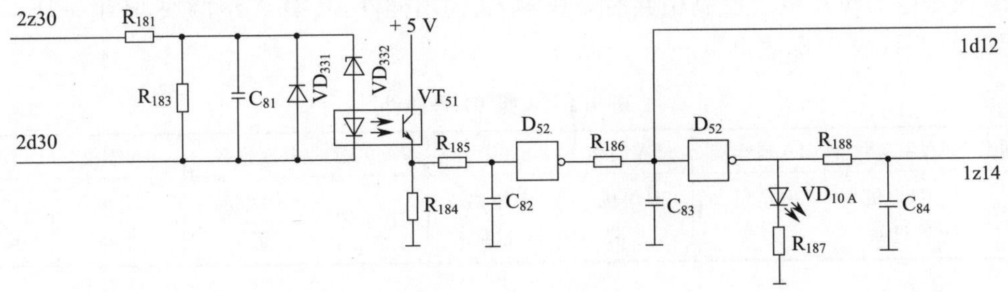

图 9.9 输入电路

图 9.9 中 2d30 为 110 V 地线，2z30 为输入端，接受来自机车控制电路的状态信号，如牵引、制动等。当 2z30 为 110 V 时，光电耦合器 VT_{51} 导通，1d12 输出低电平，1z14 输出高电平，VD_{10A} 黄色发光二极管发光。通过光电耦合器 VT_{51} 的作用，输入 110 V 的状态信号，变成了高、低电平的逻辑信号，实现了 DC 110 V 电路与电子电路间的输入隔离。

为提高输入通道的抗干扰能力，在光电耦合器输入端串联了一个稳压管 VD_{332}，又并联了一个电阻 R_{183}，这样可提高输入的动作门槛电压，减小输入电流。

光电耦合器和稳压管上反并的二极管 VD_{331} 用来保护负电压，防止损坏光电耦合器。每个输入通道接有一个黄色的发光二极管，在光电耦器导通时发光二极管亮，表示 110 V 输入，该通道处于工作状态。设置 1d12、1z14 两个逻辑状态输出，可供系统设计需要选择使用。

(4)输出电路

本插件共有 10 个输出通道，其中通道 8～18 可以用高电平或低电平信号进行复位；通道 19、20 不能复位。以通道 11 为例，其原理如图 9.10 所示。

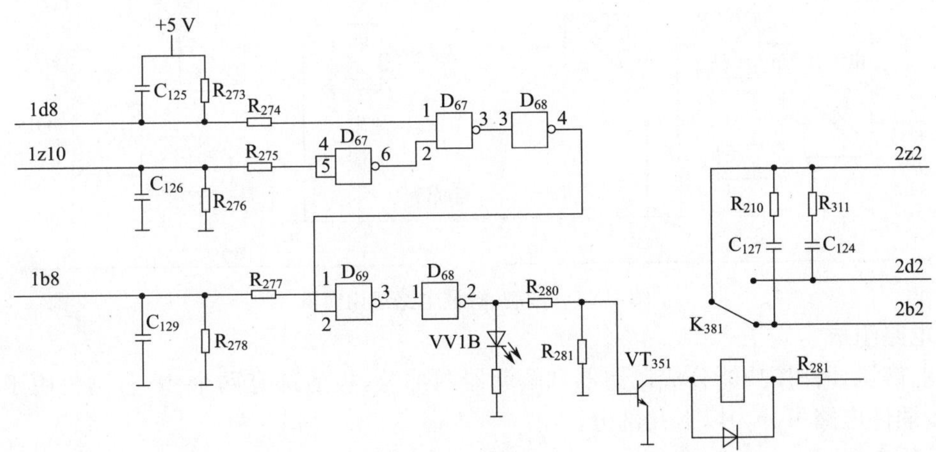

图 9.10 输出电路

当 1b8 为高电平时，D_{68}-2 为高电平，VV1B 黄色发光二极管发光，三极管 VT_{351} 导通，继电器 K_{381} 吸合。继电器输出端接的 RC 元件，用于保护继电器的输出接点，对应的发光二极管用于指示该通道是否处于工作状态。

图 9.10 中 D_{67}-3、D_{67}-6、D_{68}-4 及附属电路组成一个复位电路，该复位电路的输出端为 10 个输出通道所共用，端子 1d8 为低电平复位端，1z10 为高电平复位端，任何一个有效即可封锁输出通道。

(5)输入、输出通道的分配及面板各显示灯的含义

SS_4 改型电力机车电子控制柜共有 3 块输入、输出插件，其中 A 组两块，B 组一块，各通道的分配见表 9.1、表 9.2、表 9.3。

表 9.1　A 组 01 号插件

输入通道	3A 空电联合	4A 操作端	5A 制动	6A 牵引	7A 主断	8A 准备	9A 零位	10A 主合
输出通道	1B 电机 1 过载	2B 电机 2 过载	3B 电机 3 过载	4B 电机 4 过载	7B 空转	8B 电源正常	9B 跳主断	10B 非操作端

表 9.2　A 组 05 号插件

输入通道	1A 缓解	2A 锁定	4A 向前	5A 架Ⅰ切	6A 架Ⅱ切	7APFC1 合	8APFC2 合	9APFC3 合	10APFC4 合
输出通道					6B PEC 过载	7B 缓解	8B 次短	9B 撒砂	10B I_F 过载

表 9.3　B 组 01 号插件

输入通道	4A 操作端	5A 制动	7A 主断	8A 准备	9A 零位	10A 主合			
输出通道	1B 电机 1 过载	2B 电机 2 过载	3B 电机 3 过载	4B 电机 4 过载	5B 非操作端	7B 电源正常	8B 次短	9B 跳主断	10B I_F 过载

3. 调制解调插件(板位:09)

(1)插件主要功能

调制、解调插件的主要功能是对本务机车的电流给定值进行定频 PWM 脉宽调制。脉冲宽度对应于给定值，电平为蓄电池电平。调制脉冲经重联线传送给各重联机车，经各机车独立解调后，形成原给定模拟量。图 9.11 是其运用实例。

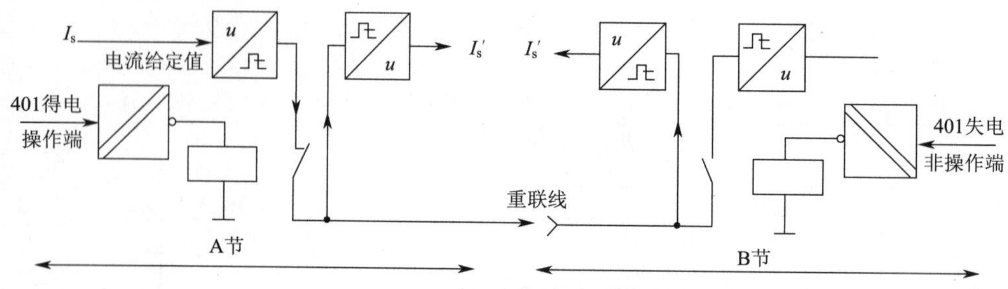

图 9.11　调制、解调电路运用实例

(2)电路组成

调制、解调插件按功能分成调制器和解调器两部分，板后部有两个 48 芯插头用于对外连接。整个插件电路可分为以下几部分。

①稳压电源

它由输入的+15V 电源经三端稳压器稳压形成一个 9 V 稳压电源，作为调制、解调电路的参考电源。

②调制电路

该电路的作用是将司机给定的模拟信号变为一定频率的脉宽调制信号。

③解调电路

该电路的作用是将调制脉冲信号经重联线输入到各解调电路解调又变为模拟信号。

④调制脉冲的传送电路

无论机车运行在单机还是重联工况，只有操作端的调制电路工作。其调制脉冲经重联线传送至各电子控制柜独立解调，如图 9.15 所示。当操作端(即 401 导线)得电时，装在输入输出板上的继电器常开触点闭合；当 401 失电时(即非操作端)，装在输入输出板上的继电器常开触点打开。操作端的调制脉冲经继电器的常开触点一路去本端的解调电路解调，另一路经过重联线送至非操作端的解调电路解调。非操作端的调制电路不工作。

4. 保护逻辑插件(板位:33)

(1)插件主要功能

保护逻辑插件的主要功能有：对牵引变压器次边的过流、各牵引电机过流、励磁过流故障的检测和保护，以及对这些过流保护动作的保持和显示环节。它还包括了电子控制柜主要电子电路插件在位保护和机车窜车 I_S/d_α 保护环节。保护功能通过该插件送出的逻辑信号执行封锁脉冲，跳主断路器和励磁接触器。

(2)电路框图(图 9.12、图 9.13、图 9.14)

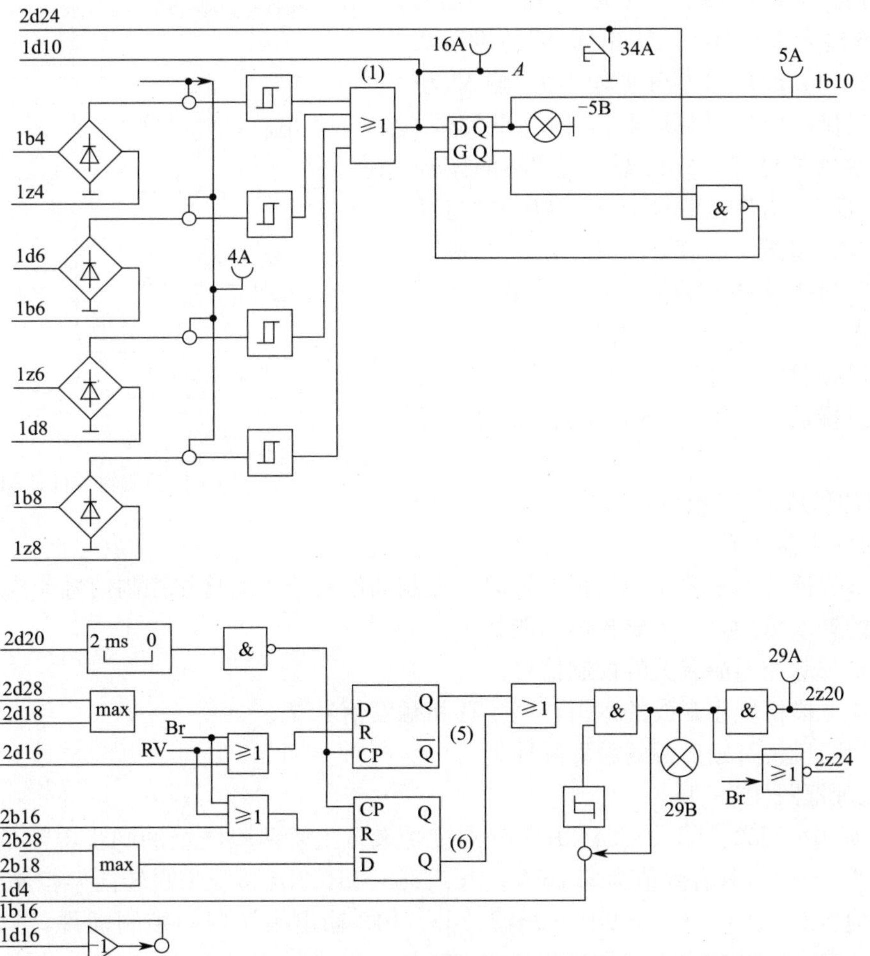

图 9.12　保护逻辑插件框图 1

图 9.12 中 1b4、1z4；1d6、1b6；1z6、1d8；1b8、1z8 为输入次边电流信号。2d24 为来自“输入、输出插件”的主断路器“合”信号；1b10 输出去“输入、输出插件”提供次边过流显示信号。2d16、2b16 为来自“输入、输出插件”的转向架切除信号。2d20、2d28、2d18、2b28、2b18 分别来自“脉冲形成插件 1、2”。其中 2d20 作为窜车保护环节的时钟信号，2d28、2d18、2b28、2b18 作为两转向架窜车保护环节的输入信号。2z20、2z24 输出去“脉冲放大插件”作为脉冲封锁信号。

图 9.13 中有 7 路功能相同的显示保持电路，其中 4 路用于保持牵引电机过载显示信号；一路用于保持励磁过载显示信号。其他两路作为备用。1z10、1d12、1z12、1d14、1z14 分别输出去“输入、输出插件”，提供牵引电机过载以及励磁过载的显示信号。

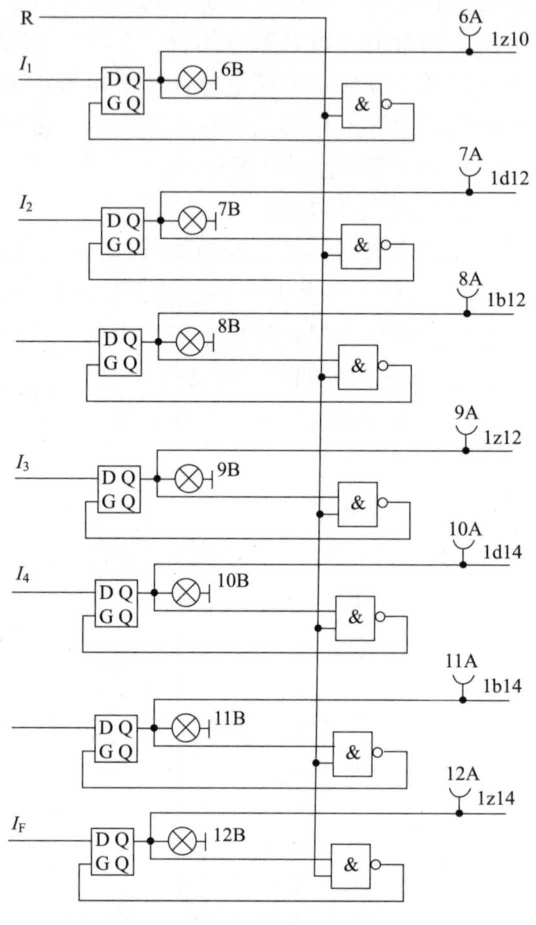

图 9.13　保护逻辑插件框图 2

图 9.14 中 1d18、1d20、2d2、2d4、2b8 分别输入来自牵引电机 1、2、3、4 的电流信号和来自“转向架控制插件”的励磁电流信号，作为牵引电机及励磁过载检测用。2b26、2d22、2z30、2b30、2d26 输入来自“输入、输出插件”的机车状态信号。2b14、2z22、2d10 分别输出去“输入、输出插件”，提供跳原边过载继电器，跳主断路器，跳励磁接触器的信号。2b10 输出去“转向架控制插件”封锁 PI 调节器信号；2z10 输出去“特性控制插件”，封锁指令的信号；2d12 输出去“脉冲形成插件”，封锁脉冲列的信号。其他端子为预留或检测用。

(3)各检测灯、孔含义

保护逻辑插件(33 号)各检测灯、孔含义见表 9.4。

5. 脉冲形成插件(板位：37、41)

(1)插件主要功能

脉冲形成插件的主要作用是根据转向架控制插件所产生的移相控制信号形成三段顺控桥及励磁桥的触发脉冲。其主要具体功能如下：

①产生与脉冲形成有关的控制信号。

②形成三段桥顺序开放的逻辑并产生移相触发信号 d_α。

③产生三段桥及励磁桥的触发脉冲。

(2)原理框图(图 9.15)

图 9.15 中，2d20、2b20、2d24、2b24 分别接受来自主桥两段绕组的同步电压信号，该信号在网压为 25 kV 时，其有效值为 5.76 V。2d2、2b2、2d4、2b4 接受来自转向架控制插件的直流移相控制信号 U_{E1}、U_{E23}、U_{E4}。2d10、2d12、2d8、2b12 输出去转向架控制插件，供调节器限幅用。2z14、1d22、1z22 输出去保护逻辑插件，其中 2z14 作为窜车保护环节的时钟信号，1d22、1z22 作为该环节的输入信号。1d18、1d20、1b18 为来自保护逻辑插件的封锁信号。2z14 为电

制动状态信号，来自输入、输出插件。输出脉冲信号，去脉冲放大插件。

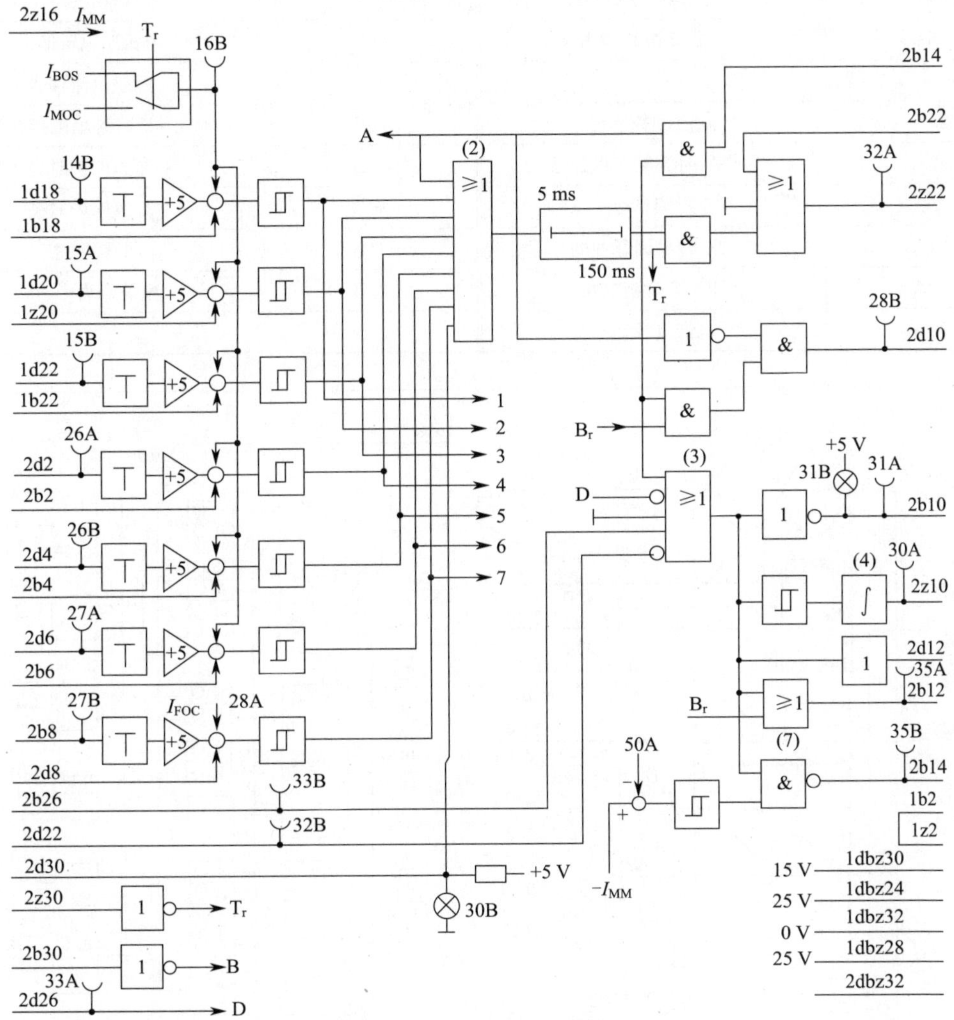

图 9.14　保护逻辑插件框图 3

表 9.4　33 号插件各检测灯、孔含义表

检测灯、孔	含　义	检测灯、孔	含　义
5A	次边短路为＋5 V	5B	次边短路时亮
6A	电机 1 过载时为＋5 V	6B	电机 1 过载时亮
7A	电机 2 过载时为＋5 V	7B	电机 2 过载时亮
9A	电机 4 过载时为＋5 V	9B	电机 3 过载时亮
10A	电机 5 过载时为＋5 V	10B	电机 4 过载时亮
12A	励磁过载时为＋5 V	12B	励磁过载时亮
		13B	超速时为＋5 V
		14B	电机 1 电流输入
15A	电机 2 电流输入		
16A	次边短路为＋5 V	16B	牵引、制动过载整定值

续上表

检测灯、孔	含　义	检测灯、孔	含　义
26A	电机 3 电流输入	26B	电机 4 电流输入
		27B	励磁电流输入
28A	励磁过载整定	28B	+5 V 时跳励磁接触器
29A	0 V 时为窜车保护	29B	窜车保护时亮
30A	封锁指令	30B	环线保护时亮
31A	0 V 时封锁脉冲列	31B	封锁时亮
32A	+5 V 时跳主断	33B	整备好为+5 V
34A	恢复按钮		

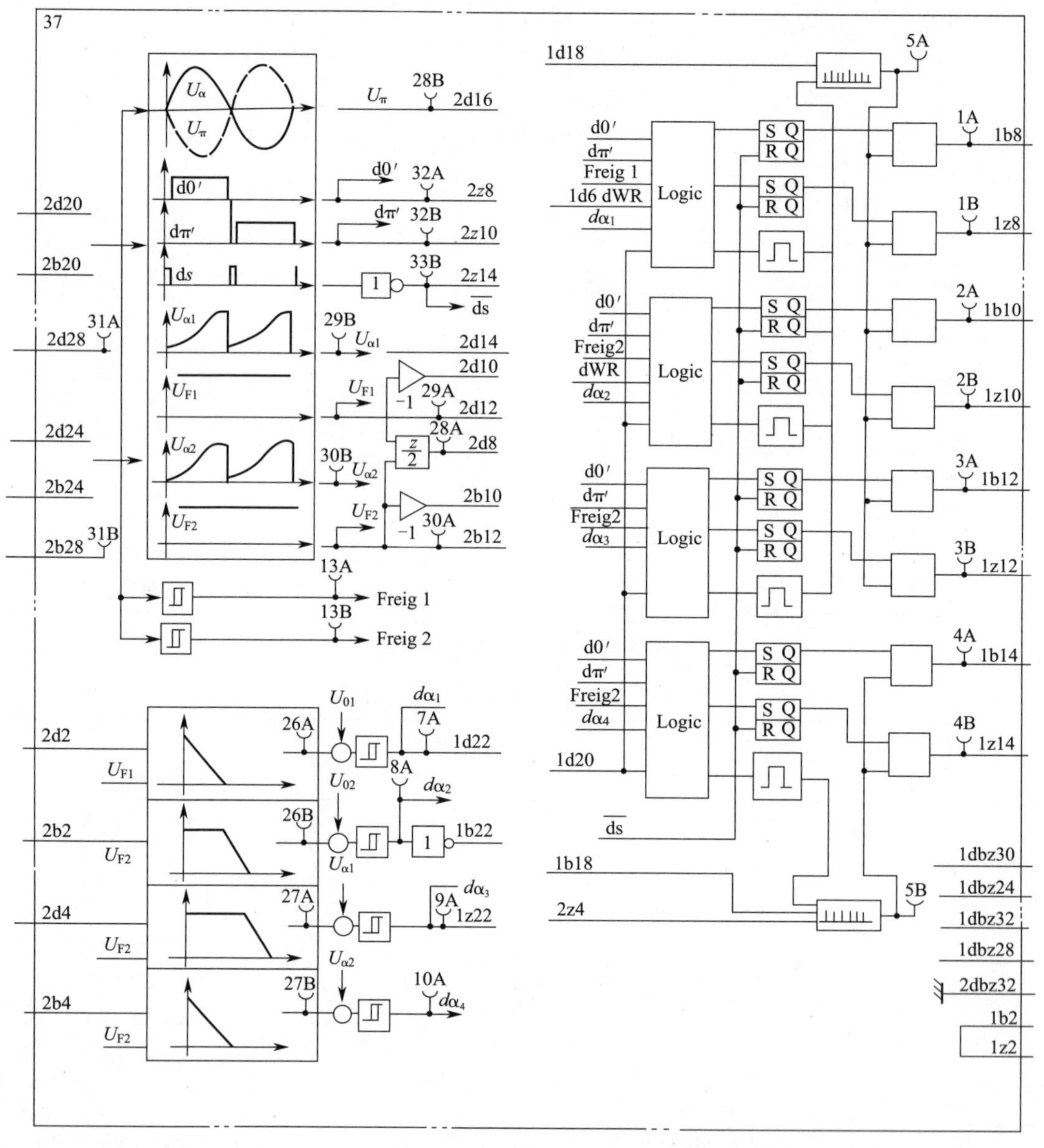

图 9.15　脉冲形成电路框图

(3)检查灯、孔的含义(表 9.5)

表 9.5　架Ⅰ(37 号)、架Ⅱ(41 号)脉冲形成插件检测灯、孔含义

检测灯、孔	含　义	检测灯、孔	含　义
1A	T5、T5 触发脉冲	13A	最小换向角限制　宽度 900 μs
1B	T6、T6 触发脉冲	13B	最小换向角限制　宽度 900 μs
2A	T1、T1 触发脉冲	27A	一段桥移相控制电压
2B	T2、T2 触发脉冲	27B	二段桥移相控制电压
3A	T3、T3 触发脉冲	28A	三段桥移相控制电压
3B	T4、T4 触发脉冲	28B	励磁桥移相控制电压
4A	T11 触发脉冲	29A	U_V 网压峰值信号平均值
4B	T12 触发脉冲	29B	U_X 信号(与同步电压反相)
5A	脉冲列	30A	U_{V_1}(网压峰值信号,8 V DC)
7A	一段桥移相触发信号	30B	$U_{\alpha1}$(一段桥同步移相信号)
7B	一段桥移相时亮	31A	U_{V2}(网压峰值信号,8 V DC)
8A	二段桥移相触发信号	31B	$U_{\alpha2}$(二段桥同步移相信号)
8B	二段桥移相时亮	32A	网压同步信号全波整流
9A	三段桥移相触发信号	32B	网压同步信号全波整流
9B	三段桥移相时亮	33A	d_0' 信号(正半周逻辑信号)
10A	励磁桥移相触发信号	33B	d_π' 信号(负半周逻辑信号)
10B	励磁桥移相时亮	34B	d_s(网压过零信号,宽度 20 μs)

6. 脉冲放大插件(板位:45)

(1)插件主要作用

脉冲放大插件的作用是将脉冲形成插件产生的脉冲进行功率放大,送至整流硅机组触发相应的晶闸管。

(2)电路组成及原理

电路原理框图(图 9.16),此图为一个通道及公共封锁信号电路框图。

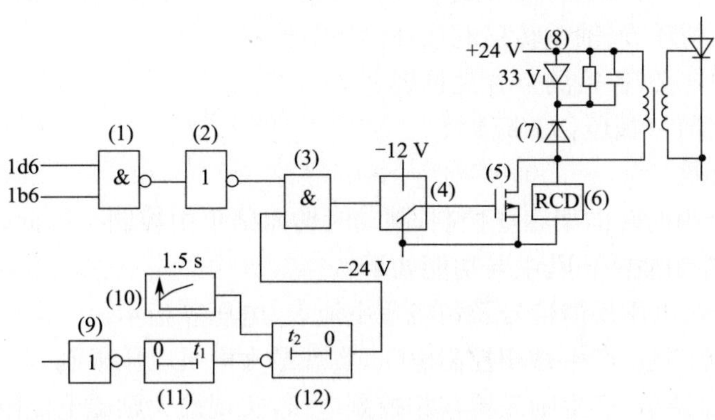

图 9.16　脉冲放大电路框图

脉冲放大插件由18个完全一样的独立放大通道构成,使用时可根据要求插装所需通道(每个通道的输入来自脉冲形成插件,输出去“转换控制插件”,转换后送至脉冲变压器)。为了可靠地触发晶闸管,电路中设置了以下必要的封锁信号:

①每两个通道的共同封锁;

②对所有通道的延时封锁。

(3)各检测孔含义

脉冲放大插件各检测孔含义见表9.6。

表9.6　45号脉冲放大插件检测孔含义表

检测孔	含　义	检测孔	含　义
1A	(架Ⅰ)T_5 脉冲	1B	T_6 脉冲
2A	T_1 脉冲	2B	T_2 脉冲
3A	T_3 脉冲	3B	T_4 脉冲
4A	(架Ⅱ)T_5'脉冲	4B	T_6'脉冲
5A	T_1'脉冲	5B	T_2'脉冲
6A	T_3'脉冲	6B	T_4'脉冲
7A	(励磁)T_{11}脉冲	7B	T_{12}脉冲
8A	(功补)135 QV 脉冲	8B	134 QV 脉冲
9A	145 QV 脉冲	9B	144 QV 脉冲

7. 特性控制插件(板位:61)

(1)主要功能

特性控制插件主要用于形成牵引、制动特性,实现轴重转移电气补偿,产生控制两个转向架的牵引、制动指令。

(2)原理框图(图9.17)

(3)电路组成

插件原理电路主要由牵引特性形成环节、制动特性形成环节、给定积分跟踪环节、黏着限制环节、制动附加限制环节、轴重转移电气补偿环节构成。

(4)各检测孔的含义(各检测空含义见表9.7)。

8. 转向架控制插件(板位:53、57)

(1)插件主要功能

SS_4 改型机车牵引时转向架独立控制,制动时转向架集中控制。因此,在电子柜中有两块完全相同的转向架控制插件。其主要功能如下:

①提供电机电流、电压反馈信号及司机室电流表、电压表指示。

②进行电枢电流调节,产生移相控制电压,实现最大电机电压限制。

③进行制动电流调节,产生励磁桥移相控制电压,实现最大励磁电流限制。

④实现加馈制动的控制。

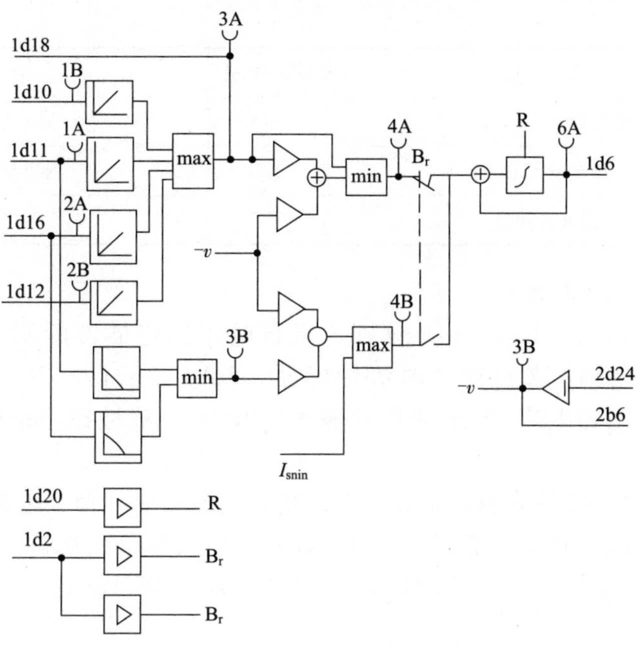

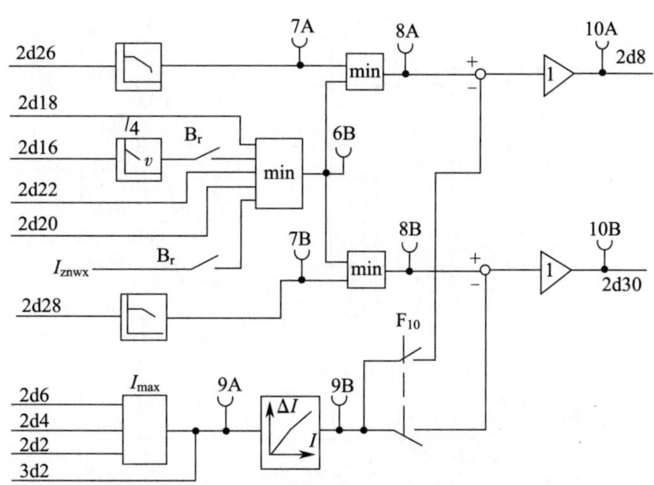

图 9.17 特性控制原理框图

表 9.7 61 号插件检测灯、孔含义

检测灯、孔	含　义	检测灯、孔	含　义
1A	Ⅰ端主台司控电位器输入	5B	速度信号(v=20 km/h)
1B	Ⅰ端副台司控电位器输入	6A	给定值积分输出
3A	牵引指令信号:$U_{3A}=0.5\ U_i$	6B	牵引时:$U_{6B}=U_{6A}$,制动时,U_{6B}受 $Is=f(v)$限制
3B	制动指令:$U_{3B}=7.5-0.5\ U_i$	7A	架Ⅰ黏着限制
4A	牵引特性	7B	架Ⅱ黏着限制
4B	制动特性	8A	架Ⅰ给定值 $U_{8A}=U_{8B}=U_{7B}$

续上表

检测灯、孔	含　义	检测灯、孔	含　义
8B	架Ⅱ给定值 $U_{8B}=U_{6B}=U_{7B}$	10A	架Ⅰ实际给定值
9A	全车最大电流	10B	架Ⅱ实际给定值
9B	前架减载量		

(2)框图(图 9.18、图 9.19)

图 9.18 中,2b8、2d8、2b14、2b18 分别为来自电压给定插件的两个电流反馈信号和两个电压反馈信号。2b10 来自励磁电流传感器。2d24、2b24、2b20、2d16、2d14 送往司机室提供电机电流、励磁电流、电压的仪表显示。2d28 去特性控制插件。其他端子为预留或测试用。

图 9.19 中,2z12、2b12 位来自防空转插件的制动电流指令和牵引电流指令,2d12 为来自特性控制插件的全车最大电流反馈信号,1d12、1b12、1b14、1z12 为脉冲形成插件送来的网压峰值信号,该信号在网压为 25 kV 时,$|U_{F1,2}|=8$ V,1b8、1d8、1z8 送出直流移相控制电压去脉冲形成插件。

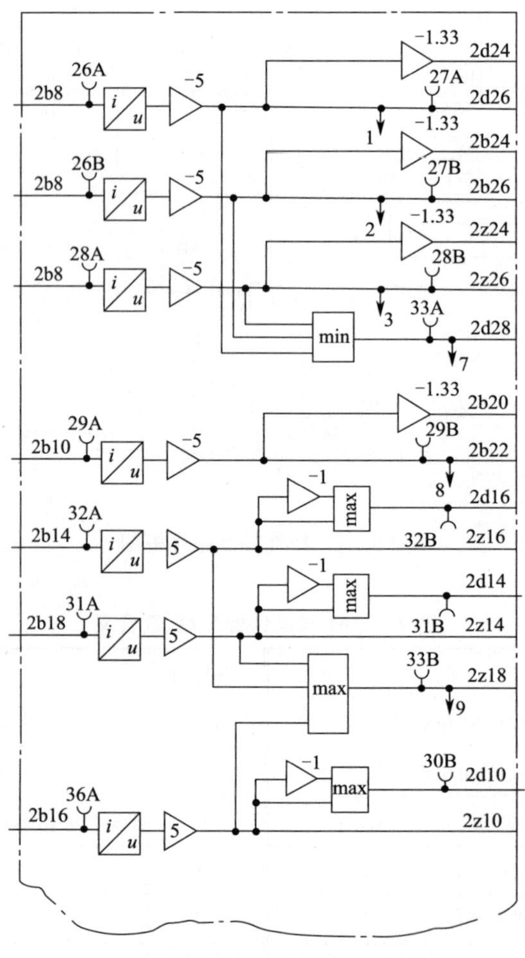

图 9.18　反馈信号处理电路框图

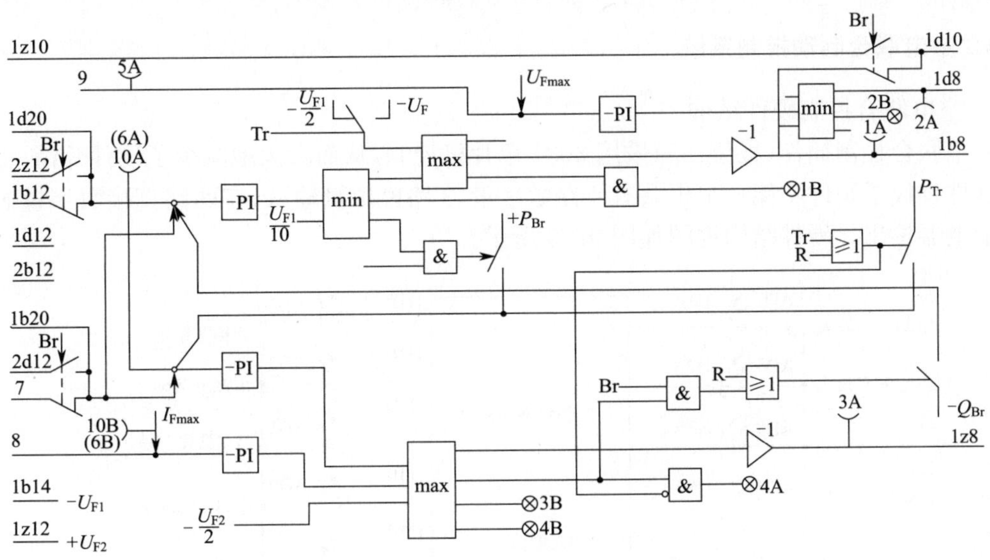

图 9.19 调节器及逻辑电路框图

(3)面板检测孔、灯含义(表 9.8)

表 9.8 53 号(57 号)插件检测灯、孔含义

检测灯、孔	含 义	检测灯、孔	含 义
1A	大段桥直流移相信号	1B	电枢调节器工作时亮
2A	两小段桥直流移相信号	2B	电压限制调节器工作时亮
3A	励磁桥直流移相信号	3B	励磁限制调节器工作时亮
4A	励磁调节器工作时亮	4B	$\frac{1}{2}U_r$ 限制时亮
10A	电流给定信号	10B	最大励磁整定信号
26A	1(3)位电机电流输入	26B	2(4)位电机电流输入
27A	1(3)电流反馈信号 $U_{27}A=-5U_{36}A$	27B	2(4)位电流反馈信号 $U_{27}B=-5\ U_{16}B$
29A	励磁电流输入	29B	励磁电流反馈信号 $U_{29}B=-5\ U_{29}A$
31A	2(4)位电机电压输入	31B	2(4)位电压显示信号,$U_{31}B=-5\|U_{31}A\|$
32A	1(3)位电机电压输入	32B	1(3)位电压显示信号 $U_{23}B=5\|U_{32}A\|$
		33B	最大电机压反馈信号

9. 转换控制插件(板位:B 组 53、57)

用于 A、B 组电子控制电路触发脉冲的转换和司机室电机电流表、电压表显示信号的转换。

10. 电压给定插件(板位:B 组 61)

插件主要功能:

①进行电机电流、电压信号的处理,提供 B 组运行时司机室电流表、电压表显示。

②对司机指令信号进行处理,提供 B 组运行时牵引、制动给定值信号。

③牵引时可实现恒流控制,自动限压。

9.1.6　空电联合制动控制系统

1. 空电联合控制硬件结构

空电联合控制插件(板位:65)采用 8031 单片机控制,从而大大地减少了硬件开销,也就是说由软件替代了硬件功能。本板共有 4 路数字量、3 路模拟量输入,有两路直接数字量输出及两路继电器输出。硬件结构框图如图 9.20 所示。

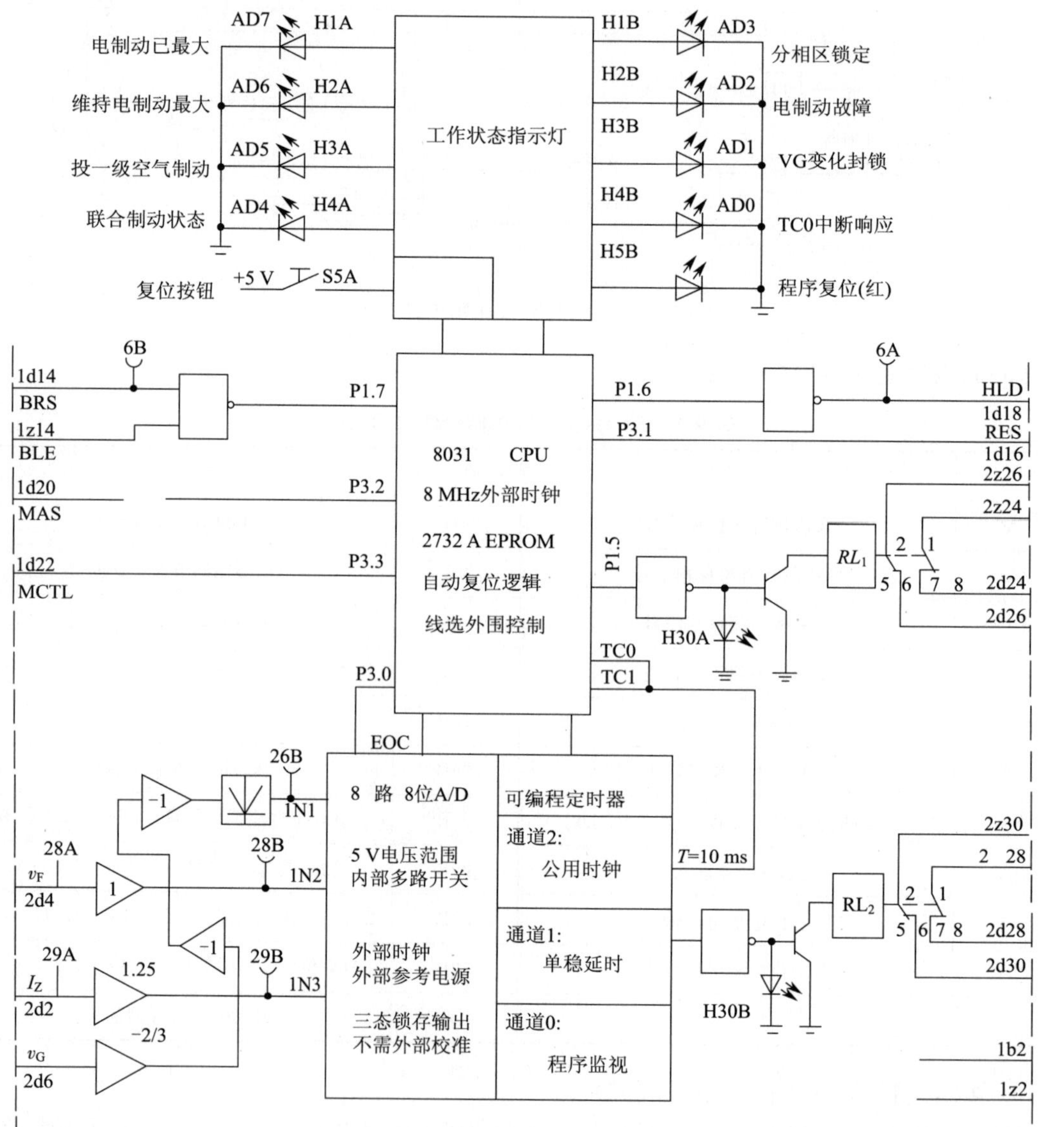

图 9.20　空电联合控制板硬件结构框图

2. 空电联合输入输出信号

(1)数字量输入

①制动状态(BRS)

来自牵引制动控制系统。表示机车是否处于制动状态,高电平有效。

②联合位(BLE)

来自联合开关,经牵引制动控制系统中的输入输出板(以下简称输入输出板)转换为 HC-MOS 逻辑电平。联合开关置I位或II位时,BLE 位高电平;置切除位时 BLE 位低电平。

③分相区锁定(MAS)

来自有接点控制电路,由输入输出板的反相通道转换为 HC-MOS 逻辑电平。主断分断后为低电平,司机按动主司机操纵台上的"恢复"按钮后变为高电平,低电平时锁定制动机状态。

④手动缓解(MCTL)

来自有接点控制电路,由输入输出板反相通道转换为 HC-MOS 逻辑电平。当制动机由制动状态转换为缓解状态时由高电平变为低电平。

(2)模拟量输入

①反馈速度(v_F)

来自牵引制动控制系统。1V∶20 km/h。

②给定速度(v_G)

来自牵引制动控制系统。为制动给定电位器输出经反比例变换而成的制动级位号信号。v_G 在板内再经过 2/3 比例变换。在内部 1V∶20 km/h。

③制动电流(I_Z)

来自牵引控制控制系统。即电机电流反馈信号 I_M 板内经 1.25 比例放大。转换后在内部 lV∶160 A。

(3)直接数字量输出

①维持电制动最大(HLD)

高电平有效,送至牵引制动控制系统中最大制动电流限制环节。

②缓解机车空气制动(RES)

高电平有效,通过输入输出插件中的继电器输出,控制机车的闸缸缓解。

(4)继电器输出

①空气制动投入、缓解继电器(RL_1)

RL_1 得电表示投入空气制动,即减压 50 kPa。RL_1 失电表示缓解空气制动。

②追加减压继电器(RL_2)

RL_2 得电时间控制减压量。

3. 空电联合控制逻辑

(1)空电联合控制板只有在制动状态且联合开关置于联合位(I 位或 II 位)时才行使其控制功能。

(2)空气制动的投入必须以制动电流达到与机车速度相对应点的最大值(限制值)且持续一定的时间为前提。

(3)机车速度超过给定速度且差值达到 5 km/h 时,投入一级空气制动;差值达到 15 km/h 且一级空气制动投入已达 5 s,则追加减压 2 s。差值未达 15 km/h,但一级空气制动投入后 5 min仍未缓解,则追加减压 2 s。

(4)机车速度低于给定速度而且差值达到 15 km/h,则缓解空气制动;若给定速度低于 30 km/h,则不执行自动缓解。

(5)一旦空气制动投入,电制动则维持最大限制值,不受准恒速特性控制,直到空气制动缓解后再维持 1 min,然后根据准恒速特性进行控制。

(6)空气制动投入后,可以由司机手动缓解(称人工干预),对缓解后的处理与自动缓解相同。但人工干预后 2 min 之内不再自动投入空气制动。

(7)机车经过分相无电区时,通过主断路器的分闸操作锁定列车制动机状态,分相区通过后,经合闸、进级进入稳定状态后,司机按动"恢复"按钮解除锁定。

(8)只要机车电制动存在,则机车空气制动自动缓解。

(9)若机车电制动故障(有电制动指令而无制动电流)则投入一级空气制动并酌情追加。

(10)联合开关置"Ⅱ位"时无自动缓解功能,其余同"Ⅰ位"。

4. 插件面板指示灯含义

H1A——亮表示制动电流已达最大,欠速时熄灭。

H1B——亮表示分相区锁定,按"恢复"按钮时熄灭。

H2A——亮表示给出电制动维持信号,灭表示维持结束。

H2B——亮表示电制动故障。

H3A——亮表示空气制动已投入,灭表示空气制动已缓解。

H3B——亮表示主手柄移动超过一定速率,稳定 5 s 后灭。

H4A——亮表示联合制动有效。灭表示联合制动切除。

H4B——闪烁表示插件基本功能正常。亮或灭表示板故障。

H30A——亮表示 RL1 得电,灭表示失电。

H30B——亮表示 RL2 得电,灭表示失电。

S5A——板复位按钮。用于故障后恢复运行或调试。

S5B——亮表示插件发生过程序运行监视复位。可以用"S5A"按钮清除。

9.1.7 功率因数补偿控制系统

1. 控制电路简介

SS_4 改型机车 PFC 装置的投切控制主要由电子控制柜补偿控制插件与补偿接口插件完成。投切控制框图如图 9.21 所示。

补偿控制板是采用 Z80CPU 及外围电路构成一块专用微机板,用于对原边电压信号、原边电流信号进行采样,计算无功含量,综合判别各种逻辑,决定 PFC 装置的投入与切除。

补偿接口板用于判别晶闸管开关电压过零时刻,检测 PFC 装置的滤波电流并生成投入脉冲。

2. 投切控制原则

(1)投切控制依据

根据一组 PFC 装置的无功补偿容量及微机实测机车无功大小,决定 PFC 装置的投入与切除,尽量补偿到机车无功量为最小值。

在机车发挥 50%额定功率以下工况时,亦根据情况适当补偿。

(2)投切顺序

4 组 PFC 装置分时投切原则为先投先切,即

投入顺序为:PFCl→PFC2→PFC3→PFC4。

切除顺序为:PFCl→PFC2→PFC3→PFC4。

(3)有关时间限定

每组 PFC 装置投入后,至少经过 500 ms 方可切除。每组 PFC 装置切除后,至少经过

500 ms方可重新投入。

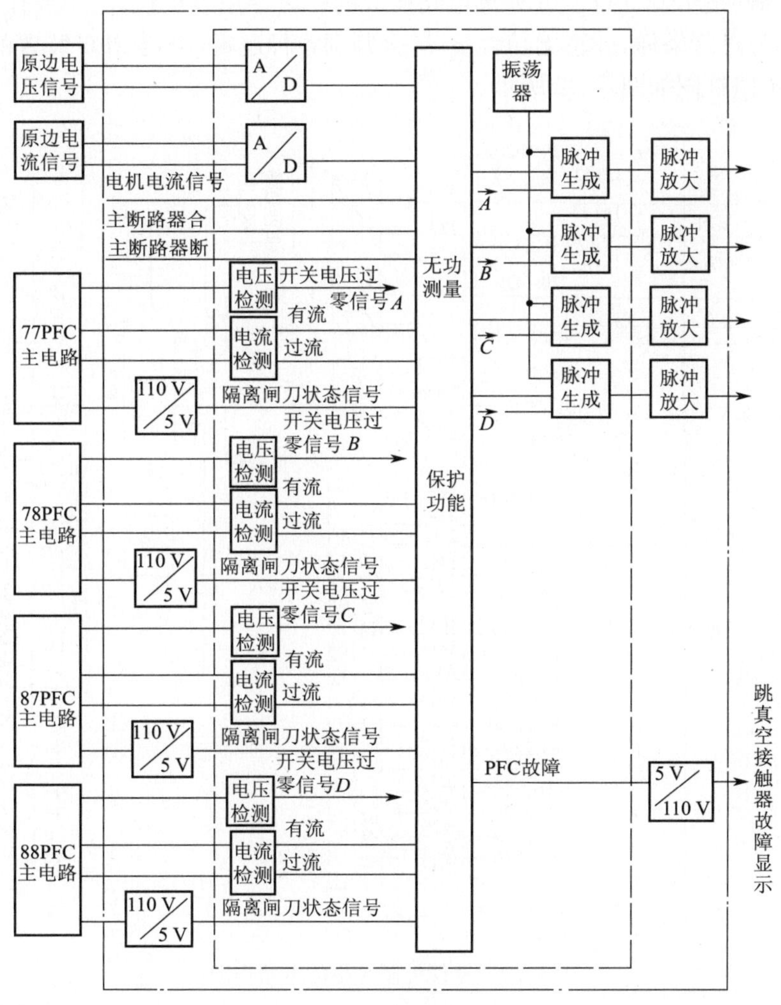

图 9.21 功率因数补偿控制系统

3. 保护功能

(1)过流保护

当 PFC 装置中滤波电流有效值或峰值超过保护值、持续时间超过 500 ms 时,封锁该组 PFC 装置晶闸管开关的触发脉冲。

当有两组以上 PFC 装置过流时,封锁全部晶闸管开关的触发脉冲。

(2)起动保护

机车起动时,若最大电机电流大于 840 A 微机置复位,PFC 装置不工作。

(3)高网压保护

原边电压有效值大于 29.5 kV,持续时间超过 500 ms 时,PFC 装置不工作。

(4)逻辑错误保护

在隔离闸刀闭合状态,检测到有电流而没有投入信号或有投入信号而没有电流时,封锁对应的 PFC 装置晶闸管开关的触发脉冲。同时输出保护信号,经有触点电器接通功补故障灯,并跳功补接触器。

4. 补偿控制插件(板位:77)

补偿控制插件是 Z80CPU 及其外围电路构成的一块专用单板机,其主要作用是对原边电压、原边电流信号进行采样,计算无功含量,综合判别各种逻辑,决定 PFC 装置的投入与切除,并显示故障。电路框图如图 9.22 所示。

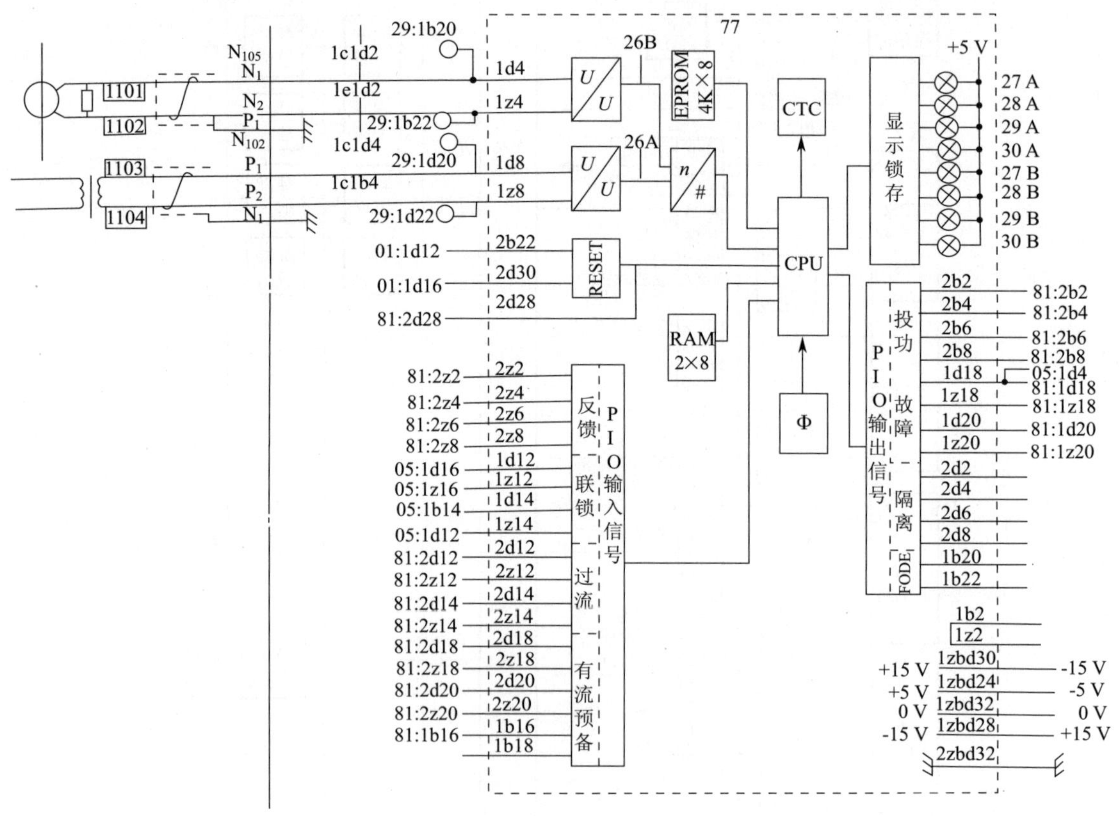

图 9.22　补偿控制插件的电路框图

原边电压由原边电压互感器的次级(100 V)经功补专用变压器(变比 10∶1)送到插件上,经运放隔离调整和偏置 2.5 V,成为额定电压下有效值为 1.392 V、偏置 2.5 V 的单极性信号,在经 A 仍变换供 CPU 采样。由于所采用的 A/D 芯片 0809 为单极性 5 V,所以信号需加偏置。

原边电流由接在主变压器原边绕组接地端的低压电流互感器取得信号,再经隔离调整和偏置,成为偏置 2.5 V 的单极性信号,当原边电流有效值为 300 A 时,信号有效值为 1 V。Z80 单板机由 Z80CPU、Z80CTC、Z80PIO(两片)、ADC0809(两片)、数据存储器 RAM、程序存储器 EPROM 及其有关数字电路构成。系统时钟由 3.9936 MHz 晶振分频提供,主频为1.9968 MHz。ADC0809 的时钟频率为 499.2 kHz。

两片 ADC0809 分别对加偏置电压后的原边电压、原边电流信号进行采样,将模拟信号换成数字信号以便 CPU 进行无分量的计算。两片 ADC0809 同时起动,数据分时读出。

PFC 装置的投切时间、故障显示和保护主要由软件实现。PFC 装置投切控制的主要原则如下:

Q>480 kvar 时投入一组 PFC 装置,直至 4 组 PFC 全部投入;

Q<120 kvar 时切除一组 PFC 装置,直至 4 组 PFC 全部切除;

补偿控制插件必须与补偿接口插件同时工作,共同完成 PFC 装置的控制和保护。

5. 补偿接口插件(板位:81)

补偿接口插件和补偿控制插件一起构成微机功补控制系统。该插件的主要功能有:

①将输入的模拟信号转换成系统必须的数字信号或参与形成其他信号;

②将补偿控制板输出的数字信号处理或变换成模拟信号输出。

主要信号接口有以下几种:

(1)PFC 电流输入接口。PFC 电流由交流互感器取得,比例为 800 A/2 V。经运算放大器调整和比较电路后生成“有电流”信号和“过电流”信号送至补偿控制插件。

(2)PFC 晶闸管电压输入接口。晶闸管电压由与其并联的电压传感器取得,比例为 2 000 V/80 mA。该信号在板内转换成与晶闸管电压同相、占空比约为50%的方波同步信号,用该信号的上升沿作为信号,实现功补装置过零投入(即晶闸管瞬时电压与 PFC 电容器残留电压之差为 0)。该信号的另一用途是与过电压基准作比较,生成过电压信号,输出至补偿控制板,同时送人内部显示环节。

(3)投入电平信号到触发脉冲的转换。由两个单稳态电路组成一个多谐振荡器,脉冲宽度为 21 μs,T=42 μs。由补偿控制插件送来的投入电平经多谐振荡器转换成脉宽为 21μs 的输出脉冲,再经过投入控制,触发脉冲才能送出。

(4)故障输出显示缓冲电路。该电路接收补偿控制板送来的故障信号并输出显示,另一方面由补偿接口插件检测到的过流或过压信号送至面板上 V40A、V40B、V41A、V41B,灯闪烁表示瞬间过流或过压,灯亮表示持续过流。

补偿接口插件共处理 4 组 PFC 的有关信号,每一组电路结构相同。

9.1.8　空转、滑行保护装置

空转、滑行保护装置又称黏着控制系统,它可有效的保护机车轮对在整个速度范围,机车运行在正常运用轨面条件下,司机控制器调速手轮在任意位置均不发生宏观空转及滑行。

该系统的主要功能有两方面:一是防止宏观空转、滑行;二是提高机车黏着利用,使机车牵引性能得到较充分发挥,平均牵引力、制动力有所提高。

SS_4 改型电力机车空转、滑行保护系统由两块电路插件组成,即 F/U 频率变换插件和空转滑行控制电路插件,装在电子控制柜的 A 组插件箱中。

1. 频率变换插件(板位:69)

频率变换插件的主要功能是将轴端转速传感器送入的轮对转速脉冲信号转换成与频率成正比的直流电压信号,同时将因轮径差等引起的误差自动补偿并且记忆。插件电路框图如图 9.23所示。该

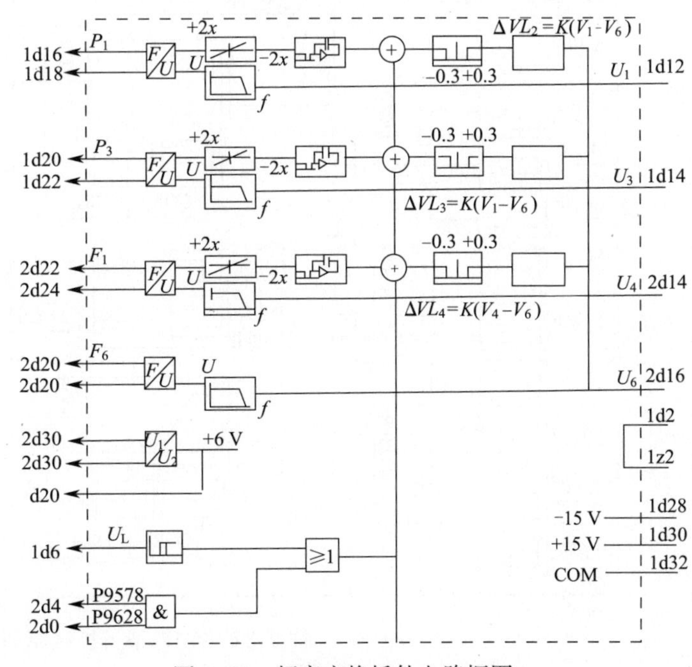

图 9.23　频率变换插件电路框图

插件电路由完全相同的四路频率变换电路和轮经补偿电路组成。

2. 空转、滑行控制插件(板位:73)

空转、滑行控制插件的主要功能是对频率变换后的速度信号分别进行处理，求出速度差 Δv 加速度 $\mathrm{d}v/\mathrm{d}t$ 及加速度微分 $\mathrm{d}^2v/\mathrm{d}t^2$ 等信号，在 Δv、$\mathrm{d}v/\mathrm{d}t$、$\mathrm{d}^2v/\mathrm{d}t^2$ 达到一定值时，对电流指令信号 I_s 进行空转校正及记忆，并具有自动撒砂、空转显示及自动制动阀缓解等附属功能。同时，该插件还可提供机车速度信号的恒压、恒流输出。空转、滑行控制电路框图如图 9.24 所示。该插件电路由空转、滑行校正信号产生电路和给定电流下降及恢复控制电路组成。

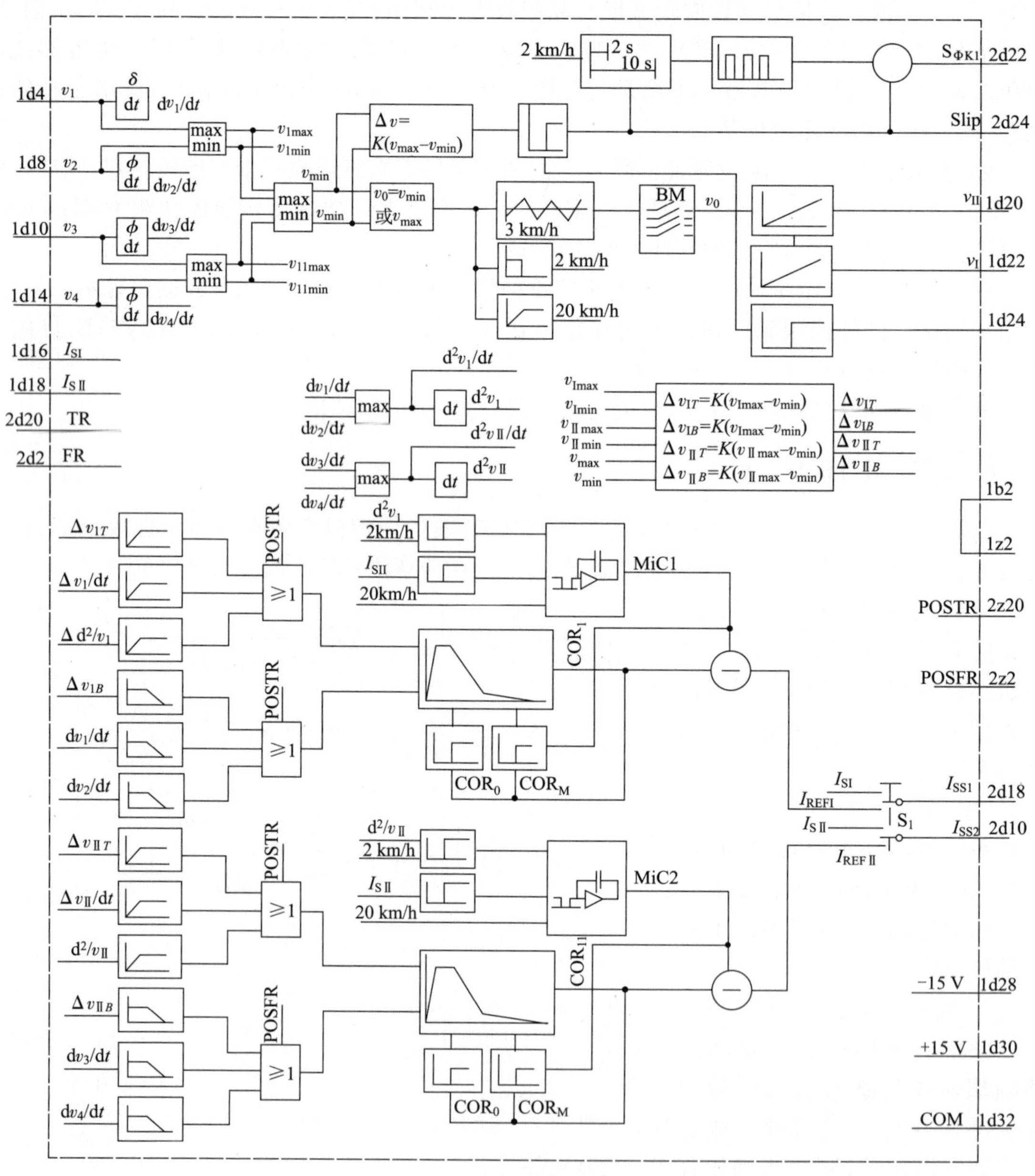

图 9.24 空转、滑行控制原理框图

9.2 SS9 型电力机车微机控制柜

9.2.1 概 述

SS9 型电力机车采用微机控制,能够实现机车的牵引/制动特性控制、空转/滑行保护、空电联合制动控制等基本功能,并具有故障监控、故障记录和完善的高、低压自检功能,具有初步的故障诊断和智能控制功能。电力机车采用微机控制来取代模拟控制是技术发展的必由之路,它标志着控制水平上升到新的台阶。

与模拟控制系统相比,微机控制系统具有如下方面的优越性:

(1)硬件的通用性好。微机控制的硬件是通用的,它不是针对某个特定任务设计的,而是按模块化的设计思想设计的。目前交直传动的微机硬件基本相同,易于从一种车型移植到另一种车型,而且易于适应设计过程中新增加的控制要求。研制新车型时,只需对硬件电路作少量的修改,主要是传感器接口通道的修改(如信号调整插件)。

(2)控制的精度高。微机控制由于采用离散的数字信号,数字量本身不受环境温度的影响,控制精度不易受电路参数的分散性及环境条件(如温度)的影响,在某种环境条件下所得数据分散性较小,重现性好,机车控制性能稳定,此外参数调整也较方便。

(3)软件的灵活性好。对不同机车的控制要求,可用改变软件的方法来实现。对于设计、调试过程中新出现的问题可以用修改或增加一段程序的方法来解决,一般不必改动硬件。有些控制功能如用硬件来实现则电路比较复杂,如用软件来实现则只是增加一段相应的程序。如多段折线的函数发生器、空转保护中的求加速度等用软件实现既方便又可靠,而且软件中某些子程序可移植性很强。

(4)系统的可靠性高。采用微机控制,主要的控制功能和保护功能都由软件来实现。只要CPU 正常工作,软件执行就不会出错,只要系统硬件与软件有机地结合,系统的可靠性就可以大大地提高。

(5)具有智能化的特点。微机本身具有记忆功能,可以存储大量的信息和某些特定时刻的信息;可以进行逻辑判断,实现复杂的控制;可以进行自检、故障检索和故障监控等工作,实现机车的故障记忆及诊断,具有智能化的特点。

9.2.2 微机控制柜结构

1. 微机控制柜的机械结构特点

SS9 型电力机车微机控制柜采用通用标准的柜体、插件箱、插件组成的嵌套式三层次模块化结构,便于设计、制造、调试和维修。

控制柜的外形尺寸为 871 mm×551.5 mm×910 mm(含外围安装裙板尺寸),如图 9.25 所示。

柜体背板右侧上有 7 个对外连接的 56 芯矩形插座,编号为 N101～N107,用于微机柜对机车的接口。左侧门盖上有 1 个故障转换开关和 1 个用于切除空转保护的钮子开关。柜体正面门盖由 8 个卡口式螺栓紧固,以便于快速拆、装。柜体背面有波纹散热板,整个柜体为密封结构,有防尘和屏蔽作用。内部安装有 1、2 层插件箱,插件箱规格为 $6U\times84R$,通过边插座连接柜体布线。两层插件箱之间有 1 个风扇层,装有 3 个风扇,强迫内部空气循环流通,以利于插件散热。柜内热量通过柜体后部的散热板传出柜外,外部风扇用于冷却散热板。整个柜体为密封结构,有防尘和屏蔽作用。柜内装有两个 5.08 尺寸系列,$6U$ 高度进制的标准插件箱,每个插件箱可安装 6U 高度进制的标准插件，共 84R(注：U 为高度模数，其值为 44.45 mm；R 为宽度模数，其值为 5.08 mm)。即柜内的 1、2 层插件箱规格选择为 6U×84R×220，其中 220 是插件的宽度，单位 mm。两个插件箱通过各自的边插座连接柜体布线。两层插件箱之间有一个风扇层，装有 3 个风扇，强迫内部空气循环流通，以利于插件散热。柜内热量通过柜体后部的散热板散出柜外，外部风扇用于冷却散热板。由于控制柜具有这种封闭的强迫风冷内循环传热和强迫风冷散热板散热的特点，使内部元器件得到充分的热交换，这不仅保证了整个控制柜在规定的＋70 ℃高温下工作，而且使柜内各个部位温度均匀，各元器件几乎在同一环境温度范围内工作，极大地保证了元器件工作性能的稳定度，减少了故障率，从而保证了整个系统工作的可靠性。

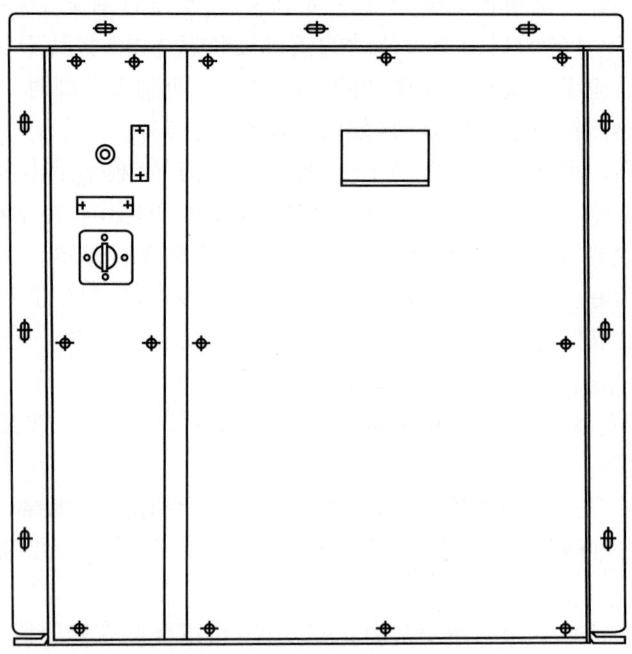

图 9.25　微机控制柜示意图

这种控制柜、插件箱、插件均已实现了标准化、系列化、通用化，这大大地缩短了产品的试制周期，降低了生产成本，其经济效果十分显著。

2. 微机控制柜的系统体系结构

控制系统采用三级分级结构，级间通信采用 RS-485 标准，CPU 为 8031：

(1)人—机对话级：主 CPU 为 80486

实现人—机对话功能，如：时钟调整，累计参数设置，轮径修正，监控信号的选取，故障记录的查询以及自检项的选择和各种工况参数、自检结果及参数的显示等。采用 C 语言编程以提高屏幕响应速度。

(2)特性控制级：主 CPU 为 80C186

实现机车调速控制、各种保护功能以及故障诊断功能。用 FUPLA 功能块语言编程，以提高编程效率和程序的可靠性，便于以程序段的形式移植到其他类型机车上。

(3)变流器控制级：CPU 为 80C196

担负晶闸管触发脉冲控制。采用汇编语言编程以满足变流器控制级实时快速的要求。

以上两级由微机控制柜中的控制箱来实现。

控制装置以插件箱为基本控制单元，每个插件箱独立控制一个转向架。1层插件箱控制前端转向架，2层插件箱控制后端转向架。1、2层插件箱布线稍有不同，不能互换。插件箱中的插件配置如图9.26所示。1、2层中对应位置的相同插件，插件可以互换，但同一插箱中的数字量入出A、B插件不能互换。

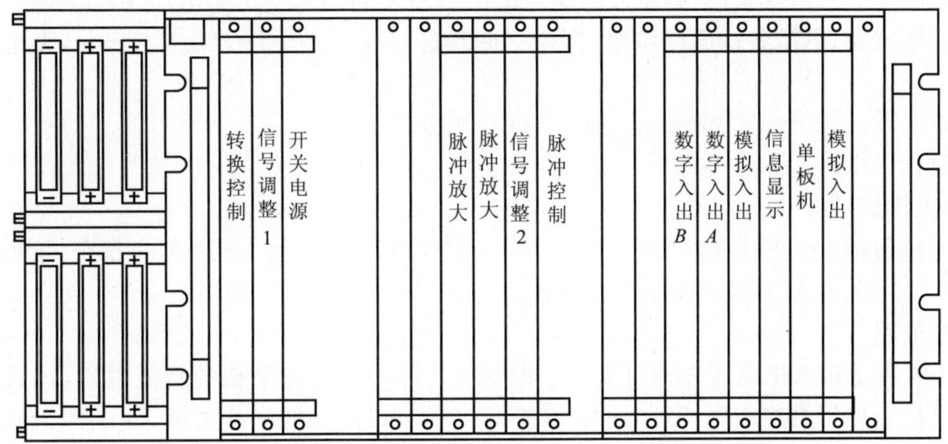

图9.26　插件箱箱中的插件配置

9.2.3　控制插件功能

控制插件箱中的插件可分为通用插件与专用插件。MICAS系统的插件均为通用插件，它们通过AMS总线挂在总线母板上，构成机车控制级，主要组成有单板机插件(SBC)，数字量输入/输出插件A和B，模拟量输入/输出插件，信息显示与处理插件。其中单板机插件为机车控制级的核心，信息显示与处理作为人机对话的通信接口。变流器控制级的核心为脉冲控制器。传感器接口主要由信号调整1和2插件。另外还有开关电源插件、继电器转换插件等。

下面分别介绍上述有关插件的基本组成与主要功能。

1. 开关电源插件

开关电源插件为控制系统提供所需的工作电源。其输入为直流110 V蓄电池电压，经DC/DC变换，分别产生5 V、±15 V、±24 V直流电压。开关电源采用了先进的脉宽调制技术，工作频率高达100 kHz，并设有输入/输出过流及输入/输出过压或欠压保护等功能，因而具有体积小、重量轻、效率高、工作可靠等特点。电源本身具有二次保护功能，增强电源的抗干扰能力。最为重要的是开关电源本身采取了一些电磁兼容性方面的措施。

(1)主要技术指标

输入直流电压	77～137.5 V，即$110^{+27.5}_{-33}$ V
输入过压保护动作值	140～145 V
输入欠压保护动作值	68～70 V
输出直流电压(额定值)	+5 V、±15 V、±24 V
输出直流电流(额定值)	5.0 A、2.2 A、7.3 A
输出直流电流(最大值)	5.5 A、2.6 A、78 A

保护：+5 V输出欠压保护约+4.7 V，过压保护值约+5.3 V；±15V输出欠压保护值约±13.5 V，过压保护值约±16.5 V；±24 V输出欠压保护值约±21.5 V，过压保护值约±27.5 V；电源各路输出对其地短接，输出电压为零，延时约1 s之后，装置能自动切断输出；电源额定效率大于85%。

绝缘性能：电源带电部分（即输入、输出部分）与散热罩外壳之间能承受工频电压1 000 V、1 min，无击穿与闪络现象；电源输入回路与输出回路之间能承受工频电压1 000 V、1 min，无击穿与闪络现象；电源各输出回路中，两两之间均能承受工频电压500 V、1 min，无击穿与闪络现象。

外形尺寸：262 mm×258 mm×81 mm（长×宽×高）。

质量：2.5 kg。

(2)工作原理

本电源包括110 V/5 V，110 V/15 V、24 V及110 V/−15 V、−24 V三部分，下面着重介绍110 V/15 V、24 V开关电源的工作原理。

①主电路

110 V直流输入电压首先通过L_i、C_i滤波器获得一个比较平稳的直流电压，该直流电压由开关管控制使得推挽变压器T_1一次侧获得一个100 kHz的推挽方波，变压器二次侧耦合到的两组方波电压分别经整流滤波之后获得15 V、24 V直流电压输出。由于两路输出电压之间靠感应调压电抗器L_0的电感耦合，所以在15 V电压进行反馈调节的情况下，24 V电压输出也能获得比较理想的精度。其中，驱动开关管VT_1、VT_2的控制脉冲由推挽控制电路模件产生。电流互感器T_2、T_3分别对一次侧开关管及二次侧15 V回路整流管中的电流进行检测，以实现过流保护功能。阻容元件R_1、C_1与R_2、C_2分别构成开关管VT_1与VT_2的缓冲电路，用于抑制开关管由导通转向截止瞬间漏极出现的尖峰电压。

②控制电路

控制电路集中设计在推挽控制电路模件中。电压反馈环节将输出的15 V反馈电压与基准电压进行比较，并对产生的偏差电压信号进行放大，经光电耦合器的电气隔离后，传输到脉宽调制驱动电路，该电路根据偏差电压的大小自动调整送至开关管的控制脉冲的宽度，从而实现15 V输出电压的稳定。

③保护电路

保护电路集中设计在监视保护电路模件中。15 V输出电压和24 V输出电压分别送至各自的过、欠压控制电路。当输出电压达到设定的过压或欠压动作阀值时，检测电路会立即产生一种故障状态信号，并将它送至过、欠压保护执行电路，然后再送至监视装置执行电路。当过压或欠压故障时间超过1 s之后，该电路将送出一个永久的关闭信号至脉宽调制驱动电路，去封锁PWM，使电源无电压输出。此时电源在自身保护状态，可以通过电源插件面板上的复位开关实现电源的重新启动。另外，电流检测电路分别对15 V电压输出回路的整流管和一次侧开关管中的电流进行检测。当整流管或开关管中的电流达到设定的过流保护动作值时，脉宽调制驱动电路就自动减少送至开关管的控制脉冲的宽度，从而限制整流管或开关管中的电流，实现过流保护功能。本电源还设计了110 V输入电压的过、欠压保护。当输入网压达到设定的过、欠压动作阀值时，电源能自动关断；当输入网压恢复正常时，电源又能自动恢复。

④辅助电源

辅助电源负责整个控制电路及保护电路的供电。辅助电源电压为15 V，实测用电电流约

200 mA,有用功率近 3 W,辅助电源若用一般的线性稳压电路获得,功率损耗为

$$P_{损}=(110-15)\times 0.2=19(\mathrm{W})$$

可见功率损耗相当可观。为了提高电源总效率,辅助电源采用两个不同阶段的供电过程。当电源启动过程中,由线性稳压电路将 110 V 直接降压为 14 V 左右,此电压作为启动时的辅助电源;当 110 V/5 V 的 5 V 电源已经建立后,由 110 V/5 V 高频变压器的另一辅助绕组,经整流滤波产生+15 V 作为电源正常工作时提供的辅助电源。由于以上过程中产生的两个辅助电源通过二极管选取最大值,就很方便地实现上述过程中辅助电源供电的自动切换。

2. 信号调整 1 插件

信号调整 1 插件的主要功能是对司机给定、牵引变压器次边电流、牵引电机的反馈信号(电枢电压、电枢电流和励磁电流)等信号进行调整,使这些信号的输出电压在±10 V 以内,以适合 A/D 转换的要求。因为 A/D 转换在极值附近线性度较低,而在中间值附近线性度较好,因此信号调整时选择信号输出的比例至关重要,应尽量将电机的额定点的信号调整为+5 V 或−5 V 左右。如:电压传感器比例为 2 000 V∶80 mA,选择取样电阻和放大比例,调整到 10 V∶2 000 V;电流传感器比例为 1 000 A∶200 mA,选择取样电阻和放大比例,调整到 10 V∶2 000 A。

牵引电机信号采样后,因反馈信号是脉动的,调整电路的核心为先经过整流滤波电路,在比例放大电路来进行控制。这种调整电路对采样信号的抗干扰性能较好。

增设取最大值及最小值电路,让传感器的反馈信号先进行信号调整后,直接进行信号综合(取最大值),分别送往仪表显示和 A/D 采样通道,解决了 6 轴机车模拟量 16 个 A/D 采样通道不够用的问题。

信号调整 1 的信号测量部位见表 9.9。

表 9.9　信号调整 1 的信号测量部位

测量部位	信号名	比　例	注　释
01AB	I_{setM1}	每级 0.5 V 表示 100 A 10 km/h	1 端主司机控制器给定
02AB	I_{setA1}		1 端辅助司机控制器给定
03AB	I_{setM2}		2 端主司机控制器给定
04AB	I_{setA2}		2 端辅助司机控制器给定
05AB	I_{set}		司机给定
07AB		逻辑电平	次边短路,正常时为低电平
08AB	I_{mmax}	1 V∶200 A	
10AB	U_{mmax}	1 V∶200 V	U_{mmax}输出到仪表
11AB	U_{m3}	1 V∶500 V	U_{m3}采样输入
13AB	I_{f3}	1 V∶800 A	I_{f3}采样输入
16A	I_{mz}	1 V∶5.55 A	车列电控制动电流采样输入
16B	I_{mz}	1 V∶1.48 A	车列电控制动电流调整输出至 A/D
26AB	I_{m1}	1 V∶800 A	I_{m1}采样输入
28AB	I_{m2}	1 V∶800 A	I_{m2}采样输入
30AB	I_{m3}	1 V∶800 A	I_{m3}采样输入
32AB	I_{f1}	1 V∶800 A	I_{f1}采样输入

续上表

测量部位	信号名	比　例	注　释
34AB	I_{f2}	1 V : 800 A	I_{f2}采样输入
36AB	U_{m1}	1 V : 500 V	U_{m1}采样输入
38AB	U_{m2}	1 V : 500 V	U_{m2}采样输入

3. 信号调整 2 插件

信号调整 2 插件的主要功能是提供频率/电压转换电路，它把来自速度传感器的脉冲信号转换成与速度成比例的电压信号；它为脉冲控制器提供了桥释放信号和同步电压信号；它提供用于晶闸管触发的脉冲序列发生电路等。

同步电压信号先进行全波整流，产生过零信号及桥释放信号。桥释放信号是交流电压过零后上升到某一定值(门槛电压)的信号，以保护晶闸管在触发脉冲来到时已有一定的正向电压(一般整定为 AC 40 V)。触发脉冲序列发生电路保证第一个脉冲为宽脉冲 40 μs，此后续脉冲为窄脉宽 20 μs，触发脉冲序列的频率为 23.5 kHz，脉冲序列的最大总宽度为 4 ms(由脉冲控制器来保证)，这样尽量使晶闸管在第一个触发脉冲期间导通，对于减少晶闸管门极故障极为有利。

为了机车上实现自动过分相功能，还引入了原边电压信号，此信号不受主断路器的影响，它接在原边电压互感器的次边，比例为 100 V/5 V，原边电压互感器接在主断路器之前。微机根据这个电压信号从无到有来判断已经通过无电区。关于自动过分相将在自动过分相功能中叙述。

增加一路 15 mA 电流源电路用于变压器油温传感器供电电源。

信号调整 2 的信号测量部位见表 9.10。

4. 脉冲放大插件

脉冲放大插件的主要功能是将来自信号调整 2 的脉冲序列(幅值 5 V，频率 23.5 kHz)进行放大，输出脉冲波形幅值为 48 V，脉冲前沿 di/dt 达 9 A/μs，脉冲峰值电流达 9 A。一块插件最多可有 16 路脉冲输出通道。

表 9.10　信号调整 2 的信号测量

序号	类	A 列		B 列		
		含　义	规范	类	含　义	规范
01	孔	1/2 主桥正脉冲		孔	1/2 主桥负脉冲	
02	孔	1/4 主桥正脉冲		孔	1/4 主桥负脉冲	
03	孔	1/4+1/4 桥正脉冲		孔	1/4+1/4 桥负脉冲	
04	孔	削磁桥正脉冲		孔	削磁桥负脉冲	
05	孔			孔		
06	孔	触发脉冲列		孔		
07	孔	脉冲列禁止		孔	40 μs 脉冲	
08	孔	网压同步 U_s		孔		
09	孔	U_s 绝对值		孔		
10	孔	脉冲释放 1		孔		

续上表

序号	类	A 列		B′列		
		含 义	规范	类	含 义	规范
11	孔	网压同步 U_s		孔		
12	孔	网压最大值		孔	网压过压	
⋮	⋮	⋮	⋮	⋮	⋮	⋮
33	孔	速度脉冲 1	200 脉冲/转	孔	速度脉冲 1	－1 V:20 km/h
34	孔	速度脉冲 3	200 脉冲/转	孔	速度脉冲 3	－1 V:20 km/h

脉冲放大插件的输出还受机车架切信号 BOGOK(来自数字量输入/输出插件)信号的控制,如果转向架的全部电机被切除,则没有必要再去触发晶闸管。

5. 转换控制插件

转换控制插件上装有 14 个高可靠性的军用继电器,每个继电器具有两常开、两常闭的接点,线圈额定电压为 12 V,它由＋24 V 电源经电阻分压后供给。继电器转换插件主要用于客运机车的故障转换功能而增设。

在转换开关处于正常位时,继电器插件不供给＋24 V 电源,各继电器都处于无电状态,常闭接点闭合,此时脉冲输出来自插件箱 33 号板位的脉冲放大插件;在转换开关处于故障位时,通过 LW5 故障转换开关上的触点,故障插件箱中的继电器转换插件,从另一机箱得到＋24 V 电源,从而使所有继电器线圈,常开接点闭合,此时脉冲输出来自边插 A1。两个插件箱的边插 A1 互连,交换两个 RACK 的信号,边插 A1 的脉冲由 29 号板位的脉冲放大插件供给。

除了 10 个继电器用于触发脉冲的换接外,还应用了两个继电器进行＋5 V 及±15 V 的换接。因而在故障位司机指令电位器、速度传感器、信号调整 1 能从另一机箱得到供电。顺便指出,在故障位时,牵引电机反馈信号的传感器也能从另一正常机箱得到＋24 V 供电电源,这主要是通过信号调整 2 插件上±24 V 电源的二极管选择电路获得。

6. 单板机插件(73 号板位)

单板机插件是机车控制级的核心,上部为 96 芯插头,连接 AMS 总线;下部为 48 芯插头,用于对其他插件的连接。在面板上还装有 RS-232C 接口插座,用于连接便携机等终端设备。

单板机插件主要由以下几部分组成:

(1)SBC 插件的主 CPU 为 80C186,主振频率为 8 MHz。配置 5 对存储器。每对为两片存储器,分别存放 16 位数据的低字节(偶地址)和高字节(奇地址)。

需要特别说明:SBC 是一块通用板,经过适当地设置板上的跨转矩阵(短路块),可以把 SBC 应用于不同的场合。

(2)SBC 插件的子处理器为 8031,构成控制器总线管理器(CBS),其管理程序存在它自己的 EPROM 中(D20),该单片机能访问第一对存储器中的低部(称公共 RAM),在用户程序的最高部分偶地址存储器中,按规定格式填写了控制总线通信管理程序的初始化数据表:包括通信的波特率、晶振频率、控制器的等待时间、待传送的控制器地址、等待发送的字节数和存放的首地址、待接收的字节数和接收后存放数据的首地址等。在上电初始化时,这些数据被传送到公共 RAM 中。8031 可从公共 RAM(3 F00～3 FFEH)取得初始化数据表,然后根据给定的待发送数据的首地址和字节数读取数据,转到它自己的存储器中以备发送;在发送完后,把接收到的字节，按待接收数据首地址，填写到公共 RAM 中。

8031 和 80186CPU 都可访问公共 RAM，它们采取“握手”的方法来避免同时访问。这要利用 80186CPU 的 HOLD 和 HOLDA 两个引脚。8031 需要访问公共 RAM 时，首先使 HOLD 变成高电平，向 80186 提出请求，将 80186 挂起；80186 在浮空它的总线后用 HOLDA 信号通过 8031，当 HOLDA 为高电平时，表示 8031 可以访问公共 RAM。8031 在访问公共 RAM 结束后再使 HOLD 变成低电平，从而使 80186 可以访问公共 RAM。80186 只需按通信周期(20 ms)读写公共 RAM 数据的发送和接收完全由 8031 来管理。这样机车控制级与变流器控制级间的通信几乎不占用 80186 的时间。

控制器总线接口标准为 RS-485(半双工)，SBC 通过它与变流器触发级脉冲控制器自 80196CPU 进行串行通信。

(3)AMS 总线，它是一个支持各主处理器的 16 位平行总线，符合 IEEE796 标准。SBC 通过它与外围插件交换信息。外围插件有数字量输入/输出插件 A 和 B、模拟量输入/输出插件、信息显示与处理插件。

7. 数字量输入/输出插件(57 和 61 号板位、板地址分别为 80100 和 80200)

每个插件箱有两块数字量输入/输出插件，它们的硬件完全相同，只是跨接矩阵(短路块)不同，因此这两块插件不能互换，以 A 和 B 区分之，它们有不同的防插错编码。

数字量输入/输出插件主要包含有以下功能：

(1)16 路 110 V 光电隔离的外部数字输入通道，经数字转换输入到 CPU 的内部数据总线。

(2)8 路变压器隔离的 MOS 管数字输出通道，前 4 路输出通过跨接矩阵既可由总线数据来控制，也可改由外部控制(亦即其他插件如需要输出通道时，可通过跨接线借用该插件上的输出通道，这就大大方便了系统设计)。

(3)8 路无隔离的通用数字输入/输出通道(GP 线)，用于插件箱内部各插件间的连接。

(4)16 路灯显示，用于软件显示各种控制信息。

两块数字量输入/输出插件信号指示见表 9.11 及表 9.12。

表 9.11　57 号板位数字入出 B 板信号灯指示

位置	类	含　义	附注	位置	类	含　义	附注
内部信号指示							
1A	灯	小齿轮弛缓锁存		1B	灯	脉冲禁止	
2A	灯	网太故障锁存		2B	灯	防空转减流	
3A	灯	触发脉冲封锁		3B	灯	特性控制级正常	闪烁
4A	灯			4B	灯		
5A	灯	电枢调节器控制		5B	灯	限压调节器控制	
6A	灯	最深削磁调节器控制		6B	灯	恒功电流调节器控制	
7A	灯	励磁调节器控制		7B	灯	UE4 限制	
8A	灯	励磁电流限制控制		8B	灯	加馈制动控制	
光耦隔离输入指示							
9A	灯	列车缓解		9B	灯	列车保压	
10A	灯	供电 1 故障		10B	灯	供电 2 故障	

续上表

位置	类	含　义	附注	位置	类	含　义	附注
光耦隔离输入指示							
11A	灯	主接地 1(2)		11B	灯	辅接地 1(2)	
12A	灯	转换开关正常位		12B	灯	机车预备好	
13A	灯	列车制动		13B	灯	列车紧急	
14A	灯	列车停车制动		14B	灯	Ⅰ端受电弓隔离	
15A	灯	防空转投入位		15B	灯	Ⅱ端受电弓隔离	
16A	灯	控制接地		16B	灯	插箱号(1 层亮)	
MOS 输出							
26A	灯			26B	灯	$I_Z>70$ A	
27A	灯			27B	灯	$I_Z>70$ A	
28A	灯			28B	灯	制动转换命令	
29A	灯			29B	灯	次边过流	
30A	灯			30B	灯	跳主断命令	
31A	灯			31B	灯	常用制动命令	
32A	灯			32B	灯		
33A	灯			33B	灯		

表 9.12　61 号板位数字入出 A 板信号灯指示

位置	类	含　义	附注	位置	类	含　义	附注
内部信号指示							
1A	灯	零位		1B	灯	插件不全(板不在位)	
2A	灯	分相复位		2B	灯	内部通信失败	
3A	灯	复位状态		3B	灯	网压不正常	
4A	灯	自检时封锁脉冲		4B	灯	保持电制动特性	
5A	灯	电枢 1 过载锁存		5B	灯	励磁过载锁存	
6A	灯	电枢 2 过载锁存		6B	灯	轮轴超速锁存	
7A	灯	电枢 3 过载锁存		7B	灯	电机过压锁存	
8A	灯	另一架电枢过载锁存		8B	灯	另一架电机过压锁存	
光耦隔离输入指示							
9A	灯	空调 1 故障		9B	灯	空调 2 故障	
10A	灯	本架操作端		10B	灯	过分相强迫断主断	
11A	灯	向后		11B	灯	监控减速命令	
12A	灯	空电联合允许		12B	灯	停车制动(低有效)	
13A	灯	牵引命令		13B	灯	牵引响应	
14A	灯	制动命令		14B	灯	制动响应	
15A	灯	转向架切除		15B	灯	自动过分相切除信号	

续上表

位置	类	含　义	附注	位置	类	含　义	附注
光耦隔离输入指示							
16A	灯	主断合		16B	灯	过分相预告信号	
MOS输出							
26A	灯			26B	灯	网压故障	
27A	灯			27B	灯	另一架次边过流	
28A	灯			28B	灯		
29A	灯			29B	灯	励磁过载	
30A	灯			30B	灯	撒砂	
31A	灯			31B	灯	空转显示	
32A	灯			32B	灯	过分相跳主断	
33A	灯			33B	灯	过分相合主断	

8. 信息显示与处理插件(69 号板位,板地址为 80400)

该插件的主要功能是处理微机控制装置的各种显示信息,包括对机车以往和现在的状态进行记录和传送。传达司机和维修人员通过显示屏键盘发来的各种自检命令,接受维修人员对机车运行历史的检查。该插件不仅架起了司机台上的显示屏与机车微机控制部分的桥梁,而且建立了机车运行的一些档案资料。

本插件的 CPU 为 8031,插件上有 256 字节的公共 RAM,用于与 SBC 交换信息,地址为 80400～804FFH。为避免两个 CPU 同时访问公共 RAM,采用如下约定:以 80186 访问为主导,每隔 20 ms 读写一次公共 RAM,在每次结束时,由 80186 向 8031 发出中断信号,8031 随即读写公共 RAM。双方正是通过交替访问公共 RAM,传送接收显示屏来的命令或 SBC 检测到的各种数据。8031 读取公共 RAM 的另一用途是建立故障记录,存储机车的各种状态信息。为了保证在掉电情况下,不丢失记录的机车信息数据,板上设置了带后备电池的掉电保护电路,在停电或电源电压不正常时,任何读写外部 RAM 的操作都被禁止。

该插件设置 RS-485 通信接口,用于与显示屏进行通信,它作为从机,显示屏作为主机,实现一点对多点的分时通信。8031 采用串行口通信方式 3,即 9 位 UART,支持多机通信、波特率可变的异步通信方式。传送一帧为 11 位:起始位 0、8 位数据位、地址或数据判断位("1"表示地址)、停止位 1。

通信线采用三绞屏蔽线,其中两根为信号线,一根为第三导体,通过电阻接地。目的是使微机柜与显示屏的地电位尽量接近,防止地电位偏移带来的通信误码。而且通信线的屏蔽层通过阻容接地,以保证通信屏蔽层只有一点直接接地。

9. 模拟量输入/输出插件(65 和 77 号板位,板地址分别为 80300H 和 80600H)

(1)设计思想

在机车控制系统中,许多模拟信号,(如:司机给定指令、速度反馈、电机电流反馈、电机励磁电流反馈、电机电压反馈等)与机车控制密切相关,需要对它们进行实时采集取样,并对有关信号进行数字滤波。在一般计算机控制系统中,CPU 对模拟量的处理较为复杂。如在 A/D 转换过程:A/D 转换的启动、转换结果的读取及存储都必须由 CPU 干预;另外,各 A/D 通道的循环轮换也由 CPU 来控制。可见,在整个 A/D 转换工作过程,占用了 CPU 大量工作时间,

CPU 基本上不能干别的事情。因此，为尽量少占用 CPU 时间，需要特别设计模拟量输入/输出接口板，并使之具有 A/D 输入通道，D/A 输出通道。SBC 正是通过 AMS BUS 系统总线来访问挂在该总线上的外围板，如：模拟量输入/输出接口板等。

(2)模拟量输入/输出接口板的功能特点

它对外提供±10 V 的 16 路模拟输入和 8 路模拟输出通道，此外还有 2 路以 D/A 输出可通过跨接套作为信号的模拟输入，供本板闭环自检用。A/D 和 D/A 等核心芯片都是 12 位，转换时间为 25 μs。

它利用 SBC 提供在总线上的 10 MHz 时钟，构成内循环计数逻辑，控制 A/D、D/A 各通道的转换时序及地址管理。各通道的转换工作按固有的内部周期循环进行，而不需主 CPU 的干预。

主 CPU 对本板的访问实际上只是通过总线读写板内的存储器。

(3)模拟量输入/输出接口板的功能组成

主要组成：选板逻辑、读写逻辑、存储器的地址和数据线的管理、循环计数逻辑、A/D 通道、D/A 通道。模拟量输入/输出接口板 65 号及 77 号板位信号测量见表 9.13 及表 9.14。

表 9.13 65 号板位信号测量

序号	类	A列		B列		
		含 义	规范	类	含 义	规范
26	孔	特性给定	0~7.5 V	孔		
27	孔	速度 1	−1 V:20 km/h	孔	本架最大电枢电流	−1 V:200 A
28	孔	速度 3	−1 V:20 km/h	孔	给定电机电流 I_s	
29	孔	速度 4	−1 V:20 km/h	孔	减流后的目标值 I_{ss}	
30	孔	速度 6	1 V:20 km/h	孔	MIC	
31	孔	电机电流 1	1 V:200 A	孔	U_{E1}	
32	孔	电机电流 2	1 V:200 A	孔	网压峰值	
33	孔	电枢电流 3	1 V:200 A	孔	U_{E4}	
34	孔	励磁电流 1	1 V:200 A	孔		
35	孔	励磁电流 2	1 V:200 A	孔		
36	孔	励磁电流 3	1 V:200 A	孔		
37	孔	最大电枢电压	1 V:200 A	孔		
38	孔			孔		
39	孔	另一架最大电枢电流	1 V:200 A	孔		
40	孔	另一架最大电枢电压	1 V:200 V	孔		
41	孔	IN-890	0~10 V	孔	地(0 V)	

表 9.14 77 号板位信号测量

序号	类	A列		B列		
		含 义	规范	类	含 义	规范
26	孔	油温 1	1.5 V/0 ℃	孔		
27	孔	油温 2	1.5 V/0 ℃	孔		
28	孔	车列电控制动电流	6.75 V/10 A	孔		

10. 脉冲控制器插件

脉冲控制器插件是微机控制器系统变流器控制级的核心部分，其 CPU 采用 80C196KC。它主要执行以下任务：一是处理正弦网压同步信号；二是与单板机插件通信取得晶闸管开放控制量；三是适时地给各个晶闸管产生脉冲序列，四是在面板上显示机车工作状态。下面对上述作简要介绍。

(1)正弦网压同步电压处理：正弦同步电压是由接在机车主变压器二次侧的同步变压器送出的，与网压同相，峰值 8 V 对应网压有效值 25 kV。正弦同步电压经过 50 Hz 带通滤波器滤除纹波后，再经过一个带回差电压的过零比较器，变换成峰值为 5 V，频率仍为 50 Hz 的方波同步信号，从 CPU 的 HSI. 0 输入，作为 CPU 判断网压过零点的基准。CPU 在过零点发出网压积分控制信号和过零点封锁信号。正弦同步电压还在网压积分控制信号作用下进行网压半波积分，产生网压积分信号。网压积分峰值 U_F 经 A/D 转换读入 CPU，同时网压积分还与 CPU 产生的触发角控制量 U_e 相比较，产生对 CPU 的外部中断请求，发 40 μs 宽的强触发脉冲，可见网压积分与 U_e 相比较后实际上就确定了触发脉冲开始点，即确定了触发控制角 α。

(2)串行通信：80C196 具有串行通信控制功能，它与 SBC 上的 8031 实行点对点的通信，8031 是通信主机，80C196 是通信从机，通信周期为 20 ms，通信波特率为 15 625 bit/s，接口芯片采用 SN75176，按 RS485 规程通信。脉冲控制器与 SBC 之间正是通过串行通信交换信息。由 SBC 向它发送的信息主要是 PI 调节输出的电压控制量 U_{E1}、U_{E4} 以及包含牵引、制动、复位和自检信息的命令字节。其中：U_{E1} 和 U_{E4} 分别用于控制主桥和励磁桥；复位命令是为了 80186 要作出快速保护的需要。由脉冲控制器向 SBC 传送的信息主要有：半波时间、网压 U_F 和响应字节。其中：半波时间反映网频，用于对牵引电机反馈信号的修正；U_F 反映网压的高低可用于网压的过/欠压保护；响应字节包含脉冲控制器准备就绪、网压 OK、牵引工况、制动工况、按钮接通等状态信息。80186 必须在脉冲控制器准备就绪后才能发 U_{E1} 和 U_{E4}，使其触发晶闸管。按下脉冲控制器面板按钮，使脉冲控制器复位，同时 80186 接收到这个信号后，使程序中的 RS 触发器复位，清除有关过载保护指示灯。

应当指出，脉冲控制器与 SBC 间通信，除了数据外，还包括地址字节和校验和。通信开始前，从机工作于方式 2。主机发送的第一帧信息为地址帧，80C196 在收到发来的第一帧信息后，先识别该数据是否为其地址 64H，若地址相匹配，则立即转串口方式 3 工作，以便接收主机随之发来的数据。否则，80C196 仍工作于方式 2，对主机发来的数据不予理睬，继续等待下次串行中断的发生。

(3)移相触发脉冲控制：脉冲控制器根据命令字节和 U_{E1}、U_{E4} 进行运算，并发出对应各段桥的移相触发脉冲。

(4)状态显示：将牵引或制动状态及各段桥触发状态通过脉冲控制器面板上的发光二极管显示出来。

9.2.4 软件控制功能

SS_9 型电力机车采用的微机控制系统(MICAS)特别适用于机车车辆的控制，其重要特征是模块化的分层次的体系结构和图形化的功能块语言。这种 MICAS 已形成一套完整的软件开发工具，使得工程技术人员能够在较高的层次界面上进行工程设计，而不必拘泥于具体微机烦琐的细节，能够大大地缩短工程周期。

1. 系统软件

MICAS的工具软件主要是为SBC的程序开发而研制的，主要有实时操作系统内核、功能块库、监控程序、FUPLA图形编辑、层次划分、代码生成、代码移动和文件资料生成等软件包。前三者驻留在SBC的EPROM中，称之为固件；后五者在PC机上运行，称为FUPLA工具软件。固件的主要功能是在实时操作系统系统内核的支持下解释和执行用户程序代码；FUPLA工具软件的主要功能是编辑用户图形块程序，形成可执行的用户程序代码。

2. 用户软件

FUPLA编程是根据具体的工程要求，利用层次划分软件，把程序组织成多个具有不同优先级或采样周期的任务，安排好实现该特定任务(或功能)的各个程序段。现将SS_9型电力机车微机控制系统的SBC用户软件按任务名称、类型及功能说明如下：

①初始化任务(INIT)：0号中断，将用户EPROM内的固定值拷贝到工作单元RAM中，从而确定了各任务执行的顺序和中断优先级。

②电源掉电任务(PW-RFAIL)：11号中断，具有非屏蔽中断的特性。一旦电源掉电信号有效，立即封锁触发脉冲。

③制动任务(BRAKE)：30号软件中断，实现机车制动工况下的调速控制，即进行加馈电流调节、制动励磁电流调节和限制。

④牵引任务(DRIVE)：31号软件中断，实现机车牵引工况下的调速控制，即进行电枢电流调节、限压调节和无级削弱。

⑤中断任务(INT-TASK)：13号中断，控制脉冲控制器的过零中断。完成脉冲控制器和SBC通信数据字节数的传送。

⑥快速时间任务(FAST)：周期为10 ms，如实时过载跳主断的保护功能、计算空转保护用的加速度信号等。

⑦自检时间任务(SELF-TEST)：周期为20 ms，采用汇编语言编程灵活性好，实时性高，可方便地插入到FUPLA的程序代码中。

⑧慢速时间任务(SLOW)：周期为60 ms，如空转撒砂和空转显示等。

⑨空电联合时间任务(AEBR-120)：周期为120 ms，实现用户提出的空电联合逻辑。

对于上述划分的任务类型，有些任务极其简单，只需一个程序段即可实现其功能。有些任务(如牵引或制动任务)较为复杂，需要多个程序段，并通过其他任务的信号传送，实现该复杂功能。下面围绕机车的牵引/制动控制及保护阐述SBC软件的实现方法或过程。

(1)控制信号的传输

首先，在时间任务中，根据信号的实时性高低要求，分别在快速和慢速任务中传送如下控制信号：

①通过A/D接口读入16路模拟输入信号：如司控器的给定电位器指令信号。牵引电机传感器的反馈信号、速度传感器的反馈信号等。为了增强抗干扰措施，分别对上述信号采用数字滤波，取得较为合理的数据。

②通过D/A接口输出8路模拟控制信号：计数机输出的数字控制量，经D/A转换输出模拟信号，如机车速度表信号U_0及主桥控制电压U_{E1}的测量信号等。

③通过外部数字输入接口读入110 V蓄电池电压的机车信号：如牵引命令、牵引响应、主断合状态等外部数字输入信号。最多可有32路输入。

④通过通用数字输入/输出通道(GP线)读入内部数字信号：应当说明，这种GP线采用

+5 V逻辑电平，既可以用作输入，又可以用作输出，根据不同的应用通过跨接矩阵灵活设置，大大增强了数字量输入/输出的通用性。最多可有 16 个通道。

⑤通过数字输出通道输出数字控制信号：软件控制继电器输出隔离的数字控制信号，如过载跳主断等。最多可有 16 个通道。

⑥通过串行通信传送脉冲控制信号：由脉冲控制器根据 SBC 发送来的移相控制信号(U_{E1}、U_{E4})控制主桥和励磁桥晶闸管的触发时刻和触发位置，实现牵引/制动的调速控制。

(2)牵引/制动控制逻辑

牵引/制动控制逻辑在中断任务中实现。牵引(或制动)命令和响应信号共同有效，激活中断功能块指定的软件中断号 31(或 30)，启动牵引(或制动)任务。设计牵引/制动的控制逻辑时，为了确保机车的安全，防止"窜车"事故，采用制动优先的原则，即当牵引和制动信号都有效时，封锁牵引任务，执行制动任务。而当牵引和制动信号都无效时，封锁触发脉冲。关于脉冲封锁信号，主要有以下信号源，脉冲控制器复位在下列任一条件满足时产生：

a. 由各种保护产生主断分信号时；

b. 桥过流(主变压器绕组次边短路)发生时；

c. 励磁过流发生时；

d. 自动过分相预告信号确认后；

e. SBC 与脉冲控制器间通信失败时；

f. 网压不正常时；

g. 调速手柄在小零位时；

h. 外部复位时；

i. 同一转向架上电机都被切除时；

j. 既非牵引，又非制动时；

k. 插件箱中的某个插件未插到位时；

l. 有监控减速命令时。

(3)牵引/制动控制

①控制目标值的产生

司机给定值与速度反馈信号一起进入牵引/制动控制特性形成环节，微机根据这两个信号生成符合机车特性要求的牵引/制动特性曲线，其输出即司机控制目标计算值。为考虑客运机车的平稳起动及加速，司机指令信号设置了 12 s 延时环节，即保证司机手柄突加时，司机指令信号按给定的上升率限制曲线线性增加，防止了机车车辆的冲动。特性曲线的输出值经复位上升率限制、牵引外包络线限制(黏着限制、换向限制)或制动外包络线限制(最大制动电流和励磁电流限制)等限制值比较，取最小值，再经轴重转移电气补偿得 I_s，再经空转/滑行校正得到目标控制值 I_{ss}。I_{ss}作为电枢调节器和励磁调节器的给定值。这里需要说明一点，为了静止能进行加馈电阻制动的高压试验，特设置了该试验条件，即当机车静止时，级位处于制动中间级位(9 级)，人为给出制动电流给定值 70 A。

②移相控制电压的形成

牵引时，由电枢电流调节器、最大电枢电压限制调节器输出取最小值产生主桥移相控制电压 U_{E1}；由磁场调节器、恒功电流调节器及最深削磁调节器输出取最小值产生励磁桥移相控制电压 U_{E4}。并且控制上确保当电枢电压限制调节器起作用后，调节器控制逻辑即允许进行无级削磁，同时使电枢电流调节器正饱和，以维持电枢电压恒定。

制动时，由电枢电流调节器，产生主桥移相控制电压 U_{E1}；由磁场调节器和最大励磁限制调节器输出取最小值产生励磁桥移相控制电压 U_{E4}。并且控制上确保当进入加馈电阻制动后，调节器控制逻辑即允许进行加馈电阻制动，同时使磁场调节器正饱和，以维持励磁电流为最大限制值。

③触发脉冲的控制

脉冲控制器软件根据网压同步电压积分曲线，将 U_{E1} 和 U_{E4} 移相电压变换环节后得到直流控制电压 U_{e1} 和 U_{e4}，该电压与网压同步信号半波积分曲线相比较，其交点即为脉冲触发点，适时地给出了各晶闸管的触发脉冲，从而实现了机车的牵引/制动控制。

(4)保护功能

机车性能控制级的软件除完成牵引/制动控制的主要功能外，还担任机车的各种保护，如电枢过流、电枢过压、励磁过流、轮轴超速、网压欠压、二次侧桥过流及小齿轮弛缓等。在软件上对以上要求保护的信号，都分别设有各自的保护门槛值，采用带同差的比较器进行比较，对任一信号一旦达到保护门槛值，即发出保护动作信号，引起跳主断(对于励磁过载跳励磁接触器)，并且将过载信号通过 RS 触发器自锁，通过数字输入/输出插件上的发光二极管显示出来。

9.2.5　主要控制功能及技术参数

1. 牵引控制

(1)采用特性控制。即低速时的恒流控制和设定速度点的准恒速控制。电机电流按下式控制：

$$I_m = \begin{bmatrix} 110N \\ 880N - 88v \\ 1\,305 \end{bmatrix}_{min} \quad (A)$$

式中　N——牵引级位，$N=0\sim18$ 级连续可调；

v——机车速度，km/h。

在黏着限制的范围内，机车先按特性的平直段恒流起动，待机车速度升高进入特性的斜线段即准恒速控制区后，机车按准恒速运行，同一级位速度变化范围约 10 km/h。

(2)采用顺控方式。先开放大桥，再依次开放两段小桥。当机车速度小于 99 km/h 时，电机电压限制值为 990 V；速度达到 119 km/h 时，电机电压限制值为 1 100 V，即自动超压，中间范围线性调整，超压后可进行磁场削弱，磁削时电机电压维持 1 100 V。

SS_9 机车无级磁场削弱的控制关键：

①在第 3 段桥开放后，电机电压达到规定的限制值(1 100 V)或是在低网压下第 3 段桥已满开放时，尚不能满足司机手柄给定的速度要求，则需开始磁场削弱。

②一旦开始磁场削弱后，要使电机电枢电压保持恒定，以免磁场削弱时有时无而产生振荡。

③无级磁场削弱靠平滑调节晶闸管触发角来实现，要控制最深磁场削弱系数为 49%。

(3)黏着限制由两段折线构成。用速度—电流限制曲线作为黏着限制控制曲线。其表达式为

$$I_m = \begin{bmatrix} 1\,321.8 - 3.36v \\ 1\,024 \end{bmatrix}_{max} \quad (A)$$

(4)对轴重转移进行电气补偿。二个转向架分别补偿，前转向架减载 2.5%，后转向架增载 2.5%，额定电流以下不补偿。

(5)有速度监控装置常用制动外封锁接口。微机控制装置接收到列车运行监控记录装置的常用制动命令时(减速命令)，封锁触发脉冲，取消牵引动力。

2. 制动控制

(1)采用特性控制。制动电流按下式控制：

$$I_m = \begin{bmatrix} 88v - 880N \\ 870 \end{bmatrix}_{min} \quad (A)$$

式中 N——牵引级位；

v——机车速度，km/h。

(2)采用加馈制动。控制系统根据机车的速度首先自动调节励磁电流，使制动电流沿着给定的速度—电流曲线变化。当励磁电流达到最大后，则进入加馈制动工况，通过调节电枢电压来维持制动电流。最小电枢电流为 70 A。

(3)电制动限制曲线见表 9.15。

表 9.15 电制动限制曲线

参 数	加馈调压区		励磁调节区		
	低 速 区	恒制动力区	恒制动力区	恒 功 区	高 速 区
v(km/h)	0～15	15～67.4	67.4～81.4	81.4～161.7	161.7～170
I_Z(A)	0～792	792	792～870	870	870～820.7
I_f(A)	945	945	按 I_Z 调节 I_f	按 I_Z 调节 I_f	按 I_Z 调节 I_f

3. 防空转、防滑行控制

当机车产生的牵引力或制动力过大时，会破坏机车的黏着，以致使轮对由小空转演变成大空转；或者制动时使轮对“抱死”，造成滑行。

机车加装空转、滑行保护装置后，能抑制空转或“抱死”的发展，防止大空转的发生。这样，能使机车尽可能得到最好的黏着利用；保护好机车设备不致受损(如对防止电机环火现象发生有大的作用)；减少轮箍与钢轨的磨耗。

空转保护装置可分为空转检测和空转干预两个部分，并兼有其他控制功能。

(1)空转检测部分

通常利用速度传感器获得脉冲速度信号，经频率/电压变换环节输出速度电压信号。还通过改变轮径补偿电压来改变 f/U 变换的斜率，以输出相同的转速电压信号。

①速度传感器

机车运行时，带动装在轮轴轴头上的齿盘旋转，在传感器探头里会产生与轮轴转速成正比的脉冲信号，经整形后的方波信号幅值约+15 V，频率与齿盘的齿数和转速成正比，作为空转保护系统的速度信号源。机车速度 100 km/h 时对应的频率为 1 474 Hz。

在微机车防空转系统中，机车车轮转速的测量是一个非常重要的环节，测量值的脉动、精度、延时都将对防空转的作用产生较大的影响。因此，性能上要求速度传感器在机车低速起动和高速运行范围内均有较高的精度和分辨率，结构上要求速度传感器能够承受机车簧下的恶劣运行条件。目前微机车采用光电式速度传感器(型号 DF16-2-200)，其输出脉冲数与车轮转速成正比。它的特点是可检测零速度，需要单电源(15 V)供电。

②频率/电压变换环节

来自轴上速度传感器的速度频率信号，经 f/U 变换环节变为对应的速度电压信号。当机车速度(半磨耗)100 km/h 时(对应频率信号 1 474 Hz)，相应速度电压信号输出为−5.0 V。

(2)空转干预部分

干预是指在得到空转电压信号后，其调节系统采用防空转校正等措施，在小空转信号下进行自动撒砂，在一定程度空转信号下使机车降功率和牵引电动机降电流，直至黏着恢复使空转和滑行消失。

①空转校正环节

a. 用 Δv 作防空转修正

根据 Δv 来调节牵引电机电流以保证黏着力，这种调节只有在已开始空转了才起作用。显然 Δv 反映空转是有较大的时间滞后，当 Δv 达到某一限值使防空转校正动作时，空转已较严重了。因此，用 Δv 作为防空转修正信号，将损失较多的牵引力才能制止空转。

b. 用 r 作防空转修正(dv/dt)

为了使空转校正时不至于把电流值降得过多，需要提前预测出空转信号。加速度信号正是体现了空转正在开始的趋势(但并未造成空转)。因此，用 r 作为防空转校正信号较为灵敏，并且在未引起真正的大空转前，适当减小牵引电机电流，即可将正要发生的空转控制住。

c. 用 dr/dt 作防空转修正

在加速度的导数发生一定的变化，但空转还没有发生时，这样在不需要 Δv 或 r 达到某值就进行空转校正。显然，这种方法能够尽早捕捉空转趋势，尽快地采取空转校正措施，防止空转的发生。因此，dr/dt 作为防空转校正，损失的牵引力最小。另外，它能使机车经常运行在最高可能的黏着值，这就最大限度地利用了黏着系数。

②防空转/防滑行对牵引电机电流的修正曲线

在牵引工况，空转发生时，通过降低牵引电机电流来制止空转，校正信号由 Δv、r、dr/dt 决定。在制动工况，滑行发生时，则通过降低制动励磁电流来消除滑行，校正信号由 Δv、r 决定。实际的防空转/防滑行校正是这些校正信号共同叠加作用的结果。

③电流给定值的记忆环节

dr/dt 值的突变能指示着轮轨间有最大黏着系数的时刻。在 dr/dt 突变时，说明空转刚要发生，可利用的最大黏着系数所对应的牵引力应比这一瞬间的值小一定数量。根据这一原理，机车空转保护系统设有给定电流的记忆功能，用减小空转刚要发生时刻的牵引电流给定值10%的方法，记忆空转发生前的电流值，自动寻找可能得到的最大黏着系数。然后再以24 A/s的斜率缓慢下降，寻找新的最大黏着点。若在上升过程中再次发生空转，将再次削减当时电流值的 10%；若在电流上升过程中不再发生空转，则将恢复到原来的电流给定值。

MIC(A)为记忆最大黏着系数时的电流。在没有发生空转时，MIC(A)等于司机给定的电流值(I_s)；

I_{ss}为经防空转修正后的实际给定电流值，即 I_{ss}=MIC(A)−COR(A)。

(3)其他控制功能

①自动撒砂。空转发生后，快速削减电流的同时，还进行自动撒砂，以改善空转时刻的黏着条件。空转撒砂能控制撒砂为断续式(即撒砂 1 s、休止 1 s)。而且空转结束后延续撒砂时间。

②空转显示。当黏着条件极差，会发生严重空转，本系统将输出空转信号，使司机室的空转指示灯显示严重空转状态，提示司机减小牵引电机电流，此时禁止再升位。

③速度信号输出。机车速度信号分两组输出，能分别作为机车速度特性控制及驱动速度表之用。

④故障切除操作。当本空转保护系统的电子电路或速度传感器发生故障时，为了不影响机车的正常运行，可以通过微机柜柜体面板上扳钮开关来切除本空转保护系统，由司机给定的电流信号，不经过空转校正环节而直接输出去，进行机车通常的操作运行。

⑤结论。防空转、防滑行控制可以保证机车在任何轨面条件下启动、加速、制动不擦伤轮轨，不发生牵引电机超速。防空转、防滑行控制完全由软件实现，控制特性、一致性好，控制参数的调整和控制方式的修改较方便，因此，实地调整后能较好地满足控制要求。

微机根据 4 个速度信号计算出速度差 Δv，加速度 α 和加速度变化率 $d\alpha/dt$。牵引工况时，Δv 取同一转向架两轴的速度差，α 和 $d\alpha/dt$ 取本架的最大值作为控制值。制动时，Δv 取全车最大速度和最小速度的差，α 取全车加速度的最大值作为控制值。牵引和制动工况有不同的减流曲线，并根据情况分别采用撒砂、减流等措施来预防和抑制空转及滑行。减流速率固定，有快速和慢速恢复过程。以免因电流恢复过快而造成再次空转。电枢电流 400 A 以下时不修正。

4. 自动过分相控制

微机控制装置在收到来自车感器感应的过分相信号（预告或强迫断信号）并确认后，先封锁触发脉冲，延时 200 ms 后发主断分信号。在通过分相区后，机车微机控制装置检测并确认网压已恢复正常后，再发主断合信号。微机控制装置在过分相区、主断合后，在主手柄没有退回的情况下，控制电流上升速率，以防止司机给定突加引起的电流冲击。自动过分相功能使牵引力尽量少损失。

5. 空电联合制动控制

(1)模式

通过机车电空制动控制器（简称大闸）、监控装置或其他设备使列车管减压，通过空电联合制动功能，机车投入相对应的电制动力，同时缓解机车空气制动（即缓解机车制动缸的压力空气），而车辆投入与列车管减压量相对应的空气制动力。机车的电制动力加上车辆空气制动力实现全列车的减速。而机车电制动没有启动或故障后，机车制动缸压力仍维持不变，如图 9.27所示。

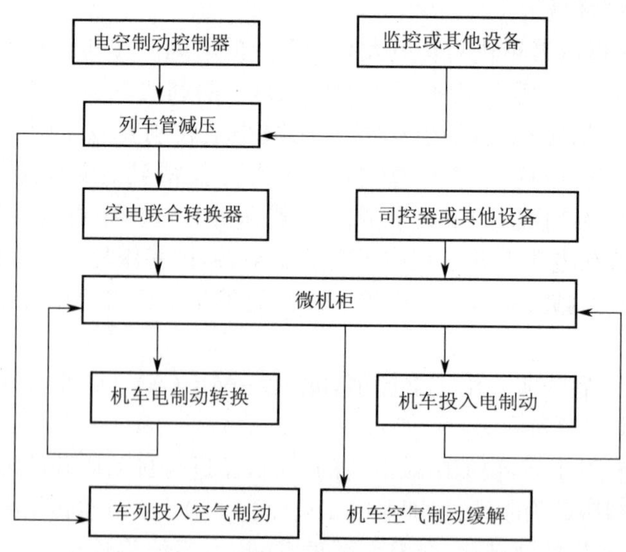

图 9.27　空电联合模式

(2)联合制动逻辑

①接口(DK-1 与 AE)见表 9.16。

②动作过程。

当微机柜接到 DK-1 的 826、890 空电联合指令,机车速度不低于 5 km/h,并且机车向前运行时,分以下几种情况进行联合制动:

a. 司控器在牵引位(包括牵引级位、牵引 0 位和大 0 位)

当微机柜接到 DK-1 的 826、890 空电联合制动指令并机车速度不低于 5 km/h 时,微机柜封锁牵引动力,待牵引电流为 0 A 时,给机车控制电路发出转换指令(894 与 899 连通),机车控制电路进行电制动转换,待机车已进行完制动位转换,微机柜调整制动电流的大小与 890 送出的空气制动量对应,当制动电流大于最小制动电流(70 A)时,微机柜发出制动缸缓解指令(892、893 分别与 899 连通)。DK-1 制动系统接到缓解指令,缓解机车制动缸压力空气。

表 9.16　接口(DK-1 与 AE)

线　号	去　　向	作　　用	备　注
890	DK-1 to AE	列车管减压量所对应的电压值	DC 0～10 V
826	DK-1 to AE	开关信号,高电平开始进行空气联合	DC 110 V
892	AE to DK-1	空电联合并且制动电流大于最小制动电流(约70A)时,与 899 构成的一对继电器触头闭合	
893	AE to DK-1	空电联合并且制动电流大于最小制动电流(约70A)时,与 899 构成的一对继电器触头闭合	
894	AE to DK-1	见"动作过程"	
899	DK-1 to AE	与 892、893、894 构成继电器触头连接的电源线	DC 110 V
763	AE to DK-1	微机柜给 DK-1 系统的 DC +24 V	
700	AE to DK-1	微机柜给 DK-1 系统的 0 V	
764	AE to DK-1	微机柜给 DK-1 系统的 DC −24 V	

当 826 转为低电平,即空气制动缓解,微机柜调整制动电流相应为 0,并切除 892、893、894 输出,如司控器在牵引级位,需同时锁定牵引力为 0,只有在司机操作司控器回零位解锁后,方可进行在牵引级位控制牵引力。

b. 司控器在制动位(包括制动级位、制动 0 位)

当微机柜接到 DK-1 的 826、890 空电联合指令并机车速度达到 5 km/h 时,给机车控制电路发出转换指令(894 与 899 相通),机车控制电路进行电制动转换,待机车已进行完制动位转换,微机柜调整制动电流的大小,取 890 送出的空气制动量对应的电制动与制动级位对应的电制动的较大值。当制动电流大于最小制动电流(约 70 A)时,微机柜发出制动缸缓解指令(892、893 分别与 899 连通)。DK-1 制动系统接到缓解指令,缓解机车制动缸压力空气。

在司控器与空电联合制动同时对电制动操作控制过程中,电制动按取大的原则进行。

当 826 转为低电平,即空气制动缓解,空电联合制动不参与司控器控制。

6. 故障转换

与传统的模拟控制车不同,SS_9 型电力机车微机控制机车不设 A、B 组。采用转向架独立控制,即每个插件箱控制一个转向架。故障转换开关的 3 个位的含义(Ⅰ位、正常位、Ⅱ位)也与模拟控制车不同:Ⅰ位、Ⅱ位作故障位,平时应放在正常位。当一个插件箱故障时,为了不损失牵引力或制动力，改为由一个插件箱集中控制。为了实现这一转换，增加了一个继电器转换控制插件和一个脉冲放大插件。另外故障插件箱中的信号调整插件继续工作，电源改由另一正常插件箱提供，以便使仪表仍和正常时一样显示。

(1)转换开关的中间位为正常位。表示此时前、后转向架分别由两个插件箱独立进行控制，前或后端转向架的三台电机并联控制。此时具有全部的控制、诊断和保护功能。

(2)转换开关为故障位(Ⅰ位、Ⅱ位)。Ⅰ位表示改由1层插件箱(RACK1)集中控制，此时切除了2层插件箱的开关电源；Ⅱ位表示改由2层插件箱(RACK2)集中控制，此时切除了1层插件箱的开关电源。集中控制时，具有正常位时的全部功能，仪表仍能保持独立显示。

(3)若要切除整个微机控制柜的电源，应分断电源柜中的“电子控制”自动开关。

7. 交叉保护

对于SS_9型客运机车，当一个插件箱故障时，微机柜的转换开关要打在故障位。此时正常插件箱仍然对所控制的转向架进行闭环控制。而故障插件箱的开关电源不工作，故障插件箱所控制的对立转向架则进行开环控制。为了使开环控制的转向架不会发生严重故障，而特设交叉保护功能，即将原故障插件箱中控制的电机电枢电流、电机励磁电流和电机电枢电压的反馈信号分别取出最大值，送到正常插件箱的A/D采样通道，实现故障位时的电机电枢过流、电机励磁电流和电机电压过压的交叉保护；同时将原故障插件箱中控制的桥过流(主变压器次边过流)数字信号也送到正常插件箱的内部数字输入通道，实现故障位时的桥过流的交叉保护。

8. 主要技术参数

下面列出SS_9型电力机车对微机控制系统提出的有关控制参数和保护参数(见表9.17)。

表9.17　SS_9机车的控制参数和保护参数

参　数	SS_9	参　数	SS_9
最大电机电压(V)	1 100	制动励磁电流过载(A)	1 130
牵引最大电机电流(A)	1 305	电枢电压过压(V)	1 185
制动最大电机电流(A)	870	机车轮轴超速(km/h)	175
制动最大励磁电流(A)	945	网压欠压(kV)	AC 17.5
最深削磁系数	49%	主变压器牵引绕组过载(A)	AC 4 400
牵引电枢电流过载(A)	1 520	小齿轮弛缓保护	同架电流相差30%，持续5 s以上
制动电枢电流过载(A)	1 150		

当过载情况发生时，先封触发脉冲，再发跳主断信号及过载指示信号。励磁过载时跳励磁接触器。司机台过载显示由节点控制电路自保持，插件面板过载显示由SBC板锁定，可能通过合主断或按脉冲控制器插件面板上的按钮4 s以上来清除。

9.2.6　诊断及显示功能

诊断功能是利用现有的控制用的传感器等检测设备(元件)和硬件资源，充分利用软件灵活性高的优势，开发出一套独立于控制功能的诊断软件，构成诊断系统(即车载诊断)。它完成对机车关键部件和控制系统进行故障检测、故障记录，并作出故障裁决，通过RS-485串行通信，传送到司机室内的彩色液晶显示诊断装置，确保机车行车安全。微机车诊断系统主要包括以下方面内容。

1. 静止时低压和高压自检

(1)微机控制装置自检。

(2)牵引、制动命令及主电路的构成检查。

(3)给定值及特性计算检查。

(4)传感器静差检查。包括速度传感器、电流、电压传感器。

(5)牵引高压晶闸管触发检查。分别给三段桥发触发脉冲,检测电机电流和电压值。

(6)加馈制动静止高压试验。司机控制器主手柄离开零位,励磁电流上升到最大限制值后,产生 70 A 加馈电枢电流。

2. 实时故障检测

(1)速度传感器故障检测。

(2)电流、电压传感器故障检测。

(3)小齿轮弛缓检测。

(4)控制装置内部脉冲控制器和单板机之间通信故障检测。

3. 诊断结果评判

机车彩色显示系统的故障编码已达 80 多个。

诊断系统将机车保护和部件诊断内容归结为 13 种类型,每一种类型给出相应的处理办法。13 种类型是不能再合主断;切除第 X 架的控制装置;切除第 X 号电机;降功率运行;断开第 X 架主接地开关;断开辅接地或控制接地开关;切除防空转保护;降速运行;主手柄回零、微机复位重新启动;检查牵引/制动命令及构成;检查轮径、触发脉冲、速度;检查同步信号、司控制器;复位微机或断电子控制自动开关再上电。

4. 显示、操作

微机车的两端司机室都装有彩色液晶显示屏,显示屏下方有操作按键,自检命令和初始参数设置以及监控信号的选取等等通过键盘操作来实现。运行参数、诊断结果和提示信息通过显示屏显示。有关操作具体事项参见 10.1“显示诊断装置”。

9.3 HXD3 型电力机车电子系统

9.3.1 HXD3 型机车网络控制系统

HXD3 型交流传动电力机车的 TCMS 列车控制监视系统将以太网引入列车控制中解决了 TCN 网络的上述问题。该网络控制系统以日本成熟的列车通信网络技术为基础,结合 TCN 网络技术的优点开发研制而成,列车总线采用 10 Mbit/s 实时以太网,车辆总线则采用基于高级数据链路控制(HDLC)的 RS-485 总线,具有较高的性价比。

1. HXD3 型机车网络控制系统结构及系统特点

(1)系统结构

HXD3 型机车网络控制系统为分布式计算机体系结构,按功能可划分为列车控制级、车辆控制级和传动控制级。网络系统拓扑结构如图 9.28 所示。

每台车为一个基本运转单元,车内以 TCMS 为中心分别与显示单元、主变流器、辅变流器通过 RS-485 总线进行通信,构成星形网络;车与车之间采用总线式 10 Mbit/s 实时以太网进行信息传输。TCMS 同时完成列车级信息与车辆级信息的转换。

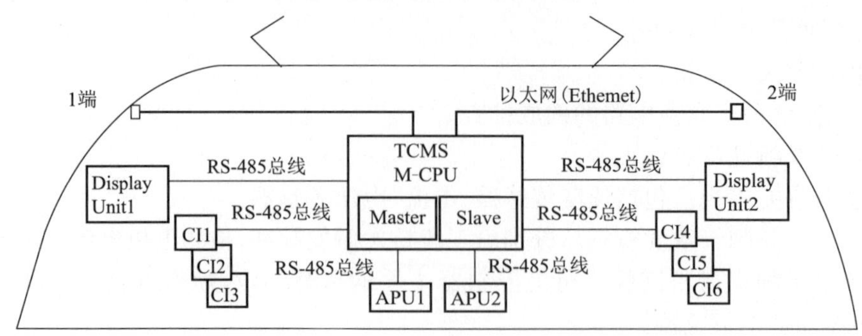

图 9.28　HXD3 型电力机车网络系统拓扑结构

TCMS—控制监视系统装置；Display Unit1、Display Unit2—显示单元 1、2；CI1～CI6—主变流器；APU1、APU2—辅变流器；M-CPU—主控制单元；Master—主系统；Slave—辅系统

(2)系统特点

①HXD3 网络控制系统是包含列车级功能、车辆级功能和传动控制级功能的多计算机系统。列车及车辆级功能均由 TCMS 实现，传动控制级功能由 CI 来实现。

②系统具有功能强大的多处理器体系，能进行设备的自诊断。系统配置与编程基于强大的软件工具。

③车辆级控制设备通过 RS-485 总线构成星形网络实现点对点的通信。中心结点 TCMS 具有 Master、Slave 两套系统，采用双机热备的机制，保证了网络系统的可靠性。

④机车与机车之间采用总线式 10 Mbit/s 实时以太网传输信息，传输速度快、传送数据量大。传统的以太网是一种非集中控制的、基于总线的广播式网络，采用 1 坚持的 CSMA/CD(载波监听与多路访问/冲突检测)工作机制，即总线上每个节点如果监听到信道空闲就可以传送数据帧，并继续监听下去，一旦监听到发生冲突，就立即放弃该数据帧的发送，并等待一段随机的时间，然后再次尝试发送数据帧。这种机制容易造成数据的传输时延，在重载情况下，甚至会使网络崩溃、瘫痪。因此，传统的以太网无法满足列车通信实时性、可靠性的要求。HXD3 型机车采用的实时以太网是基于 UDP/IP 协议开发的半双工通信网络。总线上各个节点信息由令牌控制，按照先后顺序以广播的形式定周期发送，因此避免了冲突的产生。它的传输速率为 10 Mbit/s，接口为符合 IEEE802.3 标准的串行链路，传输介质是双绞屏蔽线。该实时以太网具有传输速率高、实时性强、结构简单、造价低廉、易于维护等特点。

2. 网络控制系统的组成与功能

TCMS 既是车辆级控制核心，又是列车级的控制节点，在整个机车控制中占有主导地位。TCMS 与各控制设备的通信接口性能参数见表 9.18。

表 9.18　TCMS 与各控制设备的通信接口性能参数

适应范围	接　口	通信制式	传输速率	协　议
与显示单元	RS-485 串行链路	4 线/全双工	38.4 kbit/s	东芝标准协议
与 CI	RS-485 串行链路	2 线/半双工	100 kbit/s	基于 HDLC 协议的东芝标准协议
与 APU	RS-485 串行链路	2 线/半双工	9.6 kbit/s	基于 HDLC 协议的东芝标准协议
与它车 TCMS	IEEE8023 串行链路	半双工	10 kbit/s	UDP/IP

(1)控制监视系统装置(TCMS)

TCMS 主要完成列车总线管理、车辆级接口管理、列车级控制、车辆级控制、故障保护、故障记忆以及通信协议转换等功能。列车级控制包含机车重联控制、司机指令运算等；车辆级控制包含机车逻辑控制、机车牵引/再生制动特性控制、主变流器控制、辅变流器控制、定速控制、电空互锁制动控制、冗余控制等。TCMS 与 CI 的网络接口如图 9.29 所示。

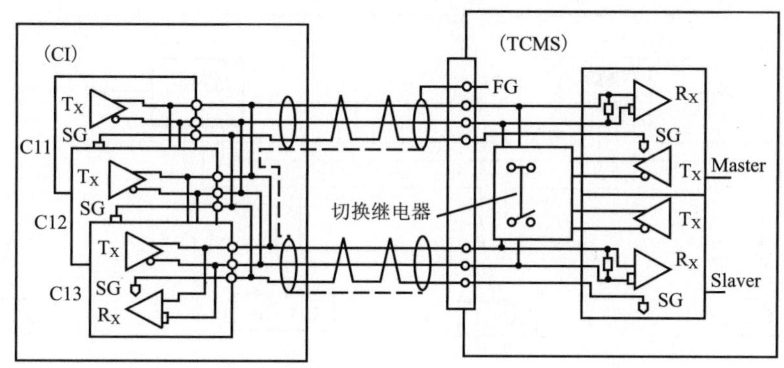

图 9.29　TCMS 与 CI 的网络接口

Tx，Rx—信号；SG—信号地；FG—屏蔽地；CI—主变流器；TCMS—控制监视系统装置；Master—主系统；Slave—辅系统

APU 与 TCMS 主辅系统间网络传输的切换与上述情况类似。

显示单元与 TCMS 主辅系统的网络传输的切换如图 9.30、图 9.31 所示。正常情况下，TCMS 的 Master 控制Ⅰ端司机室的 Display Unit 1，Slave 控制Ⅱ端司机室的 Display Unit 2。而对于插入钥匙端(即有效的)司机室的显示单元，当对应的控制系统(Master 或 Slave)出现故障时，该显示单元由功能正常的系统进行后备控制。

(2)主变流器(CI 1～CI 6)

主变流器的功能是完成牵引变压器与牵引电机之间的能量转换。其控制单元为 32 位多 CPU 高速运算微机控制系统。按功能可划分为：网络信息传输、接触器控制、四象限变流器控制、逆变器控制、保护检测、信号处理等。

四象限变流器的控制采用 PWM 控制方式；电机的控制策略为高速矢量控制；CI 综合控制(包含总线数据传送控制、接触器控制、保护检测等)功能由 Intel486 高速处理器芯片完成；四象限变流器的控制和异步电动机的矢量控制均采用数字信号处理器 DSP 完成高速运算功能。

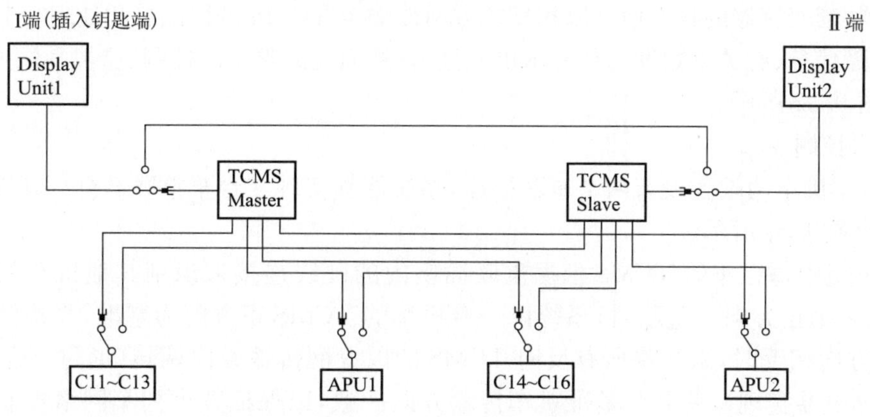

图 9.30　主系统正常工作

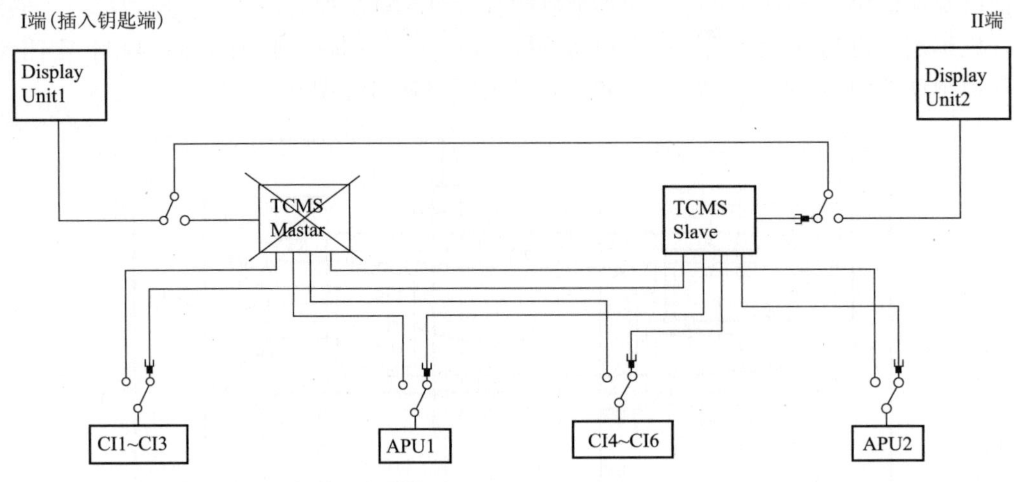

图 9.31　主系统故障切换

(3)辅变流器(APU1、APU2)

辅变流器的功能是向牵引通风机和压缩机等辅助设备提供三相交流电。机车设有 2 组辅变流器;每一组辅变流器对应独立的控制单元。控制单元主要实现整流器控制、逆变器控制、网络信息传输、故障诊断、保护功能。逆变器输出方式既可以采用 VVVF(变压变频)方式,也可以采用 CVCF(恒压恒频)方式。

(4)显示单元(Display Unit 1、Display Unit 2)

显示单元用于显示机车运行工况、设备状态和故障信息,记录运行数据和故障信息,并具有查看、设定、清除、转储各类数据的功能。显示单元为可触摸式液晶显示屏。操作人员可通过屏幕上设置的触摸键,直接录入信息(如设置时间、轮径,切除故障的 CI 等)或快速进入下一级菜单。在机车调试过程中,也可以通过显示屏对机车的控制参数进行修正,或者模拟机车工况,方便调试过程,加快调试速度。

3. 信息流向

TCMS 通过各种人机接口接收司机控制命令,采集各种反馈信号,进行相关运算,生成相应控制命令,通过 RS-485 总线发送给主变流器、辅变流器完成相应功能;通过实时以太网发送给它车的 TCMS,并由该 TCMS 发送至它车的主变流器、辅变流器执行相应操作。各车内的主变流器、辅变流器的状态信息以相反的方向传输至 TCMS 进行汇总和处理。TCMS 将计算结果、故障信息、有关参数发送至显示单元显示,从而完成整车的控制、监视和保护功能。信息流向如图 9.32 所示。

4. 重联控制

HXD_3 型机车两端各设有两个重联插座,系统能够实现 4 台车重联运行。其以太网数据总线接口如图 9.33 所示。

重联车组中每台车的 TCMS 根据重联插座内的硬线连接来识别其他机车的 I 端或 II 端,并默认一个正方向。重联时,系统以一台机车的 TCMS 正方向为基准,当检测出其他机车 TCMS 方向相反时,系统将所有反向 TCMS 的以太网传输方向调转(通过 TCMS 内部设置的切换继电器实现),使其与基准机车传输方向一致,以保证整个列车网络控制系统的正常工作。

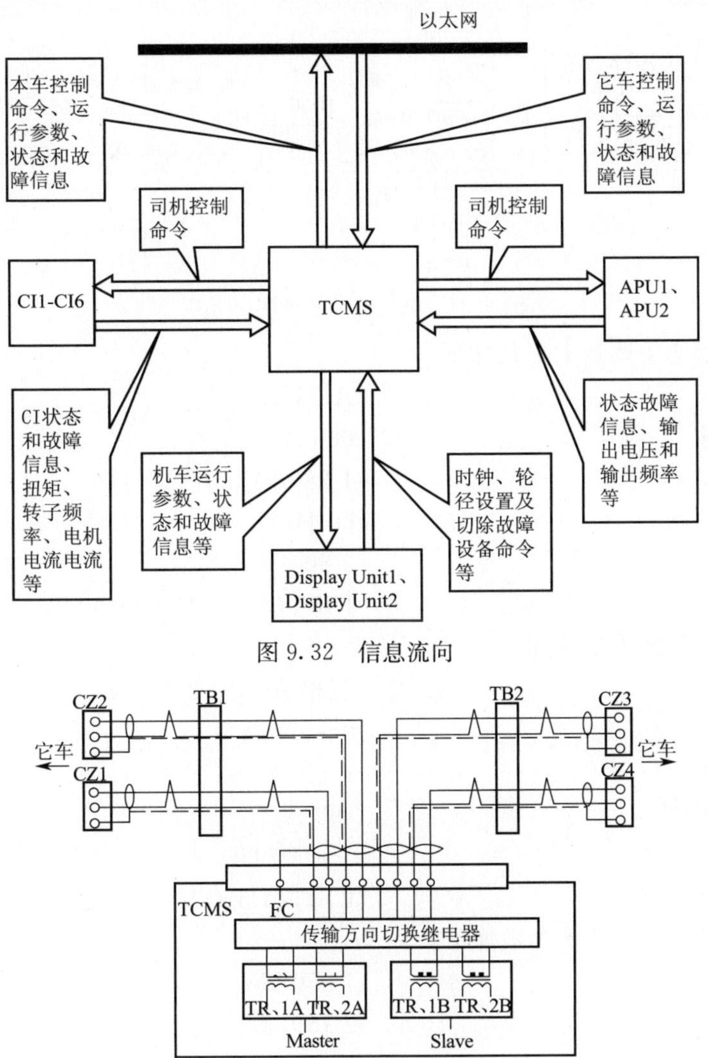

图 9.32 信息流向

图 9.33 以太网数据总线接口

CZ1～CZ4—重联插座；TB1、TB2—端子排；FG—屏蔽地；TCMS—控监视系统装置；Master—主系统；Slave—辅系统；TRX1A、TRX2A、TRX1B、TRX2B—信号

9.3.2 HXD3 型机车电气系统

HXD3 型机车采用轴控技术，电气系统主要包含有主电路、辅助电路及控制电路。

1. 主电路

机车主电路由网侧电路、传动系统电路和库用动车电路等组成。机车网侧电路主要完成网侧电压的采集，供司乘人员观察、电度表计量和控制系统控制。传动系统电路由主变压器、主变流器和牵引电动机等组成(图 9.34)。

主变压器原边通过受电弓和主断路器得电，25 kV 电压通过主变压器降压成 1 450 V，主变压器次边的 6 个独立的牵引绕组分别向两台主变流器的 6 个四象限整流器供电，每个四象限整流器分别对应一个独立的中间电路，它们分别向一个电压型 PWM 逆变器供电，提供给 6 台牵引电动机。再生制动过程与此相反。

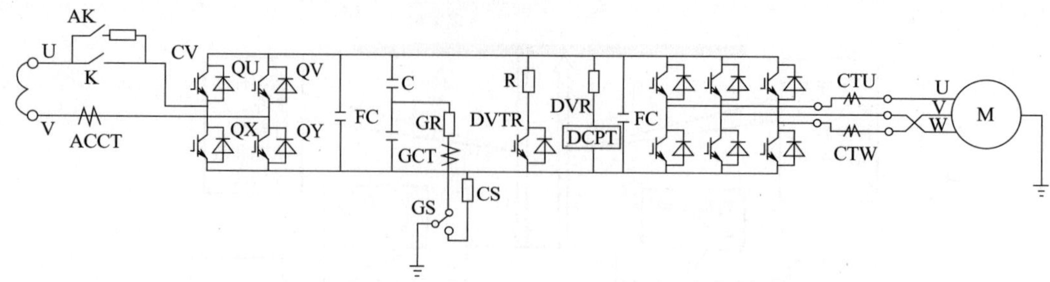

图 9.34　电气传动系统图(一组)

四象限整流器的主要技术参数如下：

额定输入电压	AC 1 450 V
额定输入电流	966 A
额定输入容量	1 280 kV · A
输入频率	50 Hz
中间电压	2 800 V
元件类型	IGBT(4 500 V,900 A)

牵引逆变器主要技术参数如下：

输出电压	三相 AC 0～2 150 V
输出电流	0～520 A
额定输出电压	2 150 V
额定输出电流	390 A
输出频率	0～120 Hz
元件类型	IGBT(4 500 V,900 A)

异步牵引电动机主要技术参数如下：

持续功率	1 250 kW
额定电压	2 150 V
额定电流	390 A
额定频率	46 Hz
额定转速	1 365 r/min
最高转速	2 662 r/min
极数	4
功率因数	0.91
额定效率	95%
绝缘等级	200 级
冷却方式	强迫风冷
通风量	96 m^3/min

主电路设有原边过流保护、主变压器牵引绕组过流保护、主电路接地保护、牵引电动机过流保护等。

2. 辅助电路

辅助电路由辅助变流器供电电路、辅助电动机电路、辅助库用电路、制冷及采暖电路等组成,如图 9.35 所示。机车上共安装两套完全相同的辅助变流器,分别按照 VVVF 和 CVCF 方

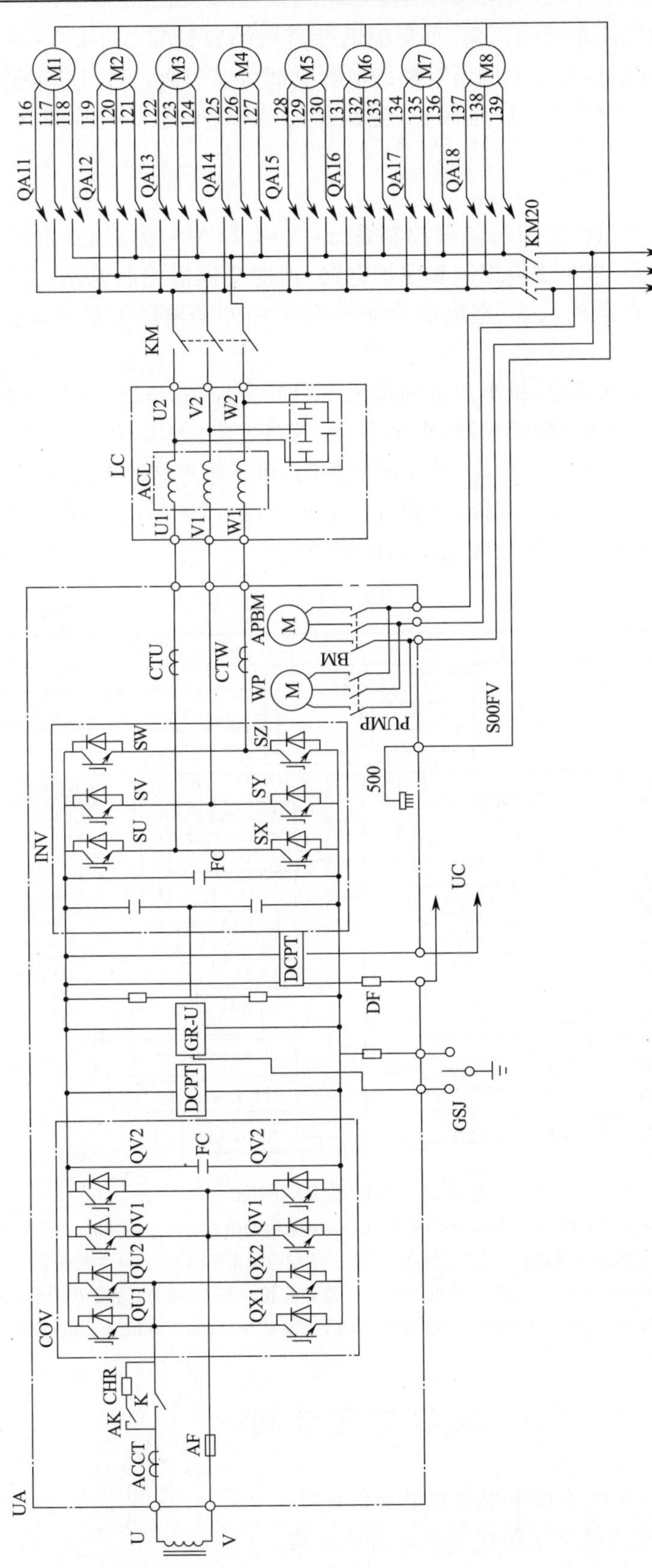

图9.35　辅助电路电气系统图（一组）

式工作。考虑到辅助变流系统的冗余，每套辅助变流器的容量为 230 kV · A，以满足在一套辅助变流器故障的情况下，机车上的所有辅助电器全部可以切换到另一套辅助变流器上工作。

设有辅助系统主接地保护、过压保护、变流器过流保护、电动机故障保护、加热装置保护等。

3. 控制电路

控制电路是以机车微机控制与监视控制系统（简称 TCMS）为核心，由控制电源电路、司机指令与信息显示电路、机车逻辑控制和保护电路、辅助变流器控制电路、主变流器控制电路以及行车安全综合信息监控系统、空电联合制动系统和外围电路等组成。控制系统网络如图 9.36所示。

机车控制电路主要功能有：机车预备的顺序逻辑综合控制，机车牵引力和制动力控制，辅助电动机控制，机车空电联合制动控制，机车主、辅电路过流、过压、欠压、接地等保护控制，机车空转/滑行保护控制，机车黏着控制，机车重联控制，机车轴重转移补偿控制，机车定速控制，停车状态下微机控制系统自诊断功能，行驶过程中对被控对象进行实时在线监测诊断功能，故障信息的记录、保存和显示功能，故障记录的转储功能。

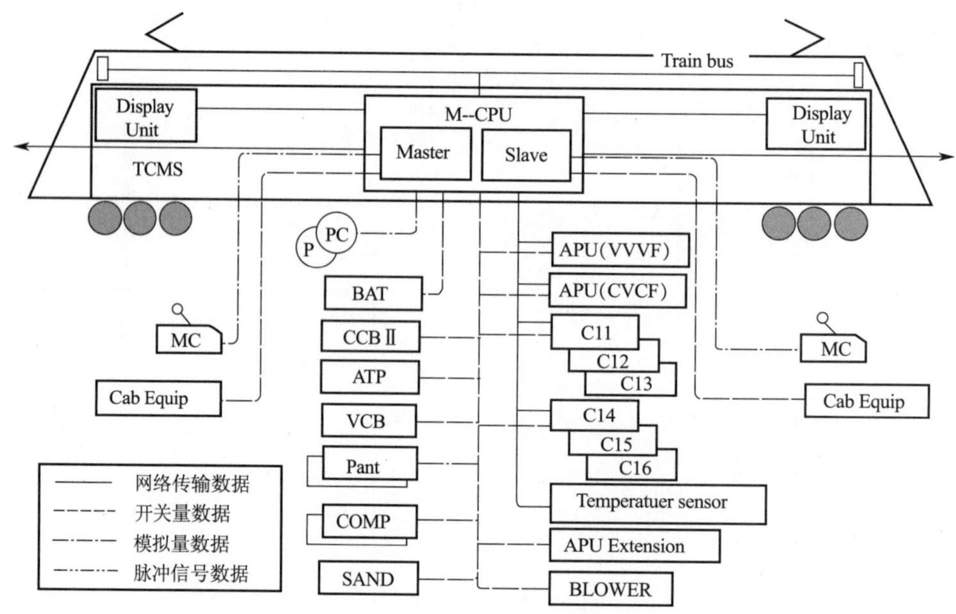

图 9.36　控制系统网络图

M—CPU Master—主处理单元（Master 为主微机，Slave 为辅助微机）；Display Unit—微机显示屏；MC—司机控制器；PC—速度传感器；ATP—监控控制系统；VCB——主断路器；Pant—受电弓；COMP—空气压缩机；SAND—撒砂装置；APU—辅助变流器控制单元；CI—牵引变流器控制单元；BLOWER—通风机组；BAT—蓄电池；Temperature sensor—温度传感器

复习与思考题

1. SS4 改型电力机车电子控制柜的主要功能是什么？
2. 简述 SS4 改型电力机车电子控制柜的基本结构。
3. SS4 改型电力机车电子控制柜输入输出插件的主要功能的什么？通道如何分配？

4. SS_4 改型电力机车电子控制柜中调制/解调插件的功能有哪些？

5. SS_4 改型电力机车电子控制柜脉冲形成插件的主要功能有哪些？由哪些环节电路组成？

6. SS_4 改型电力机车电子控制柜中特性控制插件的主要功能有哪些？组成的环节电路有哪些？

7. SS_4 改型电力机车电子控制柜中转向架控制插件的主要功能是什么？由哪些环节电路组成？电流电压反馈信号处理电路对信号进行如何处理？

8. 与模拟控制相比，微机控制系统有哪些优越性？

9. 简述 SS_9 型电力机车微机控制柜的结构特点。

10. SS_9 型电力机车微机控制柜包括哪些插件？各插件的主要功能是什么？

11. SS_9 型电力机车微机控制柜牵引控制时主要控制功能有哪些？

12. SS_9 型电力机车微机控制柜制动控制时主要控制功能有哪些？

13. 试述 HXD_3 型机车网络控制系统特点、组成与功能。

10 电力机车其他电子电路

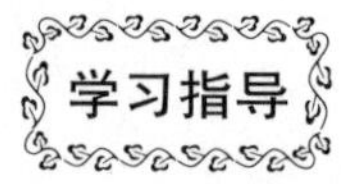

掌握显示诊断装置故障现象及原因；掌握 SS_4 改型电力机车劈相机的起动过程；掌握列车运行监控记录装置的主要功能及操作过程；掌握 SS_9 型电力机车逻辑控制单元的主要功能。

了解显示诊断装置的功能及维修保养；了解劈相机的启动原理；了解列车运行监控记录装置的功能及组成。

10.1 显示诊断装置

SS_8 型电力机车每端司机室配有一套 TPX1 型显示诊断装置。它主要用于机车运行状态监视，除可取代司机室的常规电流、电压、速度表外，还可用汉字提示机车发生故障的位置、类别、处理方法，给维修人员对机车状态的检查、已发生故障的分析等工作提供了良好的手段。

1.装置的主要功能与操作

显示诊断装置有两种使用方式，即面向司机的一级显示方式，面向维修人员的二级显示方式，由显示器左下部的"二级显示允许"钥匙开关控制。当该开关处于关闭状态时，为第一种方式；当用专用钥匙打开后，可进入第二种方式。这里仅介绍一级显示功能。

面向司机的一级显示功能也叫实时监测功能，在显示屏上可实时显示的信息分五类：

①操作信息 司机给定手柄级位、反向手柄位置(工况)。

②运行信息 牵引电动机电枢电流、牵引电动机电压、励磁电流、磁场削弱系数。

③累计信息 机车累计运行公里数(取代机车里程表)、时间以及本次运行公里和时间。

④故障信息 机车及控制装置的故障状态、故障位置、故障数据、故障处理方法提示。

⑤其他信息 日期、时间、与微机柜通信情况、键盘操作菜单提示。当微机柜或机车发生故障时，显示画面将切换成故障显示画面。显示机车正常情况下的画面，其中速度、电流、电压取两个转向架中的最大值。

2.维修、保养及故障排除

①保养与维修

微机控制装置的控制箱装于司机台下，显示器装于司机台上，在使用过程中应注意防水。显示器面板上为有机玻璃，当上面落有灰尘时，请用柔软织物轻轻擦拭，以免擦伤玻璃表面，影响美观和观看。控制箱为非密封结构，应定期用毛刷清扫插件上的尘屑。维修时应先断电再插拔插件。因装置故障而不能正常显示，又不能及时排除时，应关掉控制箱后电源开关以避免烧坏更多的器件。维修插件时，要在防静电的工作台上进行，未带防静电手套的手不可接触集成块管脚。

在运行中如有死机现象或程序紊乱显示有麻点现象，可用复位按钮恢复程序的正常运行。

禁止两端司机室显示诊断装置同时工作，以免烧坏通信接口插件。

②主要故障现象及原因(见表 10.1)

表 10.1　主要故障现象及原因

故障原因 / 故障现象	保险管烧坏	控制箱电源坏	显示屏电源坏	主 CPU 插件坏	实时钟插件坏	电子盘插件坏	通信接口插件坏	汉字图形插件坏	键盘打印插件坏	输入电压太低	接头松动	显示屏坏	汉字图形插件上电位器松动
显示屏不显示	*	*	*	*	*	*		*		*	*	*	*
显示画面上下翻动								*					*
显示画面左右漂移													*
通信机正常时不通信(显示切除)					*		*				*		
开机时系统不起动(有电源)				*	*	*							
时钟不对					*								
不响应键盘(1～5)						*			*		*		
显示正常时打印机联不上									*		*		
“复位”按键不起作用					*						*		
死机即显示不刷新				*		*		*					
控制电源箱保护开机时指示灯先亮后灭				*	*	*	*	*	*	*			

注：“ * ”表示可能存在的故障。

10.2　劈相机起动电路

10.2.1　SS4 改型电力机车的劈相机工作原理

劈相机是 SS4 改型电力机车辅助系统的主要电机之一。它的性能的好坏直接影响到其他辅助电机的正常工作。异步电动机的许多故障现象都会在劈相机上发生，但劈相机又有其自己的特性。要想快速准确地找到劈相机的故障并及时排除故障就必须对劈相机有一个全面的了解。

首先就要了解劈相机在电力机车上的作用及工作原理。SS4 改型电力机车的劈相机实际上是单相电动机与三相发电机的组合。SS4 改型电力机车上所有的辅助电动机均由主变压器的辅助绕组 a_6-x_6 供给单相电源，经异步劈相机将单相电源劈成三相电源，再供给辅助电路的所有三相异步电动机使用。异步劈相机的结构与三相异步电动机不同，转子为鼠笼式，定子绕组按三相不对称规律嵌入在定子槽内，劈相机实际上是单相电动机与三相发电机的组合。劈相机的电负荷不是固定的，是随机车运行工况的改变而变动。

电动机单相交流电通过电机定子的单相绕组时，产生交变的脉振磁场，一个脉振磁场可以分解为两个幅值一样、转速相等、转向相交的旋转磁场，与电机转子的转动方向相同为正序旋转磁场，与转子转动方向相反为负序旋转磁场。劈相机的电动相绕组接到单相交流电源上，在劈相机的空气隙中产生两个大小相等的磁场，当劈相机的转子静止不动时，这两个磁场在转子导体中感应的电动势和电流的大小相等，方向相反。由此而产生的两个转矩也大小相等，方向相反而互相抵消。起动转矩为零，劈相机不能自行起动。如果转子与正序旋转磁场的相对速度比较小，而转子与负序旋转磁场的相对速度比较大，转子以几乎 2 倍于同步转速的速度切割该负序磁场，使转子导体内感应出近 2 倍于电网频率的电势和电流，该电流产生的磁场几乎抵消了定子绕组产生的负序磁场。

也就是说，当转子转动时，在劈相机的气隙中主要剩下了一个正序旋转磁场，它与转子相互作用产生电磁转矩，克服了转子的机械阻力矩及转子负序电流产生的电磁阻力矩，驱使转子沿着正序旋转磁场方向旋转，同时该正序旋转磁场切割定子三相绕组，并使它感应出三相电势，于是单相电源被劈成三相电源。在劈相机定子的三相输出端接上电负载，因其中两相负载直接与单相电源相联，不需要经过劈相机而直接从单相电源得到供电，而另一相负载则由劈相机的发电相得到供电，所以劈相机是将单相交流电源劈成三相，而本身只输出一相的异步电机。

10.2.2　SS_4 改型电力机车劈相机与控制电器的关系

了解了 SS_4 改型电力机车劈相机的工作原理，而它在电力机车上是如何起动和运行的，这对我们排除劈相机故障也是十分重要的。起动劈相机是电力机车动车前的预备性操作，其电路属于控制电路。在其受电弓升弓以及闭合主断路器后进行，SS_4 改型电力机车的劈相机控制有手动和自动两种，它是通过对选择开关 591QS 进行选择，我们主要以手动为例，这样更好地认清各个电器件在劈相机起动过程中的作用。由于劈相机直接单相电源起动时只能在气隙中产生一个脉振磁场，而不能产生一个旋转磁场，起动转矩为零，劈相机必须带电阻或电容进行分相起动，起动电阻或电容必须接在劈相机电动第一相 U_1 相与发电相 W_1 之间，即辅助回路 202 母线与 203 母线之间，起动电阻值为 0.79 Ω 起动电容为 10 个 12 kVar、138 μF 电容并联。所有辅机控制电源由 605QA 自动开关控制，劈相机的控制是完成其他辅机控制的先决条件。

劈相机的运转与停止是通过相应的接触器 201KM 控制，劈相机控制电路如图 10.1 所示。因为劈相机是单相电动机与三相发电机的组合，所以起动时必须在电动机相绕组与发电相绕组之间接入起动电阻 263R 进行分相起动，起动电阻的接通与开断由接触器 213KM 来执行。由劈相机起动继电器 283AK 监测起动过程并控制起动电阻回路的开断。283AK 的工作电源是从导线 531 经 533KT 常开联锁由导线 281 引入的。

首先按下劈相机按键 404SK，导线 560 经 404SK 与 591QS，使导线 564 有电，劈相机中间继电器 567KA 得电动作，其常开触点闭合。导线 560 经 567KA 的常开触点，使导线 561 有电，然后分成几个支路。导线 561 经劈相机起动中间继电器 566KA 的常闭接点，使分相接触器 213KM 和劈相机起动延时继电器 533TK 得电动作，起动电阻将投入工作。劈相机的接触器 201KM 闭合，导线 561 经 213KM 的辅助触点，使导线 572 有电。经劈相机故障隔离开关 242QS，使 201KM 得电动作。劈相机的主回路沟通，开始起动。若起动正常，则劈相机的起动继电器(283AK)动作，其常开点闭合。导线 561 经 283AK，使导线 568 有电，劈相机起动中间继电器 566KA 得电动作。其常闭触点打开，切断 213KM 和 533KT 的供电回路，甩掉劈相机起动电阻，劈相机进入正常工作状态。同时，566KA 的常开触点闭合，215QA 和 566KA 常开触点，使 566KA 继续得电自锁：导线 561 经 533KT 的常闭触点，使导线 577 有电，为其他辅助电机的正常工作做好准备。至此，劈相机的控制顺利完成。

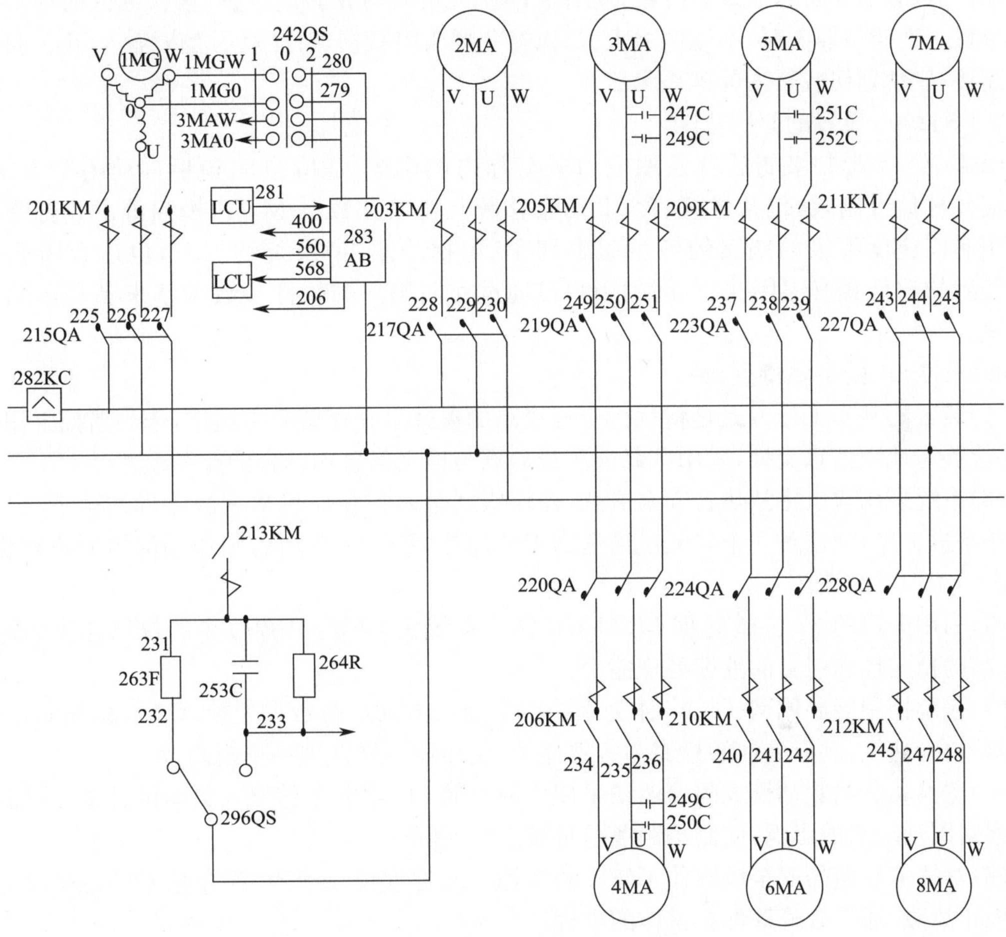

图 10.1　劈相机控制电路

10.3　列车运行监控装置

列车运行监控装置(简称监控装置)是确保列车运行安全的辅助装置。它具有速度监控功能，能协助司机防止“二冒一超”的事故发生，使机车更安全可靠地运行；还具有实时记录和运行数据分析处理能力，能准确记录列车运行状态、信号设备状态、装置自身状态、机车有关状态以及乘务人员操作状态等安全信息。

LKJ2000 型列车运行监控装置是在 LKJ-93 型监控装置广泛应用的基础上，借鉴国内外 ATP 及 ATC 先进技术而研究开发的新一代列车超速防护设备，它是应铁路运输生产要求和当今数字化、网络化、智能化技术发展需要而研制成功的列车行车安全设备的升级换代产品，是全路集体智慧的结晶。

1. LKJ2000 装置操作注意事项

主机电源开/关不应过快，开、关间隔时间应在 30 s 以上，以保证电源正常工作；不允许带电拔插插件，否则可能损坏插件内元器件；插件电路板取出机箱后，不应用手触摸内电路及元器件，以防静电损坏电路板；所有插件插入机箱后，均应将面板紧固螺钉拧紧以防插件脱落。拨出插件前，必须先将紧固螺钉拧松；所有插件在机箱内均有固定位置，插件插入时应对准其所在位置。当插件插入时，不能用力太大，以避免插头引脚损坏；注意后盖板输入/出连接器应可靠连接；严禁划伤或敲击屏幕显示器。

2. LKJ2000 装置的应用范围

LKJ2000 型监控装置适合各型电力机车和内燃机车；适应自动和半自动闭塞方式；并能适应各种信号制式，包括移频（含 18 信息移频）、交流计数、UM-71、极频等。装置既适合运行于不同速度等级的线路的各型旅客列车（包括动车组）及货物列车，也适合于调车机车。装置的软件具有通用性，不同的用户可通过面向用户的软件参数调整来满足不同的运行情况。

3. LKJ2000 的主要特点

（1）装置的基本工作方式是将运行全程线路的参数事先存储于主机中，作为监控工作的依据，并能够与地面信息交换，采用车载或车载数据与地面信息相结合的控制模式。

（2）系统采用双机主从热备冗余方式（模块级冗余），在工作机出现故障的情况下，自动切换到热备机工作，当任意一个单元或通道出现故障的情况下，自动启用备用的单元或通道，大大提高了工作可靠性。

（3）采用先进的 32 位微处理 MC68332 作为系统主 CPU，具有较高的执行速度、控制精度、较高的稳定性和很强的数据处理能力。

（4）采用控制器局域网（CAN）作为系统内部通信方式进行数据交换、CAN 总线器件本身带 CRC 校验功能，具有高强的检错与容错能力，使传输可靠性进一步提高。

（5）监控功能的制动模式限速曲线采用实时计算，并考虑客/货车，制动机种类、线路坡度等因素对制动距离的影响，使制动距离尽量接近于实际。

（6）对故障导向的安全措施作了较多的考虑。对速度信息故障、机车信号信息故障、过绝缘节校正故障、通信故障等都有具体的处理。

（7）采用 10 英寸 TFT 高亮度液晶显示屏（也可选用数码显示器）作为显示界面，以图形的方式预示前方的桥隧、坡道、曲线、车站、道岔、线路限速、优化操纵曲线的情况，使装置与司机之间更好地交换信息。

（8）具备大容量的 IC 卡读写功能，能够解决对乘务员的参数输入，临时限速的控制，大交路大轮乘文件的转储困难等问题。

（9）具备列车事故状态记录器（黑匣子），可以详细记录事故前 30 min 的内容，结构合理，不易损坏。

（10）在系统内比 LKJ-93 型多安装了机车闸缸压力传感器，可以记录和检查机车小闸使用情况。

（11）采用 6U 标准插件及机箱结构，具有灵活、维修方便等特点。

（12）系统电磁兼容性满足 IEC61000 标准三级要求，抗干扰能力强，工作可靠性强。

4. LKJ2000 的主要功能

（1）监控功能：防止列车越过关闭的地面信号机；防止列车超过线路（或道岔）允许速度及

机车、车辆允许的构造速度；防止机车以高于规定的限制速度进行调车作业；在列车停车情况下，防止列车溜逸；可按列车运行揭示要求控制列车不超过临时限速。

(2)记录功能：开/关机时相关参数记录；乘务员输入参数(或IC卡输入)记录；运行参数记录；事故状态记录；插件故障记录。

(3)显示功能(以数字或图形方式显示)：显示列车运行的实际速度及限制速度(或目标速度)；显示距前方信号机距离及前方信号机种类；显示运行线路状况；显示机车优化操纵曲线；其他运行参数的显示。

(4)地面分析功能：将车载记录的列车运行数据经过翻译、整理，以直观的全程记录、运行曲线、各种报表等形式再现列车运行全过程，为机务的现代化管理及事故分析提供强有力的工具。

5. LKJ2000的技术特点

(1)系统主处理器

系统CPU采用32位微处理器MC68332，其特点为：

①其内部数据处理能力达32位(外部数据总线宽度为16位)，具有16M字节的寻址空间，无需扩充地址总线即可满足寻址要求。

②最高可达25 MHz的工作频率，加上其流水线工作方式，使得其处理速度远远高于普通的微处理器，复杂的制动计算因而变得快速而准确。

③其内置异步和同步通信接口、内部RAM以及内部片选逻辑功能大大简化了外围电路的设计，特别是它的内部定时处理器单元(TPU)可以脱离CPU独立工作，以相当高的分辨率专门处理16路输入/输出通道，一方面大大减轻了CPU负担，另一面也提高了速度、距离及转速等参数的测量精度。

④MC68332的高速通道的分辨率为0.2 μs(是8097的10倍)。

⑤MC68332微处理器内部故障检测功能及故障处理功能也提高了装置工作的可靠性及安全性。

(2)系统冗余方式

为了提高工作可靠性，系统采用双机主从热备冗余方式，系统主机由A、B两组完全独立的控制单元组成。

①双机中两个单元互为热备，两个单元同时工作，一个处于主机工作状态，另一个处于备机工作状态，一旦主机单元任何一块插件或插件上的某一通道发生故障时，备机单元的相应插件或相应通道将马上投入工作(电源插件和监控记录插件除外)。当主机单元的监控记录插件或电源插件发生故障时，备机单元将马上转为主机工作状态，故障单元将自动退出主机工作状态。监控记录插件的1B灯点亮，表示其正处于主机工作状态。

②双机中每组单元都有完整的信号输入及控制输出接口模块。每组单元中110 V等级数字量输入/输出模块、50 V等级数字量输入模块及模拟量输入/输出模块均是不带CPU的插件，这些插件与主机CPU是通过VME总线方式连接，而地面信息处理、通信、显示器等单元部件，本身都有独立的CPU来处理本单元的信息，这些单元与主机CPU之间通过CAN串行总线来交换信息。

③系统内部CAN串行通信网络也采用A、B组冗余方式工作。A、B两组总线同时进行发送和接收，复位时系统以CANA为主，当CANA出现故障时自动切换至以CANB为主。

④为了保证记录的数据的完整性和唯一性，备机不进行主动记录，备机记录的数据来源于主机。

（3）系统通信网络

采用控制器局域网（CAN）作为系统内部通信网络，所有带 CPU 的模块通过双路 CAN 总线进行数据交换（不带 CPU 的模块通过 VME 并行总线交换数据）。CAN 标准总线以其独特的物理层规范和数据链路层协议使通信可以在相当高的传输速率下进行（最高通信速率为 1 Mbit/s），并达到相当远的传输距离（最长传输距离可达 10 km）。特别是其多主数据传输方式使得系统内数据交换更为有效。CAN 总线高强的检错及容错能力加上其短帧数据结构使数据传输可靠性进一步提高。因此，系统内各模块之间可以进行大量、快速的数据传输，从而提高了控制与显示的实时性以及数据记录的准确性。

（4）系统的控制模式

装置采用车载计算机预先存储地面线路数据的控制方式（即车载控制模式），在运行时根据列车所处位置按顺序调取的车载存储线路数据，按前方信号显示状态并根据列车速度计算列车走行距离来产生控制模式曲线。当列车速度超过控制模式曲线范围时，装置对列车实施卸载、常用制动及紧急制动控制，防止列车越过关闭的信号机。装置实施常用制动后，在列车速度低于规定的安全速度时，允许司机缓解；对于紧急制动控制，必须停车后才可缓解。特殊情况下的处理方式满足铁路《铁路技术管理规程》要求。为确保列车在关闭信号机前可靠停车，限制速度的计算采用实时计算方法，以满足控制精度要求。模式曲线的计算可根据列车运行速度的要求采用跨闭塞分区计算方式，即以关闭的信号机作为目标点来计算常用制动及紧急制动连续模式曲线。

由于装置具有与地面进行信息传输的接口功能及传输信息的处理功能，因此在有地面信息传输的区段，也可采用车载数据与地面传输信息结合的控制方案。一方面可减少乘务员操作，提高自动化控制程序；同时也可以提高控制可靠性与安全性。信息传输方式可以采用点式应答器或轨道电路叠加等方式。传输信息包括进路信息、站内开通股道信息、限速信息以及距离信息等。

（5）运行数据的记录与分析处理

装置对列车运行状态的相关参数及乘务员输入参数（包括 IC 卡输入参数）进行记录，并根据列车运行情况形成相应的数据文件储存在非易失性数据存储器中，通过数据转储器送入地面微机分析处理。数据记录采用不定长数据格式并且记录数据事件代号与记录数据内容采用不同的数据代码，以提高记录数据的可靠性。数据记录采用条件触发记录方式，当设定的记录条件满足时则产生一项相应参数记录。地面分析处理软件将车载记录的列车运行数据经过翻译、整理，以直观的全程记录、运行曲线、各种报表等形式再现列车运行全过程，为机务的现代化管理及事故分析提供准确、有力的依据。

（6）结构设计特点

在结构设计方面，监控主机采用符合 IEC 国际标准的 6U×160 标准机箱\插件结构。6U 标准插件采用两个符合 IEC 标准的对外信号连接器、96 芯连接器完成 VME 标准总线信号连接，48 芯连接器完成输入/出信号连接，因而在满足 VME 信号标准的同时也提高了板内的电磁兼容性。由于采用标准的模块化结构，因而容易实现功能的扩充与升级。主机箱的选型及设计除在强度、重量、安装及电磁兼容等方面进行综合考虑外，还重点考虑了机箱的外观设计。另外，在防止非法拔插电路板方面及记录数据人工防护方面采取了有效的措施（在机箱正面加装带锁的玻璃门)。

(7)制动控制输出说明

LKJ2000 列车运行监控装置对机车控制手段主要分 5 个等级。

报警:当列车运行速度超过报警速度时,显示器发出语音报警(由监控装置完成)。

卸载:当列车运行速度超过允许值时,装置切除机车牵引电流(即将牵引力减为零,但电制动工况时不切除)。

常用制动:当卸载不能使列车减速,此时由监控装置发出指令使列车实施常用制动,迫使列车减速。常用制动后,当列车速度低于规定的安全速度时,允许司机缓解。

紧急制动:在使用常用制动时不能使列车减速至允许的限速值时,监控装置将发出指令实施紧急制动,迫使列车立即停车。紧急制动不允许司机缓解,当列车速度为 0 时,自动缓解。

系统故障:当系统中 A、B 机同时故障时,显示器发出故障报警。要求司机在 3 min 内关断主机电源,否则实施紧急制动。

其中卸载、常用制动、紧急制动是由监控装置发出指令,机车控制装置予以实施。

6. LKJ2000 系统各部分介绍

(1)LKJ2000 主机

①主机箱内插件布置示意图如图 10.2 所示。

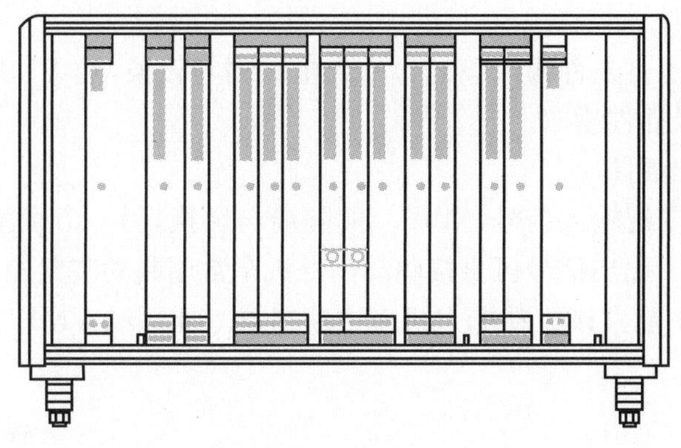

图 10.2　主机箱内插件布置示意图

②监控记录插件

监控记录插件作为 LKJ2000 型监控装置的主机模块,是系统的核心部件。模块以 32 全微处理器 MC68332 为 CPU,主要完成地面数据的存储与调用、运行状态数据的记录与同步、控制模式曲线的计算、实时时钟的产生,并通过双路 CAN 串行总线或 VME 并行总线对系统其他模块的控制与管理。其他模块中带 CPU 的模块通过 CAN 网络与主机模块交换数据,而不带 CPU 的模块通过 VME 并行总线与主机模块连接。主机与备机之间的数据交换是通过同步通信实现的。记录用数据存储器与实时时钟件采用非易失性存储器件,因而在无需外部电池情况下可实现数据的每项可靠保存。

③地面信息处理插件

轨道信号由轨道信号感应器拾取,经过电气隔离后进行调整放大,经 A/D 转换,由数字信号处理器(DSP)对各种制式的信号进行数字滤波及分析处理。插件产生的过绝缘信号供监控记录插件校正距离测量误差，绝缘节信息通过电平方式输出至监控记录插件，也可通过 CAN 通信网络传输。地面点式信息或轨道电路叠加信息的处理是根据需要以相对独立的专用处理模块来完成的，结构上此模块叠加在地面信息处理插件上。插件与其他插件通过内部 CAN 网络交换数据。

④通信插件

通信插件提供装置的各种对外串行通信接口，通信接口包括两路 RS-485 接口及一路 RS-422/485 接口。其中一路 RS-484 通信接口用于与 TAX2 综合信息监测装置通信；一路 RS-485 通信接口用于与列车总线/车辆总线连接，实现监控装置与列车/机车控制系统的信息交换；一路 RS-422/RS-485 接口用于与机车信号装置或点式信息设备通信，从而提高传输信息量以及传输信息的可靠性。插件与其他插件通过内部 CAN 网络交换数据。

⑤模拟量输入/出插件

完成模拟量信号和频率输入信号的调整、隔离、模/数转换及模拟输出信号的数/模转换、隔离及调整输出。模拟输入信号包括：压力信号、电流信号、电压信号以及加速度信号；频率输入信号包括速度信号及柴油机转速信号；模拟输出信号主要是驱动双针速度表实际速度和限制速度的电流信号，以及驱动双针速度表里程式计的电压脉冲信号。所有输入/输出信号全部经过隔离放大器或光电隔离。模拟量输入/出插件经 VME 并行总线与监控主机连接。

⑥数字量输入插件

完成对机车信号点灯条件输入(50 V)的光电隔离与转换，经 VME 并行总线与监控记录插件连接，供监控记录插件读取。

⑦数字量输入/出插件

一方面完成机车工况输入信号(110 V)的隔离与转换，另一方面完成制动指令的执行输出(继电器触点输出)。输出信号可直接驱动内燃机车常用制动装置控制阀或电力机车制动控制回路，但控制信号不能直接驱动电力机车主断路器。插件经 VME 并行总线与监控记录插件连接。

⑧电源插件

采用模块电源方式将 110 V 输入电源转换成系统所需的各种电源。所有出电源与输入电源隔离。输出电压包括供主机各插件工作的 5 V、+12 V、−12 V 及 24 V；供显示器的 15 V (屏幕显示器还要单独引入 110 V 电源)；供速度传感器的 15 V 以及供压力传感器的 15 V。除 5 V、+12 V、−12 V 共地外，其他各路输出电压相互隔离。

⑨母板

完成各插件的 VME 总线连接及输入/输出信号的连接。母板上的上半部分为 VME 总线，采用标准的 96 芯连接器；下半部分为信号的输入/输出，采用标准 48 芯连接器。母板的背面装有 4 个 48 芯插座(X17、X18、X19、X20)。插件的对外引线通过母板的印制线分别与这 4 个插座相连，然后通过内部连线送到后盖板的航空插座上。

⑩过压抑制板

过压抑制板由瞬变干扰信号吸收电路和电源滤波电路、延时继电器三部分组成，安装在后盖板内侧。外部 110 V 电源及 110 V 电路输入信号经过过压抑制板输出至机车 110 V 回路。因而所有与机车 110 V 回路相连的信号均经过过压抑制板的滤波及瞬态过压抑制处理，消除机车 110 V 回路干扰对装置的影响。

(2)显示器

LKJ2000 型列车运行监控装置配有两种显示器供用户选择。一种是数码显示器,一种是屏幕显示器。

屏幕显示器具备 10 英寸 TFT 高亮度彩色液晶显示屏,可以使装置与司机之间更好地交换信息。它以屏幕滚动方式显示实际运行速度轨迹曲线及模式限制速度(或线路允许速度)曲线,以图形、符号、汉字来显示地面信号机的位置、种类以及运行线路的曲线、坡道、桥梁、隧道及道口等信息,同时可显示指导性优化操纵运行速度曲线和手柄级位曲线,以便提示或指导乘务员操作,便于司机认真执行规章制度,改善司机操纵水平,保证列车安全、正点。

数字显示界面:其基本界面与 LKJ-93 型显示器兼容,可维持原 LKJ-93 型显示器操作方式基本不变,同时将大容量 IC 卡的读卡器直接设计在显示器内,不需另再配置 IC 读卡器,操作方法也基本同 LKJ-93 型列车运行监控记录装置。

(3)事故状态记录器

LKJ2000 型列车运行监控装置可装备列车事故状态记录器(黑匣子),将记录 30 min 以内列车运行状态数据,而记录密度将大大高于监控主机数据记录密度,列车走行距离超过5 m时,将产生一次相关参数记录。事故状态记录器还留有语音记录功能,可记录 30 min 以内的最新机车联控的通话记录,并具有抗冲击、防水及耐高温等性能。

(4)LKJ2000 数据转储器

LKJ2000 数据转储器用于将车载记录数据转录到地面微机系统分析处理。其内部数据存储器采用大容量非易失性存储器(可不带电池长期保存数据)。存储容量为 8M 字节。转储器与车载主机的数据传输以及与地面微机的数据转录均采用 RS-232 标准通信方式,通信具备数据校验功能。LKJ2000 型数据转储器既可转储 LKJ2000 型监控装置数据,也可转储 LKJ-93 型监控装置数据,并能自动识别不同设备类型及记录数据格式,其外形结构、按键及操作方法基本保持原 ZJK-S 型转储器风格。

(5)大容量 IC 卡

LKJ2000 型监控装置记录数据的容量为 2 MB,为 LKJ-93 监控装置(256 KB)的 8 倍,作为转储 LKJ2000 型记录数据的中间设备,其 IC 卡的容量也增大为 2 MB。

(6)LJK2000 通用测试仪

LJK2000 通用测试仪是在 CJK98 测试仪的基础上,采用真彩液晶屏、586 主控板、电子盘、频率合成、声卡合成、局域网等先进技术,基于 PC 结构,在 DOS 操作系统下仿 Windows 图形界面,是一个操作方便、界面友好、集成度高、功能强大、技术先进的监控装置通用测试设备。

(7)传感器

系统除上述主要部件外,还有两个必备的配件即速度传感器和压力传感器。

①速度传感器

提供列车运行速度信息,速度传感器安装于机车轮轴上。装置适配于光电式速度传感器或其他脉冲式速度传感器。

②压力传感器

给装置提供列车管压力、均衡风缸压力及机车制动缸压力信号。可以记录和检查机车小闸下闸的情况。

7. 乘务员基本操作

(1)开机操作:打开主机电源开关后,装置执行自检功能,数秒后进入主界面的显示状态。屏幕显示器没有电源开关,它的开关状态受主机控制。

(2)操作权选择:装置上电自检后,显示器进入主界面显示状态,在此状态下,两端操作均有效。哪端先进入“监控”状态,则哪端有操作权。其标志为显示器操作权显示窗口显示为“有权”。在操作端可进行正常按键操作,而在非操作端只能进行一些“查询”功能的操作。

(3)换室操作:机车调头需要到另一端驾驶时,要执行“换室”操作,转换显示器的操作权。有控制权端交出控制权称为交权操作,无控制权端要回控制权称为夺权操作。

1)交权操作:①在有权端的显示器上按压[设定]键,进入参数的设定状态;②光标在“取消”按钮上,我们可以通过[←][↑][→][↓]键,移动光标到“交权”按钮上,同时按压[确定]键,键盘操作权转向另一端,本端的操作权指示区由有权变为无权(也可直接按压数字键 5)。

2)夺权操作:①在无权端的显示器上按压[设定]键,进入参数的设定状态;②光标在“取消”按钮上,我们可以通过[←][↑][→][↓]键,移动光标到“夺权”按钮上,一次按压[确定]键。键盘夺回操作权,本端的操作权指示区由无权变为有权(也可直接按压数字键 5)。

注:夺权和交权操作,是否受有无速度等条件的限制可以通过汇编条件进行选择。在有权端进入“调车”状态,无权端退出“调车”状态,也可以完成操作权的转换。

10.4 SS9 型电力机车逻辑控制单元(LCU)

1. SS9 型机车逻辑控制单元的基本硬件

逻辑控制单元的结构如图 10.3 所示。其外形尺寸为 720 mm×466 mm×600 mm,上部为副柜,下部为主柜。副柜面板上装有 4 个 56 芯对外连接插座、一个 LWS 万能转换开关和 4 个电源指示灯;主柜并排装有两个插件箱,在插件箱上部装有 3 个 110 V 散热风扇。LWS 转换开关有 3 个工作位,中间位为关闭位,此时 LCU 停止工作;向左 45°为 A 组工作位,由 LCU 的 A 组工作;向右 45°为 B 组工作位,由 LCU 的 B 组工作。A、B 两组互为备用。由于采用了这种冗余设计,大大提高了系统的可靠性。

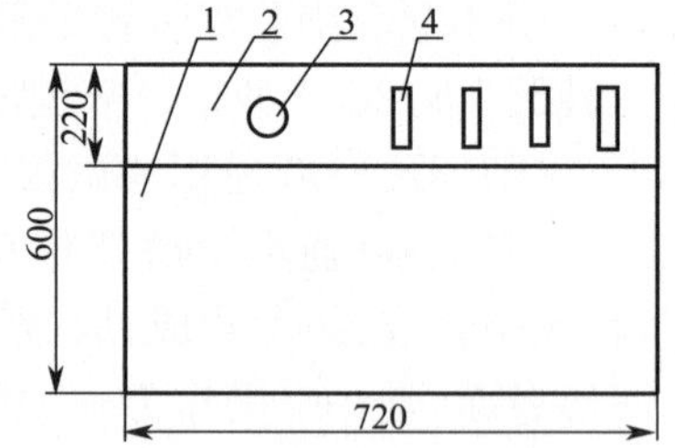

图 10.3 逻辑控制单元外形安装尺寸图(单位为:mm)
1—主柜;2—副柜;3—LWS 转换开关;4—56 芯插座

逻辑控制单元有两个插件箱,其中一个为 84R,它插有 18 块 6U 标准插件;另一个为 32R,它插有两块电源插件,分别为 LUC 的 A、B 两组提供 5 V、±15 V 电源。84R 插件箱配置示意图如图 10.4 所示。

84R 插件箱有主机板、输入板和输出板三种插件,一共 8 块,插件宽度均为 4R (R=5.08 mm),其中 21、41 及 65 板位用盲面板盖住,不装插件。

1	2	3	4	5	6	7	8	9	10	11	12	13	14	15	16	17	18	19	20	21
输入板 1	输入板 2	输入板 3	输入板 4	主机板	空	输出板 1	输出板 2	输出板 3	输出板 4	空	输入板 1	输入板 2	输入板 3	输入板 4	主机板	空	输出板 1	输出板 2	输出板 3	输出板 4

1　5　9　13　17　21　25　29　33　37　41　45　49　53　57　61　65　69　73　77　81　84

图 10.4　LCU 的 84R 插件箱配置图

(1)主机板

主机板主要完成输入点状态的采集、逻辑运算、输出点状态的确定以及与司机操纵台上彩色显示器进行数据交换等。

主机板采用了双机冗余设计。一台单片微机处于在线工作状态时,另一台处于热等待。当在线工作状态的单片微机发生故障时,主机板上的冗余管理系统自动将处于热等待状态的单片微机取代发生故障的单片微机来管理整个系统,并报警;若故障单片微机恢复正常,另一台单片微机又恢复热等待状态。在正常工作时,两台单片微机通过串行通信保持具有同样的输入点、输出点,各个定时器的状态信息也一样,以避免微机切换时发生输出点状态不确定的现象。

主机板采用 RS-485 标准与电力机车内的彩色显示器进行半双工的串行通信,将 LCU 采集到的电力机车故障信息传送到彩色显示器上显示出来,以便司机进行故障处理。

(2)输入板

输入板用于输入数字信号。由于从司机控制器、按键开关组等来的信号以及从主断路器、隔离开关、两位置转换开关和接触器等的辅助触点来的信号均为直流 110 V,此输入信号必须经过电阻网络降压、稳压管限幅、电容滤波、光电隔离后,再经过施密特触发器输给主机板。这种处理方法可靠性很高,抗干扰能力强,能适应电力机车上的恶劣工作环境。SS$_9$ 型机车上的 LCU 输入板每组总的输入点数为 120 点,每块输入板为 30 点,各点都有指示灯指示该点的工作状态。

(3)输出板

由于系统内工作电压为 TTL 等级,且其负载能力较低,为了与 LCU 外部的 110 V 直流工作电压一致,并具有足够的驱动能力,必须有专门的输出模块。

经过可行性分析研究,决定采用 MOSFET 作为功率放大元件来取代传统的中间继电器;并利用高频调制的控制信号通过脉冲变压器耦合控制 MOSFET 的通断,从而解决了多个串联触头间输出共地问题。SS$_9$ 型机车上的 LCU 输出板每组总的输出点数为 80 点,每点的输出电流最大为 SA,每块输出板为 20 点,各点都有指示灯指示该点的工作状态。

2. 逻辑控制单元的功能

SS$_9$ 型机车逻辑控制单元完成了电力机车控制电路的大部分功能及列车供电系统的控制,取代了所有的中间继电器和时间继电器。

(1)整备控制

LCU 完成了除升受电弓外机车动车前的各项预备性操作。如分合主断路器,起动劈相机、空气压缩机、通风机,完成机车向前或向后、牵引或制动的操作。

(2)调速控制

LCU 完成了调速控制中的线路接触器、牵引接触器、励磁接触器和预备环节的控制,使机车预备完毕。

(3)信号控制

LCU 完成部分信号的显示。如主副台的预备、零位、欠压、原边过流、次边过流、励磁过流、辅过流、劈相机 1、劈相机 2 及过分相等显示。

(4)保护控制

LCU 利用微机控制柜提供的过流、欠压、过压信号完成机车的过流、欠压和过压保护；利用接地继电器完成各种接地保护；利用风速继电器完成风速保护；利用速度监控装置 LKJ-93、紧急制动按键和 DK-1 型制动机完成紧急制动。LCU 还具有故障保护的恢复控制功能。

(5)其他控制

LCU 完成撒砂控制及列车供电接触器等控制。

(6)故障显示功能

LCU 通过 RS-485 标准串行通信将机车的一些故障状态在司机台上的彩色显示器上显示出来，以便司机对故障的判断和及时处理，这是传统的有触点电路所不可能实现的。其显示的故障信息包括牵引制动转换鼓是否到位、反向转换鼓是否到位、6 个线路接触器状态是否正确、劈相机起动是否正常、牵引风机和制动风机风速是否正常、牵引接触器和励磁接触器闭合是否正常，以及主断分合是否正常等。

3. 逻辑控制单元在电力机车试验及检修中的作用

逻辑控制单元在电力机车出厂调试、例行试验及检修中能提供大量的信息，来帮助技术人员提高工作率。例如在 SS_9 型机车调试过程中发现励磁接触器 91KM 和 92KM 工作不正常，技术人员可根据如图 10.5 所示的逻辑控制梯形图来检查是否满足励磁接触器闭合的条件。

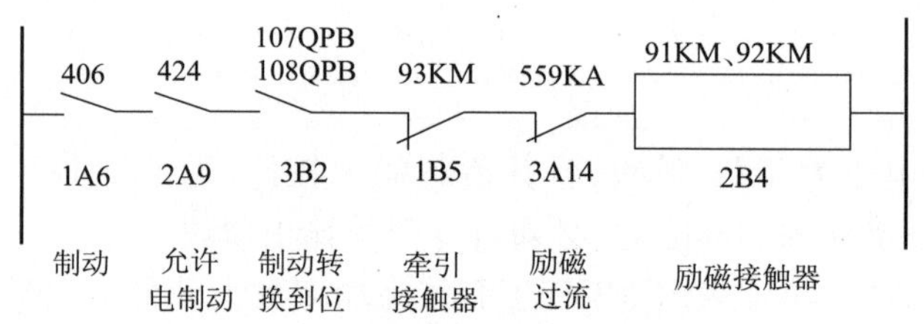

图 10.5　励磁接触器逻辑控制梯形图

先查看 LCU 的第一块输入板 A6 灯(表示为 1A6)是否亮。1A6 在司机手柄处于制动状态(406 得电)时应该发亮，若不亮则表示 406 没有得电；若 1A6 亮，下一步就查 2A9 是否亮，若不亮，则为电空联合制动系统不允许电制动；1A6、2A9 都亮，就需查看 3B2(表示牵引制动转换鼓已转换到制动位)是否亮。同理检查 1B5(表示牵引接触器吸合状态)、3A14(励磁过流)是否灭，若 1B5 亮则表示牵引接触器没有打开，机车主电路还没有构成制动回路，因此不允许电制动；若 3A14 亮则表示微机控制柜检测到励磁回路过流，应停止电制动。若 1A6、2A9、3B2 亮，而且 1B5、3A14 又灭，那就表示励磁接触器 91KM 和 92KM 应该吸合，因此应进一步查看 2B4 是否亮。若 2B4 亮则表示 LCU 有输出，应检查励磁接触器 91KM 和 92KM 是否正常；若不亮则表示 LCU 本身有故障，应进行 A、B 组转换。

复习与思考题

1. 显示诊断装置有哪些作用？
2. 显示诊断装置的显示屏没有显示时，分析其故障原因。
3. 描述 SS_4 改型电力机车劈相机的起动过程。
4. 什么是列车运行监控装置？
5. LKJ2000 装置操作注意事项有哪些？
6. 简述 SS_9 型机车逻辑控制单元的主要功能。

11　电子电路常见故障分析与应急处理

学习指导

1. 了解 SS_8 型控制电源的组成及作用；了解 SS_4 改型电力机车电子控制柜功能；了解 SS_8 型电力机车微机控制柜的功能；了解 SS_9 型电力机车微机控制柜的使用维护。

2. 掌握 SS_8 型电力机车控制电源柜常见故障及处理；掌握 SS_4 改型电力机车电子控制柜常见故障判断及处理方法；掌握 SS_8 型、SS_9 型电力机车微机控制柜常见故障判断及处理方法；掌握 HXD_3 型电力机车典型故障分析及处理方法。

11.1　控制电源柜的常见故障判断及处理

11.1.1　SS_8 型电力机车控制电源柜

1. 控制电源的组成及作用

(1)组成

机车上的 110 V 控制电源由 110 V 电源柜及蓄电池组构成。机车上除部分电器外，大部分由直流 110 V 控制电源供电。

(2)作用

① 通常情况下是 110 V 电源柜与蓄电池组并联为机车提供稳定的 110 V 电源。

② 在降弓情况下，蓄电池供机车作低压试验和照明用。

③ 在运用中电源柜故障情况下，蓄电池作维持机车故障运行的控制电源。机车进库后，可将蓄电池的闸刀开关及接地闸刀 51QS 切断，以免蓄电池漏电而耗电。电池组由 74 个 GN-60 镉镍碱性蓄电池串联而成，每个蓄电池标称电压为 1.25 V，容量为 60 A·h，所以蓄电池组的标准电压为 92.5 V。

④ 电源柜还提供 DC 48 V、DC 24 V、DC 15 V 的 3 个电源：DC 48 V 电源供机车自动信号、自动停车装置需要；DC 24 V 电源用于机车仪表照明；DC 15 V 电源用于司机室内速度表及故障信号显示。

(3)特点与参数

110 V 电源柜具有恒压、限流的特点，输出电压稳定在(110±5.5) V，输出电流即使在短路情况下也被限制在(60±6) A。

电源柜的主要技术参数如下：

输入电源	$396^{+99}_{-118.8}$ V，单相交流 50 Hz
输出额定电压	DC(110±5.5) V(与蓄电池并联运行)
输出额定电流	DC 55 A
限流保护整定值	(60±6) A

静态电压脉动有效值　　　　＜5 V（与蓄电池并联运行）

2. 控制电源柜的构成

电源柜分成高低两部分，低柜的上方安装机车的电子控制柜；高柜内上层是电子控制箱，内装有一个 A、B 组转换开关及四块插件，其中两块是 110 V 电源的“稳压触发”插件，两块是“电源”插件，每两块都是相同的，以备 A、B 组转换用。一组故障可通过 A、B 组转换开关转换成另一组，确保正常工作。

中层的开关板上装有全车的 110 V 控制电路自动开关及交流的取暖、窗加热、空调、电炉自动开关。这些自动开关均为自动脱扣、手动恢复，其型号为 TH-5SB。

11.1.2　SS_8 型电力机车控制电源柜常见故障及处理

(1)蓄电池电压表无输出电压：①检查蓄电池自动开关 601QA，确保其闭合良好；②仍无输出，则闭合该节车重联闸刀 668QS。需注意的是由于机车结构不相同，重联位可能为下合位，也可能是上合位，请仔细确认，以标识为准。

(2)电源屏无电，操纵台机车状态屏无显示：①检查电源柜各自动开关，将跳开的重新闭合；②如不行，将电源柜上 A、B 组转换开关置另一组。

(3)控制回路接地：检查电源柜跳开的自动开关，确认其名称，尝试将其重新闭合。若无效，断开自动开关 616QA，闭合其他自动开关，断开两节车重联闸刀 668QS。

(4)电源柜一组充电一组不充电：①故障一般为电源柜其中一组稳压触发板故障，更换故障板即可。②若触发板灯亮正常，可更换 CR 板，看现象是否消除。③互换 AB 节电源柜插件箱，看故障现象是否转移。④以上均不行，则需要校验电源柜后面插头，到 CR 板之间的线路，看是否有断路。

(5)交流电源 DZ(600QA)合上即跳：此故障一般为整流系统的二极管或晶闸管短路引起的大电流导致自动开关动作。

(6)充电电流时有时无，则充电电压调不上去，一直在 100 V 左右：①此故障一般为触发电路走半波引起，可更换晶闸管的触发板，试验。②校验该晶闸管的触发线，看状态是否良好。③更换相应的晶闸管。

(7)电源柜 AB 组均不充电：①用万用表测量变压器原边的 202、210 线有无交流 380 V 电源。如无检查该线路，重点检查第一低压柜 201 与 202 线有无接错。②测量变压器次边有无输出 220 V 电压，若不更换变压器，则更换电源柜插件箱。

(8)充电电压过高，调整电位器也无效：此故障一般为反馈信号故障，导致电源柜始终认为充电电压低。校验 206、207、208 线有无断路现象。

11.2　SS_4 改型电力机车电子控制柜常见故障判断及处理

11.2.1　SS_4 改型电力机车电子控制柜功能

SS_4 改型电子柜系统由牵引控制、电制动控制，防空转(防滑)控制系统，功率因数补偿系统组成。其具体结构由柜体、插件箱和插件三种主要部件组成。

电子柜柜体由薄钢板压制而成，其上部装有 6 个对外连接插座和一个 A、B 组转换开关。下部正面有柜体门可卸下，电子柜后面有散热板。

整个电子柜为封闭结构，有防尘和屏蔽作用。内部两个插件层之间有一风扇层，装有两个风扇使内部空气流动循环，将插件元件上的热量带至柜体后的散热板。

柜体的固定框架上安装有两个插件箱，上层为 A 组的插件箱，下层为 B 组的插件，插件箱和风扇通过面板螺钉固定在框架上，维修时均可以从柜体内取出。

1. A 组控制系统

(1)牵引控制

①三段桥顺序开放，有电机电压最大值限制。电机电压达到最大值后，进行有级磁削。

②具有准恒速的控制特性，电机电流按下式控制：

$$I=\begin{bmatrix}150N\\600N-54v\\1\ 096\end{bmatrix}_{\min}\quad(\mathrm{A})$$

式中 N——牵引级位数，$N=1\sim10$；

v——机车速度，km/h。

③对前后转向架轴重转移进行电气补偿。

④具有最大牵引工况限制。

(2)制动控制

①能进行加馈制动控制。首先调节励磁电流，进入电阻制动控制状态，当励磁电流达到最大限制值后，调节整流电压，进入加馈制动状态。

②具有准恒速的特性，制动电流按下式控制：

$$I=\begin{bmatrix}56v-560(N_z-1)+50\\50\end{bmatrix}_{\min}\quad(\mathrm{A})$$

式中 N_z——制动级位数，$N_z=11\sim1$；

v——机车速度，km/h。

最大制动电流 771 A。

(3)功率因数补偿装置控制

控制系统能对机车的无功功率进行实时检测，决定功率因数补偿装置的投入与切除。1/2 额定功率以下牵引工况及加馈制动工况，PFC 分 4 组，当无功功率 $a\geqslant480$ kV · A 时，投入一组功率因数补偿装置，当 $a\leqslant120$ kV · A 时，切除一组功率因数补偿装置。1/2 额定功率以上牵引工况，PFC 全部始终投入。

(4)防空转、防滑控制

①牵引工况防空转电路对各轮对之间的速度差 Δv，各轮对的 $\mathrm{d}v/\mathrm{d}t$、$\mathrm{d}^2v/\mathrm{d}t^2$ 进行检测，空转时，自动减载并撒砂来抑制空转。

②制动工况，对 $-\Delta v$，$-\mathrm{d}v/\mathrm{d}t$ 进行检测，且两个转向架集中控制。

(5)空电联合制动控制

空电联合制动控制系统，是以机车准恒速加馈电阻制动和 DK-1 型制动机为基础，以主手柄级位作为速度给定，根据机车速度及其他相关状态，控制空气制动的投入和缓解，同时对电阻制动进行干预，使空气制动和电阻制动有机地结合起来。

2. B 组控制

B 组牵引可以是开环电压控制，顺序开放三段桥，也可根据现场情况，改为恒流控制自动限压，B 组制动是开环调励磁，无最大励磁电流限制。

3. 主要技术参数

(1)控制参数

最大电机电流：I_{Mmax}=1 096 A 。

最大电机电压：U_{Mmax}=1 080 V。

最大牵引工况限制：见表 11.1。

最大制动电流：I_{Zmax}=771 A。

最大励磁电流：I_{Lmax}=930 A。

表 11.1 最大牵引工况限制

工况	A	B	C
电压(V)	155.9	1 020	1 080
电流(A)	1 123.4	850	810

(2)过载保护值

牵引过载电流：1 300 A。

制动过载电流：1 000 A。

励磁过载电流：1 150 A。

牵引变压器次边短路电流：3 000 A。

功率因数补偿装置过载电流：1 000 A。

11.2.2 SS_4 改型电力机车电子控制柜常见故障判断及处理

1. 电子柜预备灯不灭故障(有逻辑单元的)

①进行电子柜转换，注意：再进行电子柜转换时，两节车须均置 A 组或 B 组。

②观察控制电压，若控制电压低于 77 V 或高于 130 V，将故障节机车 666QS 拉开，将 668QS 置重联位。

③确认 609QA 闭合是否良好；若转换电子柜无效后，可以检查电子柜上方 N105、N106 插座是否松动。

④处理无效时，若非操纵节电子柜预备灯不灭，则切除非操纵节，维持运行；若操纵节电子柜预备灯不灭，需要转移到后节操纵节车运行或到前方站内请求救援

2. 电子柜预备灯不灭故障(非逻辑单元的)

①若控制电压低于 77 V 或高于 130 V，将故障节机车 666QS 拉开，将 668QS 置重联位。

②确认 609QA 闭合良好；两节车电子柜 A、B 组转换开关均在 A 或 B 组。N105、N106 插座无松动。

③若 A 组不行，转 B 组运行。

④处理无效时，若非操纵节电子柜预备灯不灭，则切除非操纵节，维持运行；若操纵节电子柜预备灯不灭，需转移到后节操纵节车运行或到前方站内请求救援。

3. 牵引无流，无故障提示

①确认司空器调速手柄回零位。

②若线路接触器不吸合，则检查处理 532KT。若 532KT 不吸合，可人为闭合或固定在闭合状态。注意：绝对不可移动换向手柄。

③以上处理无效时，电子柜同时转换到另一组运行。电子柜必须同时处于 A 组或 B 组。

④以上处理无效时，可以断开蓄电池闸刀重新合闸或关闭电子柜重新启动，再次升弓试验(此步骤多为电子柜内部触点故障，引起全车无压无流，处理方法可以打开端子柜，短接 558 号和 1558 号线)

4. 空转灯亮，电流波动

①若电流大，黏着条件差，轮对打滑，可适当减载撒砂。

②若防空转保护误动作，则同时转 B 组运行。注意防止空转，不得盲目给流，强行牵引。

③若转 B 组不行，则打开电子柜门将“空转保护”插件板的故障开关置故障位，仍用 A 组维持牵引。

5. 空转灯亮、空转保护动作

①若电流大，黏着条件差，适当减载撒砂。

②若持续空转，通过电子柜面板上的开关进行空转保护切除，注意机车轮对确实空转时，减载保护(本步需停车处理)。

③同时进行两节车电子柜 A/B 组转换(本步需停车处理)。

④有条件时，检查走行部有无异常(本步需停车处理)。

6. 转换电子柜 A/B 组的方法

(1)方法

①先将操纵节电子柜转换开关置中间位。

②再将非操纵节电子柜转换开关置中间位。

③间隔 3 s 以上将非操纵节电子柜转换开关置 B 组。

④将操纵节电子柜转换开关置 B 组。

(2)注意事项

转换前必须确认司机控制器 0 位，换向手柄 0 位。

11.3 SS8 型电力机车微机控制柜常见故障判断及处理

11.3.1 SS8 型电力机车微机控制柜的功能

1. 牵引控制功能

①采用特性控制，即低速时的恒流控制和设定速度点的准恒速控制。司控器的每一个给定点对应着一条特性曲线。在黏着限制的范围内，机车先按特性的平直段恒流起动($120N$)，待机车速度升高进入特性的斜线段即准恒速控制区($875N-87.5v$)后，机车按准恒速运行。同一级位速度变化范围约 10 km/h。在高级时受最大起动电流 1 360 A 限制。

②采用顺控方式。先开放大桥，再依次开放两段小桥。当电机电压达到限制值后，自动进行无级磁场削弱。最深削磁系数限制在 43%。采用两级最大电机电压限制。当机车速度低于 100 km/h 时，电机电压限制值为 1 000 V，机车速度高于 105 km/h 时，电机电压限制值为 1 100 V，即自动超压，中间范围线性调整，超压后可自动进行无级磁场削弱，磁削时电机电压维持在 1 100 V。

③对轴重转移进行电气补偿。两个转向架分别补偿，前架减载 4%，后架增加 4%，额定电流 970 A 以下不补偿。

2. 制动控制功能

①采用特性控制。制动特性为一族平行斜线，制动给定的每一个点对应一条特性线。

②采用加馈制动。控制系统根据机车的速度首先自动调节励磁电流，使制动电流沿着给定的速度—电流曲线变化。当励磁电流达到最大后，则进入加馈制动工况，通过调节电枢电压来维持制动电流。在制动给定的第九级有最小加馈电流 70 A 限制，以满足静止试验的需要。其他级位则无此限制，从而最大限度地防止因操作不当而造成的加馈制停后的倒行。

③运行过程中若机车速度低于手柄级位所对应的速度时，制动电流为零。如果要加大制

动力，应将主手柄向低级位的方向移动，当机车速度大于手柄级位对应速度时，制动电流将上升，制动力将增加。

3. 防空转/滑行保护功能

防空转、防滑行控制使机车运行在尽可能大的黏着附近，可以保证机车在任何轨面条件下启动、加速、制动不擦伤轮轨，不发生牵引电机超速。防空转/滑行控制完全由软件实现，消除了由硬件控制时引起的不可靠因素。控制特性、一致性好，控制参数的调整和控制方式的修改较方便，运行过程中可以通过外接终端读取全部控制过程中间量。因此，实地调整后能较好地满足控制要求。

微机具有轮径自动补偿的功能。在控制值 I_s<1 A，牵引工况、速度小于 20 km/h，无空转的情况下，以第二个轮对为基准自动进行补偿测试。此时各轮对先行距离相等，各轮对所测得的速度各有不同，是由于轮对直径不等造成的，由此计算出其他轮对直径对第二轮对直径的系数。在其他工况下测得的速度，都要用此系数进行修正。第二轮对的直径可由显示系统键盘输入。

4. 故障转换功能

与传统的模拟控制机车不同，SS_8 机车微机控制装置不设 A、B 组。采用转向架独立控制，即每个插件箱控制一个转向架。故障转换开关在微机柜左上部，三个位（Ⅰ位、Ⅱ位、正常位）的含义也与模拟车不同：Ⅰ、Ⅱ位作故障位，平时应放在正常位。当一个插件箱故障时，为了不损失牵引力或制动力，转换为由一个插件箱集中控制。为了实现这一转换，增加了一块脉冲放大插件。另外，故障插件箱中的信号调整 1、转换控制插件继续工作，电源改由正常插件箱提供，以使两架仪表仍和正常时一样显示。

①转换开关的中间位为正常位：表示此时两个转向架分别由两个插件箱独立进行控制，同一转向架的两台电机并联控制。此时具有全部的控制、诊断和保护功能。

②转换开关为故障位（Ⅰ或Ⅱ位）：Ⅰ位表示改由一层插件箱（RACK1）集中控制，此时切除了二层插件箱的开关电源；Ⅱ位表示改由二层插件箱（RACK2）集中控制，此时切除了一层插件箱的开关电源。集中控制时，具有正常位时的全部功能，仪表仍能保持独立显示。

③若要切除整个微机控制柜的电源，就切断电源柜中的“电子控制”自动开关。

5. 交叉保护功能

当一个插件箱故障时，微机柜的转换开关要打在故障位。此时正常插件箱仍然对所控制的转向架进行闭环控制。而故障插件箱的开关电源不工作，故障插件箱所控制的对应转向架则进行跟随控制。为了使跟随控制的转向架不会发生严重故障，特设交叉保护功能，即将原故障插件箱中控制的电机电枢电流、电机电枢电压的反馈信号分别取出最大值，送到正常插件箱的 A/D 采样通道，实现故障位时电机电枢过流、电机电压过压的交叉保护；同时将原故障插件箱中控制的桥过流（主变压器二次侧过流）数字信号也送到正常插件箱的内部数字输入通道，实现故障位时的桥过流交叉保护。

6. 自检功能

（1）静止时低压和高压自检

①微机控制装置自检。

②牵引、制动命令及主电路的构成检查。

③给定值及特性计算检查。

④感器静差检查，包括速度、电流、电压传感器。

⑤等压晶闸管触发检查，分别给三段桥触发脉冲，检测电机电流和电压值。

⑥加馈制动静止高压试验，司机控制器主手柄离开零位，励磁电流上升最大限制值后，产生 70 A 加馈电枢电流。

(2)实时故障检测

①速度传感器故障检测。

②电流、电压传感器故障检测。

③小齿轮弛缓检测。

④脉冲控制器与单板机之间通讯故障检测。

⑤机车工况未准备好。

7. 列车供电控制功能

(1)基本原理

列车供电系统的功能是将供电绕组输出的交流电压整流滤波成为直流 600 V 向列车供电，以满足客车车厢空调、采暖、照明、电炉等电器的用电需要。

该系统采用机车集中整流、客车分散逆变的供电方式。机车上设有两套供电绕组及单相半控桥整流装置，功率各为 360 kW，同时工作，分别向列车供给两路 DC 600V 电源。

(2)供电控制插件

①控制原理

通过控制半控整流桥晶闸管的触发角，达到输出直流电压 600 V，限制直流电流 600 A 的目的。

②功能简述

电压电流传感器所提供的电压电流反馈信号，经过与预置电压值比较，进行两级 PI 调节后得出脉冲的触发角，通过同步信号相同步，送出脉冲信号至功率放大环节，驱动整流桥晶闸管，以达到稳压限流目的。

③插件面板测试孔含义

1A 孔：反馈电压测试孔(125 V∶1 V)。

1B 孔：反馈电流测试孔(100 A∶1 A)。

4A 孔：给定电压检测孔(100 V∶1 A)。

7B 孔：T1 脉冲检测孔。

7A 孔：T2 脉冲检测孔。

8. 自动过分相

由于 SS_8 型电力机车最高限速高达 170 km/h，在高速区段不能再靠司机手动来频繁过分相区，必须实现自动过分相。所谓自动过分相就是免去司机手动操作，由机车上自动分合主断路器来通过电网分相区。在分相区前后若干距离处各埋设地面无源信号设备，平时不工作。在机车的前后左右 4 个方位距轨面正上方10 cm左右装有地感器。在机车运行时，地感器不断发射高频信号，地面信号装置受高频信号感应而得能量，并发射一定频率的信号，机车上的地感器检测到这一信号，给微机柜送－110 V数字“过分相”信号(PHASE)。在此应注意，无论在过分相前分主断还是在过分相后合主断，微机柜所接到的信息是一样的“过分相”信号。

微机柜接收到过分相信号后，检测当前的网压，如有网压，则发出分主断命令(PHASE B)，如无网压，并且上一次的分主断是自动分的，则发出合主断的命令(PHASE C)。

在此特别要求只能在自动分的情况下才能自动合是为了防止在分相前由于其他原因人工断了主断，而在分相区产生先合后断的误操作，发生事故。为此，在微机柜的软件设计上加了一标志位，当人工断主断时，标志位清"0"，当自动断主断时，标志位置"1"。

综上所述：

①自动过分相的条件

分主断条件：PHASE 信号；有网压。

合主断条件：PHASE 信号；无网压；标志位为"1"。

②微机柜的硬件连线

PHASE 信号：S691→N106/K3→B2z14→61：2d16→16A 灯。

PHASE　B 信号：541→N105/P1→A2d22→61：2d20→32B 灯。

PHASE　C 信号：511→N105/P2→A2d24→61：2b18→33B 灯。

③微机柜的软件控制

分主断前，先封锁各晶闸管脉冲，然后依次自动关通风机、压缩机、劈相机等辅机，最后发出 PHASE B 去断主断，并令标志位置"1"合主断时，先发出 PHASE C 去合主断，经一定延时后自动合劈相机、压缩机、通风机等辅机。最后发脉冲，并控制电流的上升率，防止机车冲动。

在正常情况下，如果司机人工断主断或由于故障保护跳主断，标志位"清 0"。

9. 空电联合制动控制功能

空电联合制动控制功能取消了专用的空电联合制动控制插件，由 SBC 及外围数字 I/O 板来实现。SS_8 机车未用此功能。

空电联合制动控制是以机车准恒速加馈电阻制动和 DK-1 型机车电空制动机为基础，经主手柄级位作为给定速度，根据机车速度（反馈速度）及其他信号的相关状态，控制列车制动机和机车制动机的减压制动和充风缓解，同时对电制动进行干预，在充分使用电制动的前提下，使空气制动和电制动有机结合起来。

（1）空电联合制动的切换由空气管路柜内的空电联合转换开关完成。该开关有三个位置：

0 位——切除空电联合功能。

Ⅰ位——空电联合允许，自动缓解空气制动。

Ⅱ位——空电联合允许，人工缓解空气制动。

（2）联合制动逻辑如下：

①电制动优先原则；即空气制动的投入必须以制动电流达到与机车速度对应点的最大值且持续一定的时间为前提。一旦空气制动投入，则制动电流维持最大限制值，不受准恒速特性控制，直到空气制动缓解后 1 min。

②机车速度超过给定速度且其差值达到 5 km/h 时投入一级空气制动；差值达到 15 km/h 时追加减压一次；差值未达到 15 km/h 但 5 min 后仍未缓解追加减压一次。

③机车速度低于给定速度且其差值达到 15 km/h 时缓解空气制动，若给定速度低于 30 km/h则不自动缓解。

④空气制动投入后，可以由司机手动缓解，缓解后的处理与自动缓解时相同，但司机手动缓解后 2 min 内装置不再投入空气制动。

⑤机车经过分相无电区时装置锁定列车制动机状态，无电区通过后，经合主断进级，机车进入稳定状态，此时司机按"恢复"按钮才解除锁定。

⑥制动电流存在时，则机车空气制动自动缓解。机车电制动故障则自动投入空气制动。

11.3.2　SS8 型电力机车微机控制柜常见故障判断及处理

1. 微机复位按钮的使用

司机台上设有微机复位按钮，该按钮受(零位)连锁。若微机控制装置的某一架工作不正常时，可以先将主手柄回零后按复位按钮，再重新提手柄。对于由微机死机造成的故障，在按复位按钮后应能消除。另一个更有效的办法是将“电子控制”自动开关断开后再合上。

2. 空转/滑行保护的投入与切除

在微机柜面板上设有钮子开关，向上为空转保护投入，向下为空转保护切除。若遇到速度传感器故障、空转保护频繁动作，则可切除空转保护。空转保护切除时，有关空转保护的程序仍在运行，仍会进行自动撒砂和空转显示，但不进行减流。

3. 故障转换开关的操作

当确认某台微机或其外电路有故障时，可将故障转换开关由正常位转到Ⅰ位或Ⅱ位(故障运行位)。但在操作转换开关前，应先将主手柄回零，换向手柄回零，分断电源柜中的“电子控制”自动开关。由此保证故障转换开关在无电状态下转换。转换开关转换完毕后，再合上“电子控制”自动开关。

4. 速度监控装置的应急处理

①卸载和常用制动动作后的缓解

当监控装置发出语音提示“调速、调速、注意卸载”时，显示器上“常用制动”灯亮，说明装置已发出卸载命令和常用制动命令。此时，机车将无压无流。缓解方法如下：

司机必须将机车减速，当机车速度减至允许缓解的速度后，装置发出语音提示“允许缓解，允许缓解”后，司机必须按压[设定]键，缓解。此时，装置发出“缓解成功，缓解成功”语音提示，同时，“常用制动”灯熄灭。

②紧急制动动作后的缓解

当监控装置发出语音提示“实施自停”时，说明装置已发出了紧急制动命令。由于卸载和常用制动先起作用，此时，机车将无压无流。等到列车管压力减至零，机车停下后，等待“自停指示”灯熄灭，将大闸扳至中立位，约过 45 s～1 min 后，司机必须按压[设定]键，缓解。此时，装置发出“缓解成功，缓解成功”语音提示，同时，“常用制动”灯熄灭。

③解锁的操作

“解锁”是指司机按压显示器上的“解锁”键，同时，副司机按压[监控解锁]键。当机车信号与地面信号显示不一致，才允许“解锁”操作。允许解锁操作有下列几种情况：

a. 引导进站。机车运行速度低于 30 km/h 时，允许“解锁”并要求以 20 km/h 以下的速度越过进站信号机。

b. 侧线通过。侧线通过时，必须进行“解锁”操作才能通过。

c. 当使用路票发车或绿色许可证时，必须进行“解锁”操作才能通过。

d. 当进/出站时，机车信号显示白灯，而地面信号显示绿灯通过，必须进行“解锁”操作才能通过。

④报警时的处理

当显示器上“系统故障”灯停并发出声光报警时，乘务人员必须在 3 min 以内，关闭监控装置电源。否则监控装置将实施紧急制动。

11.4　SS9 型电力机车微机控制柜的使用维护和常见故障判断及处理

微机控制的主要优点是体现在通用性、灵活性、重现性、可靠性和智能性等方面，这些都通过各种微机控制机车的应用实践得到证实。用软件实现机车的主要控制功能和保护功能，机车可靠性大大提高。多年来，微机控制部分元器件损坏率很低，由于微机引起的机破、零修次数极少。据统计微机柜平均无故障工作时间已达 10 000 h，远远高于以前系统 4 000 h 的水平。微机控制技术不断在新车型上推广应用。

随着车载微机系统的不断增多，目前微机机车上已装有微机柜、显示屏、监控装置、逻辑控制单元(LCU)等微机部件，各部件均具有一定的在线检测和实时诊断功能，如果各个部件相互独立，缺乏相互之间的信息交换，限制了诊断功能的发展。如果将各微机装置的部件通过某种总线(如 RS-485)方式联系起来，实现各部件之间的信息交换和资源共享，实时诊断和检测功能就会大大增强，推进车载微机控制系统朝计算机网络化技术方面发展。

目前，SS9 微机机车实现了 LCU 与显示屏的 RS-485 串行通信，将 LCU 检测到的机车故障信息也传送到显示屏上显示和记录，这样使机车状态自检诊断更直接明了，为乘务员和检修人员处理故障提供了方便。

11.4.1　微机控制柜的使用维护

1. 准备

①微机柜对外连接插头座及插件箱边插头座对应位置正常、接插可靠。

②风扇层插头及插件箱接地片接插良好。

③插件箱中各板位插件齐备，接插到位。插件面板防松螺钉紧固良好。

④电源插件面板上的钮子开关置开位。

⑤转换开关置正常位。

⑥防空转钮子开关置投入位。

⑦盖好微机柜门盖。

2. 牵引工况

①转向架独立控制，1 层插件箱控制 1 架，2 层插件箱控制 2 架。

②按准恒速特性控制。恒流启动，启动后机车大致维持在手柄所给定的速度范围内运行。

③启动工况下，轴重转移环节起作用时，二架电流会不一致，前架减载，后架增载。

④空转时，“空转”指示灯亮，防空转投入时撒砂阀动作，自动撒砂、自动减流，空转消除后电流自动回升。此时电流表指针会出现快速下摆然后恢复现象，是正常情况。

⑤电机满电压(1 100 V)后，自动超压，超压后根据需要可自动进行无级磁场削弱，磁削时电机电压维持 1 100 V。

3. 制动工况

静止电制动试验。反向手柄制位，待机车预备好后操作主手柄至第 9 级位，励磁电流会缓慢上升到最大励磁电流限制值，然后有 70 A 的制动电流出现。在单机进行制动试验时要注意带闸，以防机车反向运行。

运行中的电制动。若机车速度低于手柄级位所对应的速度时。制动电流为零。如果要加大制动力，则应将主手柄前移(向级位低的方向移)，当机车速度大于手柄给定速度时，制动电流上升，电制动力增加。在最大电制动功率满足要求的前提下，机车速度可大致维持在手柄级位所对应的速度上。制动电流从零上升到与机车速度相对应的最大值之间的速度范围约10 km/h。

滑行时，“空转”指示灯亮，防空转投入时撒砂阀动作，自动撒砂、自动减流，滑行消除后电流自动回升。

需要增大制动力时，总是先调节励磁电流，励磁电流最大后才进入加馈工况，且维持励磁电流为最大。加馈工况下，需要减小制动力时则先下调加馈电流，退出加馈工况后再调励磁电流。

4. 其他注意事项

①禁止带电转换，带电插拔插件和接插头，插拔插件时应关断插件箱电源，插拔插件边插或 56 芯矩形插头时应关断“电子控制”自动开关。

②禁止两端同时给钥匙，即只允许有一个操作端。

③定期检查微机柜内的 4 个风扇工作是否正常，插件上插接元件是否牢靠，插件面板紧固螺钉是否松动。

④定期清除柜体内、插件箱及插件上的积灰，盖好微机柜门盖。

11.4.2　微机控制柜的常见故障处理

1. 确认是否是微机柜故障

微机控制柜以高可靠性为主要设计原则，从元器件的选型、采购、筛选以及生产过程中的质量保证措施和调试试验程序都是十分严格的。一般来说微机柜的工作是可靠的，同时微机控制系统又是一个十分复杂的系统。因此，为了少走弯路，在怀疑微机控制装置故障之前，应该首先确认主电路、接点控制电路及检测部件等环节是否正常，因为微机控制柜必须依赖这些部分提供的信号来工作。

①主电路是否构成，线路接触器主接点及辅助接点闭合是否可靠。

②与控制有关的状态信号是否正确送到了控制柜。如：牵引、制动、零位、预备、转向架切除等。

③给定值(司机控制器指令)及反馈值是否正常送到了控制柜。如：司机器指令、速度信号、电机电流、电机电压、励磁电流。

④网压同步信号是否正常送到了控制柜。

以上信号可以通过以下几种办法来确认：

①司机故障显示屏的显示。

②彩色液晶显示屏的故障显示。

③打开微机控制柜门盖，观察插件面板指示灯状态和通过测试孔测量可疑信号。

2. 微机复位按钮的使用

司机操作台设有微机复位按钮，该按钮受“零位”连锁，若微机柜的某一架工作不正常时，可以先将主手柄回零后接微机复位按钮，再重新提手柄。若不能恢复正常则应查明原因另行处理，或将转换开关置相应的故障位。

3. 故障运行

确认某一架微机控制箱或其外电路故障需要转换故障转换开关时，应确定主手柄在“零位”，换向手柄在“零位”。分断电源屏中的“电子控制”自动开关，再将故障转换开关转到相应的位置，然后恢复自动开关。

4. 微机控制箱故障范围判别

微机控制箱正常工作时，09 插件面板“工作”绿灯亮，05 插件 10A 灯亮。57 号插件 3B 灯闪烁。按下 41 号插件面板按钮该板的发光二极管编码应显示“FF”。故障时可以根据故障现象来确认故障范围：

①电源

钮子开关开位——灭灯——电源110 V输入

钮子开关开位——红灯—— 电源中断——电源板故障 / 外电路故障

②特性控制级

57号板3B灯——闪烁不均匀—多总线上插件不稳定

57号板3B灯——恒亮或恒灭—多总线上插件故障

③变流器控制级

按41号板按钮 ——显示“FF”编码——正常

按41号板按钮 ——显示非“FF”编码——故障

④其他

a. 41 号板 29A 灯亮或 61 号板 B 灯亮表示特性控制级与变流器控制级级间通信故障。

b. 05 号板 10A 灯灭或闪烁表示网压过零同步信号故障。

5. 与控制关联的常见故障现象及原因分析

①无流

a. 线路接触器未闭合主电路未构成。

b. 预备、零位、牵引、制动等状态信号不对，引起微机柜封锁脉冲。机车运行过程中最常见的是预备不好，即司机主台显示屏预备灯不灭。

c. 微机柜未收到指令：

(a)司控器无电源。

(b)司控器电位器无输出。

(c)指令传输线不良。

(d)微机柜电源不正常。

(e)微机复位继电器不释放。

(f)微机柜封锁脉冲，可以根据插件面板指示得到具体原因。

d. 人机对话级发低压自检命令引起封锁脉冲。

e. 插件不齐。

f. 内部通信失败。

g. 架切除信号有效。

h. 保护动作。

i. 特性控制级死机。

j. 变流器控制级封锁脉冲，显示“00”编码或死机。

②窜车

司机控制器手柄一离开零位，主整流桥就有一较大的开放角，造成机车电流冲击的现象，称之为“窜车”。下列情况可能会引起该故障：

a. 司机控制器指令不正常。

b. 同步信号相位反接。

c. 操作端信号不唯一。

d. 微机柜内部无电流反馈。

e. 脉冲触发级故障。

f. 开关桥时 1/4 桥故障。

③过载

a. 司机台仪表显示在正常范围内时过载即假过载,微机内部 A/D 不正常或保护逻辑误动作。

b. 电流传感器故障,无电流反馈。

c. 电压传感器故障,失去限压功能。

d. 脉冲触发级故障。

④电流不平衡

a. 启动工况下,额定电流以上的轴重转移自动补偿,这是正常现象。

b. 防空转减流环节起作用,即正常的防空转、防滑行功能。

c. 速度传感器故障,引起防空转误动作。

d. 速度传感器测速误差引起速度修正后的两架速度有偏差。应更换速度传感器。

e. 轮径设置值全车不一致。应重新设置轮径值,或更换信息显示插件。

f. 电压传感器测量值不一致,某一架提前限压。

g. 主整流桥故障,使两架输出电压不平衡。

⑤励磁电流给不上

a. 励磁接触器未闭合,励磁未构成。

b. 励磁接触器辅助接点不良。

c. 预备、零位不正常。

d. 速度传感器故障。

⑥无加馈电流

a. 励磁未达到限制值。

b. 加馈桥未工作。

11.5 HXD3 型电力机车电气故障分析及处理

HXD3 型机车运用质量稳定可靠,但也难免会发生几种典型的常见故障。尤其是一些故障都可以通过人机对话的微机触摸屏来处理,因此使得故障处理显得较为简单易行。

机车运用初期暴露出一些局部设计的缺陷,通过厂方技术人员的攻关,进行了改造和部件替换。同时在运用过程中,工程技术人员和司乘人员在该型机车的应急故障处理方面总结和积累了宝贵经验,对于减少机车故障对运输的干扰,确保运输畅通发挥了重要作用。

11.5.1 主变流器(MPU)故障

主变流器(MPU)故障,主要分三类:

①由于电线路连接部位松虚、IGBT 击穿、中间直流环节电容发生爆裂引发的烧损故障。典型案例是 2007 年 6 月 3 日 HXD3—0040 机车第四主变流器连线松脱烧损。

②由于变流器工作不稳定,发生瞬间过压、过流产生的封锁保护。该种故障经常发生。

③复合冷却液泄漏或者车内污水外流,导致牵引电机接线端子部位积水而发生主电路接地故障;典型故障是 2007 年 7 月 18 日 HXD3—0072 机车复合冷却液泄漏流入第四牵引电动

机接线端子导致接地故障。

解决措施：针对 HXD_3 机车运用初期出现的变流器烧损故障，将信息反馈到制造公司，提高机车的组装质量。

针对瞬间故障后封锁保护，可以通过断电复位使其重新投入工作，或者手触微机屏幕切除某组主变流器维持机车运行。这种措施适用于机车运行中的司机进行应急处理。

针对主电路接地故障的解决措施是：一方面通过检查整修，消除变流器管路冷却液的泄漏；另一方面通过加强管理，禁止在车内倾倒废水、污水。

11.5.2 辅助变流器(APU)故障

由于变流器部件制造质量问题或组装不良导致烧损故障。2007 年 12 月 5 日，HXD_3—0085 机车辅助变流器烧损变流器工作过程中出现的瞬间故障，微机封锁变流器进行保护，可以重新启动复位。此类故障在机车投入运用初期经常发生。

运行过程中故障应急处理：通过手触微机显示屏切除故障的一组辅助变流器，用另外一组代替其工作。

11.5.3 110 V 电源模块(PSU)故障

①PSU 控制模块损坏蓄电池电量消耗一部分后，电源模块 PSU 进行补充电时，充电电流较大，这段时间内启动用电设备等操作，容易引起 PSU 负载电流的波动，当波动幅度超过保护值(约 50 A)时，微机系统将控制封锁 PSU 的输出机车运用初期此类故障经常发生。

机车原设计当一组 PSU 故障后，能自动切换到另外一组工作，但是在实际的使用中机车未能实现这一功能，加上机车上没有蓄电池充放电的警示装置，若乘务员没有及时发现 PSU 故障，往往又导致了蓄电池过度放电的故障。

②PSU 故障后的应急处理

机车配装有两组 PSU，微机控制奇数日时 PSU1 投入工作，而偶数日时 PSU2 投入工作，当一组故障后，通过修改当前日期，让另外一组代替工作。

复习与思考题

1. 简述电源柜一组充电一组不充电的处理方法。
2. 简述蓄电池电压表无输出电压的原因及处理方法。
3. 简述电子柜预备灯不灭故障的处理方法。
4. 简述 SS_8 型电力机车微机复位按钮的使用方法。
5. 简述 SS_4 改型电力机车转换电子柜 A/B 组的方法。
6. SS_9 型电力机车微机控制柜使用维护时应做哪些准备工作？应注意什么？
7. 如何判断 SS_9 型电力机车微机控制柜的故障范围？
8. SS_9 型电力机车微机控制柜有哪些常见故障现象？分析其原因。
9. HXD_3 型电力机车有哪些典型故障？如何进行处理？

附录 A 《机车电力电子技术》课程教学大纲

课程编号:

《机车电力电子技术》课程教学大纲

学时:(64) 学分:(4)

一、教学大纲的说明

机车电力电子技术课程教学大纲是教学指导性文件,它是作为工科专科学生学习该课程必须达到的合格要求,是学校制订教学计划和教学内容的依据,也是编写基本教材和进行课程教学质量评估的重要依据。

1. 授课对象:车辆工程专业(电力机车方向),高职三年制学生。

2. 课程性质:《机车电力电子技术》课程是车辆工程专业(电力机车方向)的一门专业必修课。

3. 任务及要求:通过学习本课程,应使学生掌握电力电子技术理论及其在电力机车上的应用等方面知识,主要学习电力电子器件、相控整流电路、斩波电路与逆变电路、交流调压电路、触发电路与驱动电路、电力机车控制系统单元电路、电力机车控制电源柜、电力机车电子控制柜和微机控制柜、电力机车其他电子电路、电子电路常见故障分析与应急处理等方面知识,培养学生学会综合运用所学知识,分析、设计、解决相关技术问题的能力。

4. 与其他课程的联系

先修课程:《电工技术》、《Visual Basic 程序设计》、《单片机原理及应用》等。

后修课程:《电力机车控制》等。

二、教学大纲

1. 课程内容

第 1 章 绪论

电力电子器件的发展;电力电子技术的发展;交流电动机控制技术的发展;我国电力机车的发展。

第 2 章 电力电子器件

电力电子器件概述;大功率整流二极管;晶闸管;门极关断晶闸管(GTO);功率晶体管(GTR);功率 MOS 场效应晶体管(功率 MOSFET);绝缘栅双极晶体管(IGBT);MOS 控制晶闸管(MCT);功率集成电路(PIC);电力电子器件的冷却与保护。

第 3 章 相控整流电路

单相半控桥式整流电路;单相全控桥式整流电路;三相半波可控整流电路;三相全控桥整

流电路；三相半控桥整流电路。

第 4 章 斩波电路与逆变电路

斩波电路；逆变电路；缓冲电路。

第 5 章 交流调压电路

概述；晶闸管交流开关；晶闸管单相交流调压电路；晶闸管三相交流调压电路。

第 6 章 触发电路与驱动电路

概述；晶闸管触发电路；GTO 门极驱动电路；GTR 门极驱动电路；功率 MOSFET 门极驱动电；IGBT 驱动与保护技术。

第 7 章 电力机车控制系统单元电路

检测单元；控制单元；触发系统元件。

第 8 章 电力机车控制电源柜

SS_9 型电力机车的控制电源柜；HXD_3 型电力机车的 DC 110 V 电源装置。

第 9 章 电力机车电子控制柜和微机控制柜

SS_4 改型电力机车电子控制柜；SS_8 型电力机车微机控制柜；HXD_3 型电力机车网络控制系统。

第 10 章 电力机车其他电子电路

显示诊断装置；劈相机起动电路；列车运行监控装置；SS_9 型电力机车逻辑控制单元。

第 11 章 电子电路常见故障分析与应急处理

检测单元和电源柜的故障判断；SS_4 改型电力机车电子控制柜常见故障判断及处理；SS_9 型电力机车微机控制柜的使用维护和常见故障判断及处理；HXD_3 型电力机车典型故障分析及处理。

2. 重点与难点

重点：

大功率整流二极管；晶闸管；门极关断晶闸管(GTO)；绝缘栅双极晶体管(IGBT)；功率集成电路(PIC)；单相半控桥式整流电路；单相全控桥式整流电路；斩波电路；逆变电路；缓冲电路；晶闸管交流开关；晶闸管单相交流调压电路；晶闸管触发电路；GTO 门极驱动电路；IGBT 驱动与保护技术；检测单元；控制单元；触发系统元件；SS_9 型电力机车的控制电源柜；HXD_3 型电力机车的 DC 110 V 电源装置；SS_4 改型电力机车电子控制柜；SS_8 型电力机车微机控制柜；HXD_3 型电力机车网络控制系统；显示诊断装置；劈相机起动电路；列车运行监控装置；检测单元和电源柜的故障判断；SS_4 改型电力机车电子控制柜常见故障判断及处理；SS_9 型电力机车微机控制柜的使用维护和常见故障判断及处理；HXD_3 型电力机车典型故障分析及处理。

难点：

晶闸管；门极关断晶闸管(GTO)；绝缘栅双极晶体管(IGBT)；功率集成电路(PIC)；单相半控桥式整流电路；单相全控桥式整流电路；逆变电路；晶闸管单相交流调压电路；控制单元；SS_9 型电力机车的控制电源柜；HXD_3 型电力机车的 DC 110 V 电源装置；SS_4 改型电力机车电子控制柜；SS_8 型电力机车微机控制柜；HXD_3 型电力机车网络控制系统；显示诊断装置；劈相机起动电路；列车运行监控装置；检测单元和电源柜的故障判断；SS_4 改型电力机车电子控制柜常见故障判断及处理；SS_9 型电力机车微机控制柜的使用维护和常见故障判断及处理；HXD_3 型电力机车典型故障分析及处理。

3. 实验与实践环节

(1)电力电子器件特性测试;

(2)单相半控桥式整流电路;

(3)三相桥式全控整流电路及有源逆变;

(4)直流斩波电路;

(5)单相交流调压电路。

4. 学时分配(共 64 学时)

序号	主要内容	学时分配	其中				备注
			讲授	实验	习题	上机	
1	第 1 章 绪论						安排学生课外自学
2	第 2 章 电力电子器件	8	6	2			选择部分内容讲解,其余部分安排课外自学,作为学生知识的拓展
3	第 3 章 相控整流电路	6	4	2			选择部分内容讲解,其余部分安排课外自学,作为学生知识的拓展
4	第 4 章 斩波电路与逆变电路	8	6	2			
5	第 5 章 交流调压电路	6	4	2			
6	第 6 章 触发电路与驱动电路	6	6				选择部分内容讲解,其余部分安排课外自学,作为学生知识的拓展
7	第 7 章 电力机车控制系统单元电路	8	8				
8	第 8 章 电力机车控制电源柜	6	6				
9	第 9 章 电力机车电子控制柜和微机控制柜	6	6				选择部分内容讲解,其余部分安排课外自学,作为学生知识的拓展
10	第 10 章 电力机车其他电子电路	4	4				
11	第 11 章 电子电路常见故障分析与应急处理	6	6				选择部分内容讲解,其余部分安排课外自学,作为学生知识的拓展
合计		64	56	8			

三、教材及主要参考书

教材:刘敏军,王秀珍主编. 机车电力电子技术. 中国铁道出版社. 2012 年.

参考书:李瑞荣主编. 机车电力电子技术. 中国铁道出版社. 2008 年.

大纲批准:(主管教学校长)

大纲审定:(主管教学院长)

大纲制定:(执笔教师)

《机车电力电子技术》课程实验指导书

实验一 电力电子器件特性测试

一、实验目的

1. 掌握各种电力电子器件的伏安特性。
2. 掌握可控电力电子器件对触发信号的要求。

二、实验内容

1. 普通晶闸管(SCR)特性测试。
2. 门极可关断晶闸管(GTO)特性测试。
3. 电力晶体管(GTR)特性测试。
4. 电力场效应晶体管(MOEFET)特性测试。
5. 绝缘栅双极型晶体管(IGBT)特性测试。

三、实验设备

直流电源、滑线变阻器、万用表两块、双踪示波器。

四、实验原理图

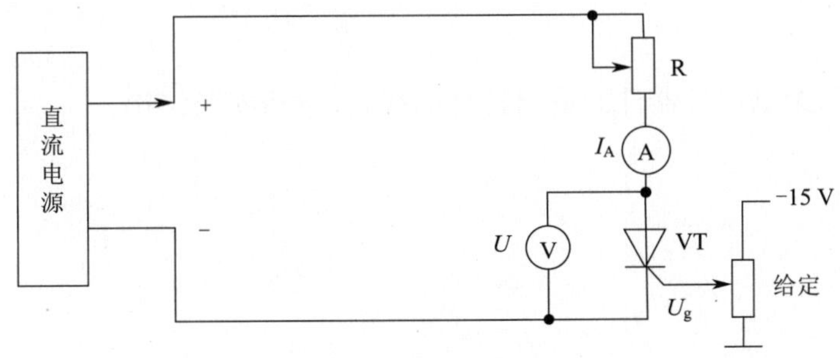

图 B.1 电力电子器件实验原理图

五、实验步骤

1. 按图 B.1 所示实验原理图接线,将晶闸管(SCR)接入电路,将电位器旋转至最大值,启动电路,依次调节给定 U_g 值、电位器 R 值,同时记录电压表、电流表的读数到下表。

U_g					
I_A					
U					

2. 将晶闸管换成门极可关断晶闸管(GTO),重复上述步骤并记录数据。

U_g					
I_A					
U					

3. 将晶闸管换成电力场效应管(MOSFET),重复上述步骤并记录数据。

U_g					
I_A					
U					

4. 将晶闸管换成大功率晶体管(GTR),重复上述步骤并记录数据。

U_g					
I_A					
U					

5. 将晶闸管换成绝缘栅双极性晶体管(IGBT),重复上述步骤并记录数据。

U_g				
I_A				
U				

六、实验报告

根据表中数据,绘制出各器件的输出特性曲线,并分析实验结论。

实验二　单相半控桥式整流电路

一、实验目的

1. 掌握单相半控桥整流电路的工作原理。
2. 认识半控桥和全控桥式整流电路的区别。
3. 进一步掌握续流二极管的作用。

二、实验内容

1. 锯齿波同步触发信号的调试。
2. 单相半控桥整流电路带阻性负载。
3. 单相半控桥整流电路带感性负载。

三、实验设备

电源设备、整流桥、晶闸管触发电路、滑线变阻器、双踪示波器、万用表。

四、实验原理图

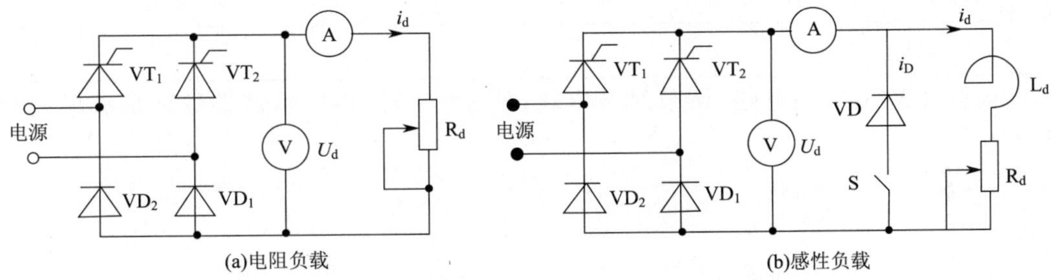

图 B.2 单相半控桥式整流电路实验原理图

五、实验步骤

1. 按图 B.2(a)所示电路原理图接线，启动电路

(1)调节触发电路，同时记录电压表、电流表的读数在下表中。

α	30°	60°	90°	120°	150°
U_2					
U_d(测试值)					
U_d(理论值)					

(2)调节触发电路，使 $\alpha=0°$、$\alpha=30°$时，观察示波器输出波形并记录。

2. 按图 B.2(b)所示电路原理图接线

(1)打开开关 S，启动电路，调节触发电路，同时记录电压表、电流表的读数在下表中。

α	30°	60°	90°
U_2			
U_d(测试值)			
U_d(理论值)			

(2)打开开关S,调节触发电路,使 $\alpha=0°$时,观察示波器数输出波形并记录波形。

(3)闭合开关S,启动电路,调节触发电路,同时记录电压表、电流表的读数在下表中。

α	30°	60°	90°
U_2			
U_d(测试值)			
U_d(理论值)			

(4)闭合开关S,启动电路,调节触发电路,使 $\alpha=0°$时,观察示波器数输出波形并记录波形。

六、实验报告

通过分析表中记录的数据以及示波器的输出波形,得出实验结论。

实验三　三相桥式全控整流电路及有源逆变

一、实验目的

1. 掌握三相全控整流电路的工作原理。
2. 掌握逆变电路的功能及工作原理。

二、实验内容

1. 三相全控桥式整流电路。
2. 三相桥式有源逆变电路。

三、实验设备

电源设备、三相整流桥、滑线变阻器、双踪示波器、万用表。

四、实验原理图

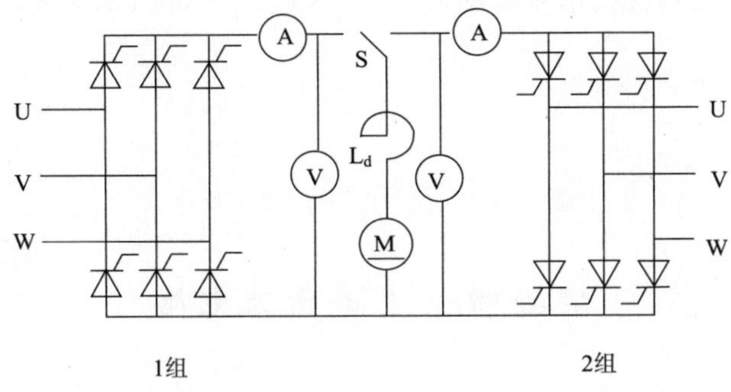

图 B.3 三相全控桥式整流电路及有源逆变电路

五、实验步骤

1. 按图 B.3 所示原理图接线，开关 S 接 1 组整流电路，调节触发电路，记录电压表、电流表的读数在表中。

α	30°	60°	90°
U_2			
U_d(测试值)			
U_d(理论值)			

2. 观察示波器输出波形，并记录电机的工作状态。

3. 开关 S 接 2 组逆变电路，调节触发电路，记录电压表、电流表的读数在表中。

α	30°	60°	90°
U_2			
U_d(测试值)			
U_d(理论值)			

4. 观察示波器输出波形，并记录电机的工作状态。

六、实验报告

通过分析表中记录的数据、示波器的输出波形以及电机的工作状态，得出实验结论。

实验四　直流斩波电路

一、实验目的

1. 进一步掌握斩波器的工作原理。
2. 掌握斩波输出电压的波形。

二、实验内容

1. 升压斩波电路的工作原理。
2. 降压斩波电路的工作原理。

三、实验设备

直流电源、直流斩波触发电路、滑线变阻器、双踪示波器、万用表。

四、实验原理图

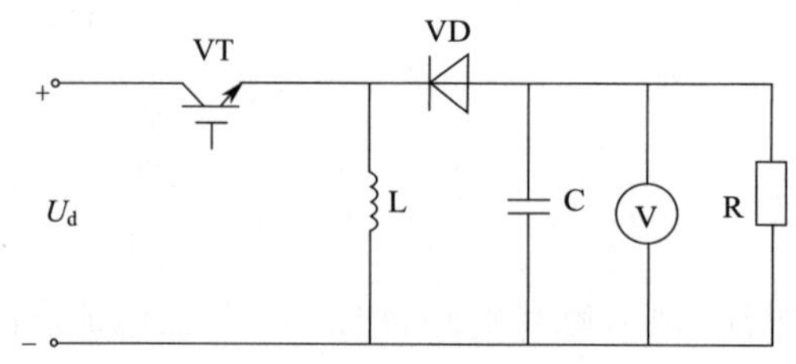

图 B.4　直流斩波电路

五、实验步骤

1. 按图 B.4 接线，调节触发电路，改变占空比 α 的值，观察电压表读数并记录在表中。

α	0.25	0.5	0.75	0.95
U_d				

2. 观察示波器输出波形并记录。

六、实验报告

通过分析表中记录的数据以及示波器的输出波形,得出实验结论。

实验五 单相交流调压电路

一、实验目的

1. 加深理解单相交流调压电路的工作原理。
2. 加深理解交流调压感性负载时对移相范围要求。

二、实验内容

1. 单相交流调压器带电阻性负载。
2. 单相交流调压器带电阻—电感性负载。

三、实验设备

电源设备、锯齿波移相触发器、滑线变阻器、双踪示波器、万用表。

四、实验原理图

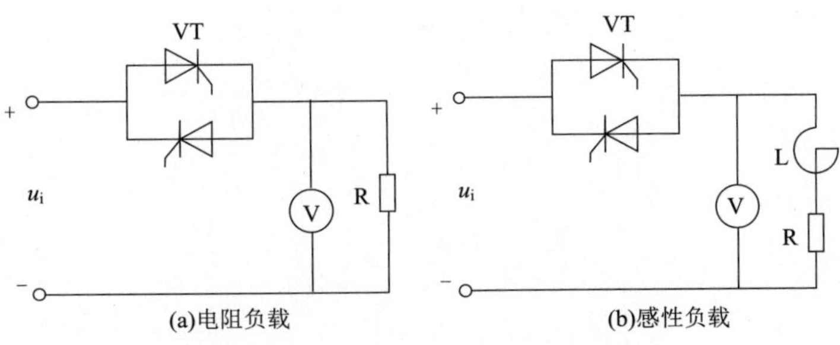

图 B.5 交流调压电路实验原理图

五、实验步骤

1. 按图 B.5(a)接线,调节触发电路,改变控制角 α 的值,观察电压表读数,并记录在表中。

α				
U_d				

2. 观察示波器输出波形并记录。

3. 按图 B. 5(b)接线，调节触发电路，改变控制角 α 的值，观察电压表读数，并记录在表中。

α				
U_d				

4. 观察示波器输出波形并记录。

六、实验报告

通过分析表中记录的数据以及示波器的输出波形，得出实验结论。

附录 C 《机车电力电子技术》课程实验教学大纲

《机车电力电子技术》课程实验教学大纲

实验课名称:机车电力电子技术实验

课程性质:《机车电力电子》课程是铁道机车运用与维护专业的一门专业课,电力机车电力电子实验是包含在《机车电力电子》课程中的实验课程。

课程编号:

适用专业:铁道机车运用与维护专业。

采用教材:刘敏军,王秀珍．机车电力电子技术．中国铁道出版社．北京:2012 年。

学时学分:课程总学时:64 学时。课程总学分:4 学分。实验课总学时:8 学时。

大纲主笔:王秀珍

实验指导书:附录 B“《机车电力电子技术》课程实验指导书”。

一、实验课程的任务与要求

《机车电力电子技术》课程在铁道特色的高等职业院校铁道机车运用与维护专业的教学计划中是一门重要的必修专业基础课,其主要任务是使学生掌握电力电子器件、变流电路的工作原理以及变流技术在机车牵引变流系统中的应用。机车电力电子技术实验是《机车电力电子技术》课程教学的一个重要实践教学环节,其目的是使学生进一步掌握晶闸管的触发电路原理、整流技术及逆变技术的基本原理,同时掌握变流技术在机车牵引系统中的基本应用,是对学生进行实验技能的基本训练,加深学生对所学基本理论的认识,提高学生分析问题和解决问题的能力,培养学生理论与实际统一的作风和实事求是的科学态度,获得科学研究的初步训练。通过本实验,要求达到以下要求:

(1)掌握晶闸管及电力电子器件的基本特性和应用。

(2)掌握晶闸管的触发电路原理及特性。

(3)掌握典型变流电路的基本原理及应用。

(4)掌握变流技术在机车牵引变流系统中的基本应用原理及简单故障排除方法。

二、实验设备及要求

MCL 系列教学实验台。

三、实验考核

(1)实验报告

本门课程对实验报告的要求:①记录实验设备名牌数据;②记录仪器、仪表精度和环境温度;③记录实验数据;④根据实验数据计算并用坐标纸绘制特性曲线图;⑤与所学理论进行对比分析,分析误差原因,得出结论;⑥根据示波器波形,分析实验电路输出波形等。

(2)考核方式

本实验课的考核方式为实作。成绩按以下几个方面进行综合评定:①实验准备情况;②实验操作熟练程度;③实验报告质量。实验课成绩占课程总平时成绩的30%。

四、课程教材及参考书

刘敏军,王秀珍．机车电力电子技术．北京:中国铁道出版社．2011.

马德育．电力机车电子技术．北京:中国铁道出版社．2003.

李瑞荣．电力机车电子技术．北京:中国铁道出版社．2008.

五、实验项目与内容提要

序号	实验项目	实验内容	实验性质	实验时数	每组人数	实验类型
1	电力电子器件特性测试	1. 普通晶闸管(SCR)特性测试; 2. 门极可关断晶闸管(GTO)特性测试; 3. 电力晶体管(GTR)热性测试; 4. 电力场效应晶体管(MOEFET)特性测试; 5. 绝缘栅双极型晶体管(IGBT)特性测试	综合	2	4	必修
2	单相半控桥式整流电路	1. 锯齿波同步触发信号的调试; 2. 单相半控桥整流电路带阻性负载; 3. 单相半控桥整流电路带感性负载	验证	2	4	必修
3	三相桥式全控整流电路及有源逆变	1. 三相全控桥式整流电路; 2. 三相桥式有源逆变电路	验证	1	4	必修
4	直流斩波电路	1. 升压斩波电路的工作原理; 2. 降压斩波电路的工作原理	验证	1	4	必修
5	单相交流调压电路	1. 单相交流调压器带电阻性负载; 2. 相交流调压器带电阻—电感性负载	验证	2	4	必修

参考文献

[1] 张中央．机车新技术[M]. 成都:西南交通大学出版社,2009.
[2] 胡崇岳．现代交流调速技术[M]. 北京:机械工业出版社,1999.
[3] 徐安．城市轨道交通电力牵引[M]. 北京:中国铁道出版社,2002.
[4] 宋中书,常晓玲．交流调速系统[M]. 北京:机械工业出版社,2009.
[5] 黄俊．半导体变流技术[M]. 北京:机械工业出版社,1986.
[6] 张立,赵永健．现代电力电子技术器件、电路及应用[M]. 北京:科学出版社,1992.
[7] 王志良．电力电子新器件及其应用技术[M]. 北京:国防工业出版社,1995.
[8] 郑中杰．晶闸管变流技术[M]. 北京:机械工业出版社,1988.
[9] 王鸿明．电工技术与电子技术(下)[M]. 北京:清华大学出版社,2000.
[10] 张友松,朱龙驹．韶山$_4$ 型电力机车[M]. 北京:中国铁道出版社,1997.
[11] 刘友梅．韶山$_{4B}$型电力机车[M]. 北京:中国铁道出版社,1999.
[12] 赵叔东．韶山$_8$ 型电力机车[M]. 北京:中国铁道出版社,1997.
[13] 余卫斌．韶山$_9$ 型电力机车[M]. 北京:中国铁道出版社,2005.
[14] 马德育．电力机车电子技术[M]. 北京:中国铁道出版社,2003.
[15] 李瑞荣．电力机车电子技术[M]. 北京:中国铁道出版社,2008.
[16] 丁荣军,黄济荣．现代变流技术与电气传动[M]. 北京:科学出版社,2009.
[17] 黄济荣．电力牵引交流传动与控制[M]. 北京:机械工业出版社,1998.
[18] 李新．HXD$_3$ 型机车用 DC110 V 电源装置[J]. 电力机车与城轨车辆．2008(2):42-45.
[19] 张健,陈勇．HXD$_3$ 型大功率交流传动货运电力机车特点及故障处理[J]. 机车电传动．2008(3):8-11.
[20] 张丽红,李新,杨守君．HXD$_3$ 型交流传动电力机车网络控制系统[J]. 电力机车与城轨车辆．2008(1):20-22,30.
[21] 杨守君,刘会岩．HXD$_3$ 型交流传动电力机车[J]. 电力机车与城轨车辆．2007(4):9-13.